Jan Stöß

Großprojekte der Stadtentwicklung in der Krise

Schriften zum Öffentlichen Recht

Band 1117

Großprojekte der Stadtentwicklung in der Krise

Der Abschluss städtebaulicher
Entwicklungsmaßnahmen am Beispiel Berlins

Von

Jan Stöß

Duncker & Humblot · Berlin

Die Juristische Fakultät
der Humboldt-Universität zu Berlin
hat diese Arbeit im Wintersemester 2007/2008
als Dissertation angenommen.

Bibliografische Information der Deutschen Nationalbibliothek

Die Deutsche Nationalbibliothek verzeichnet diese Publikation in
der Deutschen Nationalbibliografie; detaillierte bibliografische Daten
sind im Internet über http://dnb.d-nb.de abrufbar.

Alle Rechte vorbehalten
© 2009 Duncker & Humblot GmbH, Berlin
Fremddatenübernahme: Werksatz, Berlin
Druck: Berliner Buchdruckerei Union GmbH, Berlin
Printed in Germany

ISSN 0582-0200
ISBN 978-3-428-12848-8

Gedruckt auf alterungsbeständigem (säurefreiem) Papier
entsprechend ISO 9706 ♾

Internet: http://www.duncker-humblot.de

Inhaltsverzeichnis

Erster Teil

Tatsächliche und rechtliche Ausgangspunkte der Untersuchung ... 13

§ 1 **Einleitung** 13
    I.   Einführung in die Problemstellung 13
    II. Gegenstand der Untersuchung 18
    III. Gang der Untersuchung 19

§ 2 **Entwicklung des Rechts der städtebaulichen Entwicklungsmaßnahme** ... 20
    I.   Das Städtebauförderungsgesetz 21
        1. Wandlung des Staats- und Planungsverständnisses seit den sechziger Jahren 22
        2. Die Entwicklungsmaßnahmen nach dem Städtebauförderungsgesetz ... 24
            a) Außenentwicklungsmaßnahme mit überörtlichem Charakter 24
            b) Instrument einer „integrierten Entwicklungsplanung" 24
            c) Staatliche Durchführungsverantwortung 25
            d) Gemeindliche Erwerbspflicht 25
            e) Abschöpfung von Bodenwertsteigerungen 26
            f)   Aufhebung nur nach durchgeführter Entwicklung 27
    II. Die städtebauliche Entwicklungsmaßnahme als Auslaufmodell 28
        1. Änderung der städtebaulichen Situation in den siebziger und achtziger Jahren 28
        2. Die Entwicklungsmaßnahmen nach dem Überleitungsrecht des BauGB ... 30
    III. Die Reaktivierung der Entwicklungsmaßnahme im BauGB-Maßnahmegesetz 32
        1. „Neue Wohnungsnot" Ende der achtziger Jahre und das „Boxberg"-Urteil des Bundesverfassungsgerichts 32
        2. Die Entwicklungsmaßnahmen nach dem BauGB-Maßnahmengesetz ... 35
            a) Instrument der Stadtentwicklungsplanung 35
            b) Innenentwicklungsmaßnahme 36
            c) Förmliche Festlegung durch gemeindliche Satzung 36
            d) Verstärkte Kooperation mit Privaten 37
            e) Verweis auf die Aufhebungsregelung im Sanierungsrecht 37
    IV. Wiederaufnahme der Entwicklungsmaßnahme in das Voll- und Dauerrecht 1993 38

V.	Weitere Angleichung an das Sanierungsrecht mit dem BauROG 1998 . . .	40
VI.	Rechtslage nach dem EAG Bau 2004	41
VII.	Gesetz zur Innenentwicklung der Städte 2007	43
	1. Stärkung der Innenentwicklung	44
	2. Die Befristung der Durchführungszeiträume bei Sanierungsmaßnahmen und Anpassungen des Aufhebungsrechts	47
	3. Änderungen des Ausgleichsbetragsrechts	50
	4. Weitere Änderungen am Verfahrensrecht	52
VIII.	Fazit zur Rechtsentwicklung	53

§ 3 Der Rechtmäßigkeitsmaßstab der städtebaulichen Entwicklungsmaßnahme 55

I.	Anwendungsbereich der städtebaulichen Entwicklungsmaßnahme	56
	1. Gesamtmaßnahme	57
	2. In Stadt und Land	57
	3. Vorliegen eines qualifizierten öffentlichen Interesses	58
	4. Anwendungszwang	58
II.	Ziele, Gegenstände und Arten städtebaulicher Entwicklungsmaßnahmen .	59
	1. Ziele städtebaulicher Entwicklungsmaßnahmen	59
	2. Gegenstände städtebaulicher Entwicklungsmaßnahmen	60
	3. Arten städtebaulicher Entwicklungsmaßnahmen	61
	a) Außen- und Innenentwicklung	61
	b) Abgrenzung zur städtebaulichen Sanierungsmaßnahme	62
	c) Unterschiede zwischen Außen- und Innenentwicklungsmaßnahmen	64
III.	Die materiellen Festlegungsvoraussetzungen für den städtebaulichen Entwicklungsbereich	65
	1. Kongruenz mit den räumlichen Zielen und Zwecken nach § 165 Abs. 2 BauGB	65
	2. Erforderlichkeit für das Wohl der Allgemeinheit	66
	a) Eigentumsrechtliche Bedeutung des Gemeinwohlerfordernisses . .	66
	b) Die gesetzlichen Beispiele	68
	aa) Deckung eines erhöhten Bedarfs an Wohn- und Arbeitsstätten	68
	bb) Gemeinbedarfs- und Folgeeinrichtungen	70
	cc) Wiedernutzung brachliegender Flächen	71
	3. Subsidiarität der städtebaulichen Entwicklungsmaßnahme	72
	4. Zügige Durchführung innerhalb eines absehbaren Zeitraums	74
IV.	Fazit zum rechtlichen Rahmen für den Einsatz des Instruments	76

§ 4 Probleme städtebaulicher Entwicklungsmaßnahmen am Beispiel Berlins . 77

I.	Die Berliner Entwicklungsbereiche	77
II.	Änderung der Rahmenbedingungen der Stadtentwicklung seit Mitte der neunziger Jahre	84

	1. Ausbleiben des Bevölkerungswachstums	86
	2. Kein Wachstum der Wirtschaft	86
	3. Leerstand bei Gewerbeimmobilien	86
	4. Keine Nachfrage nach Wohnflächen	87
	5. Einbrechen der Bodenpreise	87
	6. Landeshaushalt in erheblicher Notlage	88
	7. Ausbleiben von externen Wachstumsimpulsen	89
	8. Ausblick auf weitere Entwicklungsperspektiven	90
	9. Zwischenergebnis	90
III.	Folgen des Wandels der städtebaulichen Rahmenbedingungen für die Entwicklungsmaßnahmen	90
	1. Verzögerung der Durchführung der Maßnahme	91
	2. Infragestellung des Entwicklungskonzepts	91
	3. Rechtsunsicherheit bei der entwicklungsrechtlichen Genehmigung nach §§ 144, 145 BauGB	91
	4. Übernahmeverlangen der Eigentümer nach § 168 BauGB	92
	5. Wegfall der Refinanzierungsmöglichkeiten durch die Abschöpfung von Bodenwertsteigerungen	93
	a) Erwerb von Grundstücken zu hohen Anfangswerten	93
	b) Reprivatisierung zu nicht kostendeckenden Preisen	94
	c) Geringe Refinanzierungsmöglichkeiten der öffentlichen Ausgaben durch Ausgleichsbetrag	95
	d) Situation bei vorzeitiger Abschöpfung des Ausgleichsbetrages im Rahmen von Abwendungsvereinbarungen	96
	6. Unfinanzierbarkeit des gemeindlichen Grunderwerbs	96
	7. Drohende Schaffung städtebaulicher Missstände	97
	8. Zwischenergebnis	97
IV.	Umsteuerung der Berliner Entwicklungsbereiche	98

Zweiter Teil

**Der Weg zur Beendigung
der städtebaulichen Entwicklungsmaßnahme** 102

§ 5	**Rechtswidrigwerden und Funktionslosigkeit einer städtebaulichen Entwicklungssatzung**	**102**
	I. Die Rechtsprechung zum Geltungsverlust von städtebaulichen Entwicklungssatzungen	104
	1. Rechtsprechung zum Außerkrafttreten der städtebaulichen Entwicklungssatzung bei einem späteren Wegfall der Festlegungsvoraussetzungen	104
	a) Wegfall eines erhöhten Bedarfs an Wohn- und Arbeitsstätten	105

Inhaltsverzeichnis

- b) Wegfall eines Bedarfs an Gemeinbedarfs- und Folgeeinrichtungen 107
- c) Nachträgliche Perspektive für vertragliche Einigungen 107
- d) Keine zügige Durchführung innerhalb eines absehbaren Zeitraums .. 108
- e) Exkurs: Folgen zögerlicher Durchführung der Entwicklung für die Verfügungs- und Veränderungssperre nach § 144 BauGB 111
- f) Ergebnis der Rechtsprechungsanalyse zum Außerkrafttreten der städtebaulichen Entwicklungssatzung bei Wegfall der Festlegungsvoraussetzungen 115
- 2. Rechtsprechung zur Funktionslosigkeit einer Entwicklungssatzung .. 116
- 3. Lösung der Rechtsprechung: Verweis auf die Aufhebungspflicht 119
- II. Stellungnahme zur Möglichkeit eines automatischen Geltungsverlusts ... 120
  - 1. Das Außerkrafttreten einer städtebaulichen Entwicklungssatzung wegen Wegfalls der Festlegungsvoraussetzungen 120
    - a) Rechtsdogmatische Einordnung des Außerkrafttretens von Normen bei einer nachträglichen Änderung der tatsächlichen Verhältnisse . 120
    - b) Zum Beispiel: Zweckentfremdungsverbote bei Wegfall der Wohnraumknappheit 122
    - c) Die Bedeutung des § 214 Abs. 3 Satz 1 BauGB 124
    - d) Die Bedeutung der Rechtssicherheit unter Berücksichtigung des Wandels des Entwicklungskonzeptes 127
    - e) Zwischenergebnis 130
  - 2. Das Funktionsloswerden städtebaulicher Entwicklungssatzungen 130
  - 3. Ergebnis zum Geltungsverlust einer städtebaulichen Entwicklungssatzung 133

§ 6 Die Änderung der Ziele und Zwecke der Entwicklungsmaßnahme 134
- I. Das Entwicklungskonzept im Rechtssystem 135
  - 1. Begriff des Entwicklungskonzepts 135
  - 2. Rechtliche Relevanz des Entwicklungskonzepts im städtebaulichen Entwicklungsrecht 137
    - a) Anknüpfungen an das Entwicklungskonzept im BauGB 138
    - b) Unterschiede zu sonstigen informellen Planungen 140
      - aa) Gesetzliche Ausgestaltung 141
      - bb) Rechtliche Bindungswirkung 141
      - cc) Faktische Außenwirkung 143
      - dd) Konkreter Durchführungsbezug 143
    - c) Ergebnis und Folgerungen 144
- II. Anforderungen an das Entwicklungskonzept, insbesondere bei einer späteren Änderung der Entwicklungsziele 144
  - 1. Formelle Anforderungen 145
    - a) Zuständigkeit für die Entwicklungsplanung 145
    - b) Frage der Veröffentlichungspflicht 149
    - c) Beteiligungserfordernisse 152

		d) Zwischenergebnis	154
	2.	Materielle Anforderungen	154
		a) Abwägungsgebot	155
		b) Übermaßverbot	157
		c) Vertrauensschutzprinzip	157
		d) Zügigkeitsgebot	159
		e) Bindungen durch allgemeine entwicklungsrechtliche Planungsgrundsätze und den Rechtmäßigkeitsmaßstab des § 165 BauGB ..	160
		f) Beibehaltung der „Identität" der Entwicklungsmaßnahme als Ermessensgrenze?	164
	3.	Ergebnis zu den Anforderungen an das Entwicklungskonzept	165

§ 7 Voraussetzungen und Grenzen für die Aufhebung des städtebaulichen Entwicklungsrechts 166

I.	Allgemeine Strukturfragen des § 162 BauGB	167
II.	Aufhebung der Entwicklungssatzung nach durchgeführter Entwicklung entsprechend § 162 Abs. 1 Satz 1 Nr. 1 BauGB	170
	1. Durchführung nach Maßstab des gemeindlichen Entwicklungskonzepts – keine „Totalentwicklung"	170
	2. Mindestprogramm einer durchgeführten Entwicklung bei einer „eingeschränkten Durchführung"	171
	a) Festsetzung der Entwicklungsbebauungspläne	172
	b) Durchführung der Ordnungsmaßnahmen	173
	aa) Abschluss der Bodenordnung, insbesondere der Enteignungsverfahren	173
	bb) Herstellung und Änderung der Erschließungsanlagen	176
	cc) Beseitigung städtebaulicher Missstände, insbesondere Freilegung von Grundstücken	176
	c) Errichtung von Gemeinbedarfs- und Folgeeinrichtungen	177
	d) Durchführung sonstiger Baumaßnahmen	178
	e) Ergebnis: Strategie der „eingeschränkten Durchführung"	180
III.	Aufhebung der Entwicklungssatzung wegen Undurchführbarkeit der Entwicklung entsprechend § 162 Abs. 1 Satz 1 Nr. 2 BauGB	181
	1. Undurchführbarkeit am Maßstab des gemeindlichen Entwicklungskonzepts – Vorrang der Anpassung der Entwicklungsziele	181
	2. Undurchführbarkeit wegen mangelnder Finanzierbarkeit	182
	3. Undurchführbarkeit wegen fehlender Investitionsbereitschaft privater Investoren	184
	4. Ergebnis zur Undurchführbarkeit der Entwicklung	185
IV.	Aufhebung wegen Aufgabe der Entwicklungsabsicht aus anderen Gründen entsprechend § 162 Abs. 1 Satz 1 Nr. 3 BauGB	185
	1. Gebundene Ermessensentscheidung unter Berücksichtigung privater Belange	186

2. Fallgruppen der Aufgabe der Entwicklungsabsicht 188
   a) Nachträgliche Mitwirkungsbereitschaft der Eigentümer 188
   b) Rückgang der Nachfrage nach entwickelten Nutzungen 189
   c) Kommunale Finanzierungsschwierigkeiten 190
   d) Veränderte politische Prioritätensetzungen 190
   e) Aufgabe der Entwicklungsabsicht trotz Zurückbleibens städtebaulicher Missstände? 191
   f) Ergebnis zur Aufgabe der Entwicklungsabsicht 192
V. Teilaufhebung der Entwicklungssatzung entsprechend § 162 Abs. 1 Satz 2 BauGB und Verhältnis zu § 163 BauGB 192
  1. Prüfung möglicher Konflikte bei einer Teilaufhebung 193
  2. Verhältnis zur Abschlusserklärung nach § 163 BauGB 193
  3. Besonderheiten der Abschlusserklärung nach § 163 BauGB im Entwicklungsrecht 196
   a) Abschlusserklärung nach Durchführung 196
   b) Abschlusserklärung vor Durchführung 197
  4. Ergebnis zu Teilaufhebung und Abschlusserklärung 198
VI. Abgrenzungsfragen zwischen den verschiedenen Aufhebungsgründen ... 198
VII. Ergebnis zu den Rechtsgrundlagen der Aufhebung 200

Dritter Teil

Verfahrens- und Rechtsschutzfragen beim Abschluss der städtebaulichen Entwicklungsmaßnahme   202

§ 8 Abwicklungsaufgaben beim Abschluss der Entwicklungsmaßnahme 203
  I. Abwicklung einzelner Bau- und Ordnungsmaßnahmen 204
    1. Grundsatz der Fertigstellung vor Aufhebung 204
    2. Ausnahmen von der Fertigstellung vor Aufhebung 205
  II. Löschen des Entwicklungsvermerks und der personenbezogenen Daten .. 206
  III. Abwicklung der Rechtsbeziehungen zum Entwicklungsträger und Auflösung des Treuhandvermögens 207
    1. Beendigung des Vertragsverhältnisses 207
    2. Rechenschaftspflicht des Entwicklungsträgers 210
    3. Übertragung des Treuhandvermögens 210
    4. Haftungsübergang 211
  IV. Veräußerung und Rückübertragung von Grundstücken 213
    1. Allgemeine Reprivatisierungspflicht 213
      a) Vorrangige Berücksichtigung früherer Eigentümer 214
      b) Inhalt von Bau- und Nutzungsverpflichtungen mit Grunderwerbern nach der Aufhebung 215
      c) Fortgeltung der Bindung an den Verkehrswert 216

Inhaltsverzeichnis

	2. Ausnahmen beim Erwerb von Grundstücken für öffentliche Zwecke	216
V.	Ermittlung und Erhebung von Ausgleichsbeträgen	217
	1. Überblick zur Ermittlung von Ausgleichsbeträgen	218
	a) Bestimmung des Anfangswertes	221
	b) Bestimmung des Endwertes	223
	2. Verfahren zur Erhebung von Ausgleichsbeträgen	225
	a) Allgemeine Verfahrensfragen des § 154 BauGB	225
	b) Grundsatz der Erhebungspflicht	228
	c) Ausnahmefälle des Absehens vom Ausgleichsbetrag	228
	aa) Absehen in Bagatellfällen	228
	bb) Absehen in Härtefällen oder im öffentlichen Interesse	230
VI.	Abrechnung der Entwicklungsmaßnahme und Überschussverteilung	232

§ 9 Rechtsschutzfragen bei dem Abschluss der städtebaulichen Entwicklungsmaßnahme ... 234

I.	Ansprüche gegen Aufhebung der Entwicklungssatzung	235
II.	Ansprüche auf Aufhebung der Entwicklungssatzung	237
III.	Ansprüche auf Rückübertragung und Rückenteignung von Grundstücken, Bestand von Enteignungsbeschlüssen	242
	1. Anspruch auf Rückübertragung von Grundstücken nach § 164 BauGB	242
	2. Anspruch auf Rückenteignung von Grundstücken nach § 102 BauGB	244
	3. Bestand rechtshängiger Enteignungsbeschlüsse	245
	a) Allgemeine Grundsätze zum maßgeblichen Zeitpunkt	246
	b) Maßgeblicher Zeitpunkt bei einer nachträglichen Änderung tatsächlicher Umstände im Baulandverfahren	247
	c) Maßgeblicher Zeitpunkt bei Enteignungen auf Grundlage einer zeitlich begrenzten Entwicklungssatzung	249
	aa) Sonderrolle des städtebaulichen Entwicklungsrechts	250
	bb) Beschleunigungsmaxime im Enteignungsverfahren	250
	d) Schlussfolgerungen zum Bestand von rechtshängigen Enteignungsbeschlüssen	252
IV.	Ansprüche von Vertragspartnern der öffentlichen Hand bei Aufhebung der Entwicklungssatzung	252
	1. Kein vertraglicher Primäranspruch auf Durchführung der Entwicklungsmaßnahme	252
	2. Sekundäransprüche bei rechtmäßiger Aufhebung	254
	a) Schadensersatz wegen Pflichtverletzung	254
	b) Anpassungsansprüche nach § 60 VwVfG	254
	3. Sekundäransprüche bei rechtswidriger Aufhebung	257
V.	Ansprüche anderer Eigentümer bei Aufhebung der Entwicklungssatzung	257
	1. Rechtswidrige Aufhebung der Entwicklungssatzung	258
	2. Rechtmäßige Aufhebung der Entwicklungssatzung	258

VI. Ansprüche von Eigentümern bei rechtswidrigem Unterlassen der Aufhebung 260
    1. Übernahmeverlangen gemäß § 168 BauGB 261
    2. Schadensersatz- und Entschädigungsansprüche 262
VII. Zusammenfassende Bewertung der Risiken für die Gemeinde 262

Zusammenfassung der Ergebnisse der Untersuchung in Thesen 264

Literaturverzeichnis 278

Sachwortverzeichnis 292

Erster Teil

Tatsächliche und rechtliche Ausgangspunkte der Untersuchung

§ 1 Einleitung

I. Einführung in die Problemstellung

Die Planung einer geordneten städtebaulichen Entwicklung zählt zu den zentralen, durch Art. 28 Abs. 2 Satz 1 GG verfassungsrechtlich gewährleisteten Aufgaben der Gemeinde. Mit der städtebaulichen Entwicklungsmaßnahme ist vom Gesetzgeber ein besonders effektives gemeindliches Planungs- und Steuerungsinstrument konzipiert worden, um diese Aufgabe zu erfüllen und Projekte der Stadterweiterung und -erneuerung koordiniert durchzuführen. Mit ihm soll den Gemeinden ein besonders „scharfes Schwert" in die Hand gegeben werden, um städtebauliche Großplanungen umzusetzen, wenn die herkömmlichen städtebaulichen Instrumente nicht zum angestrebten Erfolg führen können.[1] Als Mittel der Stadtentwicklung wurde es als das in der Geschichte der Bundesrepublik vermutlich effektivste städtebauliche Instrument der Baulandmobilisierung bezeichnet.[2]

Besondere Erwartungen verknüpften sich seit Beginn der neunziger Jahre mit der städtebaulichen Entwicklungsmaßnahme als Instrument zur Reaktivierung von so genanntem „Braunland"[3] – nämlich unterwertig genutzter oder brachliegender Areale innerhalb der Städte: Aufgegebene Industriequartiere und Bahnanlagen, ehemalige Kasernengelände oder Gewerbegebiete, deren Nutzung nicht ihrer innerstädtischen Lage entspricht. Durch die Reaktivierung dieser Flächen sollten innerstädtische Strukturen erneuert und zugleich der Verbrauch an unbebautem, unversiegeltem Grünland an der städtischen Peripherie vermindert werden.[4]

In vielen Fällen wurden diese „Innenentwicklungsmaßnahmen" in den letzten Jahren auch erfolgreich durchgeführt und haben zu einer Umdefinition und nach-

---

[1] *Runkel*, in: Ernst/Zinkahn/Bielenberg/Krautzberger, Vor §§ 165–171, Rn. 1.

[2] *Krautzberger*, LKV 1992, 84.

[3] So der Begriff, unter dem das Flächenrecycling in der Immobilienwirtschaft diskutiert wird, vgl. *Odrich*, FAZ vom 2.4.2004, S. 47.

[4] Vgl. *Krautzberger*, WiVerw 1997, 1; *Stich*, ZfBR 1992, 256; *Dieterich/Dieterich-Buchwald*, ZfBR 1990, 61.

haltigen Aufwertung von Quartieren geführt.⁵ Gerade auch in Ostdeutschland wurde die städtebauliche Entwicklungsmaßnahme genutzt, um brachliegende Flächen für neue Nutzungen zu mobilisieren, nicht mehr benötigte Gebäude zurückzubauen und durch alternative Nachnutzungen zu ersetzen.⁶ In den westdeutschen Ballungsräumen wird nach wie vor auf die städtebauliche Entwicklungsmaßnahme gesetzt, um neue Wohngebiete im innerstädtischen Raum zu realisieren.⁷

Allerdings sind in den letzten Jahren auch immer mehr Entwicklungsmaßnahmen in bedrohliche Schwierigkeiten geraten. In einigen Regionen haben sich die Rahmenbedingungen der Stadtentwicklung binnen weniger Jahre grundlegend geändert. Zu Beginn der neunziger Jahre unterstellten viele Kommunen noch ein anhaltendes Einwohnerwachstum und gingen von einem dauerhaft erhöhten Bedarf an Wohn- und Arbeitsstätten aus. Das im Jahre 1990 unter dem Eindruck der Wohnungsnot Ende der achtziger Jahre wieder eingeführte Recht der städtebaulichen Entwicklungsmaßnahme⁸ wurde in dieser Situation von vielen Gemeinden genutzt, um neues Bauland für Wohnbebauung zu mobilisieren. Allein in den drei Jahren zwischen 1990 und 1992 wurden mehr Entwicklungsbereiche festgesetzt als zuvor in den sechzehn Jahren zwischen 1971 und 1987.⁹

Seit Mitte der neunziger Jahre ist die Situation allerdings in manchen Regionen statt von Wohnungsknappheit von erheblichem Überangebot, teilweise sogar großräumigem Leerstand gekennzeichnet. Einige Kommunen in Ostdeutschland haben in einem kaum vorhersehbaren Ausmaß an Einwohnern verloren, während hier parallel zu dieser Entwicklung hunderttausende neuer Wohnungen durch Neubau und Sanierung fertig gestellt wurden.¹⁰ Auch die Hauptstadt Berlin wurde zu einer Stadt der leerstehenden Wohnungen: in manchen Bezirken liegen die Leerstandsquoten auch nach dem Abriss mehrerer tausend Wohnungen bei deutlich über 10%.¹¹

---

⁵ Vgl. z. B. *von Feldmann*, LKV 1997, 151 zu einer Entwicklungsmaßnahme der Stadt Potsdam auf einer militärischen Konversionsfläche; *Sajons*, Vom Alten Flughafen zum Universitätsviertel, 1996, zu einer Entwicklungsmaßnahme in Augsburg.

⁶ Ausführlich hierzu *Dürsch*, Städtebauliche Entwicklungsmaßnahmen und Wohnungsbau – Wirkungsanalysen eines städtebaurechtlichen Instruments an Beispielen aus den neuen Bundesländern, 2004.

⁷ Anschaulich *Ochs*, FAS vom 23. 5. 2004, S. V 13 zur städtebaulichen Entwicklungsmaßnahme „Riedberg" in Frankfurt am Main.

⁸ Siehe hierzu noch § 2.III.

⁹ Vgl. Begründung des Gesetzentwurfs zum Investitionserleichterungs- und Wohnbaulandgesetz, BT-Drs. 12/3944, Seite 24; *Krautzberger*, WiVerw 1993, 85/92.

¹⁰ Vgl. etwa *Mäding / Mohr*, LKV 2001, 433/435; anschaulich *Möller*, Siedlungsrückbau in den neuen Ländern, 2006, S. 34 f.

¹¹ Nach Angaben des Wohnungsmarktberichts 2005 der *Senatsverwaltung für Stadtentwicklung* und der *Investitionsbank Berlin* standen zum 1. Juli 2005 in Berlin 152.000

Mangelnde Nachfrage und ausbleibendes Wachstum führen auch und gerade in den mit hohen Prosperitätserwartungen festgelegten Entwicklungsbereichen dazu, dass Investoren, Käufer und Mieter für die entwickelten Flächen und die dort realisierte Bebauung fehlen. Die Entwicklungsmaßnahmen bleiben von der in den betroffenen Regionen rückläufigen konjunkturellen Wertentwicklung nicht verschont. Die Durchführung der Maßnahme wird vom Immobilienmarkt nicht honoriert.[12] Ergeben sich aber im Zuge der Durchführung der Maßnahme keine oder nur sehr viel geringere Steigerungen des Bodenwerts als kalkuliert[13] und lassen sich entwickelte Flächen im Zuge der Wandlung der Marktbedingungen gar nicht oder nur zu nicht kostendeckenden Preisen veräußern, so greift auch das Finanzierungsinstrumentarium des Entwicklungsrechts ins Leere.[14] Zugleich wird die städtebauliche Rechtfertigung der Maßnahme in Frage gestellt, wenn das Ziel der Deckung eines erhöhten Bedarfs an Wohn- und Arbeitsstätten durch eine Entspannung des Wohnungs- und Gewerbeflächenmarktes obsolet geworden ist. Schließlich führt die geringe Nachfrage nach entwickelten Grundstücken dazu, dass das gesetzliche Gebot zur zügigen Durchführung der Maßnahme (§ 165 Abs. 1 BauGB) nicht erfüllt werden kann. Diese Situation der *„Quartiers en Crise"*[15] wirft mithin nicht nur fiskalische, stadtplanerische und immobilienwirtschaftliche Probleme auf, es stellt sich auch die Frage nach der rechtlichen Bewältigung einer Umsteuerung und eines Rückzugs der Gemeinde aus der Entwicklungsmaßnahme.

Besonders anschaulich zeigt sich diese Situation in Berlin. Die Lage in der Hauptstadt soll deshalb auch als Beispiel zur Verdeutlichung der konkreten Probleme im Zusammenhang mit der Aufhebung des Entwicklungsrechts herangezogen werden. Nirgendwo sonst in der Bundesrepublik – so jedenfalls nach Selbsteinschätzung der zuständigen Senatsverwaltung[16] – wurde zu Anfang der neunziger Jahre die städtebauliche Entwicklungsmaßnahme so extensiv als Planungsinstrument erwogen und angewandt. Der politische und städtebauliche Umbruch durch die Wiedervereinigung der Stadt, die Bewerbung Berlins als Austragungsort der Olympischen Spiele 2000, der Hauptstadtbeschluss des Deutschen Bundestages mit der Folge des Umzugs von Parlament und Regierung sowie die damals bereits

---

Wohnungen leer, dies ergibt einen stadtweiten Durchschnitt von 8 %. Die höchsten Leerstandsquoten wiesen dabei die Bezirke *Mitte* (11,6 %) und *Marzahn-Hellersdorf* (10,2 %) auf; vgl. GE 2006, 872/873; vgl. noch näher § 4.II.4.

[12] Vgl. *Stemmler/Hohrmann*, ZfBR 2007, 224/226, zur vergleichbaren Lage für die städtebaulichen Sanierungsmaßnahmen.

[13] *Stemmler/Hohrmann*, a. a. O., S. 227, sprechen davon, neben das Wachstums- und das Sättigungsszenario sei auf dem Grundstückmarkt ein Stagnations- oder Rezessionsszenario getreten.

[14] Vgl. zu den Folgen des Preisverfalls auf das Finanzierungsinstrumentarium noch näher § 4.III.5.

[15] So die Formulierung von *Zlonicky* in: Ohne Leitbild? – Städtebau in Deutschland und Europa, 1998, Seite 153/165, mit anschaulicher Schilderung aus Sicht der Stadtplanung.

[16] *Nagel/Stimmann* (Hrsg.), Tendenzen der Stadterneuerung, 1994, S. 58.

absehbare Osterweiterung der Europäischen Union weckten erhebliche Erwartungen auf ein starkes und anhaltendes Wachstum von Wirtschaft und Bevölkerung.

Neben erheblichen Bemühungen zur klassischen Stadterneuerung durch das Instrument der städtebaulichen Sanierungsmaßnahme und großflächigen Bauprojekten am Stadtrand auf der Grundlage städtebaulicher Verträge wurden im Stadtgebiet sechs städtebauliche Entwicklungsbereiche festgesetzt, bei denen es sich um Innenentwicklungsmaßnahmen handelt, die mit Ausnahme des Entwicklungsbereichs „Hauptstadt Berlin – Parlaments- und Regierungssitz" ehemals gewerblich oder unterwertig genutzte Flächen zu neuen Wohn- und Dienstleistungsquartieren umwandeln sollten.[17]

Nach erheblichen privaten wie öffentlichen Investitionen blieb die Nachfrage nach den entwickelten Flächen jedoch weit hinter den Erwartungen zurück. Die Vermarktungsbemühungen der treuhänderischen Entwicklungsträger blieben über lange Strecken ohne nennenswerte Erfolge. Prognosen für die künftige Nachfrageentwicklung stellen für den Berliner Markt keine Lage in Aussicht, in der ein erhöhter Bedarf an Wohn- und Arbeitsstätten besteht.[18]

Der Berliner Senat hat daraus Konsequenzen gezogen und eine grundsätzliche Umsteuerung der Entwicklungsmaßnahmen mit dem Ziel einer drastischen Ausgabenreduzierung und eines zeitnahen Abschlusses der Entwicklungsmaßnahmen bis Ende 2007 eingeleitet.[19] Mit dem flächendeckenden vorzeitigen Rückzug aus den Entwicklungsbereichen hat das Land Berlin rechtliches Neuland betreten, denn die Voraussetzungen und Rechtsfolgen der Aufhebung des Entwicklungsrechts sind in vielerlei Hinsicht ungeklärt.[20]

Hier liegt der Ausgangspunkt der Fragestellung der vorliegenden Arbeit. Es soll untersucht werden, ob das geltende Recht den Gemeinden ausreichende Gestaltungsmöglichkeiten einräumt, um städtebauliche Entwicklungsmaßnahmen bei einer Veränderung der Rahmenbedingungen umzusteuern und rechtssicher zu beenden. Nur wenn im Falle der Entspannung – bis hin zum Einbruch – am Baulandmarkt eine stadtwirtschaftlich und städtebaulich vertretbare Möglichkeit besteht, die Entwicklungsmaßnahme anzupassen und vorzeitig zu beenden, werden die Gemeinden angesichts unberechenbarer werdender und auseinanderdrif-

---

[17] Siehe hierzu und zum folgenden ausführlich unter § 4.I.

[18] Die seit 2005 zu verzeichnende Umsatzbelebung bei Mietshäusern und Eigentumswohnungen in Berlin ist vor allem auf Paketkäufe durch internationale Finanzinvestoren zurückzuführen, die Baugenehmigungsstatistik setzt hingegen ihren seit 1996 anhaltenden Abwärtstrend fort und erreicht im Jahr 2005 mit nur 267 Wohnungen einen neuen Tiefpunkt; vgl. *Bohleber*, Bestandsimmobilien im Aufwind – Neubau auf Talfahrt, GE 2007, 100/102.

[19] Beschluss des Berliner Senats Nr. 1279/2003 vom 01.07.2003, ABl. Berlin Nr. 61, vom 30.12.03, S. 5303.

[20] Dies stellen auch *Arndt*, Die städtebauliche Entwicklungsmaßnahme, 1999, S. 1; und – für die Rechtsfolgenseite – *Watzke/Otto*, ZfBR 2002, 117/121 fest.

tender Märkte[21] auch in Zukunft von diesem Instrument Gebrauch machen. Sie gingen sonst durch den Einsatz des „scharfen Schwerts" des Entwicklungsrechts selbst das Risiko erheblicher Verwundungen in Stadtstruktur und kommunalem Haushalt ein.

In Zeiten rückläufiger Bevölkerungszahlen wird für die Zukunft weniger die Außenentwicklung städtebaulich erforderlich sein, sondern noch mehr als bisher die Nachhaltigkeit der Innenentwicklung der Städte durch die Wiedernutzung von Brachflächen und untergenutzter Strukturen in das Zentrum stadtentwicklungspolitischer Maßnahmen rücken.[22] Gerade von solchen Wohn-Großprojekten auf ehemaligen Gewerbeflächen und Industrie-Arealen können nach Einschätzung von Projektentwicklern auch neue Impulse für den Immobilienmarkt ausgehen.[23] Sollen diese Projekte auf Grundlage des städtebaulichen Entwicklungsrechts verwirklicht werden, so ist dafür angesichts der erheblichen finanziellen Risiken für die Gemeinde und der imperativen Inanspruchnahme der Eigentümer für alle Akteure in der Entwicklungsmaßnahme ein flexibles, aber kalkulierbares Abwicklungsrecht nötig. Die Untersuchung soll deshalb die rechtlichen Probleme aufzeigen, die sich im Rahmen der Abwicklung der Entwicklungsmaßnahme stellen und einen Beitrag zur Lösung leisten.

Damit soll eine Lücke geschlossen werden. Während die Verfassungsmäßigkeit der städtebaulichen Entwicklungsmaßnahme,[24] die Voraussetzungen der Festsetzung städtebaulicher Entwicklungsbereiche, hierbei insbesondere die Erforderlichkeit,[25] und auch Einzelfragen der Durchführung[26] bereits wiederholt Gegenstand vertiefter rechtswissenschaftlicher Untersuchung und höchstrichterlicher Entschei-

---

[21] Siehe hierzu *Leutner/Famira*, BBauBl. 3/2003, S. 16/19.
[22] *Runkel*, in: Ernst/Zinkahn/Bielenberg/Krautzberger, Vor §§ 165 ff, Rn. 5.
[23] So eine Studie der *DB Immobilien*, vgl. FAS vom 2.5.2004, S. V 13.
[24] Vgl. insbesondere BVerfG, NVwZ 2003, 71 (*Osterholzer Feldmark*); BVerwG, ZfBR 1998, 100 (*Gemeinsamer Gewerbepark*); VGH München, BRS 57, Nr. 286 (*Landshut*); im Schrifttum exemplarisch *Dannecker*, in: Festschrift für Hoppe 2000, S. 479; *Degenhardt*, DVBl 1994, 1041; *Leisner*, NVwZ 1993, 935; *Seitz*, Planungshoheit und Grundeigentum, 1999.
[25] BVerwG, NVwZ 2001, 1050 (Am Riedberg); dass., LKV 2001, 126 (*Rummelsburger Bucht*); dass., NVwZ-RR 1998, 544; OVG Berlin, LKV 2001, 126 (*Rummelsburger Bucht*); dass., ZfBR 1998, 211 (*Alter Schlachthof*); OVG Bremen, UPR 2002, 459; dass., NVwZ-RR 2001, 569 (jeweils *Osterholzer Feldmark*); OVG Münster, DVBl 1998, 351; im Schrifttum exemplarisch *Ax*, BauR 1996, 803/806; *Busch*, in: FS für Hoppe 2000, S. 405; *Krautzberger*, WiVerw 1992, 85; *Runkel*, ZfBR 1991, 91/93; *Schmidt-Eichstaedt*, BauR 1993, 38.
[26] BVerwG, NVwZ 2003, 211; BGH, NVwZ 1997, 932; OVG Berlin, OVGE BE 23, 36 (*Wasserstadt Berlin-Oberhavel*); *Arndt*, Die städtebauliche Entwicklungsmaßnahme, 1999, S. 59 und 111 ff; *Bunzel/Lunebach*, Städtebauliche Entwicklungsmaßnahmen, 1994, S. 157 ff; *Hoppe/Busch*, Fragen des städtebaulichen Entwicklungsrechts unter besonderer Berücksichtigung von Bahnflächen, 2001, S. 178 ff; *Mitschang*, NVwZ 1997, 796; *Porger*, WiVerw 1999, 36, *Stich*, WiVerw 1993, 104.

dung waren,[27] kann für die Voraussetzungen und Rechtsfolgen der Aufhebung des Entwicklungsrechts lediglich auf die Kommentarliteratur zu § 162 BauGB[28] und sehr vereinzelte Stimmen zu Spezialfragen der Aufhebung[29] zurückgegriffen werden. Mit anderen Worten: Die städtebauliche Entwicklungsmaßnahme ist bisher ausführlich vom Anfang, kaum aber vom Ende her gedacht und untersucht worden.

II. Gegenstand der Untersuchung

Gegenstand der Untersuchung sind die Rechtsfragen, die sich im Zusammenhang mit dem Abschluss einer städtebaulichen Entwicklungsmaßnahme stellen, wobei der Abschluss der Maßnahme unter städtebaulichen Krisenbedingungen und die sich daraus ergebenden Besonderheiten im Mittelpunkt der Betrachtungen stehen.

Einen Schwerpunkt bildet dabei die Untersuchung der Voraussetzungen für die Aufhebung des Entwicklungsrechts. Die Aufhebung einer städtebaulichen Entwicklungssatzung findet ihre Rechtsgrundlage in §§ 169 Abs. 1 Nr. 8 i. V. m. § 162 BauGB.[30] Soweit § 162 Abs. 1 Satz 1 BauGB auf die Entwicklungsmaßnahmen entsprechend anzuwenden ist, bestimmt diese Norm, dass die Entwicklungssatzung aufzuheben ist, wenn die Entwicklung durchgeführt ist (Nr. 1), sich als undurchführbar erweist (Nr. 2) oder die Entwicklungsabsicht aus anderen Gründen aufgegeben wird (Nr. 3). § 162 Abs. 1 Satz 2 BauGB bestimmt ferner, dass diese Regelung auch dann Anwendung findet, wenn nur Teile des Entwicklungsbereichs aufgehoben werden sollen. Die Entlassung einzelner Grundstücke hingegen ist Gegenstand der Regelungen in § 163 BauGB.

Damit ist der rechtliche Rahmen der Voraussetzungen einer Aufhebungssatzung beschrieben, die Auslegung der Tatbestandsalternativen im Einzelnen ist

---

[27] Auch aus Sicht von Architektur und Stadtplanung wurde die Entwicklungsmaßnahme eingehend untersucht, vgl. zuletzt *Dürsch*, Städtebauliche Entwicklungsmaßnahmen und Wohnungsbau – Wirkungsanalysen eines städtebaurechtlichen Instruments an Beispielen aus den neuen Bundesländern, 2004; *Dehne*, Die städtebauliche Entwicklungsmaßnahme im Kontext des kommunalen Flächenmanagements, 2001.

[28] Vor allem *Krautzberger*, jeweils in: Ernst/Zinkahn/Bielenberg/Krautzberger; Battis/Krautzberger/Löhr und Krautzberger, Städtebauförderungsrecht; *Neuhausen*, in: Kohlhammer-Kommentar; *Fislake*, in: Berliner Kommentar zum BauGB; *Köhler*, in: Schrödter, BauGB.

[29] *Arndt*, Die städtebauliche Entwicklungsmaßnahme, 1999, S. 135; *Watzke/Otto*, ZfBR 2002, 117.

[30] Auf die Bezugnahme auf die Verweisungsregel des § 169 Abs. 1 BauGB wird im Folgenden verzichtet, die Verweisung wird jeweils durch die „entsprechende" Zitierung der sanierungsrechtlichen Vorschriften deutlich gemacht.

aber ebenso ungeklärt wie ihr Verhältnis untereinander. Denn wann eine Entwicklung durchgeführt ist oder sich als undurchführbar erweist, kann nicht abstrakt bestimmt werden, sondern hängt von dem Entwicklungskonzept der planenden Gemeinde ab, das sich aus den konkreten städtebaulichen Verhältnissen ergibt.[31] Diese städtebaulichen Verhältnisse können sich ebenso ändern wie die finanziellen Rahmenbedingungen, in diesem Falle kann die Gemeinde ihr Konzept den veränderten Umständen anpassen und die Entwicklungsziele ändern.[32] Dadurch, dass das Entwicklungskonzept der Gemeinde Maßstab der „durchgeführten" oder „undurchführbaren" Entwicklung ist und dieses Entwicklungskonzept sich im Verlauf der Durchführung der Maßnahme ändern kann, muss sich aber die Frage nach den Grenzen dieser Änderungsmöglichkeiten stellen. Deshalb soll untersucht werden, welche Grenzen sich aus dem BauGB selbst und aus dem Verfassungsrecht für das Ermessen im Rahmen der Änderung der Entwicklungskonzeption ergeben. Damit sollen die rechtlichen Grenzen einer „eingeschränkten Durchführung" der Entwicklungsmaßnahme herausgearbeitet werden.

Auf der Rechtsfolgenseite stellen sich eine Vielzahl von Verfahrens- und Rechtschutzfragen, die zum Teil bislang ungeklärt sind. Für die Gemeinde ist es bei der Entscheidung, ob sie eine Entwicklungsmaßnahme vorzeitig beenden, insbesondere von erheblicher Bedeutung, welche Ansprüche der Grundstückseigentümer sie hierdurch auslösen kann. Die Untersuchung wird deshalb herausarbeiten, in welchen Grenzen eine rechtssichere Entlassung von Flächen aus dem Entwicklungsrecht möglich ist, ohne eine weitere erhebliche Kostenbelastung der öffentlichen Haushalte zu riskieren.

III. Gang der Untersuchung

Die skizzierten Probleme sollen im Rahmen einer umfassenden Darstellung der Rechtsfragen behandelt werden, die sich im Rahmen der Aufhebung des Entwicklungsrechts stellen. Im weiteren Ersten Teil werden die rechtlichen und tatsächlichen Ausgangspunkte der Untersuchung dargestellt. Hierzu wird zuerst die Entwicklung des Rechts der städtebaulichen Entwicklungsmaßnahme dargelegt (§ 2). Anschließend wird der Rechtmäßigkeitsmaßstab für die Festlegung städtebaulicher Entwicklungsbereiche herausgearbeitet (§ 3). Schließlich werden die verschiedenen Phasen der Durchführung der Maßnahme untersucht. An diesen Aufriss schließt sich eine Darstellung des konkreten Untersuchungsanlasses an, nämlich der rechtlichen und städtebaulichen Situation in den Berliner Entwicklungsbereichen, wodurch die Probleme verdeutlicht werden sollen, die sich durch den Wandel der Rahmenbedingungen der Stadtentwicklung stellen können (§ 4).

---

[31] Grundlegend *Krautzberger*, ZfBR 1983, 11 und *Lüers*, BBauBl. 1977, 152.

[32] *Krautzberger*, in: Ernst/Zinkahn/Bielenberg/Krautzberger, § 162, Rn. 11; *Fislake*, in: Berliner Kommentar zum BauGB, § 162, Rn. 5.

Im Zweiten Teil der Arbeit soll der Weg zur Beendigung der städtebaulichen Entwicklungsmaßnahme beleuchtet werden. Hierbei verdient die Frage, welche Rechtsfolgen ein Steckenbleiben der Maßnahme bei städtebaulichen und stadtwirtschaftlichen Krisenbedingungen hat, besondere Betrachtung. Es soll geklärt werden, ob ein späterer Wegfall der Voraussetzungen der Maßnahme zu einem Geltungsverlust führen und ob eine Entwicklungssatzung funktionslos werden kann (§ 5). Daran schließt sich eine Untersuchung der Möglichkeiten und Grenzen der Änderung der Ziele und Zwecke der Maßnahme infolge der Krisenbedingungen an (§ 6). Schließlich werden die rechtlichen Voraussetzungen für die Aufhebung des Entwicklungsrechts untersucht (§ 7). Hier werden die rechtlichen Grenzen dargelegt, in denen sich die Gemeinde aus einer städtebaulichen Entwicklungsmaßnahme zurückziehen kann.

Der Dritte Teil widmet sich schließlich den vielfältig ungeklärten Verfahrens- (§ 8) und Rechtschutzfragen der Aufhebung (§ 9). Die Arbeit schließt mit einer Zusammenfassung der Ergebnisse in Thesen ab.

§ 2 Entwicklung des Rechts der städtebaulichen Entwicklungsmaßnahme

Im Folgenden soll die Entwicklung des Rechts der städtebaulichen Entwicklungsmaßnahme skizziert werden. Dabei soll es nicht Aufgabe dieser Arbeit sein, jede einzelne Rechtsänderung im Laufe der nunmehr fünfunddreißigjährigen und sehr bewegten Geschichte der Maßnahme zu rekonstruieren,[33] die Darlegung von Grundzügen erscheint jedoch unverzichtbar für das Verständnis des Instruments. Dabei soll gerade auch der gesellschaftliche und politische Entstehungszusammenhang der wesentlichen Weichenstellungen in der Rechtsentwicklung in Blick genommen werden. Ein besonderes Augenmerk gilt hier dem Aufhebungsrecht: Um die Grundlage für eine umfassende Auslegung der Aufhebungsregeln zu erarbeiten, soll für die einschlägigen Normen der Wille des historischen Gesetzgebers ermittelt werden. Auf das Aufhebungsrecht wird deshalb in jeder Station der Rechtsentwicklung gesondert eingegangen.

Der städtebaulichen Entwicklungsmaßnahme ist ein bemerkenswertes gesetzgeberisches Schicksal attestiert worden.[34] Das Instrument ist allerdings trotz dieser

---

[33] Vgl. mit einer umfassenden Darstellung der Rechtsgeschichte beispielsweise *Bielenberg* und *Krautzberger*, in: Krautzberger, Städtebauförderungsrecht, Einleitung Rn. 200 ff; *Runkel*, in: Ernst/Zinkahn/Bielenberg/Krautzberger, Vorb. zu §§ 165–171, Rn. 4 ff.; sowie *Dehne*, Die städtebauliche Entwicklungsmaßnahme im Kontext des kommunalen Flächenmanagements, 2001, S. 9 ff.

[34] So *Krautzberger*, WiVerw 1993, 85.

wechselvollen Entwicklung in seinen Grundelementen weitgehend unverändert geblieben.[35] Als besonderes städtebauliches Steuerungsinstrument, das dem Staat erlaubt, direkten Einfluss auf die Verfügungsgewalt über Grund und Boden zu nehmen und die entwicklungsbedingten Wertsteigerungen der Grundstücke für die Finanzierung der öffentlichen Aufgaben abzuschöpfen, ist die Maßnahme zugleich in den Entwicklungslinien der Diskussion um die Baulandbeschaffung und die Sozialisierung der Bodenwertsteigerungen zu sehen, die seit der Zeit der Bodenreformbewegung im 19. Jahrhundert immer wieder kontrovers geführt wurde.[36]

I. Das Städtebauförderungsgesetz

Die städtebauliche Entwicklungsmaßnahme wurde – zusammen mit der städtebaulichen Sanierungsmaßnahme – erstmalig mit dem Städtebauförderungsgesetz[37] im Jahre 1971 eingeführt. Die Frage nach geeigneten städtebaulichen Instrumenten, um die Erweiterung und Erneuerung der Städte planerisch zu steuern, war indes schon seit Jahrzehnten Gegenstand rechtlicher und politischer Diskussion. Das hoheitliche Instrumentarium des im Jahre 1960 verkündeten Bundesbaugesetzes[38] reichte nach übereinstimmender Einschätzung in Wissenschaft und Praxis nicht aus, um die nach dem Wiederaufbau in den Blickpunkt rückende Sanierung und Neuordnung der Innenstädte zu bewältigen.[39] Auch der Gesetzgeber selbst hatte dies schon bei der Erarbeitung des Bundesbaugesetzes erkannt, diese Frage jedoch ausgeklammert und einem späteren Gesetz vorbehalten.[40] Schon bald wurde daher mit den Arbeiten an einem Sanierungs- und Stadterneuerungsgesetz begonnen,

---

[35] *Runkel*, in: Ernst/Zinkahn/Bielenberg/Krautzberger, Vorb. zu §§ 165–171, Rn. 7; *Krautzberger*, WiVerw 1993, 85/102.

[36] Hierauf soll im Rahmen dieser Arbeit nicht näher eingegangen werden, siehe hierzu *Dehne*, Die städtebauliche Entwicklungsmaßnahme im Kontext des kommunalen Flächenmanagements, 2001, S. 9 ff. sowie *Seitz*, Planungshoheit und Grundeigentum, 1999, S. 23 ff.

[37] Gesetz über städtebauliche Sanierungs- und Entwicklungsmaßnahmen in Gemeinden (Städtebauförderungsgesetz) vom 27. Juli 1971, BGBl. I, S. 1125 ff.

[38] BGBl. I 1960, S. 341 ff.

[39] *Bielenberg*, in: Krautzberger, Städtebauförderungsrecht, Einl., Rn. 200–208; *Salin*, in: Bundesminister für Wohnungswesen und Städtebau (Hrsg.): Diagnosen, Prognosen, Vorschläge – Stellungnahmen zu einem Gesetz über städtebauliche Entwicklungsmaßnahmen in Stadt und Land, 1968, S. 12/34; *Bonczek*, in: Ernst/Bonczek, Zur Reform des städtischen Bodenrechts, 1971, S. 53; *Zinkahn*, in: Deutsche Akademie für Städtebau und Landesplanung (Hrsg.): Abhandlungen zum neuen Städtebau und Städtebaurecht, 1962, S. 93 ff.

[40] *Bundesminister für Wohnungswesen und Städtebau* (Hrsg.), Städtebaubericht 1969, S. 102; *Krautzberger*, in: Ernst/Zinkahn/Bielenberg/Krautzberger, Vor §§ 136–164b, Rn. 5.

die im Jahre 1965 schließlich in einem ersten Gesetzentwurf mündeten.[41] Das Gesetzgebungsverfahren kam aber erst in der Zeit der sozial-liberalen Koalition unter Bundeskanzler Brandt mit der Verkündung des Städtebauförderungsgesetzes am 30. Juli 1971 zum Abschluss.[42]

1. Wandlung des Staats- und Planungsverständnisses seit den sechziger Jahren

Der langwierige Gesetzgebungsprozess fiel in eine Zeit, in der sich das Verständnis staatlicher Planung und Steuerung im Allgemeinen und der Stadtplanung im Besonderen grundlegend wandelte.

In der Rechtswissenschaft kam die Diskussion auf, ob bei der Bodennutzung Marktmechanismen zurückgedrängt und eine Erweiterung der öffentlichen Planungsbefugnisse durchgesetzt werden könnte. Die nach hunderten zählenden Buchbeiträge und Artikel zu dieser Frage sind kaum überschaubar.[43] Im Zentrum der Diskussion stand die Frage, wie sich eine Reform des Bodenrechts mit der Eigentumsgarantie nach Art. 14 Abs. 1 Satz 1 GG in Einklang bringen ließe.[44] Eine Vielzahl von Stimmen trat dafür ein, im Boden- und Baurecht ein höheres Maß an Gemeinwohlorientierung durchzusetzen.[45] Andere Autoren suchten der Zunahme öffentlicher Regulierung im Boden- und Baurecht wiederum entgegenzutreten.[46]

Parallel vollzog sich ein Wechsel im Selbstverständnis der Stadtplanung: In den Wiederaufbaujahren der jungen Bundesrepublik hatte zunächst zwangsläufig die Bedarfsdeckung im Vordergrund gestanden.[47] Neben der Notwendigkeit,

---

[41] Entwurf eines Gesetzes über die Förderung städtebaulicher Maßnahmen in Stadt und Land (Städtebauförderungsgesetz), BT-Drs. 4/3491.

[42] Insgesamt wurden drei Regierungsentwürfe vorgelegt; vgl. BT-Drs. 4/3491 (siehe bereits oben, 1965 durch die Regierung *Erhard*), BT-Drs. 5/3505 (1968 durch die Regierung *Kiesinger*) sowie BT-Drs. 6/510 (1970 durch die Regierung *Brandt*), ferner ein Initiativentwurf der *CDU/CSU-Bundestagsfraktion* (BT-Drs. 6/434 im Jahre 1969); zum Gesetzgebungsverfahren vgl. ausführlich *Bielenberg*, in: Krautzberger, Städtebauförderungsrecht, Einl., Rn. 209 ff.; *Dehne*, Die städtebauliche Entwicklungsmaßnahme im Kontext kommunalen Flächenmanagements, 2001, S. 57 ff.

[43] Vgl. die ausführliche Bibliographie von *Conradi/Dieterich/Hauff*, Für ein soziales Bodenrecht, 1972, S. 143–149.

[44] Zur näheren Darstellung des Diskussion vgl. *von Brünneck*, Die Eigentumsgarantie des Grundgesetzes, 1984, S. 351; *Seitz*, Planungshoheit und Grundeigentum, 1999, S. 47.

[45] Vgl. statt vieler *Leibholz*, in: v. Münch (Hrsg.), Aktuelle Dokumente zum Bodenrecht, 1972, S. 86; *Böckenförde*, in: ders., Staat, Gesellschaft, Freiheit, 1976, S. 318/322 ff.; *Sendler*, DÖV 1974, 73/83 ff.; *Wollmann*, in: Wehling (Hrsg.), Kommunalpolitik, 1975, S. 183 ff.

[46] Etwa *Forsthoff*, in: Festgabe für Maunz, 1971, S. 89/93 ff.; *Maunz*, DÖV 1975, 1 ff.

[47] Vgl. hierzu *Hillebrecht*, Städtebau als Herausforderung, 1957, S. 57.

schnell die Wohnungsnot der Nachkriegsjahre zu lindern, beherrschte das Denken der Planer das Idealbild einer „gegliederten und aufgelockerten Stadt"[48], das vor allem von den Ideen Le Corbusiers[49] beeinflusst war. Seit Beginn der sechziger Jahre wurde diese vorherrschende Lehre jedoch verstärkt kritisiert; zum einen im Hinblick auf die tatsächlichen Ergebnisse der Planung, die mit der Tendenz zur Nutzungstrennung zur Schaffung steriler Schlafstädte und zunehmender Zersiedelung geführt hatte;[50] zum anderen aber auch aus stadtsoziologischer Sicht: Gerade die „mannigfaltige Großstadt" mit intensiver Nutzungsmischung mache die Natur des Städtischen aus, es wurde die Notwendigkeit von „untereinander abhängigen, feinkörnig gesäten, verschiedenartigen Nutzungen" betont, „die sich gegenseitig sowohl wirtschaftlich als auch sozial gesehen stützen" – an die Stelle von Gliederung und Auflockerung der Stadt müssten deshalb Verflechtung und Verdichtung treten.[51]

Dieses geänderte, auf die Einbeziehung sozialer und wirtschaftlicher Faktoren bedachte Planungsverständnis ging einher mit einer Änderung des Verständnisses von Planung und Steuerung gesellschaftlicher Prozesse insgesamt: Mehr und mehr gewann eine Auffassung an gesellschaftlicher Deutungshoheit, welche auch Wirtschaft und Gesellschaft prinzipiell als der planerischen Beeinflussung zugänglich ansah.[52] Die räumliche Planung wurde dadurch eingebettet in eine gesellschaftspolitische Planung, die als eine „integrierte Entwicklungsplanung mehr als nur technische und ästhetische Ordnungsvorstellungen durchsetzen" sollte; es galt nach diesem Ansatz vielmehr „die räumlichen Voraussetzungen dafür zu schaffen, dass sich alle für die Gesellschaft förderlichen sozialen und wirtschaftlichen Kräfte frei entfalten können."[53] Der „soziale Städtebau"[54] sollte damit zugleich ein Instrument der Gesellschaftsplanung und der regionalen Strukturpolitik sein.

---

[48] So der Titel eines 1957 veröffentlichten Buches von *Göderitz/Rainer/Hoffmann*, das die Planungsvorstellungen dieser Zeit schlüssig zusammenfasst; vgl. zum ganzen auch *Albers/Papageorgiou-Venetas*, Stadtplanung – Entwicklungslinien 1945–1980, Bd. 1, S. 286 f.

[49] *Le Corbusier*, Manière de penser l'urbanisme, 1946; ders., Les trois établissements humains, 1959. *Le Corbusiers* Leitidee war die ‚Cité Radieuse', die strahlende Stadt, die er auch als „vertikale Gartenstadt" bezeichnete; in ihr sollten durch den konsequenten Bau von Hochhäusern 95 % der Stadtfläche für einen „Großen Park" freigehalten werden.

[50] Siehe den Überblick zu der damals aufkommenden Kritik bei *Albers/Papageorgiou-Venetas*, Stadtplanung – Entwicklungslinien 1945–1980, Bd. 1, 1984, S. 269 f.

[51] Siehe vor allem *Jacobs*, Tod und Leben großer amerikanischer Städte, 1963, S. 17 und 139; in der Bundesrepublik wurde diese Kritik aufgenommen u. a. von *Mitscherlich*, Die Unwirtlichkeit unserer Städte, 1971, S. 37.

[52] Vgl. auch hierzu die Darstellung von *Albers/Papageorgiou-Venetas*, Stadtplanung – Entwicklungslinien 1945–1980, Bd. 1, 1984, S. 44 und 289.

[53] So die Formulierung in der Erstausgabe des Städtebauberichts im Jahre 1969, *Bundesminister für Wohnungswesen und Städtebau* (Hrsg.), Städtebaubericht 1969, S. 9.

[54] *Bundesminister für Wohnungswesen und Städtebau* (Hrsg.), Städtebaubericht 1969, S. 6.

2. Die Entwicklungsmaßnahmen nach dem Städtebauförderungsgesetz

Vor diesem Hintergrund von reformatorischem Ehrgeiz und Planungseuphorie[55] führte das Städtebauförderungsgesetz (StBauFG) in den §§ 1–2, 53–63 die städtebauliche Entwicklungsmaßnahme ein. Das neue Recht erweist sich in vielerlei Hinsicht als Ergebnis des skizzierten neuen Planungsverständnisses:

a) Außenentwicklungsmaßnahme mit überörtlichem Charakter

Nach der Definition der Entwicklungsmaßnahmen in § 1 Abs. 3 StBauFG handelte es sich um

„Maßnahmen, durch die entsprechend den Zielen der Raumordnung und Landesplanung

1. neue Orte geschaffen oder
2. vorhandene Orte zu neuen Siedlungseinheiten entwickelt oder
3. vorhandene Orte um neue Orte erweitert werden.

Die Maßnahmen müssen die Strukturverbesserung in den Verdichtungsräumen, die Verdichtung von Wohn- und Arbeitsstätten im Zuge von Entwicklungsachsen oder den Ausbau von Entwicklungsschwerpunkten außerhalb der Verdichtungsräume, insbesondere in den hinter der allgemeinen Entwicklung zurückbleibenden Gebieten, zum Gegenstand haben."

Die Entwicklungsmaßnahme war damit nur im Außenbereich einsetzbar und ein ergänzendes Gegenstück zu den städtebaulichen Sanierungsmaßnahmen nach §§ 1 Abs. 2, 3–52 StBauFG, allerdings mit überörtlichem Charakter: Alle Alternativen des § 1 Abs. 3 Satz 1 BauGB setzten eine großflächige Schaffung von Bauland auf unbebauten Grundstücken voraus und waren in einen engen Zusammenhang mit den Aufgaben der Raumordnung und Landesplanung gestellt. Deshalb wurden sie zwar nach § 54 Abs. 1 Satz 1 StBauFG von der Gemeinde vorbereitet und durchgeführt, die Festlegung des Entwicklungsbereichs erfolgte jedoch nach § 53 StBauFG durch Rechtsverordnung der Landesregierung.

b) Instrument einer „integrierten Entwicklungsplanung"

Deutlicher Ausdruck des neuen Planungsverständnisses der „integrierten Entwicklungsplanung" war vor allem die Regelung des § 54 Abs. 2 StBauFG: Danach

---

[55] Auch *Krautzberger* stellte später fest: „Liest man aus heutiger Sicht die Gesetzentwürfe [...], so beeindruckt vor allem der ungemeine Wachstumswille und Optimismus hinsichtlich der städtebaulichen Entwicklungsmöglichkeiten und Entwicklungsnotwendigkeiten," in: *Bundesminister für Raumordnung, Bauwesen und Städtebau* (Hrsg.): Städtebauliche Entwicklungsmaßnahmen, 1985, S. 87.

hatte die Gemeinde die Voraussetzung dafür zu schaffen, dass durch die Entwicklungsmaßnahme „ein lebensfähiges örtliches Gemeinwesen entsteht, das nach seinem wirtschaftlichen Gefüge und seiner bevölkerungsmäßigen Zusammensetzung dem Zweck der städtebaulichen Entwicklungsmaßnahme entspricht, und in dem eine ordnungsmäßige und zweckentsprechende Versorgung der Bevölkerung mit Gütern und Dienstleistungen sichergestellt ist." Nicht die bloße Schlafstadt, sondern eine selbständige Trabantenstadt mit verflechteten und verdichteten Nutzungen war das Leitbild der Entwicklungsmaßnahme des Städtebauförderungsgesetzes, das neu zu schaffende Gemeinwesen sollte „strukturmäßig, soziologisch und wirtschaftlich lebensfähig" sein.[56]

c) Staatliche Durchführungsverantwortung

Das Gesetz sollte in seiner instrumentellen Ausgestaltung zu einer Effektivitätssteigerung des Städtebaus führen. Diese sollte durch ein Zusammenwachsen von Planung und Planausführung in staatlicher Hand erreicht werden. Während sich das Bundesbaugesetz noch auf ein „Vorbereiten und Leiten" der Grundstücksnutzung beschränkte (§ 1 Abs. 1 BBauG), bezog das StBauFG nun in § 1 Abs. 1 die „zügige Durchführung" der Maßnahmen in den „staatlichen Raumgestaltungsauftrag"[57] ein. Jede Entwicklungsmaßnahme sollte grundsätzlich „in einem Zuge" und „durch eine Hand" – nämlich nach § 54 Abs. 1 Satz 1 StBauFG durch die Gemeinde – durchgeführt werden. Der Gesetzgeber war der Überzeugung, die zügige und effiziente Durchführung der Maßnahme könne nur gewährleistet werden, wenn diese nicht der privaten Initiative überlassen bleibe.[58]

d) Gemeindliche Erwerbspflicht

Die Herrschaft der öffentlichen Hand über die Durchführung der Maßnahme wurde vor allem durch die gemeindliche Erwerbspflicht gesichert:[59] Nach § 54 Abs. 3 Satz 1 StBauFG sollte die Gemeinde die Grundstücke im Entwicklungsbereich erwerben; sie konnte dies nach § 57 Abs. 3 StBauFG notfalls durch Enteignung durchsetzen. Auf den so erworbenen Grundstücken hatte die Gemeinde entsprechend den Zielen und Zwecken der Entwicklungsmaßnahme Erschließungs- und Ordnungsmaßnahmen durchzuführen sowie Gemeinbedarfs- und Folgeeinrichtungen zu schaffen (vgl. § 59 Abs. 1, 2. Hs. StBauFG – „gemeindliche Ord-

---

[56] Begründung des Regierungsentwurfs, BT-Drs. 6/510, S. 48; vgl. zum ganzen schon *Bundesminister für Wohnungswesen und Städtebau* (Hrsg.), Städtebaubericht 1969, S. 70 ff.
[57] So die Formulierung von *Schmidt-Aßmann*, Grundfragen des Städtebaurechts, 1972, S. 223.
[58] Vgl. Begründung des Regierungsentwurfs, BT-Drs. 6/510, S. 47.
[59] *Schmidt-Aßmann*, Grundfragen des Städtebaurechts, 1972, S. 223.

nungsprärogative"[60]). Die für die private Bebauung vorgesehenen Grundstücke hatte die Gemeinde nach § 59 Abs. 1, 1. Hs. i. V. m. Abs. 2 StBauFG nach Neuordnung und Erschließung an Bauwillige zu veräußern, die glaubhaft machen mussten, dass sie die Grundstücke innerhalb angemessener Frist entsprechend den Festsetzungen der Entwicklungsbebauungspläne und den Erfordernissen der Entwicklungsmaßnahme bebauen werden.

e) Abschöpfung von Bodenwertsteigerungen

Im Gesetz schlägt sich eine neue bodenpolitische Konzeption nieder: Bodenwertsteigerungen, die durch die Entwicklungsmaßnahme eintreten, sollten nicht dem privaten Eigentümer, sondern der öffentlichen Hand zur Refinanzierung der Kosten der Maßnahme zustehen.[61] Das zuständige Bundesministerium hatte schon mit dem Städtebaubericht 1969 seine Auffassung dargelegt, wonach es dem Grundgedanken des sozialen Rechtsstaates widerspreche, „dass einzelne aus den mit den Mitteln der Allgemeinheit bewirkten Bodenwertsteigerungen einen ungerechtfertigten Gewinn ziehen."[62]

Um dieses Ziel zu erreichen, waren bei denjenigen Eigentümern, die ihr Eigentum nach § 57 Abs. 3 StBauFG durch Enteignung verloren, die Entschädigungszahlungen um den jeweiligen Entwicklungsvorteil zu reduzieren (§ 57 Abs. 1 Nr. 9 i. V. m. § 23 Abs. 2 StBauFG). Diese reduzierten Entschädigungsbeträge waren zugleich Maßstab für die „angemessenen Bedingungen" bei einem freihändigen Verkauf nach § 57 Abs. 3 Satz 2 StBauFG.[63]

Die Wiederveräußerung des Grundstücks an bauwillige Private erfolgte dann jedoch nach § 59 Abs. 5 Satz 1 StBauFG zum Verkehrswert, der sich durch die rechtliche und tatsächliche Neuordnung des Entwicklungsbereichs ergab, der Gemeinde kam also die entwicklungsbedingte Wertsteigerung zugute.[64] Eigentümer, die ihr Grundstück nach § 54 Abs. 3 Satz 3 StBauFG behielten, wurden nach § 54 Abs. 3 Satz 4 i. V. m. § 41 Abs. 4 StBauFG zu einem Ausgleichsbetrag herangezogen, welcher der durch die Entwicklungsmaßnahme bedingten Erhöhung des Werts seines Grundstückes entsprach.[65]

---

[60] *Schmidt-Aßmann*, Grundfragen des Städtebaurechts, 1972, S. 252.

[61] Vgl. Begründung des Regierungsentwurfs, BT-Drs. 6/510, S. 47, 49.

[62] *Bundesminister für Wohnungswesen und Städtebau* (Hrsg.), Städtebaubericht 1969, S. 113.

[63] *Schlichter*, in: Schlichter/Stich/Krautzberger, StBauFG, 1985, § 57, Rn. 14.

[64] *Schlichter*, in: Schlichter/Stich/Krautzberger, StBauFG, 1985, § 59, Rn. 10.

[65] Hierzu detailliert *Stich*, in: Schlichter/Stich/Krautzberger, StBauFG, 1985, § 41, Rn. 14 ff.

f) Aufhebung nur nach durchgeführter Entwicklung

Für den für die Untersuchung besonders beachtlichen Aspekt der Aufhebung des Entwicklungsrechts regelt § 63 Abs. 1 StBauFG:

„Die Erklärung zum städtebaulichen Entwicklungsbereich ist von der Landesregierung durch Rechtsverordnung aufzuheben, wenn die Entwicklungsmaßnahme durchgeführt ist. Ist die Entwicklungsmaßnahme nur in einem Teil des Entwicklungsbereichs durchgeführt, so kann die Erklärung für diesen Teil aufgehoben werden."

Anders als das Sanierungsrecht, dessen Aufhebung nach § 51 Abs. 2 StBauFG auch dann erfolgen konnte, wenn sich die Sanierung als undurchführbar erwies, „insbesondere, weil die erforderlichen Finanzierungsmittel nicht beschafft werden können," oder die Sanierungsabsicht aus anderen Gründen aufgegeben wurde,[66] kannte das Entwicklungsrecht des Städtebauförderungsgesetzes nach der gesetzgeberischen Konzeption also kein Scheitern.

Schlichter nahm 1985 an, dies beruhe darauf, dass der Gesetzgeber davon ausgegangen sei, dass die Landesregierung die Entwicklungsmaßnahme wirkungsvoller fördern könne als dies bei der Sanierungsmaßnahme der Fall sei. Darüber hinaus erwerbe die Gemeinde nach § 54 Abs. 3 StBauFG die Grundstücke in der Regel, so dass das Zeitmoment bei der Entwicklung nicht als so dringend anzusehen sei, dass daran die ganze Maßnahme scheitern könne. Er plädiert aber für den nicht auszuschließenden Fall, dass eine Entwicklungsmaßnahme „stecken bleibe", für eine analoge Anwendung des § 51 Abs. 2 StBauFG, mit der Folge, dass auch im Falle der Undurchführbarkeit der städtebauliche Entwicklungsbereich durch Rechtsverordnung der Landesregierung aufzuheben sei.[67]

Auch der nach dem Sanierungsrecht mögliche Fortfall der Rechtswirkungen für einzelne Grundstücke (§ 50 StBauFG) existierte für Grundstücke im Entwicklungsbereich zunächst nicht,[68] mit der Novellierung des Städtebauförderungsförderungsgesetzes im Jahre 1979[69] wurde mit § 63 Abs. 2a StBauFG diese Möglichkeit jedoch geschaffen. Zuständig war für diese Abschlusserklärung die Gemeinde, die jedoch die Zustimmung der nach Landesrecht zuständigen Behörde einholen musste, um Diskrepanzen zu den Vorstellungen der Landesregierung auszuschließen.[70]

---

[66] Vgl. zur Aufhebung von Sanierungssatzungen nach dem StBauFG *Krautzberger*, ZfBR 1983, 11 ff; *Wachter*, Abschluss der Sanierung – Probleme aus kommunaler Sicht, 1983.

[67] *Schlichter*, in: Schlichter/Stich/Krautzberger, StBauFG, 1985, § 63, Rn. 1; so für den Fall der Aufgabe der Entwicklungsabsicht auch *Püttner/Schöning*, StBauFG, 1976, Anm. zu § 63.

[68] Dies stellt auch *Baumeister* fest in: Baumeister, StBauFG, 1971, Anm. zu § 63.

[69] BGBl. I 1979, S. 949, sog. „Beschleunigungsnovelle".

[70] *Schlichter*, in: Schlichter/Stich/Krautzberger, StBauFG, 1985, § 63, Rn. 8.

Andersherum bezog sich die ausdrückliche Ermächtigung, einen Teil des Sanierungsgebiets förmlich aufzuheben, nach dem Wortlaut von § 51 Abs. 2 Satz 2 StBauFG nur auf die Fälle, in denen die Sanierung sich als undurchführbar erwiesen hatte oder die Entwicklungsabsicht aus anderen Gründen aufgegeben worden war, nicht aber auf Fälle der Durchführung der Sanierung in Teilgebieten.[71] Der städtebauliche Entwicklungsbereich konnte hingegen auch dann teilweise förmlich aufgehoben werden, wenn die Entwicklung nur in einem Teilbereich durchgeführt war (§ 63 Abs. 1 Satz 2 StBauFG).

II. Die städtebauliche Entwicklungsmaßnahme als Auslaufmodell

Die städtebauliche Entwicklungsmaßnahme nach dem Städtebauförderungsgesetz wurde jedoch schon Mitte der achtziger Jahre wieder zum Auslaufmodell.

1. Änderung der städtebaulichen Situation in den siebziger und achtziger Jahren

Das Instrument hatte nach der Konzeption des StBauFG die großflächige und raumgreifende Schaffung von Bauland zum Ziel, die schon nach wenigen Jahren nicht mehr den städtebaulichen Bedürfnissen entsprach.[72] Von den zwischen dem Inkrafttreten des StBauFG im Jahre 1971 und dem Inkrafttreten des Baugesetzbuchs (BauGB) im Jahre 1987 insgesamt 42 durch das Bundesprogramm nach § 72 StBauFG geförderten Entwicklungsmaßnahmen wurden 31 in den Jahren 1971–1974, neun in den Jahren 1975–1979 und nur noch zwei nach 1980 in das Programm der Städtebauförderung aufgenommen.[73]

Ein wichtiger Grund für die zurückhaltende Handhabung des Instruments durch die Länder wird darin zu sehen sein, dass sich die prognostizierten Bevölkerungs-

---

[71] Ob gleichwohl auch in den Fällen des § 51 Abs. 1 StBauFG eine Teilaufhebung der Sanierungssatzung möglich war, war in der Literatur strittig; dagegen etwa *Heitzer/Oestreicher*, BBauG und StBauFG, 1977, § 63, Anm. b); dafür z. B. *Krautzberger*, in: Schlichter/Stich/Krautzberger, StBauFG, 1985, § 51, Rn. 10 m. w. N.

[72] Dies stellte die Bundesregierung bereits 1981 in der Begründung zur – im Gesetzgebungsverfahren gescheiterten – „Baulandnovelle" fest; Entwurf eines Gesetzes zur Erleichterung der Bereitstellung von Bauland, BT-Drs. 9/746, S. 14; vgl. auch *Krautzberger*, in: Battis/Krautzberger/Löhr, 1987, Vor §§ 165–171, Rn. 6.

[73] *Koopmann*, in: Bundesminister für Raumordnung, Bauwesen und Städtebau (Hrsg.): Städtebauliche Entwicklungsmaßnahmen, 1985, S. 15; hier findet sich auch ein Überblick über alle 42 Maßnahmen, die nach dem StBauFG verwirklicht werden sollten. Der Überblick zeigt, dass vielfältige städtebauliche Problemstellungen mit dem Instrument gelöst wurden.

§ 2 Rechtsentwicklung

steigerungen nicht bewahrheitet hatten – statt der zu Anfang der siebziger Jahre für das Jahr 1985 prognostizierten 65 Millionen Einwohner lebten 1987 nur etwa 61,6 Millionen Menschen in der (alten) Bundesrepublik,[74] die Bundesregierung ging vor der Volkszählung 1987 tatsächlich sogar von noch niedrigeren Zahlen aus und schätzte die Bevölkerung der Bundesrepublik auf unter 60 Millionen Menschen.[75]

Außerdem zeichnete sich seit Beginn der achtziger Jahre wiederum ein Wandel im städtebaulichen Denken ab. So leitet etwa der Ausschuss für Raumordnung, Bauwesen und Städtebau des Deutschen Bundestages seine Beschlussempfehlung zu dem von der Bundesregierung eingebrachten Entwurf des Baugesetzbuchs 1986 wie folgt ein:

„Die letzten Jahre sind durch einen spürbaren Wandel im Städtebau gekennzeichnet. Die Begrenztheit der Ressourcen Natur, Wasser und Boden ist in das allgemeine Bewusstsein gerückt. Fragen der Stadtökologie, der Wiederverwendung brachliegender Flächen im Stadtbereich, der behutsamen Stadterneuerung, der Verbesserung des Wohnumfeldes, der Erhaltung des Gebäudebestandes und der Wiederbelebung der Innenstädte sind in den Vordergrund getreten. Der Neubau auf bisher unbebauten Flächen verliert – auch angesichts der rückläufigen Bevölkerungsentwicklung – an Bedeutung."[76]

Die Bundesregierung sah spätestens seit 1985 kein besonderes Bedürfnis mehr für eine Politik der forcierten Baulandmobilisierung. In ihrer Antwort auf eine Große Anfrage der SPD-Bundestagsfraktion zur „Baulandsituation, Entwicklung der Baulandpreise, des Bodenrechts und der Bodensteuern"[77] führt sie aus, dass die Ausweisung neuer Bauflächen in größerem Umfang nicht mehr das zentrale Problem der künftigen Stadtentwicklung sei; angesichts erheblicher Baulandreserven und des zunehmenden Erfordernisses, vorhandenen Freiraum als natürliche Lebensgrundlage so weit wie möglich zu erhalten, stelle sich die Baulandfrage weniger unter Versorgungs- und Verteilungs- als vielmehr zunehmend unter ökologischen Gesichtspunkten.[78]

Die Antwort auf die parlamentarische Anfrage macht darüber hinaus an verschiedener Stelle deutlich, dass auch hinsichtlich des Planungsverständnisses ein Wandel eingetreten war: War das Städtebauförderungsgesetz noch von großen Er-

---

[74] *Statistisches Bundesamt (Hrsg.):* Bevölkerung und Erwerbstätigkeit, Volkszählung vom 25.5.1987, Heft 7: Bevölkerung in Privathaushalten, 1991, S. 10; zu den erheblichen Abweichungen der Bevölkerungsprognosen aus den sechziger und siebziger Jahren im Vergleich zur tatsächlichen Entwicklung vgl. schon *Lossau/Scharmer,* Der Zeitaspekt in der Landes- und Regionalplanung, 1985, S. 38 ff.
[75] Vgl. *Koopmann,* in: Bundesminister für Raumordnung, Bauwesen und Städtebau (Hrsg.): Städtebauliche Entwicklungsmaßnahmen, 1985, S. 14.
[76] BT-Drs. 10/6166, S. 1.
[77] BT-Drs. 10/2358.
[78] BT-Drs. 10/3690, S. 1.

wartungen an staatliche Planung und Steuerung geprägt, wurde spätestens mit dem Regierungswechsel im Jahre 1982 Deregulierung und Liberalisierung Leitlinie politischen Handelns. Das Städtebaurecht sollte nicht länger Instrument allgemeinpolitischer Zielsetzungen sein, Planungsgewinne im Grundsatz dem Grundstückseigentümer zustehen,[79] Vorschriften nicht mehr „jede mögliche Handlung von Gemeinden gesetzlich im einzelnen vorschreiben", privat- oder öffentlich-rechtlichen Vereinbarungen grundsätzlich der Vorzug vor hoheitlichen Eingriffen eingeräumt werden.[80]

2. Die Entwicklungsmaßnahmen nach dem Überleitungsrecht des BauGB

Anlässlich der Zusammenfassung von Bundesbaugesetz und Städtebauförderungsgesetz im Baugesetzbuch (BauGB) vom 8. 12. 1986[81] zog der Gesetzgeber die Konsequenzen aus diesem Werte- und Bedingungswandel: Zwar wurde die städtebauliche Entwicklungsmaßnahme – mit geringen Abweichungen im Vergleich zum StBauFG[82] – in den Text des BauGB übernommen, nach § 165 BauGB dieser Fassung waren die Vorschriften des städtebaulichen Entwicklungsrechts aber nur auf die vor dem 1. Juli 1987 festgelegten städtebaulichen Entwicklungsbereiche anzuwenden, neue Maßnahmen konnten nicht mehr eingeleitet werden. Es handelte sich bei den §§ 165–171 BauGB in der Fassung der ersten Verkündung des BauGB damit nur um „Überleitungsrecht" für die Durchführung der laufenden Maßnahmen.[83]

In der Begründung des Gesetzentwurfs der Bundesregierung heißt es dazu, das Instrument der städtebaulichen Entwicklungsmaßnahme werde in Zukunft nur noch geringe praktische Bedeutung haben, die Zeit der Trabantenstädte und der großflächigen Ausweisung neuer Baugebiete im Außenbereich sei vorbei; die städtebauliche Entwicklungsmaßnahme entspräche in ihrer Konzeption der Außenentwicklung, die überholt sei.[84] In Literatur und Praxis stieß die Entscheidung des Gesetzgebers auf Zustimmung,[85] zum Teil aber auch auf Kritik.[86]

---

[79] BT-Drs. 10/3690, S. 10: „Dem Städtebaurecht wäre der Gesichtspunkt einer ‚Umverteilung' von Vermögenswerten, wie sie sich im Zusammenhang mit städtebaulichen Maßnahmen und Planungen verändern können, wesensfremd. Das Städtebaurecht wäre zur Verwirklichung entsprechender allgemeinpolitischer Ziele ungeeignet."

[80] BT-Drs. 10/3690, S. 12. Diese Argumentation nimmt auch die Begründung des Regierungsentwurfs zum BauGB auf, wenn die Rechts- und Verwaltungsvereinfachung und der „Abbau von nicht unabweisbar erforderlichen Bestimmungen" als ein zentrales Ziel des Gesetzesvorhabens bezeichnet wird, vgl. BT-Drs. 10/4630, S. 50 f.

[81] BGBl. I 1986, S. 2253.

[82] Vgl. hierzu im Einzelnen *Dehne*, Die städtebauliche Entwicklungsmaßnahme im Kontext des kommunalen Flächenmanagements, 2001, S. 102 f.

[83] *Krautzberger*, WiVerw 1993, 85.

Im Zuge der Übernahme des „auslaufenden" Entwicklungsrechts in das BauGB blieb die Regelung über die Aufhebung der Erklärung zum städtebaulichen Entwicklungsbereich durch § 171 BauGB der damaligen Fassung im Vergleich zu § 63 StBauFG materiell unverändert.[87] Auch die Vorschriften über den Abschluss der Sanierung (zuvor §§ 50 bis 52 StBauFG) wurden mit §§ 162 bis 164 BauGB im Wesentlichen unverändert übernommen,[88] allerdings erfuhr die zuvor umstrittene Teilaufhebung im Falle der – teilweise – durchgeführten Sanierung eine ausdrückliche Kodifizierung, indem § 162 Abs. 1 Satz 2 BauGB auf alle drei Aufhebungsgründe nach § 162 Abs. 1 Satz 1 BauGB bezogen wurde.[89] Anders als nach § 51 Abs. 2 Satz 1 StBauFG, wonach sich die Sanierung insbesondere als undurchführbar erwies, wenn die erforderlichen Finanzmittel nicht beschafft werden konnten, wurde nun kein Grund für die Undurchführbarkeit der Sanierung mehr besonders hervorgehoben, nach einhelliger Meinung des Gesetzgebers[90] und der Literatur[91] hatte es sich dabei um eine entbehrliche Klarstellung der Rechtslage gehandelt.

Die unveränderte Übernahme der Regelungen des Entwicklungsrechts in das BauGB zeigt, dass der Gesetzgeber keine Notwendigkeit gesehen hat, auf die Bedenken der Literatur einzugehen,[92] wonach auch bei der städtebaulichen Entwicklungsmaßnahme Fälle der Undurchführbarkeit oder der Aufgabe der Entwicklungsabsicht eintreten könnten, denn ein Verweis auf die Aufhebungsregelung des Sanierungsrechts in § 162 Abs. 1 Satz 1 Nr. 2 und Nr. 3 BauGB ist nicht erfolgt. Schlichter hält auch nach der unveränderten Übernahme der Beschränkung auf die Aufhebung nach durchgeführter Entwicklung eine entsprechende Anwendung des § 162 Abs. 1 Satz 1 Nr. 1 BauGB für geboten, falls sich die Entwicklung als undurchführbar erweist.[93]

---

[84] BT-Drs. 10/4630, S. 50; vgl. auch die Antwort der Bundesregierung auf die Große Anfrage der *SPD-Bundestagsfraktion* zur „Baulandsituation, Entwicklung der Baulandpreise, des Bodenrechts und der Bodensteuern", BT-Drs. 10/3690, S. 11.

[85] Beispielhaft *Schlichter*, in: Berliner Kommentar zum BauGB, 1988, Vor §§ 165–171, Anm. I.

[86] Vgl. Stellungnahmen von Verbänden, Organisationen, Wissenschaftlern und Praktikern zu dem Gesetzentwurf der Bundesregierung zum BauGB, *Ausschuss für Raumordnung, Bauwesen und Städtebau* des Deutschen Bundestages, Ausschuss-Drucksache Nr. 20 vom 8.4.1986.

[87] *Krautzberger*, in: Battis/Krautzberger/Löhr, 1987, Anmerkung zu § 171.

[88] *Krautzberger*, in: Battis/Krautzberger/Löhr, 1987, Vorbemerkung zu §§ 162–164.

[89] *Fislake*, in: Berliner Kommentar zum BauGB, 1988, § 162, Rn. 11, *Krautzberger*, in: Battis/Krautzberger/Löhr, 1987, § 162, Rn. 10.

[90] Begründung des Regierungsentwurfs, BT-Drs. 10/4630, S. 135.

[91] *Fislake*, in: Berliner Kommentar zum BauGB, 1988, § 162, Rn. 8. *Krautzberger*, in: Battis/Krautzberger/Löhr, 1987, § 162, Rn. 6.

[92] *Schlichter*, in: Schlichter/Stich/Krautzberger, StBauFG, 1985, § 63, Rn. 1; *Püttner/Schöning*, StBauFG, 1976, Anm. zu § 63; s.o., § 2 II.1.2.6.

Die Übernahme der Regelung des § 63 StBauFG mag auch damit zusammenhängen, dass die Überlegungen zur Aufhebung der Rechtsverordnung wegen Undurchführbarkeit oder Aufgabe der Entwicklungsabsicht bis zum Eintritt in das Gesetzgebungsverfahren des BauGB theoretischer Natur geblieben waren: Zwar wurden von den 42 Entwicklungsmaßnahmen, die nach dem Bundesprogramm der Städtebauförderung gefördert worden waren, tatsächlich zehn Maßnahmen abgebrochen oder sind gar nicht erst in die Durchführung gelangt, sie blieben aber allesamt „schon in der Anfangsphase stecken" und gelangten nicht zur förmlichen Festlegung.[94] Förmliche Aufhebungen festgelegter Entwicklungsbereiche erfolgten bis 1985 nur für zwei Entwicklungsmaßnahmen, diese sind jeweils nach durchgeführter Entwicklung gemäß § 63 StBauFG aus dem Entwicklungsrecht entlassen worden.[95]

III. Die Reaktivierung der Entwicklungsmaßnahme im BauGB-Maßnahmegesetz

Bereits drei Jahre nach ihrer Qualifizierung zum Auslaufmodell erlebte die städtebauliche Entwicklungsmaßnahme allerdings aufgrund eines neuerlichen erheblichen Wandels der städtebaulichen Rahmenbedingungen eine Wiederauferstehung, wenn auch zunächst im Gewand eines nur vorübergehend anwendbaren Sondergesetzes.

1. „Neue Wohnungsnot" Ende der achtziger Jahre und das „Boxberg"-Urteil des Bundesverfassungsgerichts

Die Gewissheit, auf ein besonderes Instrumentarium zur Umsetzung städtebaulicher Gesamtmaßnahmen verzichten zu können, war nicht von langer Dauer: Ging der Gesetzgeber bei der Erarbeitung des Baugesetzbuchs 1986 noch davon aus, der Neubau von Wohnflächen verliere angesichts einer rückläufigen Bevölkerungsentwicklung an Bedeutung,[96] fand er sich bereits durch die Ergebnisse der Volkszählung 1987 widerlegt: Durch die Zahlen wurde unabweisbar, dass vor

---

[93] *Schlichter*, in: Berliner Kommentar zum BauGB, 1988, § 171, Rn. 1.
[94] *Koopmann*, in: Bundesminister für Raumordnung, Bauwesen und Städtebau (Hrsg.): Städtebauliche Entwicklungsmaßnahmen, 1985, S. 15. Vgl. auch *Neuhausen*, in Kohlhammer-Kommentar zum BauGB, § 164, Rn. 3a, der im Zusammenhang mit Rückübertragungsansprüchen nach § 164 BauGB darauf hinweist, dass ein Fall der Undurchführbarkeit oder Aufgabe der Entwicklungsabsicht bei den Entwicklungsmaßnahmen auf Grundlage des StBauFG „wohl nicht vorgekommen ist".
[95] Es handelt sich um die Entwicklungsmaßnahmen Seevetal/Landkreis Harburg (1976) und Würzburg-Heuchelhof (1981); vgl. *Koopmann*, ebda.
[96] BT-Drs. 10/6166, S. 1.

§ 2 Rechtsentwicklung

allem durch veränderte Haushaltsstrukturen und den verstärkten Zuzug von Aus- und Übersiedlern tatsächlich ein erheblicher Mangel an Wohnraum herrschte.[97] Fortan bestimmte die Forderung nach der schnellen und effizienten Abhilfe der „neuen Wohnungsnot" die wohnungs- und städtebaupolitische Diskussion.[98]

Der Gesetzgeber reagierte darauf, indem er – im Rahmen eines wohnungsbaupolitischen Maßnahmenpaketes – auch seine Einschätzung hinsichtlich der Rolle der städtebaulichen Entwicklungsmaßnahme zum guten Teil revidierte und das Instrument mit dem Wohnungsbau-Erleichterungsgesetz[99] im Jahre 1990 wieder einführte. Im Regierungsentwurf zu diesem Gesetz heißt es zu der vormaligen Annahme, wonach die städtebauliche Entwicklungsmaßnahme in Zukunft nur noch eine geringe praktische Rolle spielen werde:

„Diese Annahme, hat sich hinsichtlich neuer Trabantenstädte als zutreffend erwiesen. Hinsichtlich der Erforderlichkeit eines besonderen Instrumentariums, um in Gemeinden mit einem erhöhten Bedarf an Wohn- und Arbeitsstätten städtebaulich integrierte Gesamtmaßnahmen entwickeln zu können oder größere innerstädtische Brachflächen einer Nutzung für Wohn- und Arbeitsstätten wieder zuführen zu können, erscheint die seinerzeitige Annahme aus heutiger Sicht den neuen städtebaulichen Aufgabenstellungen nicht mehr gerecht zu werden."[100]

Der Regierungsentwurf weist allerdings auch auf eine weitere Motivation des Gesetzgebers hin: Es sei „auch die [...] einengende Rechtsprechung des Bundesverfassungsgerichts zur privatnützigen Enteignung aus Gründen des Wohls der Allgemeinheit zu berücksichtigen."[101] Hintergrund dieser Ausführungen ist die so genannte Boxberg-Entscheidung[102] des Bundesverfassungsgerichts vom 24. März 1987, in der das Gericht strenge Anforderungen an die Zulässigkeit einer privatnützigen Enteignung aufgestellt hatte.[103]

Der Entscheidung lag folgender Sachverhalt zugrunde: Zur Anlage einer Teststrecke für Kraftfahrzeuge der Daimler-Benz AG hatte das zuständige Landesamt eine Unternehmensflurbereinigung – und damit rechtlich eine flächenhafte Enteig-

---

[97] Vgl. *Statistisches Bundesamt (Hrsg.)*: Bevölkerung und Erwerbstätigkeit, Volkszählung vom 25.5.1987, Heft 7.1.: Bevölkerung in Privathaushalten, S. 10 ff.; Heft 7.2.: Zusammensetzung der Haushalte, S. 14 ff. und Heft 7.3.: Ausgewählte Haushaltstypen, S. 18 ff.

[98] Exemplarisch für die damalige Diskussion die Beiträge bei *Ude* (Hrsg.): Wege aus der Wohnungsnot, 1990; dort insbesondere *Deimer*, S. 119 ff.

[99] Gesetz zur Erleichterung des Wohnungsbaus in Planungs- und Baurecht sowie zur Änderung mietrechtlicher Vorschriften (Wohnungsbau-Erleichterungsgesetz) vom 17. Mai 1990, BGBl. I, S. 1926.

[100] BT-Drs. 11/6508, S. 12; wortgleich schon der Entwurf der Fraktionen von CDU/CSU und FDP, BT-Drs. 11/5972, S. 11.

[101] BT-Drs. 11/6508, S. 12.

[102] BVerfGE 74, 264.

[103] Zu der Entscheidung vgl. statt vieler *Schmidt-Aßmann*, NJW 1987, 1587.

nung – angeordnet, nachdem der vollständige freihändige Grunderwerb im Vorfeld der Maßnahme gescheitert war. Durch das Vorhaben wurde das Ziel verfolgt, Arbeitsplätze zu schaffen und dadurch die regionale Wirtschaftsstruktur zu stärken. Einzelne Grundstückseigentümer sahen sich hierdurch in ihrem Grundrecht aus Art. 14 Abs. 1 Satz 1 GG verletzt und die Voraussetzungen des Art. 14 Abs. 3 GG nicht gewahrt.

Das BVerfG hielt zwar die privatnützige Enteignung nicht per se für verfassungswidrig,[104] im Fall einer Enteignung zugunsten eines Privaten sei nach Art. 14 Abs. 3 Satz 2 GG jedoch erforderlich, dass die Enteignung aufgrund eines Gesetzes erfolge, dass den Enteignungszweck deutlich umschreibe, die grundlegenden Enteignungsvoraussetzungen und das Verfahren zu ihrer Ermittlung festlege sowie Vorkehrungen zur Sicherung des verfolgten Gemeinwohlziels regele.[105] Das allgemeine Städtebaurecht lasse eine Enteignung mit dem Ziel, Arbeitsplätze zu schaffen und dadurch die regionale Wirtschaftsstruktur zu verbessern, jedenfalls nicht zu.[106]

Demgegenüber hatte das Gericht gegen eine flächendeckende Enteignung im städtebaulichen Entwicklungsbereich keine Bedenken; das StBauFG habe für städtebauliche Entwicklungsmaßnahmen den Enteignungszweck eindeutig und hinreichend konkretisiert.[107] Somit hatte das Gericht einerseits die privatnützige Enteignung mit den Mitteln des allgemeinen Städtebaurechts erschwert, andererseits aber die städtebauliche Entwicklungsmaßnahme, die ausdrücklich orts- und siedlungsstrukturelle Verbesserungen als Ziel verfolgen konnte, bestätigt. Damit ist das Bundesverfassungsgericht zum „Wiedergeburtshelfer" der städtebaulichen Entwicklungsmaßnahme geworden.

Die Renaissance der städtebaulichen Entwicklungsmaßnahme konnte sich dann auch auf breite Zustimmung in der parlamentarischen Beratung stützen: Als eine von wenigen Regelungen des Wohnungsbau-Erleichterungsgesetzes wurde sie von allen Fraktionen des Deutschen Bundestages begrüßt, die Beschlussempfehlung des Ausschusses für Raumordnung, Bauwesen und Städtebau zur Wiedereinführung des Instruments erfolgte einstimmig.[108]

---

[104] Vgl. hierzu ausführlich *Seitz*, Planungshoheit und Grundeigentum, 1999, S. 129 ff.
[105] BVerfGE 74, 264/286.
[106] BVerfG, ebda., S. 287 ff.
[107] BVerfG, ebda., S. 290 f., dies betonen auch *Gaentzsch*, NVwZ 1991, 921/922 und *Lemmen*, Bauland durch städtebauliche Entwicklungsmaßnahmen, 1993, S. 10.
[108] BT-Drs. 11/6636, S. 2 und 27.

2. Die Entwicklungsmaßnahmen nach dem BauGB-Maßnahmengesetz

Die städtebauliche Entwicklungsmaßnahme wurde in den §§ 6, 7 des Maßnahmengesetzes zum Baugesetzbuch (BauGB-MaßnG) geregelt, denn Entwicklungsbereiche nach dem neu konzipierten Instrument sollten nur bis zum 31. Mai 1995 förmlich festgelegt werden können[109] und deshalb nicht in das Voll- und Dauerrecht des BauGB übernommen werden. Die Sonderregelungen des BauGB-MaßnG sollten vielmehr nur vorübergehend „anstelle oder ergänzend" zum BauGB gelten (Art. 1 des Wohnungsbau-Erleichterungsgesetzes) und hatten insoweit den „Charakter eines Sondergesetzes" und „gesetzgeberischen Experimentiercharakter".[110] § 15 BauGB-MaßnG stellte klar, dass die „alten" städtebaulichen Entwicklungsmaßnahmen nach dem StBauFG weiterhin nach dem Übergangsrecht des BauGB durchzuführen und abzuschließen waren, während für neue städtebauliche Entwicklungsbereiche die Regelungen des BauGB-MaßnG galten.

Zwar blieb die Grundkonzeption der beiden Rechtsregime gleich, im Einzelnen verweist § 7 BauGB-MaßnG daher auch auf zahlreiche Regelungen des Sanierungs- und Entwicklungsrechts im Baugesetzbuch. Durch die Neukonzeption ergaben sich jedoch auch signifikante Unterschiede, die es rechtfertigen, von einer „städtebaulichen Entwicklungsmaßnahme neuen Typs"[111] zu sprechen.

a) Instrument der Stadtentwicklungsplanung

Gegenstand der neuen städtebaulichen Entwicklungsmaßnahmen sollten „Ortsteile und andere Teile des Gemeindegebiets" sein (§ 6 Abs. 2 Satz 1 BauGB-MaßnG). Die Maßnahmen waren damit nicht mehr auf die Schaffung neuer Orte und Siedlungseinheiten angelegt, sondern deutlich kleinteiliger[112] und trugen damit den gewandelten städtebaulichen Aufgaben Rechnung. Die Entwicklungsmaßnahme sollte nun ein Instrument sein, um in Gemeinden mit einem erhöhten Bedarf an Wohn- und Arbeitsstätten städtebaulich integrierte Gesamtmaßnahmen entwickeln zu können:[113] Ihre Festlegung setzte deshalb eine „besondere Bedeutung für die städtebauliche Entwicklung und Ordnung der Gemeinde" (§ 6 Abs. 2 Satz 1 BauGB-MaßnG) voraus. Daneben war zwar weiterhin die Verfol-

---

[109] Für die neuen Bundesländer traf der Gesetzgeber mit § 246a Abs. 1 Satz 1 Nr. 13 BauGB die Sonderregelung, dass städtebauliche Entwicklungsbereiche bis zum 1. Januar 1998 förmlich festgelegt werden konnten.

[110] So die Formulierungen von *Krautzberger*, WiVerw 1993, 85/91.

[111] So *Runkel*, in: Ernst/Zinkahn/Bielenberg/Krautzberger, Vor §§ 165–171, Rn. 9 sowie *Gaentzsch*, BauGB-Kommentar, 1991, § 6 BauGB-MaßnG, Rn. 1.

[112] *Runkel*, ZfBR 1991, 91/92.

[113] So die Begründung des Regierungsentwurfs, BT-Drs. 11/5972, S. 27.

gung landesplanerischer Ziele möglich, dies war aber nach der gesetzgeberischen Konzeption nicht mehr der Regelfall; im Wesentlichen handelte es sich bei der städtebaulichen Entwicklungsmaßnahme nun um ein Instrument der Stadtentwicklungsplanung.[114]

b) Innenentwicklungsmaßnahme

Als „einer der Hauptgründe für die Wiedereinführung der städtebaulichen Entwicklungsmaßnahme" wurde das Ziel bezeichnet, das Instrument zur Bewältigung der Brachflächenproblematik nutzbar zu machen.[115] Diesen gewandelten städtebaulichen Aufgaben folgend sollten die Maßnahmen deshalb erstmals auch – und gerade[116] – als Innenentwicklungsmaßnahme zulässig sein, die dazu dienen sollte, bestehende Ortsteile und Siedlungseinheiten im Rahmen einer städtebaulichen Neuordnung einer neuen Entwicklung zuzuführen (§ 6 Abs. 2 Satz 1 BauGB-MaßnG). Nach § 6 Abs. 4 Satz 3 BauGB-MaßnG konnten im Zusammenhang bebaute Gebiete in den städtebaulichen Entwicklungsbereich einbezogen werden, wenn die Flächen, vorhandenen Gebäude oder sonstigen baulichen Anlagen nicht entsprechend der beabsichtigten städtebaulichen Entwicklung und Ordnung genutzt wurden.[117] Schließlich wird die besondere Bedeutung, die der Gesetzgeber der Innenentwicklung zumaß, dadurch deutlich, dass nach § 6 Abs. 3 Nr. 2 BauGB-MaßnG die Wiedernutzung brachliegender Flächen neben dem erhöhten Bedarf an Wohn- und Arbeitsstätten eine eigenständige Konkretisierung des Allgemeinwohlerfordernisses darstellte.[118]

c) Förmliche Festlegung durch gemeindliche Satzung

Die städtebaulichen Entwicklungsbereiche wurden nach § 6 Abs. 5 BauGB-MaßnG nicht mehr durch Rechtsverordnung der Landesregierung förmlich festgelegt, sondern durch gemeindliche Satzung. Der zuständige Ausschuss für Raumordnung, Bauwesen und Städtebau des Deutschen Bundestages hatte nach einer öffentlichen Anhörung zum Gesetzentwurf beschlossen, dass die Entscheidung über den Einsatz der Maßnahme vollständig in die Hände der Gemeinde gelegt werden soll.[119] Der Regierungsentwurf und der gleichlautende Entwurf der Koali-

---

[114] *Krautzberger*, WiVerw 1993, 85/92; *Gaentzsch*, NVwZ 1991, 921/922.

[115] *Lemmen*, Bauland durch städtebauliche Entwicklungsmaßnahmen, 1993, S. 135.

[116] Diese Hervorhebung trifft *Schmidt-Eichstaedt*, BauR 1993, 38; vgl. auch *Dietererich/Dieterich-Buchwald*, ZfBR 1990, 61/63. Mit anderer Akzentsetzung *Runkel*, der davon ausgeht, die Außenentwicklungsmaßnahme werde auch weiterhin der „wichtigste Typ [der Maßnahme] bleiben", vgl. ZfBR 1991, 91/93.

[117] Hierzu *Schmidt-Eichstaedt*, BauR 1993, 38.

[118] *Lemmen*, Bauland durch städtebauliche Entwicklungsmaßnahmen, 1993, S. 136.

[119] Vgl. BT-Drs. 11/6636, S. 27; siehe zur Anhörung auch ebda. S. 21.

tionsfraktionen hatte dagegen noch die Festlegung durch Rechtsverordnung der Landesregierung vorgesehen.[120]

Der Ausschuss war der Auffassung, die Ausgestaltung als kommunales Planungsinstrument rechtfertige sich aus der gewandelten Aufgabenstellung und der veränderten Größenordnung städtebaulicher Entwicklungsbereiche nach § 6 Abs. 2 BauGB-MaßnG.[121] Allerdings wurde mit § 6 Abs. 7 BauGB-MaßnG eine Genehmigungspflicht durch die höhere Verwaltungsbehörde eingefügt.

d) Verstärkte Kooperation mit Privaten

Ein weiterer wesentlicher Unterschied zu den „alten" Entwicklungsmaßnahmen ist die deutliche Erweiterung der Abwendungsmöglichkeiten des Eigentümers. Nach § 7 Abs. 1 Nr. 12 BauGB-MaßnG i. V. m. § 166 Abs. 3 Satz 3 Nr. 2 BauGB sollte die Gemeinde nun vom Grunderwerb absehen, wenn der Eigentümer dazu in der Lage ist und sich dazu verpflichtet, das Grundstück entsprechend den Zielen und Zwecken der städtebaulichen Entwicklungsmaßnahme zu nutzen. Damit ist die Beschränkung des Abwendungsrechts auf Grundstücke, auf denen Eigenheime oder Kleinsiedlungen errichtet werden sollten, entfallen. Das Abwendungsrecht wurde somit dem Abwendungsrecht des Käufers beim gesetzlichen Vorkaufsrecht der Gemeinde nach § 27 BauGB nachgebildet. Damit wurden stärker auch Private als Akteure im städtebaulichen Entwicklungsbereich einbezogen.[122]

e) Verweis auf die Aufhebungsregelung im Sanierungsrecht

Auch für das Aufhebungsrecht ergab sich mit dem BauGB-MaßnG eine wesentliche Änderung: § 7 Abs. 1 Nr. 10 BauGB-MaßnG bestimmte, dass die §§ 162 bis 164 BauGB auf die städtebaulichen Entwicklungsmaßnahmen entsprechend anzuwenden waren. Damit galt nunmehr für Sanierung und Entwicklung dasselbe Aufhebungsrecht, die Entwicklungssatzung war aufzuheben, wenn die Entwicklung durchgeführt ist (§ 162 Abs. 1 Satz 1 Nr. 1 BauGB), sich die Entwicklung als undurchführbar erweist (Nr. 2) oder die Entwicklungsabsicht aus anderen Gründen aufgegeben wird (Nr. 3). In entsprechender Anwendung des § 162 Abs. 1 Satz 2 BauGB war die Entwicklungssatzung auch für ein Teilgebiet aufzuheben, wenn die Voraussetzungen des § 162 Abs. 1 Satz 1 nur für einen Teil des Entwicklungsgebiets gegeben waren.

---

[120] BT-Drs. 11/5972, S. 4 und BT-Drs. 11/6508, S. 5.
[121] BT-Drs. 11/6636, S. 27.
[122] *Runkel*, ZfBR 1991, 91/97, nennt als Beispiel etwa private Wohnungsbaugesellschaften, die im Entwicklungsbereich über ein größeres Areal verfügen.

Noch in den Gesetzentwürfen der Bundesregierung[123] und der Koalitionsfraktionen[124] war diese Angleichung an das Sanierungsrecht nicht vorgesehen, die Entwürfe sahen einen Verweis auf den für die „alten" Entwicklungsmaßnahmen geltenden § 171 BauGB vor, der wie dargelegt die Alternativen der Undurchführbarkeit und der Aufgabe der Entwicklungsabsicht nicht normierte, ohne in der Begründung darauf gesondert einzugehen.[125] Da der Ausschuss für Raumordnung, Bauwesen und Städtebau aber die Festlegung des Entwicklungsbereichs als gemeindliche Satzung statuierte[126] sah er es als „Folgeänderung zur satzungsrechtlichen Lösung"[127] an, statt auf den für die Verordnung der Landesregierung geltenden § 171 BauGB auf die für die gemeindliche Sanierungssatzung geltenden §§ 162 bis 164 BauGB zu verweisen. Damit hat das Aufhebungsrecht seine für das Entwicklungsrecht auch heute noch geltende Fassung erhalten. Eine Auseinandersetzung mit der Frage, ob bewusst auch der Fall der Undurchführbarkeit oder der Aufgabe der Entwicklungsabsicht vom Gesetzgeber als Aufhebungsgrund vorgesehen werden sollte, fand allerdings ausweislich der Gesetzesmaterialien nicht statt.

IV. Wiederaufnahme der Entwicklungsmaßnahme in das Voll- und Dauerrecht 1993

Wie von Teilen der Literatur bereits bei der Erarbeitung des BauGB-MaßnG gefordert[128] oder erwartet[129] wurde die städtebauliche Entwicklungsmaßnahme durch das Investitionserleichterungs- und Wohnbaulandgesetz[130] im Jahre 1993 wieder unbefristet in das BauGB und damit das Voll- und Dauerrecht übernommen (§§ 165 bis 171 BauGB). Für die auf Grundlage des „alten" Entwicklungsrechts festgelegten Entwicklungsbereiche gilt nach dem Überleitungsrecht des § 245a Abs. 2 BauGB allerdings weiterhin das Entwicklungsrecht in der vor dem Inkraft-

---

[123] BT-Drs. 11/6508, S. 6.

[124] BT-Drs. 11/5972, S. 5.

[125] BT-Drs. 11/5972, S. 15 und BT-Drs. 11/6508, S. 16. Die Begründungen legen lediglich dar, dass mit § 7 Abs. 1 Nr. 10 BauGB-MaßnG der Entwürfe „weitere Vorschriften, die für städtebauliche Entwicklungsmaßnahmen nach dem BauGB gelten, für entsprechend anwendbar" erklärt werden sollten.

[126] Siehe oben, § 2 III. 2. c).

[127] So in der Begründung des im Rahmen der Ausschussberatung geänderten Gesetzentwurfs, BT-Drs. 11/6636, S. 31.

[128] *Dieterich/Dieterich-Buchwald*, ZfBR 1990, 61/64.

[129] *Gaentzsch*, NVwZ 1991, 921, spricht von „guten Gründen und einer begründeten Erwartung."

[130] Gesetz zur Erleichterung von Investitionen und der Ausweisung und Bereitstellung von Wohnbauland (Investitionserleichterungs- und Wohnbaulandgesetz) vom 22. April 1993, BGBl. I, 466 ff.

treten des Investitionserleichterungs- und Wohnbaulandgesetz am 1. Mai 1993 geltenden Fassung, für die nach dem BauGB-MaßnG festgelegten Maßnahmen dagegen nach § 245a Abs. 3 BauGB das neue Recht der §§ 165 bis 171 BauGB.

Durch das Investitionserleichterungs- und Wohnbaulandgesetz wurde schließlich auch der § 247 BauGB neu gefasst, der Sonderregelungen für Berlin als Hauptstadt der Bundesrepublik Deutschland traf und hierzu in Abs. 7 bestimmte, dass die Entwicklung der Parlaments- und Regierungsbereiche in Berlin den Zielen und Zwecken einer städtebaulichen Entwicklungsmaßnahme nach dem neu gefassten § 165 Abs. 2 BauGB entspreche. Damit wurde die städtebauliche Entwicklungsmaßnahme auch an dieser Stelle wieder im Baugesetzbuch etabliert.

Mit der Übernahme der städtebaulichen Entwicklungsmaßnahme in das Voll- und Dauerrecht des BauGB reagierte der Gesetzgeber darauf, dass die Gemeinden von dem neu konzipierten Instrument nach dem BauGB-MaßnG in großem Umfang Gebrauch gemacht hatten:[131] Bereits Ende des Jahres 1992, also weniger als zwei Jahre nach Inkrafttreten des BauGB-MaßnG, waren in der Bundesrepublik 25 städtebauliche Entwicklungsbereiche förmlich festgelegt, 57 weitere befanden sich in Vorbereitung.[132] Damit sind im kurzen Zeitraum zwischen 1990 und 1992 bereits mehr Satzungen über Entwicklungsbereiche nach dem BauGB-MaßnG in Kraft getreten als Rechtsverordnungen über Entwicklungsbereiche nach dem StBauFG.[133] Inhaltlich blieb das Recht weitgehend unverändert, die Absicht des Gesetzgebers beschränkt sich im Wesentlichen auf eine verständlichere Fassung der Regelungen.[134]

Im parlamentarischen Verfahren hat der zuständige Ausschuss des Deutschen Bundestages, von dem die Übernahme des Instituts in das BauGB im Übrigen einvernehmlich begrüßt wurde, allerdings noch einige inhaltliche Änderungen vorgenommen:[135] Zur Klarstellung, dass fiskalische Interessen der Gemeinde nicht das Hauptmotiv für die Durchführung einer Entwicklungsmaßnahme sein dürfen und keine Überschüsse zugunsten der Gemeinde entstehen sollen, hat der Ausschuss unter anderem durch die Neufassung des § 169 Abs. 8 BauGB verdeutlicht, dass die insbesondere aus dem Verkauf der baureifen Grundstücke herrührenden Einnahmen der Gemeinde ausschließlich zur Finanzierung der erforderlichen Kosten der Maßnahme eingesetzt werden dürfen.[136]

---

[131] *Krautzberger*, WiVerw 1993, 85/92, spricht von einem „geradezu auffälligen Interesse in der kommunalen Praxis."

[132] Dies ergab eine Rechtstatsachenuntersuchung des Deutschen Instituts für Urbanistik, vgl. *Bunzel/Lunebach*, DÖV 1993, 649/550.

[133] Dies stellt auch die Begründung des Gesetzentwurfs der Koalitionsfraktionen heraus, BT-Drs. 12/3944, S. 24.

[134] Begründung des Gesetzentwurfs, ebda; zu den Änderungen im Einzelnen vgl. *Krautzberger/Runkel*, DVBl. 1993, 459 ff.

[135] Bericht des Ausschusses für Raumordnung, Bauwesen und Städtebau des Deutschen Bundestages, BT-Drs. 12/4340, S. 14.

Durch die Ersetzung des ursprünglichen „Überleitungsrechts" der §§ 165 bis 171 BauGB in der Fassung vor 1993 fiel auch der § 171 BauGB a. F. weg. Die Gesetzesbegründung stellt dazu fest:[137]

„Der bisherige § 171 (Aufhebung der Erklärung zum städtebaulichen Entwicklungsbereich, Fortfall von Rechtswirkungen für einzelne Grundstücke) stellt auf die Rechtslage zum Städtebauförderungsgesetz ab und soll aufgehoben werden. Auf den Abschluss der Entwicklungsmaßnahme sind nach § 169 Abs. 1 Nr. 6 die Vorschriften der §§ 162 bis 164 zum Abschluss der Sanierung entsprechend anzuwenden."

Durch diese Begründung wird deutlich, dass der Gesetzgeber bei der endgültigen Streichung der ausschließlich an der Durchführung anknüpfenden Aufhebungsregel des § 171 BauGB a. F. nicht die Erweiterung der Aufhebungsgründe vor Augen hatte, sondern den Wechsel von der Landesverordnung zur kommunalen Satzung, der eine entwicklungsrechtliche Sonderregelung nicht mehr erforderlich erscheinen ließ.

V. Weitere Angleichung an das Sanierungsrecht mit dem BauROG 1998

Eine bundesweite Umfrage der Bundesforschungsanstalt für Landeskunde und Raumordnung bei Städten und Gemeinden im Herbst 1996 ergab, dass im Bundesgebiet insgesamt 100 städtebauliche Entwicklungsbereiche festgesetzt waren, für 17 weitere stand der Satzungsbeschluss unmittelbar bevor und für 134 Gebiete liefen vorbereitende Untersuchungen. Damit erfasste die Umfrage 251 festgesetzte oder potentielle Anwendungsfälle.[138]

Zwar ließ sich zugleich feststellen, dass seit dem Jahr 1995 die Zahl neu eingeleiteter Maßnahmen zurückging, was auf die sich deutlich entspannende Baulandversorgungslage zurückgeführt wurde,[139] der Gesetzgeber hatte dennoch angesichts der großen Zahl der Anwendungsfälle keine Veranlassung, das Instrument bei der Novellierung des BauGB mit dem Bau- und Raumordnungsgesetz 1998[140] erneut in Frage zu stellen.

---

[136] Vgl. zum Ganzen auch *Leisner*, NVwZ 1993, 935/939, auf dessen Rechtsgutachten „Verfassungsfragen der Entwicklungsmaßnahmen nach dem Entwurf eines Wohnbaulandgesetzes" sich die Änderungsanträge in der parlamentarischen Beratung stützten.

[137] BT-Drs. 12/3944, S. 33.

[138] Veröffentlicht in *Bundesamt für Bauwesen und Raumordnung,* Städtebauliche Entwicklungsmaßnahmen, Arbeitspapiere 1/1998. Vgl. auch die ausführliche Auswertung bei *Dürsch*, Städtebauliche Entwicklungsmaßnahmen und Wohnungsbau, 2004, S. 47 ff.

[139] *Bundesamt für Bauwesen und Raumordnung,* Städtebauliche Entwicklungsmaßnahmen, Arbeitspapiere 1/1998, S. 16 ff.

[140] Gesetz zur Änderung des Baugesetzbuchs und zur Neuregelung des Rechts der Raumordnung (BauROG) vom 18. August 1997, BGBl. I, S. 2081.

§ 2 Rechtsentwicklung

Im Zuge der Novellierung erfolgte eine weitere Angleichung des städtebaulichen Entwicklungsrechts an die sanierungsrechtlichen Regelungen sowie eine Überarbeitung des Rechts der Entwicklungsträger.[141] Darüber hinaus wurden die Regelbeispiele für die Fälle, in denen das Wohl der Allgemeinheit die Durchführung der Maßnahme erfordert (§ 165 Abs. 1 Satz 1 Nr. 2 BauGB), um die Errichtung von Gemeinbedarfs- und Folgeeinrichtungen ergänzt.

Mit § 165 Abs. 1 Nr. 3 BauGB wurde das Erforderlichkeitskriterium für die Durchführung der Maßnahme verdeutlicht: Die Gemeinde kann danach einen städtebaulichen Entwicklungsbereich nur dann festsetzen, wenn die mit der Maßnahme verfolgten Ziele und Zwecke durch städtebauliche Verträge nicht erreicht werden können oder die Grundstückseigentümer nicht zum freihändigen Verkauf zum Anfangswert bereit sind.[142]

Durch diese Neuregelung konkretisiert der Gesetzgeber zum einen den Grundsatz der Verhältnismäßigkeit, zum anderen stellt er klar, dass die Entwicklungsmaßnahme gerade auch durch die fehlende Mitwirkungsbereitschaft von Eigentümern erst gerechtfertigt wird.[143] Das Aufhebungsrecht der §§ 162 bis 164 BauGB wurde durch die Novellierung nicht betroffen.

VI. Rechtslage nach dem EAG Bau 2004

Kleinere Änderungen am Recht der städtebaulichen Entwicklungsmaßnahme traten mit dem Europarechtsanpassungsgesetz Bau 2004[144] in Kraft: Zum einen wird nach § 169 Abs. 1 Nr. 3 i. V. m. §§ 144, 145 Abs. 1 BauGB die entwicklungsrechtliche Genehmigung nunmehr „aus einer Hand" erteilt.[145] Ist neben der entwicklungsrechtlichen Genehmigung nämlich auch eine baurechtliche Genehmigung oder eine baurechtliche Zustimmung erforderlich, so wird nach § 145 Abs. 1 Satz 2 BauGB diese nun von der Baugenehmigungsbehörde im Einvernehmen mit der Gemeinde erteilt.

---

[141] Vgl. zu den Rechtsänderungen im Einzelnen vgl. *Battis / Krautzberger / Löhr*, NVwZ 1997, 1145/1163; *Lüers*, ZfBR 1997, 275/279.

[142] Damit kodifiziert der Gesetzgeber die von der Rechtsprechung zuvor herausgebildeten Grundsätze; vgl. BGH, NVwZ 1987, 923/924 f.; *Leisner*, NVwZ 1993, 935/937 ff., betont die Subsidiarität bereits für die Rechtslage nach dem BauGB in der Fassung von 1993; vgl. auch *Degenhard*, DVBl. 1994, 1041/1043.

[143] *Battis / Krautzberger / Löhr*, NVwZ 1997, 1145/1163; *Stich*, DVBl. 1997, 317/320.

[144] Gesetz zur Anpassung des Baugesetzbuchs an EU-Richtlinien (Europarechtsanpassungsgesetz Bau – EAG Bau) vom 24. 6. 2004, BGBl. I, S. 1359.

[145] So die Formulierung im Bericht des Ausschusses für Verkehr, Bau- und Wohnungswesen des Deutschen Bundestages, der die Änderung auf eine Prüfbitte des Bundesrates in das Gesetz aufgenommen hatte, vgl. BT-Drs. 15/2996, S. 68.

Eine inhaltliche Änderung erfährt auch § 165 Abs. 7 BauGB; die bundesrechtliche Genehmigungspflichtigkeit der städtebaulichen Entwicklungssatzung durch die höhere Verwaltungsbehörde entfällt, die Entscheidung, ob es künftig noch einer präventiven aufsichtsbehördlichen Kontrolle für Entwicklungssatzungen bedarf, wird durch § 246 Abs. 1a BauGB den Ländern überlassen.[146] Das Aufhebungsrecht der §§ 162 bis 164 BauGB erfuhr durch die Novelle wiederum keine Änderung.

Festzuhalten ist, dass die städtebauliche Entwicklungsmaßnahme im Zuge der Überarbeitung des BauGB als solche nicht in Frage gestellt wurde, obwohl wiederum eine Situation eingetreten war, in der die Nachfrage nach neuen Wohnflächen deutlich zurückgegangen war und für die Zukunft zum Teil sogar eine weitere Abnahme des Bedarfs prognostiziert wurde. Eine Lage also, in der für ein klassisches „Wachstumsinstrument" kaum Raum zu bestehen schien.

Dass es sich bei der Maßnahme aber um ein Instrument nur für Zeiten boomender Baukonjunktur handelt, wird in der jüngeren Literatur im übrigen bestritten:[147] Krautzberger etwa sagt voraus, es werde sich bald zeigen, dass die städtebauliche Entwicklungsmaßnahme auch zum Rückbau geeignet sei, um zum Beispiel im Zuge der Wiedernutzung brachliegender Flächen bestehende Siedlungsstrukturen zu erneuern und zu ergänzen.[148] Die grundsätzliche Eignung der städtebaulichen Entwicklungsmaßnahme für künftige Aufgaben der Stadtentwicklung soll für den Gesetzgeber denn auch dafür ausschlaggebend gewesen sein, keine rechtlichen Änderungen für das Instrument im Baugesetzbuch vorzusehen.[149]

Unverkennbar ist aber dennoch, dass der Gesetzgeber die künftigen Aufgaben des Städtebaus nicht mehr in erster Linie in der Mobilisierung von Bauland sieht. Dieser Paradigmenwechsel ist wenig erstaunlich, wenn man sich vor Augen hält, dass es in Mitteleuropa seit dem Ende des Dreißigjährigen Krieges zu keinem vergleichbaren Überschuss an Siedlungsflächen gekommen war.[150] An die Stelle der Abschöpfung von Plangewinnen für die Neuausweisung von Bauland, wie sie das Finanzierungsinstrumentarium der städtebaulichen Entwicklungsmaßnahme

---

[146] Vgl. ebenfalls den Bericht des Ausschusses für Verkehr, Bau- und Wohnungswesen, BT-Drs. 15/2996, S. 69, auch dieser Änderung lag ein Antrag des Bundesrates zugrunde, vgl. BT-Drs. 15/2250, S. 85; im Regierungsentwurf war die Änderung noch nicht vorgesehen, vgl. BT-Drs. 15/2250, S. 19.

[147] Vgl. zur städtebaulichen Entwicklungsmaßnahme als Instrument des Stadtumbaus die Wirkungsanalyse von *Dürsch*, Städtebauliche Entwicklungsmaßnahmen und Wohnungsbau, Berlin 2004.

[148] *Krautzberger*, in: Vorwort zu Dürsch, ebda., S. 14. Skeptisch dagegen *Möller*, Siedlungsrückbau in den neuen Ländern, 2006, S. 239.

[149] *Krautzberger/Dürsch*, BBauBl. 2003, Heft 12, S. 16/19. Die Autoren konnten die später auf Antrag des Bundesrates aufgenommenen, eben dargelegten marginalen Änderungen noch nicht berücksichtigen.

[150] *Benke*, Städte im Umbruch 1/2004, S. 7/8.

§ 2 Rechtsentwicklung   43

ermöglicht, sind die Organisation des Siedlungsrückbaus und die Verteilung der damit einhergehenden Verluste getreten.

Diese demographischen und ökonomischen Strukturveränderungen haben den Gesetzgeber bewogen, neben der Sanierungs- und Entwicklungsmaßnahme zwei weitere Maßnahmentypen in das Besondere Städtebaurecht einzufügen,[151] nämlich die Stadtumbaumaßnahmen (§§ 171a bis 171d BauGB) und die Maßnahmen der Sozialen Stadt (§ 171e BauGB). Zumindest neben dem „scharfen Schwert" des Entwicklungsrechts ist nunmehr ein Instrumentarium erforderlich, das zum einen verstärkt auf konsensuale Regelungen mit und zwischen den betroffenen Eigentümern setzt (vgl. etwa den Stadtumbauvertrag[152] nach § 171c BauGB) und zum anderen den umfangreichen Einsatz von Städtebauförderungsmitteln ermöglicht (vgl. §§ 171b Abs. 4, 171e jeweils i. V. m. §§ 164a, 164b BauGB).[153]

VII. Gesetz zur Innenentwicklung der Städte 2007

Mit dem am 1.1.2007 in Kraft getretenen Gesetz zur Erleichterung von Planungsvorhaben für die Innenentwicklung der Städte verfolgte der Gesetzgeber zuvörderst das Ziel, zur Verminderung der Flächeninanspruchnahme im Außenbereich und zur Beschleunigung wichtiger Planungsvorhaben das Bau- und Planungsrecht für Vorhaben der Innenentwicklung zu vereinfachen und zu beschleunigen.[154] Hierdurch wurde eine entsprechende Zielstellung aus der Koalitionsvereinbarung der Großen Koalition umgesetzt.[155] Die „kleine Novelle mit großen Auswirkungen"[156] führte insbesondere ein beschleunigtes Verfahren für per Legaldefinition in § 13a BauGB eingeführte Bebauungspläne der Innenentwicklung ein, brachte aber auch Änderungen für die städtebaulichen Sanierungsmaßnahmen, insbesondere im Ausgleichsbetrags- und Aufhebungsrecht.

---

[151] Vgl. dazu statt vieler *Möller*, Siedlungsrückbau in den neuen Ländern, 2006, S. 83 ff.; *Stemmler*, ZfBR 2004, 128.

[152] Das Gesetz sieht als Regelbeispiele für einen Stadtumbauvertrag etwa eine Rückbauverpflichtung mit Kostentragungsregelung, einen freiwilligen Entschädigungsverzicht oder einen Lastenausgleich zwischen den betroffenen Eigentümern vor (§ 171c Abs. 1 Satz 2). Vgl. zum Ganzen *Möller*, Siedlungsrückbau in den neuen Ländern, 2006, S. 108 ff.

[153] *Krautzberger*, in: Battis/Krautzberger/Löhr, Vor §§ 171 a-171 d, Rn. 2.

[154] Vgl. Begründung zum Gesetzentwurf der Bundesregierung vom 11.08.2006, BR-Drs. 558/06, S. 12.

[155] Vgl. Koalitionsvertrag von *CDU*, *CSU* und *SPD* vom 11.11.2005, Zeilen 2546 bis 2549.

[156] So wörtlich *Bunzel* in seinem Vortrag bei der Seminarveranstaltung „BauGB 2007 – Das neue Städtebaurecht im Gesamt-Überblick" des *vhw* am 14. März 2007.

1. Stärkung der Innenentwicklung

Die vom Gesetzgeber verfolgte „Orientierung der Siedlungsentwicklung auf die Städte und vorhandene Orte, auf die Wiederherstellung und Sicherung funktionsfähiger, urbaner Stadtzentren und -quartiere sowie die zügige Durchführung notwendiger Anpassungsmaßnahmen"[157] wurde insbesondere mit der Einführung des neuen § 13a BauGB angestrebt: Danach kann ein Bebauungsplan für die Wiedernutzbarmachung von Flächen, der Nachverdichtung oder andere Maßnahmen der Innenentwicklung (Bebauungsplan der Innenentwicklung) im beschleunigten Verfahren aufgestellt werden (§ 13a Abs. 1 Satz 1 BauGB). In diesem Verfahren gelten gemäß § 13a Abs. 2 BauGB die Vorschriften des vereinfachten Verfahrens nach § 13 Abs. 2 und Abs. 3 Satz 1 BauGB entsprechend, so dass unter anderem ein Verzicht auf die frühzeitige Unterrichtung und Erörterung mit Öffentlichkeit und Behörden nach § 3 Abs. 1 und § 4 Abs. 1 BauGB möglich ist.[158]

Der Beschleunigung des Verfahrens dient weiterhin vor allem,[159] dass durch die entsprechende Anwendung von § 13 Abs. 3 Satz 1 BauGB von der Umweltprüfung nach § 2 Abs. 4 BauGB, von dem seit dem EAG Bau 2004 akribisch zu formulierenden Umweltbericht nach § 2a BauGB, von der Angabe nach § 3 Abs. 2 Satz 2 BauGB in der ortsüblichen Bekanntmachung, welche umweltbezogenen Informationen verfügbar sind und von der förmlichen Umweltprüfung nach § 10 Abs. 4 BauGB sowie dem Monitoring nach § 4c BauGB abgesehen werden kann.[160] Schließlich gelten in Fällen des § 13a Abs. 1 Satz 2 Nr. 1 BauGB Eingriffe in Natur und Landschaft, die aufgrund der Aufstellung des Bebauungsplans zu erwarten sind, als im Sinne des § 1a Abs. 3 Satz 5 BauGB als vor der planerischen Entscheidung erfolgt oder zulässig.

Wenn die Wiedernutzbarmachung von Flächen im Sinne von § 13a Abs. 1 Satz 1 BauGB gerade auf Fälle abzielt, in denen ein Gebiet, das baulich nicht mehr genutzt wird, einer neuen Nutzung zugeführt wird, wie bei Gewerbe- und Industriebrachen,

---

[157] So die Gesetzesbegründung, BR-Drs. 558/06, S. 12.

[158] Darüber hinaus kann entsprechend § 13 Abs. 2 Nr. 2 BauGB der betroffenen Öffentlichkeit Gelegenheit zur Stellungnahme innerhalb angemessener Frist gegeben und wahlweise die Auslegung nach § 3 Abs. 2 BauGB durchgeführt werden sowie entsprechend § 13 Abs. 2 Nr. 3 BauGB den berührten Behörden und sonstigen Trägern öffentlicher Belange Gelegenheit zur Stellungnahme innerhalb angemessener Frist gegeben und wahlweise die Beteiligung nach § 4 Abs. 2 BauGB durchgeführt werden. Vgl. zur ortsüblichen Bekanntmachungen im Rahmen des beschleunigten Verfahrens außerdem § 13a Abs. 3 BauGB.

[159] Daneben kann nach § 13a Abs. 2 Nr. 2 BauGB von den Darstellungen des Flächennutzungsplans abgewichen werden, bevor der Flächennutzungsplan geändert oder ergänzt ist, der Flächennutzungsplan wird dann schlicht im Wege der Berichtigung angepasst.

[160] *Stüer* spricht von einer „Rolle rückwärts" im Vergleich zum EAG Bau 2004, vgl. Niederschrift der Vorstellung des Referentenentwurfs des Gesetzes im Rahmen des Jahrestreffens der *Deutschen Gesellschaft für Baurecht e. V.* im Juni 2006, S. 1.

aufgegebenen Bahnliegenschaften sowie militärischen Konversionsflächen,[161] so sind damit zugleich die Hauptanwendungsfälle der Innenentwicklungsmaßnahme nach § 165 Abs. 2 BauGB („im Rahmen einer städtebaulichen Neuordnung einer neuen Entwicklung zugeführt werden")[162] bezeichnet. Gleichwohl hat der Gesetzgeber eine Synchronisierung der Instrumente nicht erwogen. Die Tatsache, dass die Gemeinden bei der Anwendung des Instruments nach wie vor zurückhaltend sind,[163] hat nicht dazu geführt, dass Änderungen am Verfahrensrecht ins Auge gefasst worden wären.

Die Anwendung der Bebauungspläne der Innenentwicklung im Rahmen von Innenentwicklungsmaßnahmen dürfte im städtebaulichen Entwicklungsbereich durch die so genannte Kumulationsregelung sogar regelmäßig ausgeschlossen sein. Aufgrund der europarechtlichen Vorgaben ist der Anwendungsbereich des § 13a BauGB nach Abs. 1 Satz 2 der Vorschrift nämlich beschränkt auf Bebauungspläne,

- bei denen eine Grundfläche von weniger als 20.000 m² festgesetzt wird, wobei die Grundflächen mehrerer Bebauungspläne, die in einem engen sachlichen, räumlichen und zeitlichen Zusammenhang aufgestellt werden, mitzurechnen sind (Nr. 1) oder
- eine Grundfläche von 20.000 bis 70.000 m² festgesetzt wird, wenn auf Grund einer überschlägigen Prüfung die Einschätzung erlangt wird, dass der Bebauungsplan voraussichtlich keine erheblichen Umweltauswirkungen haben wird (Nr. 2).

Da es sich bei der Entwicklungsmaßnahme nach § 165 Abs. 1 BauGB um eine Gesamtmaßnahme handelt und die Bebauungspläne im Entwicklungsbereich gemäß § 166 Abs. 1 Satz 2 BauGB von der Gemeinde ohne Verzug aufzustellen sind, dürfte regelmäßig ein enger sachlicher, räumlicher und zeitlicher Zusammenhang bestehen, so dass die Grundflächen nach der Kumulationsregelung des § 13a Abs. 1 Satz 2 Nr. 1 BauGB zusammengerechnet werden müssen. Kommt es allerdings später, etwa bei einer Anpassung der Festsetzungen an gewandelte städtebauliche Verhältnisse, zu einer Änderung einzelner Entwicklungsbebauungspläne, so könnte das Planungsverfahren auf Grundlage von § 13a Abs. 4 BauGB im Wege des beschleunigten Verfahrens erfolgen, weil dann zwar immer noch ein enger sachlicher und räumlicher, aber kein zeitlicher Zusammenhang mehr mit den zu Anfang der Entwicklungsmaßnahme aufgestellten Bebauungsplänen besteht.[164]

---

[161] So ausdrücklich die Beispiele bei *Söfker*, in: BauGB 2007, Das neue Städtebaurecht im Gesamt-Überblick, Tagungsunterlage des *vhw* vom 14. März 2007, Kapitel III, S. 2.

[162] Siehe dazu noch näher § 3.II.3.a).

[163] *Runkel*, in: Ernst/Zinkahn/Bielenberg/Krautzberger, Vor §§ 165–171, Rn. 68; *Krautzberger* kann im Jahr 2006 rückblickend angesichts der kontinuierlichen Auslegung und Ausformung des Instruments durch die Rechtsprechung die Zurückhaltung in der Praxis bei der Anwendung dieses Rechtsbereichs „nicht voll nachvollziehen", in: Festschrift für Schmidt-Eichstaedt, 2006, S. 111/120.

Durch die erheblichen Verfahrenserleichterungen bei den Anwendungsfällen des § 13a BauGB will der Gesetzgeber einen Anreiz zur Innenentwicklung gegenüber Außenbereichsvorhaben schaffen. Söfker bezeichnet beispielsweise als Motiv für den Gesetzgeber, auf die Ausgleichspflicht nach § 1a BauGB zu verzichten, dass Bebauungspläne der Innenentwicklung als solche den wirksamsten Schutz vor Eingriffen in Natur und Landschaft darstellten, weil sie keine Außenbereichsfläche in Anspruch nähmen und damit eine Neuinanspruchnahme von Flächen vermeiden würden.[165] In der Literatur wird allerdings widersprochen, der allzu weite Anwendungsbereich der Vorschrift werde auf Kosten einer echten Innen*stadt*entwicklung eher eine zentrumsferne Siedlungsentwicklung noch begünstigen.[166] Dass die Bebauungspläne der Innenentwicklung im Sinne der neuen Vorschrift tatsächlich in allen Fällen eine Neuinanspruchnahme von Flächen vermeiden werden, ist angesichts der mannigfachen Fälle der „Arrondierungen des Siedlungsbereichs" und der Einbeziehung von Außenbereichsinseln, die im Planspiel als „sonstige Maßnahmen der Innenentwicklung" im Sinne des § 13a BauGB aufgefasst wurden, höchst fraglich.[167]

Die Grenze zur Außenentwicklung wird zusätzlich noch dadurch durchlässiger, dass für das die im beschleunigten Verfahren aufgestellten Bebauungspläne mit § 214 Abs. 2a Nr. 1 BauGB eine neue Planerhaltungsvorschrift geschaffen wurde, nach der die Verletzung von Verfahrens- und Formvorschriften auch dann unbeachtlich ist, wenn sie darauf beruht, dass die Voraussetzung nach § 13a Abs. 1 Satz 1 BauGB unzutreffend beurteilt worden ist. Plant die Gemeinde also weit in den Außenbereich hinein, nimmt aber an, es handele sich noch um eine „andere Maßnahme der Innenentwicklung", bleibt der Plan gleichwohl wirksam.

Im Ergebnis ist die Befürchtung nicht unbegründet, dass es planerisch anspruchsvolle, großflächige Maßnahmen des innerstädtischen Flächenrecyclings gegenüber kleinteiligen Arrondierungen am Siedlungsrand in Zukunft eher noch schwerer haben werden, sich in der kommunalen Praxis durchzusetzen. Im Jahr 2002 sah Runkel noch die Chance, „künftige Gesetzgeber" mögen die Entwicklungsmaßnahmen ausgeprägter als bisher zu einem Instrument der aktiven Innenentwicklung fortentwickeln und mit ihnen im Sinne einer Nachhaltigkeit der Innenentwicklung der Städte die Wiedernutzung von Brachflächen oder untergenutzter Strukturen stärker durchsetzbar machen.[168] Dieser Aufgabe hat sich der Gesetzgeber des

---

[164] In der Literatur wird allerdings bereits davor gewarnt, eine „zeitliche Salamitaktik" könne zu Gesetzesumgehungen führen, vgl. etwa *Scheidler*, ZfBR 2006, 752/754; *Jessel / Berg / Bielfeldt / Kahl*, Naturschutz und Landschaftsplanung, 2006, 269/273.

[165] *Söfker*, in: BauGB 2007, Das neue Städtebaurecht im Gesamt-Überblick, Tagungsunterlage des *vhw* vom 14. März 2007, Kapitel III, S. 4 f.

[166] *Jessel / Berg / Bielfeldt / Kahl*, Naturschutz und Landschaftsplanung, 2006, 269/274.

[167] Vgl. Beispiele bei *Bunzel*, in: BauGB 2007, Das neue Städtebaurecht im Gesamt-Überblick, Tagungsunterlage des *vhw* vom 14. März 2007, Kapitel IV, S. 4 ff.

Gesetzes zur Erleichterung von Planungsvorhaben für die Innenentwicklung der Städte nicht gestellt.

2. Die Befristung der Durchführungszeiträume bei Sanierungsmaßnahmen und Anpassungen des Aufhebungsrechts

Als „Beitrag zum Bürokratieabbau"[169] hat es sich der Gesetzgeber aber zur Aufgabe gemacht, den Abschluss von Sanierungsverfahren zu beschleunigen und zu erleichtern. Nach § 142 Abs. 3 Satz 3 BauGB ist nun bei dem Beschluss über die Sanierungssatzung zugleich durch gesonderten Beschluss der Gemeinde eine Frist festzulegen, in der die Sanierung durchgeführt werden soll; die Frist soll 15 Jahre nicht überschreiten.[170] Kann die Sanierung nicht innerhalb der Frist durchgeführt werden, kann die Frist gemäß § 142 Abs. 3 Satz 4 BauGB wiederum durch Beschluss verlängert werden.

Das Aufhebungsrecht wurde insoweit geändert, als dass nach § 162 Abs. 1 Satz 1 Nr. 4 BauGB die Sanierungssatzung nun aufzuheben ist, wenn die nach § 142 Abs. 3 Satz 3 und 4 BauGB festgesetzte – und ggf. verlängerte – Frist abgelaufen ist. Die Satzung tritt also auch bei Fristablauf nicht automatisch außer Kraft,[171] es handelt sich nicht um eine Befristung im Rechtssinne (wie etwa bei der nach § 17 Abs. 1 BauGB von vornherein befristet geltenden Veränderungssperre). Stemmler und Hohrmann gehen sogar davon aus, dass es der Gemeinde nicht verwehrt sei, die Sanierungsfrist auch noch nach Ablauf der ursprünglichen Sanierungsfrist zu verlängern; sei der Fristablauf versehentlich übersehen worden, könne die Fristverlängerung nach § 142 Abs. 3 Satz 4 BauGB nachgeholt werden, so dass die Voraussetzung der Aufhebungspflicht nachträglich entfalle.[172]

Außerdem knüpft der sanierungsrechtliche Rückübertragungsanspruch nach § 164 BauGB nun an die neue Befristungsregelung an. Ein Anspruch auf Rückübertragung besteht unter bestimmten weiteren Voraussetzungen nach § 164 Abs. 1

---

[168] *Runkel*, in: Ernst/Zinkahn/Bielenberg/Krautzberger, Vor §§ 165–171, Rn. 5 (Stand der 69. Lieferung, August 2002); hier auch mit dem Vorschlag, das Recht der städtebaulichen Entwicklungsmaßnahme vollständig in das System des BauGB zu integrieren, „z. B. in das Enteignungsrecht der §§ 85 ff.".

[169] So die Gesetzesbegründung, BR-Drs. 558/06, S. 2.

[170] Im Gesetzentwurf der Bundesregierung war die *fünfzehnjährige* Höchstfrist noch nicht vorgesehen, vgl. BR-Drs. 558/06, S. 6; für städtebauliche Sanierungsmaßnahmen, die vor dem Inkrafttreten der Änderung förmlich festgelegt worden waren, sollte aber entsprechend § 142 Abs. 3 Satz 3 BauGB durch Beschluss die für die Durchführung der Sanierung maßgebliche Frist festgelegt werden, sobald nach der förmlichen Festlegung *zwölf* Jahre verstrichen waren, vgl. ebda., S. 8.

[171] So aber irrtümlich *von Feldmann*, GE 2007, 415/419.

[172] *Stemmler/Hohrmann*, ZfBR 2007, 224/225.

BauGB auch dann, wenn im Falle der Aufhebung nach Fristablauf (§ 162 Abs. 1 Satz 1 Nr. 4 BauGB) die Sanierung nicht durchgeführt worden ist.

Die Bundesregierung war der Auffassung, die Praxis habe gezeigt, dass die bestehenden Regelungen, wonach städtebauliche Sanierungsmaßnahmen im öffentlichen Interesse zügig und innerhalb eines absehbaren Zeitraums durchzuführen sind, nicht immer ausreichten, damit die Verfahren „entsprechend zügig abgeschlossen" würden.[173] Mit der Befristungsregelung sollte ein Instrument zur Verfügung gestellt werden, um das Zügigkeitsgebot praktisch umzusetzen; mit der Verlängerungsmöglichkeit sollte „zugleich die erforderliche Flexibilität gewährleistet" werden.[174]

Der Bundesrat hatte eine Befristung in seiner Stellungnahme zum Gesetzentwurf der Bundesregierung abgelehnt, da eine gesetzliche Regelung hierfür nicht erforderlich sei. Die Länder hätten auch nach bis dahin geltendem Recht die Möglichkeit gehabt, in den Landesvorschriften zu verankern, dass die Bewilligungsbehörde die Sanierungsmaßnahme *förderrechtlich* für abgeschlossen erklären kann. Der Bundesrat war der Auffassung, es sollten zunächst die bestehenden Möglichkeiten zur Beschleunigung der Sanierungsverfahren ausgeschöpft werden, bevor zusätzliche gesetzliche Regelungen eingeführt würden. Außerdem würden die beabsichtigten Regelungen zu einem höheren Verwaltungsaufwand führen; sie seien kein Garant für eine zügigere Durchführung der Sanierung, da die Gemeinden jederzeit ihre Satzung verlängern könnten.[175] Die Bedenken wurden im weiteren Gesetzgebungsverfahren allerdings nur zum – kleinen – Teil aufgenommen, indem die Höchstfrist von fünfzehn Jahren statuiert wurde, damit werde „sichergestellt, dass das Anliegen der Verfahrensbeschleunigung erreicht wird."[176]

Vieles spricht dafür, dass die Bedenken des Bundesrates insoweit durchaus berechtigt waren, als es die Gemeinde in der Hand behält, durch eine Verlängerung der Durchführungsfrist nach § 142 Abs. 3 Satz 4 BauGB die Dauer der Sanierungsverfahren beliebig in die Länge zu ziehen. Dass durch die Neuregelungen tatsächlich sichergestellt wäre, dass eine Verfahrensbeschleunigung erreicht wird, ist höchst zweifelhaft. Möglicherweise wird allerdings erreicht, dass die Gemeinde stärker als bisher angehalten ist, sich ein realistisches Bild über den Durchführungszeitraum zu machen.[177]

---

[173] BR-Drs. 558/06, S. 31.
[174] Ebda.
[175] BR-Drs. 558/06 (Beschluss), S. 6.
[176] So der Bericht des *Ausschusses für Verkehr, Bau und Stadtentwicklung* des Deutschen Bundestages, BT-Drs. 16/3308, S. 21.
[177] Ähnlich *von Feldmann*, GE 2007, 415/419, der meint, die praktische Bedeutung der Neuregelung läge darin, dass die Gemeinden sich durch die Fristsetzung „unter Beschleunigungsdruck setzen können, aber nicht müssen".

§ 2 Rechtsentwicklung

Letztlich ist die Befristung als solche auch der mit der Föderalismusreform[178] eingeführten Änderung der Finanzverfassung im Grundgesetz geschuldet. Nach § 164b Abs. 1 BauGB kann der Bund zur Förderung von städtebaulichen Sanierungsmaßnahmen – und gemäß § 169 Abs. 1 Nr. 9 BauGB auch von Entwicklungsmaßnahmen – nach Artikel 104b des Grundgesetzes den Ländern Finanzhilfen gewähren. Die Städtebauförderungsmittel unterliegen damit seit der Föderalismusreform den verfassungsrechtlichen Beschränkungen des Art. 104b Abs. 2 Satz 2 GG, wonach die Finanzhilfen des Bundes *befristet zu gewähren* und hinsichtlich ihrer Verwendung in regelmäßigen Zeitabständen zu überprüfen sind. Nach Art. 104b Abs. 2 Satz 3 GG sind die Finanzhilfen im Zeitablauf mit fallenden Jahresbeträgen zu gestalten. Da die Förderung nunmehr einer strikten Befristung und kontinuierlichen Absenkung unterliegt, ist es folgerichtig, die Durchführungsdauer entsprechend anzupassen.[179]

In der kommunalen Praxis kann es bei der Gestaltung des Abschlusses der Maßnahme aufgrund der Neuregelung zu einer Verschiebung der Gewichte zwischen planender Verwaltung und Gemeindevertretung kommen. Nähert sich die Maßnahme dem Fristablauf, muss die Verwaltung nun die Gemeindevertretung – bei möglicherweise veränderten Mehrheitsverhältnissen im Vergleich zum Beginn der Maßnahme – schlüssig davon überzeugen, binnen welcher Frist und mit welchem „Restprogramm" sie die Maßnahme nun zum Abschluss bringen kann, während Durchführung und Abwicklung der Maßnahme bislang ein Geschäft der laufenden Verwaltung darstellten.

Bemerkenswert ist, dass der Gesetzgeber den seit 1993 und verstärkt mit dem Bau- und Raumordnungsgesetz 1998 verfolgten Kurs einer Harmonisierung von Sanierungs- und Entwicklungsrecht[180] mit der Novellierung 2007 aufgegeben hat. Obwohl die Erfahrungen in der Praxis durchaus gezeigt haben, dass Entwicklungsmaßnahmen ebenso wie Sanierungsmaßnahmen Zeiträume in Anspruch nehmen können, die dem gesetzlichen Leitbild nicht mehr gerecht werden,[181] hat der Gesetzgeber eine Befristung der Durchführungszeiträume von Entwicklungsmaßnahmen offensichtlich nicht erwogen. Die Verweisungsvorschrift in § 169 Abs. 1 Nr. 8 BauGB auf die Aufhebungsregeln der §§ 162, 164 BauGB greift nun ins Leere, wo diese Vorschriften an die Befristungsregel des § 142 Abs. 3 Satz 3 und 4 BauGB anknüpfen. Unabhängig von der Frage, ob die Befristungsregelung mit Verlängerungsmöglichkeit tatsächlich gelungen ist und zu einer Verkürzung der Durchführungszeiträume beitragen kann, ist jedenfalls für die Ungleichbehand-

---

[178] Gesetz zur Änderung des Grundgesetzes vom 28. August 2006, BGBl. I, S. 2034.
[179] So auch *Stemmler/Hohrmann*, ZfBR 2007, 224.
[180] Siehe dazu oben § 2.IV. und V.
[181] So wörtlich beispielsweise VGH Kassel, NVwZ-RR 1994, 635/636; vgl. zu dieser Entscheidung auch *Krautzberger*, in: Krautzberger, Städtebauförderungsrecht, § 162, Rn. 24.

lung von Sanierungs- und Entwicklungsmaßnahmen in dieser Frage kein sachlich zwingender Grund erkennbar.

3. Änderungen des Ausgleichsbetragsrechts

Mit dem neu eingefügten § 154 Abs. 2a BauGB wird der Gemeinde die Möglichkeit eröffnet, die sanierungsrechtlichen Ausgleichsbeträge nach dem Kostenaufwand für die Erweiterung oder Verbesserung von Erschließungsanlagen vorzunehmen. Diese Kosten können von der Gemeinde bis zu 50% zu Grunde gelegt werden.[182] Der Ausgleichsbetrag berechnet sich dann nach seinem Anteil an der Gesamtfläche der Grundstücke im Sanierungsgebiet, wobei die Flächen für Verkehrsanlagen unberücksichtigt bleiben.[183]

Diese abweichende Methode zur Ermittlung des Ausgleichsbetrages kann die Gemeinde gemäß § 154 Abs. 2a Satz 1, 2. Halbsatz BauGB durch Satzung bestimmen, wenn Anhaltspunkte dafür vorliegen, dass die sanierungsbedingte Erhöhung der Bodenwerte der Grundstücke im Sanierungsgebiet nicht wesentlich über der Hälfte des Aufwands für die Erweiterung oder Verbesserung von Erschließungsanlagen im Sinne des § 127 Abs. 2 Nr. 1 bis 3 BauGB liegt.

Zu Grunde gelegt werden kann also ausschließlich der Aufwand, wie er nach Kommunalabgabenrecht für die Erweiterung und Verbesserung von Anlagen erhoben werden könnte, nicht aber der Aufwand für eine erstmalige Herstellung der Verkehrsanlage. Ausgenommen sind auch die Kapitalkosten für die Vorfinanzierung des Aufwands (ausdrücklich nach § 154 Abs. 2a Satz 1, 1. Halbsatz BauGB), die Kosten für Parkflächen und Grünanlagen (§ 127 Abs. 2 Nr. 4 BauGB), Anlagen zum Schutz vor schädlichen Umwelteinwirkungen (§ 127 Abs. 2 Nr. 5 BauGB) sowie die Kosten für Maßnahmen des Naturschutzes gemäß § 135a BauGB.

Der Regierungsentwurf hatte noch vorgesehen, den Ausgleichsbetrag im Wesentlichen schlicht in der Höhe der Erschließungs- und Ausbaubeiträge zu erheben.[184] Maßgeblich sollte sein, dass keine Anhaltspunkte dafür gegeben sind, dass die durch die Sanierungsmaßnahme bedingte Erhöhung des Bodenwerts wesentlich über den für die Herstellung, Erweiterung oder Verbesserung von Erschließungsanlagen im Sinne von § 127 Abs. 2 BauGB ansonsten zu entrichten-

---

[182] *Von Feldmann* merkt an, es sei in keiner Weise erkennbar, auf welchen Überlegungen, Berechnungen oder sonstigen praktischen Erfahrungen die Neuregelung beruhe, in: GE 2007, 415/419. *Söfker*, der am Gesetzgebungsverfahren maßgeblich beteiligt war, bestätigt in seinem Vortrag bei der Seminarveranstaltung „BauGB 2007 – Das neue Städtebaurecht im Gesamt-Überblick" des *vhw* am 14. März 2007, bei den 50% handele es sich um eine „gegriffene Zahl".

[183] Vgl. zur Berechnungsmethodik im Einzelnen *Stemmler/Hohrmann*, ZfBR 2007, 224/228 f.

[184] BR-Drs. 558/06, S. 6.

den Beiträgen sowie dem ansonsten zu entrichtenden Kostenerstattungsbetrag für Maßnahmen des Naturschutzes nach § 135a Abs. 3 BauGB liegt. Außerdem sah der Regierungsentwurf durch die unveränderte Verweisung in § 169 Abs. 1 Nr. 7 BauGB vor, dass die Neuregelung auch für städtebauliche Entwicklungsmaßnahmen gelten sollte.

Der Gesetzgeber war der Auffassung, in Fällen länger laufender Maßnahmen könne die Entwicklung des Sanierungseinflusses auf die Bodenwerte häufig nur mit großem Aufwand nachvollzogen werden, demgegenüber seien die für die Erschließung aufgewendeten Kosten in der Regel auch nach einem längeren Zeitraum ohne größeren Aufwand feststellbar.[185]

Der Bundesrat war jedoch der Auffassung, die vorgeschlagene Regelung sei ungeeignet, eine Verfahrensvereinfachung herbeizuführen und forderte Einschränkungen bei der Berücksichtigung der vergleichsweise heranzuziehenden Kosten für die Verkehrsanlagen.[186] In der Ausschussberatung wurden dann die Anregungen des Bundesrates und aus einem im Bundesministerium für Verkehr, Bau und Stadtentwicklung unter anderem mit kommunalen Praktikern geführten Gespräch aufgegriffen.[187] Die entsprechende Anwendung des neuen „vereinfachten Verfahrens" auf das städtebauliche Entwicklungsrecht wurde ausgeschlossen, da hier regelmäßig mit höheren entwicklungsbedingten Wertsteigerungen zu rechnen sei.[188]

Das vereinfachte Verfahren dürfte sich auch nach den Korrekturen im Gesetzgebungsverfahren in der praktischen Anwendung nicht ohne Probleme darstellen. Zunächst ist darauf hinzuweisen, dass das vereinfachte Verfahren eine konkrete, einzelfallbezogene Ermittlung der sanierungsbedingten Bodenwerterhöhung nicht entbehrlich macht.[189] Um überhaupt Anhaltspunkte für den Vergleich zwischen der sanierungsbedingten Bodenwerterhöhung und der aus dem Erschließungsaufwand zu ermittelnden Vergleichsgröße zu gewinnen, bedarf es einer Ermittlung der Differenz zwischen Anfangs- und Endwert im Sinne von § 154 Abs. 1 BauGB. Diese wird sich nicht ohne weiteres aus dem Vergleich der Bodenrichtwerte zu Anfang und Ende der Sanierungsmaßnahme ergeben können, sondern mit Hilfe des Gutachterausschusses oder anderer Sachverständiger ermittelt werden müssen.[190]

Unklar ist auch die Verfahrensweise, wenn die Aufhebung des Entwicklungsrechts in mehreren Schritten entsprechend § 162 Abs. 1 Satz 2 BauGB oder – wie

---

[185] BR-Drs. 558/06, S. 16 f.
[186] BR-Drs. 558/06 (Beschluss), S. 8.
[187] BT-Drs. 16/3308, S. 22.
[188] BT-Drs. 16/3308, S. 23 (zu Artikel 1 Nr. 14a – neu –).
[189] So ausdrücklich auch der Regierungsentwurf, BR-Drs. 558/06, S. 33.
[190] Zu den Schwierigkeiten bei der Ermittlung des Ausgleichsbetrages vgl. noch näher § 8. V. 1.

regelmäßig – durch die Erteilung von Abgeschlossenheitserklärungen entsprechend § 163 BauGB erfolgt. Denn für die Fälligkeit des Ausgleichsbetrages ist gemäß § 154 Abs. 3 Satz 1 BauGB jeweils der grundstücksbezogene Abschluss der Maßnahme nach §§ 162, 163 BauGB maßgeblich. Gerade bei der abschnittsweisen Durchführung einer Maßnahme wird die Gemeinde aber bei Erteilung der ersten Abgeschlossenheitserklärung nach § 163 BauGB noch keine summarische Prüfung vornehmen können, ob Anhaltspunkte dafür bestehen, dass die sanierungsbedingte Bodenwerterhöhung am Ende der Maßnahme wesentlich über dem nach § 154 Abs. 2a BauGB zu ermittelnden Betrag liegen wird. Sie kann also in diesem Zeitpunkt nicht bereits die Systementscheidung zwischen der Abschöpfung der sanierungsbedingten Bodenwerterhöhung oder nur der anteiligen Ausbaubeiträge treffen.[191]

Schließlich ist anzumerken, dass bei den Entwicklungsmaßnahmen keineswegs in allen Fällen davon ausgegangen werden kann, dass „höhere entwicklungsbedingte Wertsteigerungen" eintreten.[192] Der Gesetzgeber hat auch hier die Innenentwicklungsmaßnahmen aus dem Blick verloren, bei denen sich im Wesentlichen dieselben Probleme wie bei den Sanierungsmaßnahmen stellen können.[193] Werden Entwicklungsmaßnahmen etwa als Instrument des Stadtumbaus zum Rückbau eingesetzt, um zum Beispiel im Zuge der Wiedernutzung brachliegender Flächen bestehende Siedlungsstrukturen zu erneuern und zu ergänzen,[194] können sogar Absenkungen der Bodenwerte zu erwarten sein. Auch insoweit ist die Differenzierung zwischen Sanierungs- und Entwicklungsmaßnahme nicht gerechtfertigt.

4. Weitere Änderungen am Verfahrensrecht

Weitere Änderungen am Verfahrensrecht der städtebaulichen Sanierungsmaßnahme werden nach § 169 Abs. 1 Nr. 3 und Nr. 7 BauGB auch auf die städtebauliche Entwicklungsmaßnahme anwendbar sein. So haften im Unterschied zum bisherigen Recht gemäß § 154 Abs. 1 Satz 2 BauGB n. F. Miteigentümer als Gesamtschuldner für den Ausgleichsbetrag, bei Wohnungs- und Teileigentum sind die einzelnen Wohnungs- und Teileigentümer allerdings weiterhin nur entsprechend ihrem Miteigentumsanteil heranzuziehen. Die gesamtschuldnerische Haftung von Miteigentümern entspricht der Regelung im Erschließungsbeitragsrecht

---

[191] Schon bei der Vorstellung des Referentenentwurfs wurde gewarnt, die unterschiedlichen Abrechnungsmodelle dürften keine Ungerechtigkeiten in der Heranziehung ergeben, vgl. *Stüer*, Niederschrift der Vorstellung im Rahmen des Jahrestreffens der *Deutschen Gesellschaft für Baurecht e. V.* im Juni 2006, S. 3.
[192] So aber der Ausschussbericht, BT-Drs. 16/3308, S. 23.
[193] Vgl. etwa *Runkel*, ZfBR 1991, 91/93; *Krautzberger*, LKV 1992, 84/85.
[194] *Krautzberger*, in: Vorwort zu Dürsch, Städtebauliche Entwicklungsmaßnahmen und Wohnungsbau, Berlin 2004, S. 14; siehe dazu bereits oben § 2.VI.

nach § 134 As. 1 Satz 4 BauGB. Der Gesetzgeber sah es als sinnvoll an, hier eine Rechtsvereinheitlichung zwischen Erschließungsbeitrags- und Ausgleichsbetragsrecht vorzunehmen.[195]

Nach § 145 Abs. 1 BauGB wurde die Frist für die sanierungs- und entwicklungsrechtliche Genehmigung auf Vorschlag des Bundesrates[196] in den Fällen, in denen sie von der Baugenehmigungsbehörde erteilt wird, mit Rücksicht auf das Einvernehmenserfordernis der Gemeinde von einem auf zwei Monate verlängert. Wird die Genehmigung von der Gemeinde erteilt, hat sie innerhalb eines Monats nach Eingang des Antrags bei ihr zu entscheiden, sie kann die Frist um maximal drei Monate verlängern (§ 145 Abs. 1 Satz 1 i. V. m. § 22 Abs. 5 Satz 2 bis 5 BauGB). Nach Ablauf der ggf. verlängerten Frist gilt die Genehmigung als erteilt.

Ist eine baurechtliche Genehmigung oder Zustimmung erforderlich, wird die sanierungs- und entwicklungsrechtliche Genehmigung durch die Baugenehmigungsbehörde im Einvernehmen mit der Gemeinde erteilt. Für die Genehmigung nach § 145 Abs. 1 Satz 3 BauGB gilt nun statt bisher eines Monats eine Frist von zwei Monaten nach Eingang des Antrags bei der Baugenehmigungsbehörde. Die Genehmigungsfrist entspricht der Zweimonatsfrist für das Einvernehmen der Gemeinde und beginnt zu laufen, sobald der Antrag bei der Baugenehmigungsbehörde eingegangen ist. Diese Genehmigungsfrist kann wiederum um maximal zwei Monate verlängert werden. Nach Ablauf der gegebenenfalls verlängerten Frist gilt die Genehmigung als erteilt. Die Genehmigungsfrist beträgt in beiden Fällen höchstens vier Monate.

VIII. Fazit zur Rechtsentwicklung

Die Entwicklung des Rechts der städtebaulichen Entwicklungsmaßnahme bildet anschaulich ab, wie groß der Einfluss wechselnder allgemeinpolitischer Zielsetzungen auf das Städtebaurecht ist.[197] Nach der Planungs- und Reformeuphorie in der Zeit der sozialliberalen Koalition, in der die Entwicklungsmaßnahme als Instrument eines „staatlichen Raumgestaltungsauftrags" ausgestaltet wurde, der Teil einer umfassenden „Gesellschaftsplanung" sein sollte, verabschiedete der Gesetzgeber sich nach der politischen Wende im Jahre 1982 von diesem Ansatz und schließlich auch von der Entwicklungsmaßnahme selbst. Vermeintlich überbordender staatlicher Planung und Umverteilung wurde nun mit Misstrauen begegnet,

---

[195] Begründung des Regierungsentwurfs, BR-Drs. 558/06, S. 32.

[196] Vgl. Stellungnahme des Bundesrates, BR-Drs. 558/06 (Beschluss), S. 7 sowie Ausschussbericht, BT-Drs. 16/3308, S. 21 f.

[197] So auch *Battis*, Öffentliches Baurecht und Raumordnungsrecht, 2006, S. 162; vgl. in diesem Zusammenhang auch *Krautzberger* in einem Beitrag „Gesetzgebung und gesellschaftliche Entwicklung" in: Festschrift für Schmidt-Eichstaedt, 2006, S. 111/120.

zudem sprach das erstarkende Umweltbewusstsein gegen großflächige Außenbereichsvorhaben mit erheblichem Flächenverbrauch. In den neunziger Jahren schließlich wurde die zwischenzeitlich reaktivierte Entwicklungsmaßnahme Gegenstand umfassender Privatisierungsbemühungen im Sinne des Public-Private-Partnership. Zudem wurde das Durchführungsrecht der Maßnahme verstärkt einer management- und marketingfreudigen und nach marktkonformen Instrumenten rufenden Planung angepasst.[198]

Bemerkenswert ist dabei, dass wesentliche Weichenstellungen des Gesetzgebers auf Fehlannahmen im Hinblick auf die Bedarfsentwicklung beruhten: Zunächst traten die Erwartungen an ein anhaltendes Bevölkerungswachstum in den siebziger Jahren nicht ein, so dass nach 1974 bundesweit nur noch elf städtebauliche Entwicklungsmaßnahmen auf Grundlage des Städtebauförderungsgesetzes eingeleitet wurden. Dadurch wurden die Hoffnungen, die der Gesetzgeber noch 1971 mit dem Instrument verbunden hatte, augenfällig enttäuscht. Die Reaktion, die Entwicklungsmaßnahmen auslaufen zu lassen, da die Bevölkerungsentwicklung rückläufig sei, war im Zeitpunkt des Inkrafttretens der Regelung zum 1. Juli 1987 wiederum bereits überholt – die Prognosen hatten das starke Bevölkerungswachstum Ende der achtziger Jahre und die daraus folgende steigende Nachfrage nach Wohnungen und Bauland nicht vorhergesehen.[199] Schon 1989 musste der Gesetzgeber deshalb wieder zurückrudern und die Maßnahme reaktivieren.

Vor dem Hintergrund dieser Erfahrungen war es richtig, auch in der Mitte der neunziger Jahre aufkommenden Immobilienkrise, die auf den regionalen Baulandmärkten zum Teil zu erheblichen Verwerfungen geführt hat, an dem Instrument festzuhalten und es nicht unter dem Eindruck der baukonjunkturellen Entwicklung wieder zur Disposition zu stellen. Langfristig sinkende Bevölkerungszahlen und die Realität schrumpfender Städte bedeuten keineswegs eine Schrumpfung städtebaulicher Herausforderungen: Die städtebauliche Entwicklungsmaßnahme kann durchaus einen Beitrag leisten, die hierdurch erforderlich werdende Umgestaltung und Zentrenverdichtung der Städte umzusetzen.

Wenn Runkel wie bereits zitiert an künftige Gesetzgeber die Erwartung formuliert, die Frage zu beantworten, ob Entwicklungsmaßnahmen ausgeprägter als bisher die nachhaltige Innenentwicklung der Städte durch die Wiedernutzung von Brachflächen oder untergenutzter Strukturen durchsetzbar machen können,[200] so steht die Antwort auf diese Frage allerdings noch aus. Die Chance, Entwick-

---

[198] Vgl. die Formulierung von *Lendi* in einem instruktiven Aufsatz zum Verhältnis von Planung und Recht in den letzten fünf Jahrzehnten, UPR 2004, 361/367.

[199] Anschaulich hierzu die Äußerung von *Gaentzsch* in einem unveröffentlichten Vortrag während der Tagung „Städtebau und Recht" am 10.10.2004 in Berlin, der die Vorhersage der Bevölkerungsentwicklung mit einem Autofahrer vergleicht, der nachts bei Ausfall der Scheinwerfer durch einen Blick in den Rückspiegel zu navigieren versucht.

[200] *Runkel*, in: Ernst/Zinkahn/Bielenberg/Krautzberger, Vor §§ 165–171, Rn. 5.

lungsmaßnahmen von den zyklischen Schwankungen regionaler Baulandmärkte zu lösen und zu einem Instrument der aktiven Innenentwicklung fortzuentwickeln, wurde bisher nicht genutzt. Es ist bedauerlich, dass der Gesetzgeber diese Aufgabe – etwa mit der jüngsten Novelle zur Stärkung der Innenentwicklung – nicht in Angriff genommen hat.

Vordringlich stellt sich in vielen Gemeinden jedoch zunächst die Frage, wie auf der Grundlage des geltenden Rechts mit städtebaulichen Entwicklungsmaßnahmen verfahren werden soll, die als klassische „Wachstumsgebiete" festgesetzt wurden und die von der anhaltenden Schwäche des Baulandmarktes in eine bedrohliche Lage versetzt wurden. Die Darstellung der Rechtsentwicklung zeigt, dass der Gesetzgeber diese Situation nicht vorhergesehen hat. Nachdem zunächst schlicht und ausschließlich die Durchführung der Maßnahme als Aufhebungsgrund normiert worden war, erfolgte der Verweis auf die Regelung im Sanierungsrecht, die auch die Undurchführbarkeit der Maßnahme oder die Aufgabe der Entwicklungsabsicht aus anderen Gründen vorsieht, eher zufällig. Eine Auseinandersetzung mit der Frage, welche Folge es für die Entwicklungsmaßnahme haben muss, wenn die Nachfrage am Baulandmarkt dauerhaft ausbleibt und damit die Ziele und Zwecke der Maßnahme obsolet werden, erfolgte weder im parlamentarischen Prozess noch in der fachlichen Diskussion. Auch anlässlich der Novellierung, die zum 1. Januar 2007 in Kraft getreten ist, wurde dieser Aspekt nicht diskutiert. Die für die Sanierungsmaßnahmen eingeführte Befristungsregelung findet im Recht der städtebaulichen Entwicklungsmaßnahme keine Entsprechung.

§ 3 Der Rechtmäßigkeitsmaßstab der städtebaulichen Entwicklungsmaßnahme

Durch die Darstellung der Rechtsgeschichte des Instruments sind die Grundelemente der städtebaulichen Entwicklungsmaßnahme bereits deutlich geworden. Da das Erkenntnisinteresse dieser Untersuchung bei den Rechtsfragen des Abschlusses städtebaulicher Entwicklungsmaßnahmen liegt, soll auf die Darstellung aller Probleme im Zusammenhang mit der Einleitung und Durchführung der Maßnahme verzichtet werden, insoweit kann insbesondere auf die einschlägigen Kommentierungen verwiesen werden.[201]

Zur Grundlegung der weiteren Untersuchung bedürfen die materiellen Festlegungsvoraussetzungen eines Entwicklungsbereichs jedoch einer Betrachtung.

---

[201] Vgl. hierzu die Kommentierungen insbesondere von *Krautzberger*, in: Battis/Krautzberger/Löhr, §§ 165 ff; *Runkel*, in: Ernst/Zinkahn/Bielenberg/Krautzberger, §§ 165 ff; *ders.*, in: Krautzberger, Städtebauförderungsrecht, §§ 165 ff; *Neuhausen*, in: Kohlhammer-Kommentar zum BauGB, §§ 165 ff; *Schlichter/Roeser*, in: Berliner Kommentar zum BauGB, §§ 165 ff.

Um die Grenzen der gemeindlichen Planungs- und Entscheidungsfreiheit beim Rückzug aus der Maßnahme bestimmen zu können, ist ein Überblick über den Rechtmäßigkeitsmaßstab, der bei der Festlegung des städtebaulichen Entwicklungsbereichs gilt, unerlässlich. Darauf aufbauend gilt es nämlich zu analysieren, inwieweit die einzelnen Voraussetzungen für die Festlegung eines Entwicklungsbereichs dauerhaft auch während der Durchführung der Maßnahme vorliegen müssen und damit spätere Änderungen der tatsächlichen Verhältnisse zu einer Rechtswidrigkeit oder einem Außerkrafttreten der städtebaulichen Entwicklungssatzung führen können.

Die materiellen Festlegungsvoraussetzungen eines städtebaulichen Entwicklungsbereichs ergeben sich aus § 165 Abs. 3 BauGB. Sie können jedoch sinnvollerweise nur im Zusammenhang mit den Regelungen über den Anwendungsbereich (§ 165 Abs. 1 BauGB) und die Zielsetzung städtebaulicher Entwicklungsmaßnahmen (§ 165 Abs. 2 BauGB) dargestellt werden. Dieses Regelungsgefüge beschreibt zugleich die Wesensmerkmale der Maßnahme, nachdem der Gesetzgeber auf eine Definition des Begriffs der städtebaulichen Entwicklungsmaßnahme verzichtet hat.[202]

I. Anwendungsbereich der städtebaulichen Entwicklungsmaßnahme

Der Gesetzgeber hat den Anwendungsbereich der städtebaulichen Entwicklungsmaßnahme in § 165 Abs. 1 BauGB wie folgt bestimmt:

„Städtebauliche Entwicklungsmaßnahmen in Stadt und Land, deren einheitliche Vorbereitung und zügige Durchführung im öffentlichen Interesse liegen, werden nach den Vorschriften dieses Teils [den Vorschriften des städtebaulichen Entwicklungsrechts] geregelt."

Grundlegende Anwendungsvoraussetzungen sind damit, dass es sich um eine Maßnahme für die städtebauliche Entwicklung[203] handelt, die als Gesamtmaßnahme durch ihre einheitliche Vorbereitung und zügige Durchführung gekennzeichnet ist (dazu 1.) und als solche in Stadt und Land (dazu 2.) im öffentlichen Interesse (dazu 3.) nach den Bestimmungen des städtebaulichen Entwicklungsrechts durchzuführen ist (dazu 4.).

---

[202] Das Städtebauförderungsgesetz enthielt in § 1 Abs. 3 noch eine Definition der Entwicklungsmaßnahme, vgl. dazu bereits oben, § 2.I.

[203] Zur allgemeinen Voraussetzung, das es sich um eine *städtebauliche* Maßnahme handeln muss – und zur Kontroverse um den Begriff – vgl. *Dannecker*, in FS Hoppe, 2000, S. 479/482 und *Runkel*, in: Ernst/Zinkahn/Bielenberg/Krautzberger, Vor §§ 165–171, Rn. 17.

1. Gesamtmaßnahme

Wichtigstes Wesensmerkmal der Entwicklungsmaßnahme ist zunächst, dass es sich um eine Gesamtmaßnahme handelt. Eine Definition der Gesamtmaßnahme findet sich in der Vorschrift zum Einsatz von Städtebauförderungsmitteln in § 164a Abs. 1 Satz 1 BauGB, die nach § 169 Abs. 1 Nr. 9 BauGB auch für die Entwicklungsmaßnahme gilt. Danach ist die Gesamtmaßnahme durch eine einheitliche Vorbereitung und zügige Durchführung gekennzeichnet. Nach der Rechtsprechung bedingt die Natur der Gesamtmaßnahme, dass sie darauf angelegt ist, für einen bestimmten Bereich ein Geflecht mehrerer Einzelmaßnahmen über einen längeren Zeitraum koordiniert und aufeinander abgestimmt vorzubereiten und durchzuführen.[204] Das „Maßnahmenbündel" muss dabei nach Art und Umfang so geschaffen sein, dass Vorbereitung und Durchführung auf das besondere Recht der §§ 165 ff BauGB angewiesen sind.[205] Dass die zügige Durchführung innerhalb eines absehbaren Zeitraums gewährleistet ist, stellt zugleich eine materielle Festlegungsvoraussetzung für den städtebaulichen Entwicklungsbereich dar (§ 165 Abs. 3 Satz 1 Nr. 4 BauGB).[206]

2. In Stadt und Land

Nach § 165 Abs. 1 BauGB sind städtebauliche Entwicklungsmaßnahmen in „Stadt und Land" einsetzbar. So soll dem Missverständnis begegnet werden, nur in „Städten" – etwa im kommunalrechtlichen Sinne – könne wegen der begrifflichen Bezugnahme auf den Städtebau von dem Instrument Gebrauch gemacht werden.[207] Der Begriff des Städtebaus wird vom Baugesetzbuch aber ohnehin nicht in diesem ausschließenden Sinne verstanden, denn selbstverständlich gilt das „Allgemeine Städtebaurecht" auch für kleinste Siedlungseinheiten, jede dörfliche Gemeinde muss ihre Bauleitplanung an der Erforderlichkeit für die *städtebauliche* Entwicklung und Ordnung gemäß § 1 Abs. 3 BauGB messen.[208]

In der Literatur wird allerdings darauf hingewiesen, dass städtebauliche Entwicklungsmaßnahmen keine Dorfentwicklungsmaßnahmen und mit dem Verweis auf Maßnahmen „im Land" nicht beliebige Maßnahmen im Außenbereich ohne Bezug zum Städtebau zu rechtfertigen seien.[209]

---

[204] BVerwG, NJW 1982, 398; *Runkel*, in: Ernst/Zinkahn/Bielenberg/Krautzberger, Vor §§ 165–171, Rn. 18; *Krautzberger*, WiVerw 1993, 85/93.

[205] BVerwG, ZfBR 1998, 100; vgl. hierzu Anmerkung von *Battis*, NJ 1999, 100.

[206] Vgl. dazu noch näher unten § 3.III.4.

[207] *Runkel*, in: Krautzberger, Städtebauförderungsrecht, § 165, Rn. 19.

[208] Vgl. etwa *Förster*, in: Kohlhammer-Kommentar zum BauGB, Einleitung, Rn. 22.

[209] *Runkel*, in: Ernst/Zinkahn/Bielenberg/Krautzberger, § 165, Rn. 19.

3. Vorliegen eines qualifizierten öffentlichen Interesses

An der Entwicklungsmaßnahme muss ein qualifiziertes öffentliches Interesse bestehen: Es muss im öffentlichen Interesse liegen, dass ein bestimmtes Gebiet einheitlich und zügig entwickelt wird. Dieses Kriterium wird durch die materielle Festlegungsvoraussetzung in § 165 Abs. 3 Satz 1 Nr. 2 BauGB konkretisiert, wonach die Festlegung eines städtebaulichen Entwicklungsbereichs nur erfolgen kann, wenn das Wohl der Allgemeinheit die Durchführung der Maßnahme erfordert.[210] Das öffentliche Interesse muss insoweit qualifiziert sein, als gerade diese Maßnahme nicht mit den Mitteln des allgemeinen Städtebaurechts verwirklicht werden kann, sondern es des herausgehobenen Engagements der Gemeinde bedarf.[211]

Aus dem Kriterium des öffentlichen Interesses ergibt sich, dass rein privatnützige Interessen nicht ausreichen, um eine städtebauliche Entwicklungsmaßnahme zu rechtfertigen.[212] Allerdings können und werden die öffentlichen Interessen oftmals mit privaten Interessen deckungsgleich sein, etwa bei Maßnahmen zur Verbesserung der regionalen Wirtschaftsstruktur, für die das Bundesverfassungsgericht in der Boxberg-Entscheidung implizit den Weg der städtebaulichen Entwicklungsmaßnahme gewiesen hat.[213]

4. Anwendungszwang

§ 165 Abs. 1 BauGB geht seinem Wortlaut nach davon aus, dass die Gemeinde vom Instrument der städtebaulichen Entwicklungsmaßnahme Gebrauch machen muss, wenn deren besondere Anwendungsvoraussetzungen vorliegen. Dies entspricht der Rechtslage im Sanierungsrecht (§ 136 Abs. 1 BauGB). Wie dort ist der Anwendungszwang im Ergebnis aber lediglich als gesetzgeberische Wertung dahin zu verstehen, dass bei Vorliegen der Tatbestandsvoraussetzungen das Erfordernis für die Anwendung des Entwicklungsrechts vermutet werden kann.[214] Bei der Prüfung und Bewertung der für die Einleitung einer Entwicklungsmaßnahme relevanten und äußerst komplexen Gesichtspunkte ergibt sich ein erheblicher Spielraum der Gemeinde, so dass sich nach allgemeiner Auffassung durch die Anwendungspflicht keine städtebauliche Sperre ergibt.[215]

---

[210] Siehe dazu sogleich § 3.III.2.

[211] *Runkel*, in: Ernst/Zinkahn/Bielenberg/Krautzberger, § 165, Rn. 20, der an dieser Stelle auch feststellt, dass es sich hierbei nicht um ein „gesteigertes" öffentliches Interesse handeln muss.

[212] Vgl. etwa BVerwG, ZfBR 1999, 277/278.

[213] BVerfGE 74, 264/290; vgl. auch *Lemmen*, Bauland durch städtebauliche Entwicklungsmaßnahmen, 1993, S. 10; siehe bereits § 2.III.1.

[214] *Roeser*, in: Berliner Kommentar zum BauGB, § 136, Rn. 7.

§ 3 Der Rechtmäßigkeitsmaßstab 59

Außerdem ist auch § 165 Abs. 3 Satz 1 BauGB zu berücksichtigen, der den Gemeinden ein weites planerisches Ermessen einräumt, ob sie einen förmlichen Entwicklungsbereich beschließen will („Die Gemeinde kann einen Bereich [...] förmlich als Entwicklungsbereich festlegen, wenn [...]"). Im Ergebnis ist damit keine Gemeinde verpflichtet, einen städtebaulichen Entwicklungsbereich festzulegen, wenn die Voraussetzungen des § 165 BauGB vorliegen.[216] Demzufolge kann sich aus § 165 Abs. 1 BauGB auch kein Rechtsanspruch eines Dritten auf Festlegung eines städtebaulichen Entwicklungsbereichs ergeben.[217]

II. Ziele, Gegenstände und Arten städtebaulicher Entwicklungsmaßnahmen

§ 165 Abs. 2 BauGB konkretisiert den Anwendungsbereich der städtebaulichen Entwicklungsmaßnahme hinsichtlich Aufgabe und Gegenstand:

„Mit städtebaulichen Entwicklungsmaßnahmen nach Abs. 1 sollen Ortsteile und andere Teile des Gemeindegebiets entsprechend ihrer besonderen Bedeutung für die städtebauliche Entwicklung und Ordnung der Gemeinde oder entsprechend der angestrebten Entwicklung des Landesgebiets oder der Region erstmalig entwickelt oder im Rahmen einer städtebaulichen Neuordnung einer neuen Entwicklung zugeführt werden."

Die Regelung betrifft also die verschiedenen Ziele, Gegenstände und Arten städtebaulicher Entwicklungsmaßnahmen:

1. Ziele städtebaulicher Entwicklungsmaßnahmen

Städtebauliche Entwicklungsmaßnahmen sind nur dann gerechtfertigt, wenn die mit ihnen verfolgten Ziele von „besonderer Bedeutung" sind – nicht jede städtebauliche Maßnahme, die nach § 1 Abs. 3 BauGB erforderlich ist, kann zum Gegenstand einer städtebaulichen Entwicklungsmaßnahme gemacht werden.[218] Vielmehr muss dem Gebiet besondere Bedeutung entweder für die städtebauliche Entwicklung und Ordnung der Gemeinde – dann handelt es sich um qualifizierte

---

[215] *Krautzberger*, in: Krautzberger, Städtebauförderungsrecht, § 136, Rn. 12; *Köhler*, in: Schrödter, § 136, Rn. 31; *Roeser*, in: Berliner Kommentar zum BauGB, § 136, Rn. 7.

[216] *Runkel*, in: Ernst/Zinkahn/Bielenberg/Krautzberger, § 165, Rn. 40.

[217] *Roeser*, in: Berliner Kommentar zum BauGB, § 165, Rn. 7; *Runkel*, in: Ernst/Zinkahn/Bielenberg/Krautzberger, § 165, Rn. 41. *Köhler* hält bei Vorliegen außergewöhnlicher Umstände ein kommunalaufsichtliches Einschreiten für möglich, wenn die Gemeinde es bei Vorliegen der Anwendungsvoraussetzungen unterlässt, eine städtebauliche Sanierungsmaßnahme einzuleiten; einen subjektiven Anspruch auf Festlegung eines städtebaulichen Sanierungsgebiets bzw. Entwicklungsbereichs lehnt auch er aber ab, in: Schrödter, § 136, Rn. 31.

[218] Klarstellend hierzu BVerwG, ZfBR 1998, 100.

städtebauliche Ziele[219] – oder für die angestrebte Entwicklung des Landes oder der Region – landesplanerische Ziele – zukommen.

Diese besondere Bedeutung kann sich etwa ergeben aus einem Plan nach Landesplanungsrecht, dem Flächennutzungsplan oder aus der Situation, Größe oder Lage des Ortsteils oder eines anderen Teils des Gemeindegebiets.[220] Maßgeblich für die Beurteilung der Frage, ob die besondere Bedeutung gegeben ist, ist die gemeindliche Entwicklungs- und Planungskonzeption auf der Grundlage objektiver Kriterien.[221]

2. Gegenstände städtebaulicher Entwicklungsmaßnahmen

Gegenstand städtebaulicher Entwicklungsmaßnahmen können in räumlicher Hinsicht Ortsteile oder andere Teile des Gemeindegebiets sein. Ein Ortsteil ist – anders als die „neuen Orte", deren Errichtung § 1 Abs. 3 Nr. 1 und Nr. 3 StBauFG als Ziel verfolgten[222] – Teil eines bestehenden Ortes. Der Teil muss wesentliche – keineswegs aber alle – Teilfunktionen des Ortes erfüllen, eine kommunalrechtliche (Teil-)Selbständigkeit des Ortsteils ist nicht erforderlich, er muss aber ein wahrnehmbares Eigengewicht im Gesamtgefüge des Ortes haben.[223] Für sein Eigengewicht kommt es aber nicht darauf an, dass er einen Ausschnitt aus sämtlichen Funktionen abdeckt, eine monofunktionale Nutzung wie durch ein reines Geschäfts- oder Industriegebiet reicht aus, wenn eine Funktionsvollständigkeit der wahrgenommenen Teilaufgabe besteht.[224]

Dem Ortsteil gleichgestellt hat der Gesetzgeber im Bestreben, die Maßnahme „kleinteiliger" auszugestalten,[225] andere Teile des Gemeindegebiets. Auch sie müssen aber nach der Rechtsprechung ein beträchtliches Eigengewicht haben.[226] Dieses kann sich zum einen aus der Flächengröße ergeben, zum anderen aus der Qualität der angestrebten Nutzung.[227] Numerisch-präzise Aussagen zur Mindestgröße einer Entwicklungsfläche lassen sich danach nicht treffen.[228] Je kleiner

---

[219] Zur Rechtsänderung im Vergleich zum StBauFG vgl. bereits § 2.III.2.a).

[220] Beispiele bei *Neuhausen*, in: Kohlhammer-Kommentar zum BauGB, § 165, Rn. 16 und *Runkel*, Ernst/Zinkahn/Bielenberg/Krautzberger, § 165, Rn. 22.

[221] *Bunzel/Lunebach*, DÖV 1993, 649/665; *Runkel*, ZfBR 1991, 91/92.

[222] Siehe hierzu bereits § 2.I.2.1.

[223] So schon zur Rechtslage nach dem StBauFG OVG Bremen, döV 1983, 637/638; vgl. zur Rechtslage nach dem BauGB OVG Lüneburg, BauR 1997, 620/621.

[224] OVG Bremen, DÖV 1983, 637/639; *Arndt*, Städtebauliche Entwicklungsmaßnahme, 1999, S. 12.

[225] Siehe hierzu bereits § 2.I.2.a).

[226] BVerwG, DVBl 1998, 1293/1294; dass., BauR 2004, 1584/1587.

[227] *Runkel*, in: Ernst/Zinkahn/Bielenberg/Krautzberger, § 165, Rn. 26.

[228] BVerwG, BauR 2004, 1584/1588.

aber der projektierte Entwicklungsbereich im Gesamtgefüge der Gemeinde ist, umso stärker werden im Rahmen wertender Betrachtung qualitative Merkmale maßgebend sein.[229]

3. Arten städtebaulicher Entwicklungsmaßnahmen

a) Außen- und Innenentwicklung

Das Gesetz unterscheidet zwischen der erstmaligen Entwicklung und der städtebaulichen Neuordnung eines Gebiets, wobei allerdings auch Überschneidungen und Mischformen möglich sind.[230] Die erstmalige Entwicklung stellt in der Regel die klassische Außenentwicklungsmaßnahme dar, durch sie wird etwas „Neues" geschaffen, und zwar an einer Stelle, an der es bisher nichts gab.[231] Sie entspricht damit dem Grundtypus der Entwicklungsmaßnahme, die bereits das Städtebauförderungsgesetz kannte, mit denen nämlich bislang landwirtschaftliche oder als Wald genutzte Flächen zu Siedlungsflächen entwickelt und einer zügigen Bebauung zugeführt werden.[232]

Mit der städtebaulichen Neuordnung eines Gebiets sind Innenentwicklungsmaßnahmen angesprochen, die auf die Wiedernutzung großer brachliegender oder mindergenutzter Flächen im innerstädtischen Bereich abzielen und einen Flächenverbrauch im Außenbereich gerade vermeiden sollen.[233] In ihrer Zielrichtung gibt die Innenentwicklungsmaßnahme damit eine Antwort auf eines der „dauerhaft ungelösten Umweltprobleme unseres Landes",[234] nämlich der dauerhaften Versiegelung des Bodens und entspricht zugleich dem städtebaulichen Trend „zurück in die Stadt".[235]

---

[229] BVerwG, ZfBR 2002, 597.
[230] *Runkel*, ZfBR 1991, 91/93.
[231] *Neuhausen*, in: Kohlhammer-Kommentar zum BauGB, § 165, Rn. 18.
[232] *Runkel*, ZfBR 1991, 91/93.
[233] Zur Einführung der Innenentwicklungsmaßnahme mit dem BauGB-Maßnahmengesetz und den damit verknüpften Erwartungen vgl. bereits § 2.III.2.b).
[234] Vgl. Umweltgutachten 2004 des *Rates von Sachverständigen für Umweltfragen*, BT-Drs. 15/3600, S. 38 (Rn. 25) und S. 164 (Rn. 202); eindringlich schon *Reiß-Schmidt*, Bauwelt 1984, S. 74.
[235] Vgl. *Brühl / Echter / Frölich von Bodelschwingh / Jekel*, Wohnen in der Innenstadt – eine Renaissance?, 2005; *Vorholz*, Die Zeit vom 21.10.2004, S. 30; zur Entwicklung in Berlin vgl. exemplarisch auch *Oloew* in einem Artikel „Ab in die Mitte" zur neuen Wohnbebauung auf dem Friedrichswerder, in: Der Tagesspiegel vom 18.09.2004, S. S5.

b) Abgrenzung zur städtebaulichen Sanierungsmaßnahme

Allerdings ergeben sich bei der Innenentwicklungsmaßnahme Abgrenzungsschwierigkeiten mit der städtebaulichen Sanierungsmaßnahme (§§ 136 ff BauGB).[236] Auch städtebauliche Sanierungsmaßnahmen sind Maßnahmen „in Stadt und Land, deren einheitliche Vorbereitung und zügige Durchführung im öffentlichen Interesse liegen" (§ 136 Abs. 1 BauGB). Es handelt sich bei ihnen um Maßnahmen, durch die ein Gebiet zur Behebung zur Behebung städtebaulicher Missstände wesentlich verbessert oder umgestaltet wird (§ 136 Abs. 2 Satz 1 BauGB).

Nach § 136 Abs. 2 Satz 2 Nr. 1 BauGB liegen städtebauliche Missstände vor, wenn ein Gebiet nach seiner vorhandenen Bebauung oder nach seiner sonstigen Beschaffenheit den allgemeinen Anforderungen an gesunde Wohn- und Arbeitsverhältnisse oder an die Sicherheit der in ihm wohnenden oder arbeitenden Menschen nicht entspricht (Substanzschwächensanierung). Nach § 136 Abs. 2 Satz 2 Nr. 2 BauGB ist von solchen Missständen auszugehen, wenn das Gebiet in der Erfüllung der Aufgaben erheblich beeinträchtigt ist, die ihm nach seiner Lage und Funktion obliegen (Funktionsmängelsanierung). Insbesondere mit der Funktionsmängelsanierung hat der Gesetzgeber bereits bei Einführung der Innenentwicklungsmaßnahme Überschneidungen gesehen.[237] Bei teilweise bebauten, innerstädtischen Gewerbequartieren, die entweder brachgefallen sind oder deren Nutzung nicht ihrer Lage entspricht, kommt zunächst sowohl eine Funktionsschwächensanierung als auch eine Innenentwicklungsmaßnahme in Betracht.[238]

Ein anschauliches Beispiel für solche Überschneidungen bietet der Entwicklungsbereich „Alter Schlachthof" in Berlin, der für ein innerstädtisches, teilweise mit großflächigen Anlagen eines Schlachthofes bebautes Gebiet festgesetzt wurde.[239] Hierzu hat das OVG Berlin entschieden, dass die Festsetzung eines städtebaulichen Entwicklungsbereichs in einem solchen Fall nicht zu beanstanden sei, denn:

> „Sanierungsmaßnahmen betreffen in der Regel bereits geschlossen bebaute Gebiete, in denen die weitgehende Erhaltung des Gebietscharakters und der vorhandenen Substanz bei gleichzeitiger Beseitigung der städtebaulichen Missstände angestrebt wird, auch

---

[236] Vgl. hierzu insbesondere *Fieseler*, Städtebauliche Sanierungsmaßnahmen, 2000.

[237] BT-Drs. 11/6636, S. 27; dies stellt auch *Neuhausen*, in: Kohlhammer-Kommentar zum BauGB, § 165, Rn. 19, fest.

[238] Den im Schrifttum angemeldeten Zweifeln, ob und inwieweit bebaute Gebiete überhaupt in den Entwicklungsbereich einbezogen werden können, vgl. *Schmidt-Eichstaedt*, BauR 1993, 38, ist das BVerwG zwischenzeitlich entgegengetreten: Entwicklungsmaßnahmen können auch auf die Neuordnung und Umnutzung bereits bebauter Flächen ausgerichtet sein, vgl. BVerwG, NVwZ 1998, 1298; so auch *Runkel*, in: Ernst/Zinkahn/Bielenberg/Krautzberger, § 165, Rn. 34; *Krautzberger*, in: Battis/Krautzberger/Löhr, § 165, Rn. 12.

[239] Siehe hierzu noch näher § 4.I.

wenn teilweise Abriss und Neubau erforderlich sind. [...] Entwicklungsmaßnahmen sind hingegen auf die Schaffung von etwas qualitativ Neuem ausgerichtet und kommen in Gebieten mit größeren Freiflächen zur Anwendung, die baulich noch entwickelt werden können, oder in Bereichen, deren weitere Bebauung die Entwicklung insgesamt noch in eine andere Richtung führen kann. [...] Soweit tatbestandliche Überschneidungen zwischen Sanierungs- und Entwicklungsrecht vorliegen, ist für die jeweilige Anwendung letztlich entscheidend, welche bodenrechtlichen Instrumente zur Verwirklichung der angestrebten städtebaulichen Ziele erforderlich sind."[240]

Es kommt nach dieser Rechtsprechung, die vom Bundesverwaltungsgericht bestätigt wurde,[241] also zum einen darauf an, ob die Maßnahme darauf abzielt, einen vorhandenen Gebietscharakter zu erhalten und erneuern oder darauf, etwas qualitativ Neues zu schaffen; zum anderen, welches bodenrechtliche Instrumentarium zur Verwirklichung der städtebaulichen Konzeption erforderlich ist. Mit dem letzten Differenzierungskriterium ist der entscheidende Unterschied im entwicklungs- und sanierungsrechtlichen Instrumentarium angesprochen: Während beide Maßnahmen der Gemeinde erlauben, den maßnahmebedingten Mehrwert von den Eigentümern abzuschöpfen, ermöglicht nur das Entwicklungsrecht die transitorische Enteignung, um einen flächendeckenden Erwerb der Grundstücke im Entwicklungsbereich zu ermöglichen. Ist gerade die Bündelung des Grundeigentums in den Händen der Gemeinde erforderlich, um die Entwicklungskonzeption durchzusetzen, bedarf es also des Entwicklungsrechts, wenn nicht, ist in den Überschneidungsfällen nur das mildere Mittel des Sanierungsrechts erforderlich.[242] Ein Wahlrecht zwischen den Maßnahmen besteht für die Gemeinde deshalb nicht.[243]

In der Entscheidung zu einem anderen städtebaulichen Entwicklungsbereich in Berlin, nämlich „Berlin-Rummelsburger Bucht"[244], hat das Bundesverwaltungsgericht festgestellt, dass die Gemeinde auch befugt ist, ein baulich genutztes sanierungsbedürftiges Gebiet, welches innerhalb eines größeren, grundlegend neu zu strukturierenden Bereichs liegt, in einen Entwicklungsbereich einzubeziehen; ob die Gemeinde in einem solchen Fall Sanierungsmaßnahmen durchführt oder in den größeren Zusammenhang der Entwicklungsmaßnahme einbezieht, soll im Rahmen der gesetzlichen Voraussetzungen der Entscheidung der Gemeinde obliegen.[245]

---

[240] OVG Berlin, ZfBR 1998, 211.
[241] BVerwG, NVwZ 1998, 1298.
[242] So auch *Hoppe/Busch*, Fragen des städtebaulichen Entwicklungsrechts unter besonderer Berücksichtigung von Bahnflächen, 2001, S. 59.
[243] Allgemeine Meinung, vgl. *Neuhausen*, in: Kohlhammer-Kommentar zum BauGB, § 165, Rn. 20; *Bunzel/Lunebach*, DÖV 1993, 649/653.
[244] Siehe auch hierzu noch näher § 4.I.
[245] BVerwG, LKV 2001, 126.

c) Unterschiede zwischen Außen- und Innenentwicklungsmaßnahmen

Nicht zu vernachlässigen sind die erheblichen Unterschiede, die sich für die Gemeinde bei der Durchführung einer Außen- oder Innenentwicklungsmaßnahme ergeben. An beide Maßnahmen knüpfen zwar dieselben Rechtsfolgen an, es bestehen aber grundlegend verschiedene wirtschaftliche Risiken. Schon anlässlich der Einführung der Innenentwicklungsmaßnahme finden sich im Schrifttum warnende Stimmen: Die bei der Außenentwicklungsmaßnahme von der Gemeinde zu übernehmenden Aufgaben und das von ihr einzugehende finanzielle Risiko sei überschaubar, bei Vorbereitung einer Innenentwicklungsmaßnahme hingegen ließen sich regelmäßig etwa der Sanierungsbedarf im Hinblick auf Altlasten und die hierfür erforderlichen Kosten nicht abschließend beurteilen, wodurch auch künftige Nutzungsmöglichkeiten mit Unsicherheiten belastet seien.[246]

Darüber hinaus ist bei den Innenentwicklungsmaßnahmen hinsichtlich der Möglichkeiten der Gemeinde, ihre Ausgaben zumindest teilweise zu decken, zu berücksichtigen, dass die Spanne zwischen dem noch nicht von der Entwicklung beeinflussten Anfangswert und dem Neuordnungswert nach Abschluss der Entwicklung von vornherein geringer ausfällt als bei Entwicklungen im Außenbereich, bei denen für vormals landwirtschaftlich genutzte Flächen ein höherer Planwertzuwachs erreicht werden kann.[247]

Besondere Relevanz gewinnt dieses Problem, wenn Innenentwicklungsmaßnahmen zum Stadtumbau eingesetzt werden sollten, bei der Großwohnanlagen zurückgebaut und die freiwerdenden Flächen etwa als Parkanlagen städtebaulich aufgewertet oder gar zum Außenbereich werden. Hier kann vormaliges Bauland im Zuge der Entwicklung zur Grünfläche werden und somit der Anfangswert über dem Neuordnungswert liegen.[248]

Mit abnehmender Aussicht, über Entwicklungsgewinne die Entwicklungskosten abdecken zu können, verringern sich aber die Anreize der Gemeinde, das Instrument der Entwicklungsmaßnahme einzusetzen.[249] Es überrascht daher nicht, dass die Zahl der Außenentwicklungsmaßnahmen auch nach neuem Recht die Zahl der Innenentwicklungsmaßnahmen deutlich überwiegt,[250] obwohl die gewandelten städtebaulichen Aufgaben eher die Innenentwicklungsmaßnahme nahe legen.[251] Das Schrifttum hält sie demzufolge ohne spürbare staatliche Förderung für kaum durchführbar.[252]

---

[246] *Krautzberger*, LKV 1992, 84/85; *Runkel*, ZfBR, 1991, 91/93.

[247] Zum Finanzierungsinstrumentarium vgl. noch näher § 4.III.5.

[248] Vgl. *Krautzberger/Dürsch*, BBauBl. 2003, Heft 12, S. 16; skeptisch *Möller*, Siedlungsrückbau in den neuen Ländern, 2006, S. 244.

[249] *Degenhardt*, DVBl 1994, 1041/1043.

[250] Vgl. *Runkel*, Ernst/Zinkahn/Bielenberg/Krautzberger, Vor §§ 165–171, Rn. 40.

III. Die materiellen Festlegungsvoraussetzungen für den städtebaulichen Entwicklungsbereich

§ 165 Abs. 3 BauGB benennt die materiellen Voraussetzungen, unter denen die Gemeinde ein bestimmtes Gebiet als städtebaulichen Entwicklungsbereich förmlich festlegen kann. Hierzu müssen die folgenden Kriterien erfüllt sein:

- Die Entwicklungsmaßnahme entspricht den Zielen und Zwecken des § 165 Abs. 2 BauGB (§ 165 Abs. 3 Satz 1 Nr. 1 BauGB).
- Das Wohl der Allgemeinheit erfordert die städtebauliche Entwicklungsmaßnahme, insbesondere zur Deckung eines erhöhten Bedarfs an Wohn- und Arbeitsstätten, zur Errichtung von Gemeinbedarfs- und Folgeeinrichtungen oder zur Wiedernutzung brachliegender Flächen (§ 165 Abs. 3 Satz 1 Nr. 2 BauGB).
- Die mit der städtebaulichen Entwicklungsmaßnahme angestrebten Ziele und Zwecke können nicht durch städtebauliche Verträge und Veräußerungsverträge erreicht werden (§ 165 Abs. 3 Satz 1 Nr. 3 BauGB).
- Die zügige Durchführung der Entwicklungsmaßnahme innerhalb eines angemessenen Zeitraums gewährleistet (§ 165 Abs. 3 Satz 1 Nr. 4 BauGB).
- Die öffentlichen und privaten Belange sind gegeneinander und untereinander gerecht abgewogen (§ 165 Abs. 3 Satz 2 BauGB).

1. Kongruenz mit den räumlichen Zielen und Zwecken nach § 165 Abs. 2 BauGB

Wenn § 165 Abs. 3 Satz 1 Nr. 1 BauGB als Voraussetzung für den Einsatz der städtebaulichen Entwicklungsmaßnahme vorsieht, dass diese den räumlichen[253] Zielen und Zwecken entspricht, wie sie sich aus § 165 Abs. 2 BauGB ergeben, so kann für deren Inhalt auf § 3.II. verwiesen werden: Es muss sich also um eine Maßnahme von dem dargestellten räumlichen Gewicht handeln, die entweder für die örtliche oder überörtliche Entwicklung und Ordnung der Gemeinde eine besondere Bedeutung und die erstmalige Entwicklung oder Neuordnungsentwicklung zum Ziel haben muss. Ob diese Ziel- und Zweckkongruenz besteht, ist am Ende der vorbereitenden Untersuchungen zu beurteilen (§ 165 Abs. 4 BauGB).

---

[251] Vgl. schon *Dieterich/Dieterich-Buchwald*, ZfBR 1990, 61/63; *Schmidt-Eichstaedt*, BauR 1993, 38; ferner Umweltgutachten 2004 des *Rates von Sachverständigen für Umweltfragen*, BT-Drs. 15/3600, S. 38 (Rn. 25) und S. 164 (Rn. 202).

[252] *Runkel*, Ernst/Zinkahn/Bielenberg/Krautzberger, Vor §§ 165–171, Rn. 40.

[253] *Runkel* verweist darauf, dass zwischen räumlichen und sachlichen Zielen und Zwecken zu unterscheiden sei: während § 165 Abs. 2 BauGB und damit auch § 165 Abs. 3 Satz 1 Nr. 1 BauGB räumliche Ziele der Maßnahme beträfen, regele § 165 Abs. 3 Satz 1 Nr. 2 BauGB mit den Gemeinwohlbelangen deren sachliche Ziele und Zwecke; in: Ernst/Zinkahn/Bielenberg/Krautzberger, § 165, Rn. 45.

2. Erforderlichkeit für das Wohl der Allgemeinheit

Die Vorschrift des § 165 Abs. 3 Satz 1 Nr. 2 BauGB, wonach die Gemeinde einen städtebaulichen Entwicklungsbereich nur dann festlegen kann, wenn das Wohl der Allgemeinheit die Durchführung der städtebaulichen Entwicklungsmaßnahme erfordert, wurde als „Kernerfordernis des Entwicklungsrechts" bezeichnet.[254]

a) Eigentumsrechtliche Bedeutung des Gemeinwohlerfordernisses

Ein Wesensmerkmal der städtebaulichen Entwicklungsmaßnahme ist, dass die Gemeinde die Grundstücke im Entwicklungsbereich erwerben soll (§ 166 Abs. 3 Satz 1 BauGB). Nach § 169 Abs. 3 Satz 1 BauGB ist deshalb die Enteignung im Entwicklungsbereich ohne Bebauungsplan zugunsten der Gemeinde oder des Entwicklungsträgers zur Erfüllung ihrer Aufgaben zulässig. Die strengeren enteignungsrechtlichen Vorschriften der §§ 85, 87, 88 und 89 Abs. 1 und 3 BauGB sind gemäß § 169 Abs. 3 Satz 3 BauGB im städtebaulichen Entwicklungsbereich nicht anzuwenden.

Dies bedeutet, dass mit der Festlegung des Entwicklungsbereichs bereits bindend die Voraussetzungen für die Enteignung der im Entwicklungsbereich liegenden Grundstücke geschaffen werden. Nach ständiger Rechtsprechung des Bundesverwaltungsgerichts,[255] das dabei auf die vom Bundesverfassungsgericht[256] aufgestellten Grundsätze zurückgreift, sind enteignungsrechtliche Vorwirkungen[257] bindender Art stets an Art. 14 Abs. 3 Satz 1 GG zu messen. Danach ist die Enteignung nur zum Wohle der Allgemeinheit zulässig. Diese Formulierung greift § 165 Abs. 3 Satz 1 Nr. 2 BauGB auf und statuiert ein einfachrechtliches Gemeinwohlerfordernis als Voraussetzung für die förmliche Festlegung eines städtebaulichen Entwicklungsbereichs.

Die Prüfung der Enteignungsvoraussetzungen ist also auf den Zeitpunkt des Erlasses der Entwicklungssatzung vorverlagert.[258] Hierbei ist zu berücksichtigen, dass nach der Rechtsprechung des Bundesverfassungsgerichts nicht jedes beliebige, sondern nur ein qualifiziertes öffentliches Interesse dem Allgemeinwohl

---

[254] *Bielenberg*, in: Bielenberg/Koopmann/Krautzberger, Stand bis Juli 1997, § 165, Rn. 25.

[255] BVerwG, Buchholz 406.15, § 53 StBauFG Nr. 2; dass, NVwZ-RR 1998, 544; vgl. zu letzterer Entscheidung Anmerkung von *Otto*, NJ 1998, 492.

[256] BVerfGE 74, 264/282, siehe hierzu bereits § 2.III.1.

[257] Vgl. hierzu *Runkel*, in: Ernst/Zinkahn/Bielenberg/Krautzberger, Vor §§ 165–171, Rn. 44.

[258] Ständige Rechtsprechung schon zur Rechtslage nach dem StBauFG: BVerwG, NJW 1982, 2787/2788; BGH, NVwZ 1987, 923/924.

§ 3 Der Rechtmäßigkeitsmaßstab

entspricht; nicht alles, was im öffentlichen Interesse liegt, weist die von der Verfassung vorausgesetzten Qualifikationsmerkmale auf.[259] Ob die Enteignung dem Wohl der Allgemeinheit dient, hängt von dem Ergebnis einer spezifisch enteignungsrechtlichen Gesamtabwägung aller Gemeinwohlaspekte ab.[260] Nur ein im Verhältnis zu entgegenstehenden anderen öffentlichen und privaten Interessen überwiegendes öffentliches Interesse ist als besonderes und dringend zu qualifizierendes Interesse geeignet, den Zugriff auf privates Eigentum zu rechtfertigen.[261]

Die Prüfung, ob ein solches qualifiziertes öffentliches Interesse vorliegt, kann aber bei der Entscheidung über die Festlegung des städtebaulichen Entwicklungsbereichs nur pauschal, nicht für das einzelne Grundstück erfolgen.[262] Denn die städtebauliche Entwicklungsmaßnahme ist schon durch ihre Zielsetzung, Ortsteile oder andere Teile des Gemeindegebiets erstmalig zu entwickeln oder einer städtebaulichen Neuordnung zuzuführen, durch eine gewisse Großflächigkeit gekennzeichnet.[263] Es entspricht daher ihrem Wesen, dass nicht bereits bei Beginn der Maßnahme feststeht, wie die einzelnen Grundstücke im Entwicklungsbereich genutzt werden sollen; vielmehr liegt der Maßnahme ein flächendeckendes Planungskonzept zugrunde, das sich erst aufgrund derjenigen Instrumentarien verdichtet, die der Gemeinde aufgrund der §§ 165 ff BauGB zustehen und im Rahmen der Durchführung der Maßnahme zur Anwendung kommen, von besonderer Bedeutung ist dabei die Verpflichtung der Gemeinden nach § 166 Abs. 1 Satz 2 BauGB, für den Entwicklungsbereich ohne Verzug Bebauungspläne aufzustellen.[264]

Der enteignende Zugriff auf das Grundstück erfolgt damit im städtebaulichen Entwicklungsbereich gleichsam abgeschichtet in zwei Stufen: Zunächst legt die Entwicklungssatzung mit Bindungswirkung für ein nachfolgendes Enteignungsverfahren fest, dass das Wohl der Allgemeinheit den Eigentumsentzug generell rechtfertigt. Dem grundstücksbezogenen Enteignungsverfahren verbleibt dann die Prüfung, ob das durch die Ziele und Zwecke der städtebaulichen Entwicklungsmaßnahme konkretisierte Gemeinwohl den Zugriff auf das einzelne Grundstück erfordert.[265]

---

[259] BVerfGE 74, 264/293 f.; vgl. auch *BVerwG*, NVwZ 2001, 1050/1051; *Papier*, in: Maunz/Dürig, Art. 14, Rn. 505.

[260] BVerfGE 74, 264/293 f.; BVerwG, NVwZ 2001, 1050/1051.

[261] BVerfGE 66, 248/257; BVerwGE 87, 241/252; dass., NVwZ 2001, 1050/1051.

[262] BVerwG, NJW 1982, 2787/2788; dass., NVwZ-RR 1998, 544.

[263] Siehe dazu bereits oben § 3.II.2.

[264] BVerwG, NJW 1982, 2787/2788; *Busch*, in: FS Hoppe, 2000, S. 405/412.

[265] BVerfG, NVwZ 2003, 71/72 (Osterholzer Feldmark); BVerwG, BauR 2004, 1584/1585 m. w. N; *Schlichter/Roeser*, in: Berliner Kommentar zum BauGB, § 165, Rn. 10.

b) Die gesetzlichen Beispiele

§ 165 Abs. 3 Satz 1 Nr. 2 BauGB nennt drei Fallgruppen, in denen das Wohl der Allgemeinheit eine Entwicklungsmaßnahme erfordert, nämlich einen erhöhten Bedarf an Wohn- und Arbeitsstätten, die Errichtung von Gemeinbedarfs- und Folgeeinrichtungen sowie die Wiedernutzung brachliegender Flächen. Diese Aufzählung ist nicht abschließend, was schon am Wortlaut der Regelung deutlich wird („insbesondere"). Neben den gesetzlich normierten Fallgruppen kommt eine Vielzahl weiterer öffentlicher Interessen in Betracht, auf Grund derer die Durchführung der Maßnahme vom Wohl der Allgemeinheit erfordert wird,[266] hierbei kommt es aber wie dargelegt darauf an, ob dieses öffentliche Interesse entgegenstehende private und öffentliche Belange überwiegt und als solches besonderes und als dringend zu qualifizierendes Interesse geeignet ist, den Zugriff auf privates Eigentum zu rechtfertigen.[267] Das Vorliegen der beispielhaft geregelten Anwendungsfälle indiziert demgegenüber das Gemeinwohlinteresse, sofern nicht entgegenstehende Umstände ersichtlich sind.[268]

aa) Deckung eines erhöhten Bedarfs an Wohn- und Arbeitsstätten

Als ersten Beispielsfall dafür, dass das Wohl der Allgemeinheit die Durchführung der Entwicklungsmaßnahme erfordert, normiert § 165 Abs. 3 Satz 1 Nr. 2 BauGB das Entwicklungsziel der Deckung eines erhöhten Bedarfs an Wohn- und Arbeitsstätten. Wann die Gemeinde von einem „erhöhten Bedarf" ausgehen darf, hat das Bundesverwaltungsgericht in den letzten Jahren wiederholt beschäftigt und stellte bei vielen Entscheidungen über die Gültigkeit von Entwicklungssatzungen die Kernfrage dar.[269]

Nach der mittlerweile gefestigten Rechtsprechung verlangt der erhöhte Bedarf noch mehr als einen dringenden Bedarf und geht erst recht deutlich über die allgemeinen „Wohnbedürfnisse der Bevölkerung" in § 1 Abs. 6 Nr. 2 BauGB hinaus. In einer grundlegenden Entscheidung aus dem Jahre 1998 hatte sich das Bundesverwaltungsgericht mit der Wirksamkeit einer Entwicklungssatzung über einen „Gemeinsamen Gewerbepark" des Zweckverbandes der Städte Nürnberg, Fürth und Erlangen zu befassen. Hier führt es zu den Anforderungen an einen „erhöhten" Bedarf aus:

---

[266] Instruktiv mit einer Aufstellung von Beispielen für die breit gefächerten Aufgaben, die auf Grundlage des StBauFG verfolgt wurden, *Krautzberger*, WiVerw 1993, 85/89.

[267] BVerwG, NVwZ 2001, 1050/1051.

[268] BVerwG, NVwZ-RR 1998, 544/545; *Neuhausen*, in: Kohlhammer-Kommentar zum BauGB, § 165, Rn. 29.

[269] Vgl. vor allem Entscheidungen des BVerwG, ZfBR 1999, 100; NVwZ-RR, 1998, 544; NVwZ 2001, 1050; NVwZ-RR 2003, 7; NVwZ 2003, 746; BauR 2004, 1584.

"Ein dringender Wohnbedarf [...] wirft nach Einschätzung des Gesetzgebers noch keine Probleme auf, die sich mit den Mitteln der normalen Bauleitplanung nicht sachgerecht lösen lassen. Er zeigt lediglich auf, dass die Gemeinde zu einem bestimmten Zeitpunkt Anlass haben kann, in der vom Gesetzgeber bezeichneten Richtung schnell planerisch tätig zu werden. Ein augenblicklicher Bedarf lässt sich zumal dann, wenn der Kreis der Bedarfsträger überschaubar ist, möglicherweise ohne weiteres kurzfristig mit den einfachen Mitteln der Bauleitplanung befriedigen, auch wenn er als dringend zu qualifizieren ist.

Ein erhöhter Bedarf im Sinne von § 165 Abs. 3 Satz 1 Nr. 2 BauGB setzt mehr voraus. Er weist eine sachliche und eine zeitliche Komponente auf. Von einem erhöhten Bedarf kann erst dann gesprochen werden, wenn die Nachfrage das Angebot längerfristig aus strukturellen Gründen deutlich übersteigt. Der Überhang muss so groß sein, dass es zu seiner Beseitigung mit einer Ausweisung von Flächen, die von ihren Dimensionen und Funktionen her hinter den in § 165 Abs. 3 Satz 1 BauGB bezeichneten Merkmalen zurückbleiben, nicht sein Bewenden haben kann. Hinzukommen muss, dass nur eine städtebauliche Gesamtmaßnahme, die durch eine einheitliche Vorbereitung und zügige Durchführung gekennzeichnet ist, die Erwartung rechtfertigt, den zutage getretenen Bedarf wenigstens mittelfristig decken zu können.

Ob ein erhöhter Bedarf besteht, beurteilt sich nicht nach der allgemeinen Arbeitsmarktsituation, sondern nach den konkreten Verhältnissen im Gebiet der Gemeinde [...]. Der für die Bedarfseinschätzung vorausgesetzte und maßgebliche Zeithorizont wird dadurch bestimmt, dass das Entwicklungsrecht ein Instrumentarium an die Hand gibt, das darauf angelegt ist, für die Bewältigung gerade drängender städtebaulicher Probleme wirksame Lösungsmöglichkeiten über die nähere Zukunft hinaus innerhalb eines absehbaren Zeitraums zu eröffnen."[270]

Diese Maßstäbe sind von der Rechtsprechung in späteren Entscheidungen wiederholt bestätigt und weiter präzisiert worden. Es wurde ergänzend klargestellt, dass allgemeine konjunkturelle Entwicklungen oder Schwankungen zur Begründung eines erhöhten Bedarfs nicht ausreichten,[271] das Stadium einer akuten Notlage müsse aber noch nicht erreicht sein.[272] Andererseits dürfe die Entwicklungsmaßnahme nicht den Charakter einer „Angebotsplanung" haben, die nicht auf einen bestehenden Bedarf reagiere, sondern eine Nachfragesituation überhaupt erst schaffen solle.[273]

Die in § 165 Abs. 3 Satz 1 Nr. 2 BauGB vorgenommene Aufzählung ist nicht additiv, sondern alternativ zu verstehen.[274] Deshalb können auch Maßnahmen zum Gegenstand von städtebaulichen Entwicklungsmaßnahmen gemacht werden, die beispielsweise ausschließlich auf die Deckung eines erhöhten Bedarfs an

---

[270] BVerwG, ZfBR 1998, 100/104; vgl. hierzu Besprechung von *Battis*, NJ 1999, 100.
[271] BVerwG, NVwZ 2003, 746/748.
[272] OVG Lüneburg, BauR 1997, 620/623; OVG Berlin, ZfBR 1998, 211/212.
[273] BVerwG, NVwZ-RR 2003, 7/9; dass., ZfBR 1999, 100/104.
[274] BVerwG, DVBl 1998, 1294/1296; *Köhler*, in: Schrödter, BauGB, § 165, Rn. 24.

Arbeitsstätten und die Entwicklung von Gewerbeflächen abzielen.[275] In der Praxis treten allerdings oftmals Mischformen auf.[276]

Ob der Gemeinde bei der Prognoseentscheidung, ob längerfristig ein erhöhter Bedarf besteht, eine zuverlässige Tatsachenbasis zur Verfügung stand und die Bewertung dieses Erkenntnismaterials in sich schlüssig ist, unterliegt in vollem Umfang der gerichtlichen Überprüfung, nicht aber die Prognoseentscheidung selbst, hierfür kommt dem Planungsträger eine Einschätzungsprärogative zu, die das Gericht nicht durch ein eigenes Wahrscheinlichkeitsurteil ersetzen darf.[277]

bb) Gemeinbedarfs- und Folgeeinrichtungen

Gegenstand der Entwicklungsmaßnahme können auch Gemeinbedarfs- und Folgeeinrichtungen sein, die der angestrebten Entwicklung des Landesgebiets, der Region oder der Gemeinde dienen. Der Begriff der Gemeinbedarfseinrichtungen ist in § 5 Abs. 2 Nr. 2 BauGB definiert, diese Definition mit der beispielhaften Aufzählung der wichtigsten Einrichtungen und Anlagen gilt auch dort, wo das BauGB den Begriff in einem anderen Zusammenhang als dem Regelungsgegenstand des § 5 BauGB – dem Flächennutzungsplan – verwendet.[278] Danach zählen hierzu die kirchlichen, sozialen, gesundheitlichen und kulturellen Einrichtungen dienenden Anlagen und Einrichtungen. Durch die Entwicklungsmaßnahme bedingte Folgeeinrichtungen sind solche, die nicht schon vom Gemeindebedarf erfasst werden, aber geschaffen werden müssen, um den Entwicklungszweck zu verwirklichen.[279]

Aus der Unterscheidung zwischen Gemeinbedarfs- und Folgeeinrichtungen kann zugleich geschlossen werden, dass Gemeinbedarfseinrichtungen nicht nur dann Gegenstand einer städtebaulichen Entwicklungsmaßnahme sein können, wenn sie durch die neu geschaffenen Wohnungen notwendig werden, um die hinzukommende Bevölkerung sozial und verwaltungsmäßig zu betreuen,[280] sondern auch dann, wenn sie übergebietlich und einem größeren Bevölkerungskreis zu dienen bestimmt sind.[281] Auch ist nicht erforderlich, dass – wie bei den Wohn- und

---

[275] Diese Fallgestaltung etwa bei BVerwG, ZfBR 1999, 100.

[276] Vgl. hierzu etwa die Aufstellung von *Dürsch*, Städtebauliche Entwicklungsmaßnahmen und Wohnungsbau, 2004, S. 105.

[277] BVerwG, ZfBR 1998, 100/105; VGH München, BRS 57, Nr. 286, S. 709; OVG Münster, DVBl. 1998, 351/352; vgl. allgemein zur Kontrolldichte bei Prognoseentscheidungen der Verwaltung *Ossenbühl*, in: Erichsen, Allgemeines Verwaltungsrecht, § 10 III 3, Rn. 38 m.w.N.

[278] *Gaentzsch*, in: Berliner Kommentar zum BauGB, § 5, Rn. 28.

[279] *Runkel* nennt als Beispiele etwa eine Schallschutzwand oder eine nicht allgemein zugängliche (ansonsten nämlich als Gemeinbedarfseinrichtung zu qualifizierende) Ausgleichsmaßnahme, in: Ernst/Zinkahn/Bielenberg/Krautzberger, § 165, Rn. 69.

[280] So die Definition von *Köhler* für den Begriff der Folgeeinrichtung, in: Schrödter, Kommentar zum BauGB, § 148, Rn. 9.

Arbeitsstätten – ein erhöhter Bedarf an Gemeinbedarfseinrichtungen dieser Art zu decken ist.[282] Verfolgt die Entwicklungsmaßnahme ausschließlich die Errichtung von Gemeinbedarfseinrichtungen, so ist allerdings nach Auffassung der Literatur die Frage zu stellen, ob die nach § 165 Abs. 3 Nr. 1 i. V. m. Abs. 2 BauGB geforderte quantitative und qualitative Bedeutung für eine Entwicklungsmaßnahme erreicht wird;[283] dies könne etwa für ein großflächiges Messegelände oder einen Universitätscampus gelten, nicht aber schon für jede Kindertagesstätte, jedes Rathaus oder Theater.[284]

cc) Wiedernutzung brachliegender Flächen

Als drittes Beispiel für einen Sachverhalt, in dem das Wohl der Allgemeinheit die Durchführung der städtebaulichen Entwicklungsmaßnahme erfordert, hat der Gesetzgeber die Wiedernutzung brachliegender Flächen normiert. Die Vorschrift des § 165 Abs. 3 Satz 1 Nr. 2, 3. Alt. BauGB ist dabei im Gleichklang mit dem durch das EAG Bau 2004 neu gefassten § 1a Abs. 2 Satz 1 BauGB zu sehen, der für die Bauleitplanung vorschreibt, dass mit Grund und Boden sparsam umzugehen ist und zur Verringerung der zusätzlichen Inanspruchnahme von Flächen für bauliche Nutzungen die Möglichkeiten der Entwicklung der Gemeinde insbesondere durch die Wiedernutzbarmachung von Flächen, Nachverdichtung und andere Maßnahmen der Innenentwicklung zu nutzen und die Bodenversiegelung auf das notwendige Maß zu begrenzen ist. Diese gesetzgeberische Wertung zeigt, dass ein gesteigertes öffentliches Interesse daran besteht, dass bereits erschlossene Flächen für städtebauliche Zwecke genutzt werden, bevor neue Flächen in Anspruch genommen werden.[285]

Um brachliegende Flächen handelt es sich dann, wenn Flächen in der Vergangenheit industriellen, gewerblichen, militärischen oder infrastrukturellen Zwecken gedient haben, diese Nutzung aber ganz oder zum größten Teil aufgegeben worden ist[286] oder an ihre Stelle eine Mindernutzung getreten ist.[287] Bemerkenswert

---

[281] BVerwG, NVwZ 2001, 558.

[282] BVerwG, ebda., S. 559; bestätigt durch BVerfG, NVwZ 2003, 71; ferner OVG Bremen, NVwZ-RR 2001, 569/570.

[283] *Runkel*, in: Ernst/Zinkahn/Bielenberg/Krautzberger, § 165, Rn. 73; vgl. hierzu § 3.II.1.

[284] *Hoppe/Busch*, Fragen des städtebaulichen Entwicklungsrechts unter besonderer Berücksichtigung von Bahnflächen, 2001, S. 42; weiter aber *Porger*, WiVerw 1999, 36/42. Ausdrücklich hat der Gesetzgeber in § 247 Abs. 7 BauGB festgestellt, dass die Entwicklung der Parlaments- und Regierungsbereiche in Berlin den Zielen und Zwecken einer städtebaulichen Entwicklungsmaßnahme nach § 165 Abs. 2 BauGB entspricht.

[285] *Runkel*, in: Ernst/Zinkahn/Bielenberg/Krautzberger, § 165, Rn. 57.

[286] Vgl. hierzu insbesondere *von Feldmann*, LKV 1997, 151; *Stich*, ZfBR 1992, 256 und *Schmitz*, Städtebauliches Entwicklungsrecht und Konversionsgebiete, 2006.

ist, dass der Gesetzgeber an den Gemeinwohlzweck des Flächenrecyclings keine weiteren Anforderungen im Hinblick auf die Art der Wiedernutzung stellt. So können auf dem Brachland etwa Wohn- und Gewerbeflächen entwickelt werden, ohne dass es darauf ankäme, dass in der Gemeinde ein erhöhter Bedarf an Wohn- und Arbeitsstätten bestünde.[288] Die städtebauliche Entwicklungsmaßnahme zur Wiedernutzung brachliegender Flächen weist oftmals Berührungspunkte zur Funktionsschwächensanierung nach § 136 Abs. 2 Satz 2 Nr. 2 BauGB auf.[289]

3. Subsidiarität der städtebaulichen Entwicklungsmaßnahme

§ 165 Abs. 3 Satz 1 Nr. 3 BauGB schreibt vor, dass die Gemeinde nur dann einen städtebaulichen Entwicklungsbereich festsetzen kann, wenn die mit der städtebaulichen Entwicklungsmaßnahme angestrebten Ziele und Zwecke durch städtebauliche Verträge nicht erreicht werden können oder Eigentümer der von der Maßnahme betroffenen Grundstücke unter entsprechender Berücksichtigung des § 166 Abs. 3 BauGB nicht bereit sind, ihre Grundstücke an die Gemeinde oder den von ihr beauftragten Entwicklungsträger zu dem Wert zu veräußern, der sich in Anwendung des § 169 Abs. 1 Nr. 6 und Abs. 4 ergibt. Die Erforderlichkeit der städtebaulichen Entwicklungsmaßnahme ist damit für die Fälle durch gesetzliche Anordnung ausgeschlossen, in denen sich die angestrebte städtebauliche Entwicklung auch auf vertraglicher Grundlage durch private Projektträgerschaft verwirklichen lässt oder die betroffenen Grundstückseigentümer bereit sind, ihre Grundstücke zum Anfangswert an die Gemeinde zu veräußern.

Allerdings sind diese ausdrücklich geregelten Fälle nur ein Teilaspekt der Erforderlichkeitsprüfung.[290] An der Erforderlichkeit fehlt es nämlich immer dann, wenn die Ziele und Zwecke der Maßnahme mit anderen städtebaulichen Mitteln von geringerer Eingriffsintensität erreicht werden können; die Gemeinden dürfen von dem Entwicklungsrecht mit seinen intensiven Eingriffswirkungen nur dann Gebrauch machen, wenn dies im Interesse der Realisierbarkeit der zügigen Durchführung unverzichtbar ist.[291] Der Erforderlichkeitsgrundsatz wäre deshalb auch dann verletzt, wenn die Ziele und Zwecke der Entwicklungsmaßnahme auch allein durch einen Bebauungsplan, insbesondere einen vorhabenbezogenen Bebauungsplan nach § 12 BauGB, eine Umlegung nach §§ 45 ff BauGB oder eine städtebauliche Sanierungsmaßnahme[292] ebenso zügig und bei angemessenen Kosten erreicht werden könnten.[293]

---

[287] Beispielsweise ein Schrotthandel anstelle einer industriellen Nutzung, vgl. *Runkel*, in: Ernst/Zinkahn/Bielenberg/Krautzberger, § 165, Rn. 75.
[288] *Runkel*, ebda., Rn. 77.
[289] Vgl. zur Abgrenzung bereits § 3.II.3.b).
[290] *Degenhart*, DVBl. 1997, 317/320.
[291] OVG Berlin, ZfBR 1998, 211.
[292] Vgl. zur Abgrenzung bereits oben, § 3.II.3.b).

Rechtsprechung und Kommentarliteratur weisen allerdings übereinstimmend darauf hin, dass das Instrumentarium, welches das sonstige Städtebaurecht biete, nur begrenzt tauglich sei bei Gesamtmaßnahmen mit einer Vielzahl von Betroffenen, deren Dimension durch § 165 Abs. 2 BauGB vorbestimmt sei. Je größer die Zahl der Eigentümer sei, die mitwirken müssten, desto geringer sei die Chance, dass sich die Maßnahme ohne Einsatz des Entwicklungsrechts unter angemessenem Zeit- und Kostenaufwand zügig verwirklichen lasse.[294]

Die Gemeinde muss also nach der Konzeption des Gesetzes vertragliche Lösungen anstreben, sofern sich eine realistische Perspektive für eine einvernehmliche Regelung abzeichnet.[295] Sie soll nach § 165 Abs. 4 Satz 2 i. V. m. § 137 Satz 2 BauGB die Betroffenen zur Mitwirkung anregen und im Rahmen des Möglichen beraten. Allein die Möglichkeit der Festsetzung eines städtebaulichen Entwicklungsbereichs hat nach den Erfahrungen vieler Gemeinden das Zustandekommen vertraglicher Lösungen befördert.[296]

So verfolgt etwa Stadt München mit ihren 1994 beschlossenen Grundsätzen für die Bauleitplanung („Münchener Weg")[297] generell die Strategie, Bebauungsplanverfahren, die zu einem Bodenwertzuwachs für bestimmte Grundstücke führen, nur dann durchzuführen, wenn sich der Planbegünstigte vertraglich verpflichtet, die durch das Planungsvorhaben entstehenden Kosten und Lasten zu übernehmen, soweit ihm mindestens ein Drittel der Bodenwertsteigerungen verbleiben.[298] Damit sollen städtebauliche Entwicklungsmaßnahmen ausdrücklich abgewendet werden.[299]

Auch das Land Berlin hatte im Jahr 1992 ursprünglich für deutlich mehr Standorte erwogen, städtebauliche Entwicklungsbereiche festzusetzen und schließlich für acht Gebiete Voruntersuchungen (vgl. nunmehr § 165 Abs. 4 BauGB) eingeleitet. Gerade bei Freiflächen an der städtischen Peripherie, bei denen klarere Eigentumsverhältnisse vorgefunden wurden und weniger komplexe Umstrukturierungen erforderlich waren, konnte aber auf den Einsatz des städtebaulichen

---

[293] Zu den verschiedenen Fallkonstellationen vgl. die ausführliche Erörterung bei *Hoppe / Busch*, Fragen des städtebaulichen Entwicklungsrechts, 2001, S. 49 ff.

[294] BVerwG, ZfBR 1999, 100; OVG Berlin, LKV 2001, 126/128; *Schlichter / Roeser*, in: Berliner Kommentar zum BauGB, § 165, Rn. 19; *Runkel*, in: Ernst / Zinkahn / Bielenberg / Krautzberger, § 165, Rn. 81; *Neuhausen*, in: Kohlhammer-Kommentar zum BauGB, § 165, Rn. 30e; *Schmidt-Eichstaedt*, DÖV 1995, 96.

[295] BVerwG, NVwZ 2001, 1053/1054.

[296] *Runkel*, in: Ernst / Zinkahn / Bielenberg / Krautzberger, Vor §§ 165–171, Rn. 40.

[297] *Landeshauptstadt München*, Kommunalreferat (Hrsg.), Die sozialgerechte Bodennutzung – Der Münchener Weg, 1998.

[298] Vgl. hierzu auch *Reiß-Schmidt*, Werkstattbericht – Erfahrungen mit der Privat-Öffentlichen Kooperation in München, Vortrag im 392. Kurs des Instituts für Städtebau Berlin, 1999.

[299] Vgl. dazu *Hoppe / Busch*, Fragen des städtebaulichen Entwicklungsrechts, 2001, S. 8.

Entwicklungsrechts verzichtet werden, weil mit Investoren städtebauliche Verträge abgeschlossen werden konnten.[300]

Hier zeigt sich, dass gerade bei der Neuausweisung von Bauland und der Entwicklung neuer Stadtteile, also der klassischen Außenentwicklung, der städtebauliche Vertrag das Mittel der Wahl sein kann, um das zuweilen hypertrophe Instrumentarium der städtebaulichen Entwicklungsmaßnahme zu vermeiden und dennoch Grundstückseigentümer an den Planungs-, Durchführungs- und Folgekosten städtebaulicher Maßnahmen zu beteiligen.[301] Innenentwicklungsmaßnahmen, bei der eine Vielzahl von Eigentümern betroffen sind und die mit schwieriger Bodenordnung, Altlastensanierung und geringeren Bodenwertsteigerungen verbunden sind, können dagegen oftmals nur mit dem Instrumentarium der städtebaulichen Entwicklungsmaßnahme bewältigt werden, da allein kooperatives Handeln in diesen Fällen zu keinem Ergebnis führt.[302]

4. Zügige Durchführung innerhalb eines absehbaren Zeitraums

Die Gemeinde kann einen städtebaulichen Entwicklungsbereich nur dann festlegen, wenn die zügige Durchführung der Maßnahme innerhalb eines absehbaren Zeitraums gewährleistet ist (§ 165 Abs. 3 Satz 1 Nr. 4 BauGB). Das Erfordernis der zügigen Durchführung bestimmt bereits den Anwendungsbereich der städtebaulichen Entwicklungsmaßnahme (§ 165 Abs. 1 BauGB). Während der Dauer der Entwicklungsmaßnahme gilt nach § 169 Abs. 1 Nr. 3 i. V. m. § 144 BauGB eine Verfügungs- und Veränderungssperre. Diese Beschränkung der Grundeigentümer bedarf einer verfassungsrechtlichen Rechtfertigung, die nur dann vorliegt, wenn sie nicht länger andauert, als es nach dem Zweck der Maßnahme erforderlich ist. Deshalb muss die Gemeinde ihre Entwicklungskonzeption mit der notwendigen Umsicht und ohne Überschätzung ihrer Möglichkeiten unter Einsatz der gesamten

---

[300] *Nagel/Stimmann* (Hrsg.), Tendenzen der Stadterneuerung, 1994, S. 60. Eine Pilotfunktion kam hierbei dem Entwicklungsprojekt *Karow-Nord* im (damaligen) Berliner Bezirk Weißensee zu, wo auf Grundlage eines städtebaulichen Vertrages 4600 Wohnungen für über 10.000 Einwohner entstanden sind.

[301] Für den städtebaulichen Vertrag als geeignetes Mittel für die Neuausweisung von Bauland vgl. auch *Scharmer*, NVwZ 1994, 219/220; zur Einbindung von Privaten auch bei der Finanzierung des kommunalen Eigenanteils im Rahmen der Städtebauförderung vgl. *Battis/Kersten*, LKV 2006, 442.

[302] Zu berücksichtigen ist, dass selbstverständlich auch im Rahmen der städtebaulichen Entwicklungsmaßnahme städtebauliche Verträge nach § 11 BauGB und andere Vereinbarungen geschlossen werden können, vgl. dazu etwa *Lobeck/Schote*, Kooperationsmodelle im Rahmen städtebaulicher Entwicklungsmaßnahmen, 1997; *Stich*, DVBl 1997, 317/320; *Scharmer*, Informationen zur Raumentwicklung 1994, Heft 1/2, S. 9 f. Ausdrücklich gesetzlich vorgesehen ist etwa nach § 169 Abs. 1 Nr. 4 i. V. m. § 146 Abs. 3 BauGB, dass die Gemeinde die Durchführung der Ordnungsmaßnahmen und die Errichtung oder Änderung von Gemeinbedarfs- und Folgeeinrichtungen vertraglich den Eigentümern übertragen kann.

verfügbaren Verwaltungskraft vorantreiben und darf die Eigentumsbindung nicht durch eine verzögerliche Behandlung der Entwicklungsmaßnahme zeitlich über Gebühr ausdehnen.[303] Das Zügigkeitsgebot ist deshalb eine einfachgesetzliche Ausprägung des verfassungsrechtlichen Verhältnismäßigkeitsprinzips.

Welcher Zeitraum noch als absehbar im Sinne des § 165 Abs. 3 Satz 1 Nr. 4 BauGB zu werten ist, lässt sich nicht abstrakt, sondern nur unter Berücksichtigung des Umfangs der jeweiligen Entwicklungsmaßnahme beurteilen.[304] Wie dargelegt hat der Gesetzgeber ausdrücklich davon abgesehen, die sanierungsrechtliche Befristungsregelung des § 142 Abs. 3 Satz 3 BauGB von 15 Jahren auch für die Entwicklungsmaßnahme aufzunehmen.[305] Die voraussichtliche Zeitdauer ist von der Gemeinde anhand der angestrebten Entwicklung, der dafür erforderlichen Einzelmaßnahmen mit Kostenschätzung und Finanzierungsmöglichkeiten zu konkretisieren, um den voraussichtlichen Zeitraum absehbar zu machen,[306] denn zu der Frage, ob eine zügige Entwicklung gewährleistet ist, gehört auch die Finanzierbarkeit der Maßnahme.[307] Darüber hinaus ist ein sinnvoller Beitrag zur städtebaulichen Entwicklung überhaupt nur zu leisten, wenn dabei auch die Zeitkomponente berücksichtigt wird.[308]

Für Entwicklungsbereiche, die auf Grundlage des StBauFG festgesetzt wurden, hat die Rechtsprechung Durchführungszeiträume von 15 und 17 Jahren noch für gesetzeskonform gehalten.[309] Auch die nach der Konzeption des BauGB nunmehr kleinteiliger angelegten Entwicklungsmaßnahmen auf Grundlage von § 165 BauGB ließen sich nach der Rechtsprechung bei Durchführungszeiten zwischen 9 und 17 Jahren noch als zügig bewerten.[310]

---

[303] So zum Sanierungsrecht BGH, BauR 1982, 247; BVerwG, BauR 1985, 189; *Neuhausen*, in: Kohlhammer-Kommentar zum BauGB, § 165, Rn. 31 und § 162, Rn. 39.

[304] BVerwG, zuletzt in BauR 2004, 1584/1588; BGH, NVwZ 1987, 923; OVG Berlin, ZfBR 1998, 211/213; *Schlichter/Roeser*, in: Berliner Kommentar zum BauGB, § 165, Rn. 21.

[305] Vgl. § 2.VII.1.

[306] *Gaentzsch*, NVwZ 1991, 921/923; *Neuhausen*, in: Kohlhammer-Kommentar zum BauGB, § 165, Rn. 32.

[307] VGH München, BRS 57, Nr. 286, S. 706; *Neuhausen*, in: Kohlhammer-Kommentar zum BauGB, § 165, Rn. 33.

[308] OVG Berlin, ZfBR 1998, 211/213 unter Berufung auf *Krautzberger*, in: Ernst/Zinkahn/Bielenberg/Krautzberger, Stand 1.2.1997, § 165, Rn. 21.

[309] BGH, ZfBR 1987, 110/112; VGH Kassel, ZfBR 1987, 204/206.

[310] BVerwG, ZfBR 1999, 100/105 – 12 Jahre; VGH München, BRS 57 Nr. 286, S. 711 – 9 Jahre; OVG Münster, DVBl. 1998, 351 – 15 Jahre; VGH Mannheim, BauR 1996, 523/526 – 14 Jahre; OVG Berlin, ZfBR 1998, 211/214 – 17 Jahre, wobei auf die besonders schwierige Grunderwerbssituation hingewiesen wurde (Entwicklungsmaßnahme *Alter Schlachthof*).

IV. Fazit zum rechtlichen Rahmen für den Einsatz des Instruments

Die rechtlichen Hürden, die das Gesetz für den Einsatz des städtebaulichen Entwicklungsrechts anlegt, sind hoch. Dies ist dem Wesen der städtebaulichen Entwicklungsmaßnahme als – wie es der VGH München ausdrücklich formuliert[311] – *ultima ratio* zur Mobilisierung von Bauland geschuldet. Sie ist kein städtebauliches Alltagsinstrument, sondern setzt nach ständiger Rechtsprechung des Bundesverwaltungsgerichts einen qualifizierten städtebaulichen Handlungsbedarf voraus. Dies ergibt sich schon aus der vom Gesetz in § 165 Abs. 2 BauGB normierten „besonderen Bedeutung" und wird von § 165 Abs. 3 Satz 1 Nr. 2 BauGB konkretisiert, wenn als „Kernerfordernis des Entwicklungsrechts" statuiert wird, dass die Maßnahme zum Wohl der Allgemeinheit erforderlich sein muss. Wie gezeigt sind diese hohen Hürden verfassungsrechtlich geboten, da die Gemeinde mit der Festlegung des städtebaulichen Entwicklungsbereichs bereits bindende Voraussetzungen für spätere Enteignungen schafft.

Andererseits ergibt sich aus der ausgewerteten Rechtsprechung, dass die Verfassungsmäßigkeit der städtebaulichen Entwicklungsmaßnahme und die Grundfragen ihrer Anwendung als geklärt angesehen werden können und die Einleitung einer solchen Maßnahme auf gesicherter Grundlage erfolgen kann, besonders nachdem das Bundesverfassungsgericht in seiner Entscheidung zur Entwicklungsmaßnahme „Osterholzer Feldmark" in Bremen bestätigt hat, dass der Gesetzgeber mit §§ 165 ff BauGB das Spannungsverhältnis zwischen gemeindlicher Planungshoheit und der Grundeigentumsfreiheit verfassungskonform bewältigt hat.[312]

Damit ist der Rahmen beschrieben, in dem die Gemeinde das Steuerungsinstrument der städtebaulichen Entwicklungsmaßnahme anwenden kann. Aus der Zusammenschau der Regelungen des § 165 Abs. 1 – Abs. 3 BauGB und der vorangegangenen Darstellung der Rechtsentwicklung ist klar geworden, welche Grundelemente die Maßnahme kennzeichnen. Hierauf aufbauend wird im Zweiten Teil der Arbeit untersucht, in welchen Grenzen sich die Gemeinde aus einer Entwicklung wieder zurückziehen kann.

---

[311] VGH München, BRS 57 Nr. 286, S. 712.

[312] BVerfG, NVwZ 2003, 71. *Krautzberger* kann angesichts der kontinuierlichen Auslegung und Ausformung des Rechtsbereichs durch die Rechtsprechung – insbesondere durch den 4. Senat des *Bundesverwaltungsgerichts* – die Zurückhaltung der kommunalen Praxis bei der Anwendung des Instruments „nicht voll nachvollziehen", in: Festschrift für Schmidt-Eichstaedt, 2006, S. 111/120.

§ 4 Probleme städtebaulicher Entwicklungsmaßnahmen am Beispiel Berlins

Im Folgenden soll dargestellt werden, welche Umstände dazu führen können, dass städtebauliche Entwicklungsmaßnahmen in eine Krise geraten und sich die Frage nach der Beendigung der Maßnahmen stellt. Dies soll exemplarisch anhand des Landes Berlin gezeigt werden. Dieses Beispiel bietet sich an, weil nirgendwo sonst in der Bundesrepublik zu Beginn der neunziger Jahre die städtebauliche Entwicklungsmaßnahme so extensiv als Planungsinstrument erwogen und angewandt wurde.[313]

In diesem Kapitel soll zunächst skizziert werden, unter welchen Umständen die Planungen für die Entwicklungsmaßnahmen aufgenommen wurden und welche Entwicklungsziele bei Festlegung der städtebaulichen Entwicklungsbereiche in Berlin verfolgt wurden (siehe dazu I.), um darauf aufbauend anhand der konkreten Beispiele zu zeigen, wie sich die städtebaulichen Rahmenbedingungen ändern können (dazu II.) und die Maßnahmen damit und aufgrund der instrumentellen Ausgestaltung des Entwicklungsrechts in erhebliche Schwierigkeiten geraten (dazu III.). Schließlich werden im Überblick die Bemühungen Berlins dargestellt, die Krise der Entwicklungsmaßnahmen zu bewältigen (dazu IV.).

I. Die Berliner Entwicklungsbereiche

Die Geschichte der Berliner Entwicklungsbereiche beginnt bereits vor der Wende. Schon im Sommer 1989 wurden im Westteil der Stadt unter dem Eindruck der Wohnungsnot Ende der achtziger Jahre Voruntersuchungen für das Gebiet der Wasserstadt Berlin-Oberhavel in Auftrag gegeben.[314] Der Zusammenbruch der DDR und die Vereinigung der beiden Stadthälften beschleunigten den Prozess einer wachsenden Planungs- und Wachstumseuphorie. Der Senat hielt es nun für „unumgänglich, in der gegenwärtigen neuen Gründerzeit auch wieder größere Projekte zu entwickeln."[315]

Die Aufbruchstimmung der Stadtplanung in dieser Zeit wird anschaulich illustriert durch die ersten Jahrgänge der Zeitschrift „Foyer", die die damals (mit)zuständige[316] Senatsverwaltung für Bau- und Wohnungswesen im Jahr 1991 als „Vorhalle wichtiger baupolitischer Entscheidungen" ins Leben rief.[317] Hier

---

[313] *Nagel/Stimmann* (Hrsg.), Tendenzen der Stadterneuerung, 1994, S. 58.

[314] Vgl. Begründung zur Verordnung über die förmliche Festlegung des städtebaulichen Entwicklungsbereichs Wasserstadt Berlin-Oberhavel vom 13. Juli 1992, GVBl. S. 241.

[315] So der Wortlaut einer Pressemitteilung der *Senatsverwaltung für Bau- und Wohnungswesen* vom 20.11.1990 zur Wasserstadt Berlin-Oberhavel.

wurden für neue Büroimmobilien „Boomtown-Bedingungen" prognostiziert und ein Fehlbedarf an Büroflächen von 16,4 Millionen m² Bruttogeschossfläche bis zum Jahr 2005 vorhergesehen.[318] Für ebenso kritisch wurde die Situation auf dem Wohnungsmarkt gehalten, der Bausenator selbst stellte hierzu fest:

> „Die Nachfrage nach Wohnungen, vom sozialen Wohnungsbau bis hin zum Einfamilienhaus, läuft dem knappen Angebot davon. Allein durch eine bessere Verteilung oder Mangelverwaltung – die Organisierung der Unzulänglichkeit – kann diesem sozialen Missstand nicht begegnet werden, ohne die konsequente Steigerung der Neubauzahlen lässt sich der Mangel nicht wirklich bekämpfen. [...] Berlin ist auf die zügige Verwirklichung großer Wohnungsbauprojekte angewiesen."[319]

Im April 1992 beschloss der Berliner Senat deshalb, im Anschluss an die Wasserstadt Berlin-Oberhavel für acht weitere Gebiete Voruntersuchungen im Hinblick auf die Festlegung von städtebaulichen Entwicklungsbereichen durchführen zu lassen, um eine zügige Realisierung der Wohnungsbauvorhaben zu sichern.[320]

Diese Projekte waren Teil des ehrgeizigen „Wohnungsbauprogramms '95", mit dem der Berliner Senat das Ziel verfolgte, bis 1995 mindestens 80.000 öffentlich geförderte Wohnungen auf den Weg zu bringen.[321] Das maßgeblich von Senatsbaudirektor Stimmann geprägte Leitbild der großen Wohnungsbauprojekte sollte dabei die *„Neue Vorstadt"* sein, keine Trabantenstadt der siebziger Jahre, aber auch keine bloße Siedlung, sondern Stadtquartiere mit zumeist jeweils etwa 5.000 Wohneinheiten, die für sich einen neuen Teil der vorhandenen großstädti-

---

[316] Tatsächlich war neben der Senatsverwaltung für Bau- und Wohnungswesen unter Senator *Nagel* (SPD) in den Zeiten der großen Koalition parallel die Senatsverwaltung für Stadtentwicklung und Umweltschutz unter Senator *Hassemer* (CDU) zuständig. Beide Senatsverwaltungen mussten zudem oftmals im Konflikt mit Ansprüchen des Bundes nach gemeinsam tragbaren Lösungen suchen; vgl. *Zlonicky*, in: Becker/Jessen/Sander, Ohne Leitbild? – Städtebau in Deutschland und Europa, 1998, S. 153/164.

[317] Vgl. *Editorial* der Erstausgabe von Foyer I/1991, S. 3. Ähnlich exemplarisch die Diskussionen des *„Stadtforums Berlin"*, deren „Satzspiegel" das von der Senatsverwaltung für Stadtentwicklung und Umweltschutz herausgegebene *„Journal Stadtforum"* sein sollte; vgl. *Lautenschläger*, Journal Stadtforum No. 1, Juli 1991, S. 2; anschaulich hierzu auch *Senatsverwaltung für Stadtentwicklung und Umweltschutz* (Hrsg.), Stadtidee – Stadtforum, Berlin 1992.

[318] *Hotze*, in einem Aufsatz mit dem Titel *„Boomtown"* unter Berufung auf Berechnungen des Instituts empirica, Foyer III/1992, S. 7 und 9.

[319] *Nagel*, in seinem Aufsatz *„Erst ein Anfang"*, Foyer V/1992, S. 22.

[320] Vgl. *Pirch*, Foyer III/1992, S. 20. Es handelte sich um die Untersuchungsbereiche *„Buchholz"* im – jeweils damaligen – Bezirk Pankow, *„Karow/Blankenberg"* im Bezirk Weißensee, *„Biesdorf-Süd"* im Bezirk Marzahn, *„Eisenacher Straße"* ebenfalls im Bezirk Marzahn, *„Dahmestadt"* im Bezirk Köpenick, *„Altglienicke"* im Bezirk Treptow, *„Rudower Felder"* im Bezirk Neukölln und *„Staakener Felder"* im Bezirk Spandau.

[321] Vgl. dazu *Pirch*, Foyer III/1992, S. 21 und *Fuderholz*, Foyer II/1993, S. 46. Letzterer stellt fest: „Keine Landesregierung hat ein so ehrgeiziges Wohnungsbauprogramm wie Berlin, keine gibt annähernd so viel Geld dafür."

§ 4 Probleme städtebaulicher Entwicklungsmaßnahmen

schen Struktur darstellen und jeweils eine eigene Identität etwa als Wasserstadt, Wissenschaftsstadt oder Parkstadt entwickeln sollten.[322] Die Entwicklungsbereiche waren damit Teil des Konzepts der „dezentralen Konzentration", sie sollten die gründerzeitlichen Quartiere der Innenstadt vom erwarteten Arbeitsplatz- und Bevölkerungszuwachs entlasten.[323]

Schließlich wurden in den Jahren 1992–1994 fünf Entwicklungsbereiche förmlich festgelegt,[324] wobei für klassische Stadterweiterungsmaßnahmen an der städtischen Peripherie das Entwicklungsrecht gerade nicht gewählt wurde. Projekte in diesen Lagen wurden vielmehr auf Grundlage städtebaulicher Verträge verwirklicht.[325] Das „scharfe Schwert" des Entwicklungsrechts kam dagegen im Innenbereich zur Anwendung, wo gemischt genutzte, teilweise brachgefallene Gewerbe- und Industrieflächen mit zum Teil ungeklärten Eigentumsverhältnissen zu Wohn- und Dienstleistungsquartieren umstrukturiert werden sollten.[326] Hinzu kam die Festlegung des Entwicklungsbereichs „Hauptstadt Berlin – Parlaments- und Regierungsviertel",[327] der wegen seiner besonderen Funktion und Rechtsgrundlage in den Sonderregelungen für Berlin als Hauptstadt der Bundesrepublik Deutschland (§ 247 Abs. 7 BauGB) eine Sonderstellung einnimmt.

Die Festlegung aller städtebaulichen Entwicklungsbereiche wurde – unter anderem – mit der Erforderlichkeit zur Deckung eines erhöhten Bedarfs an Wohn- und Arbeitsstätten begründet. Außerdem wurde durchgängig das Ziel verfolgt, brachliegende Flächen einer neuen Entwicklung zuzuführen. Hiermit griffen die Verordnungen[328] die Regelbeispiele des § 6 Abs. 3 Nr. 2 BauGB-MaßnG bzw. § 165 Abs. 3 Nr. 2 BauGB auf. Hinzu kamen spezielle stadtstrukturelle Entwicklungsziele:

---

[322] Vgl. exemplarisch *Stimmann*, in seinem Aufsatz „*Leitbild Vorstadt*", Foyer II/1993, S. 5/7.

[323] *Hellweg*, Forum 2006, 276/279.

[324] Es handelt sich um die städtebaulichen Entwicklungsbereiche „*Wasserstadt Berlin-Oberhavel*" im Bezirk Spandau, „*Alter Schlachthof*" im Bezirk Pankow, „*Biesdorf-Süd*" im Bezirk Marzahn-Hellersdorf, „*Berlin-Rummelsburger Bucht*" in den Bezirken Lichtenberg und Friedrichshain-Kreuzberg sowie „*Berlin-Johannisthal/Adlershof*" im Bezirk Treptow-Köpenick.

[325] Exemplarisch die städtebaulichen Vertragsgebiete „*Karow-Nord*", „*Altglienicke*" und „*Buchholz-West*"; vgl. dazu *Nagel/Stimmann* (Hrsg.), Tendenzen der Stadterneuerung, 1994, S. 60.

[326] Vgl. beispielsweise *Klose/Pirch/Spahn*, Foyer II/1995, S. 46.

[327] Verordnung über die förmliche Festlegung des städtebaulichen Entwicklungsbereichs und der zugehörigen Anpassungsgebiete zur Entwicklungsmaßnahme „*Hauptstadt Berlin – Parlaments- und Regierungsviertel*" vom 17. Juni 1993, GVBl. 1993 S. 268 ff.

[328] In Berlin erfolgt die Festlegung der städtebaulichen Entwicklungsbereiche nicht durch Satzung, sondern durch Verordnung des Senats, vgl. § 246 Abs. 2 Satz 1 BauGB i.V. m. § 27 Abs. 1 AGBauGB Bln; vgl. hierzu und zu weiteren Verfahrensfragen der Festlegung nach Berliner Landesrecht *Arndt*, Städtebauliche Entwicklungsmaßnahme, 1999, S. 45 f.

- Der 206 ha große Entwicklungsbereich „*Wasserstadt Berlin-Oberhavel*"[329] grenzt an die Spandauer Innenstadt und die Zitadelle und ist durch die Wasserlage an der Havel geprägt. Hier wurde neben dem quantitativen Versorgungsziel, bis zum Jahr 2010 insgesamt 12.700 Wohnungen und Arbeitsstätten für ca. 22.000 Beschäftigte zu schaffen, das Ziel einer Neuorientierung der Stadtstruktur verfolgt, mit der ein alter Industriestandort, der traditionell der Rüstungsproduktion diente, zu einem modernen Wohn- und Dienstleistungsquartier am Wasser umgewandelt werden sollte.[330] Durch die Beendigung der gewerblichen Mindernutzung, die durch aufgegebene Industrieanlagen, Lagerhallen und Großtankanlagen gekennzeichnet war, sollte ein Beitrag zum sparsamen und schonenden Umgang mit Flächen geleistet werden. Ursprünglich hatte die Planung der so genannten „*Leibnizgruppe*" aus den Architekten und Stadtplanern Kollhoff, Timmermann, Langhof, Nottmeyer und Zillich im Auftrag von Bausenator Nagel vorgesehen, sogar 18.000 Wohnungen und 30.000 Arbeitsplätze zu realisieren.[331]

- Im 130 ha großen Entwicklungsbereich „*Berlin-Rummelsburger Bucht*"[332] sollte das Olympische Dorf untergebracht werden, falls Berlin den Zuschlag für die Olympischen Spiele im Jahr 2000 erhalten hätte. Auch dieser Bereich war durch altindustrielle Anlagen, Werft- und Chemiebetriebe, Lager- und Bauschuttstandorte sowie industrielle Brachen gekennzeichnet, in die einzelne Wohninseln eingestreut waren. Zugleich liegt das Gebiet landschaftlich attraktiv am Rummelsburger See und benachbart zum Treptower Park und dem Plänterwald. Nachdem die Olympia-Bewerbung gescheitert war, wurden als Entwicklungsziele der Bau von 5.400 Wohnungen sowie die Schaffung von Arbeitsstätten für ca. 12.000 Beschäftigte bis 2006 angestrebt. Das Gebiet sollte entsprechend seiner zentralen Bedeutung in der unmittelbaren Randlage zur „City Ost" am Alexanderplatz und der direkten Anbindung über den Regional- und S-Bahn-Knotenpunkt Ostkreuz neu geordnet und die altindustriellen Anlagen durch neue Wohn- und Dienstleistungsnutzungen ersetzt werden. Außerdem war vorgesehen, die Berliner Verwaltungs-, Sozial- und Arbeitsgerichtsbarkeit in den denkmalgeschützten Gebäuden einer ehemaligen Justizvollzugsanstalt unterzubringen.[333]

- Teil der Berliner Olympiaplanung war auch die Entwicklungsmaßnahme „*Alter Schlachthof*"[334] an der Eldenaer Straße. Hier sollte zunächst das „Olympische Mediendorf" errichtet werden. Herzstück des 50 ha großen Gebiets sind die denkmalgeschützten Hallen des ehemaligen zentralen Schlachthofs und eine ehemalige Lederfabrik. In diese sollten neue gewerbliche Nutzungen und Loftwohnungen integriert werden. Insgesamt

---

[329] Verordnung über die förmliche Festlegung des städtebaulichen Entwicklungsbereichs „*Wasserstadt Berlin-Oberhavel*" vom 13. Juli 1992, GVBl. 1992, S. 241.

[330] Vgl. zu dem Projekt *Hirsch*, Foyer II/1995, S. 31.

[331] Vgl. Pressemitteilung der *Senatsverwaltung für Bau- und Wohnungswesen* vom 20.11.1990 zum Beschluss des Senats, das vom Bausenator vorgeschlagene Projekt „weiter planerisch vorzubereiten".

[332] Verordnung über die förmliche Festlegung des städtebaulichen Entwicklungsbereichs „*Berlin-Rummelsburger Bucht*" vom 26. April 1994, GVBl. S. 181.

[333] Vgl. hierzu *Nickel*, Foyer II/1995, S. 35.

[334] Verordnung über die förmliche Festlegung des städtebaulichen Entwicklungsbereichs „*Alter Schlachthof*" vom 8. Juli 1993, GVBl. S. 326.

§ 4 Probleme städtebaulicher Entwicklungsmaßnahmen

war geplant, bis 2004 ca. 2.250 Wohnungen und Arbeitsstätten für 5.000 Beschäftigte zu schaffen. Neben diesem quantitativen Versorgungsziel stand das Flächenrecycling dieses zentralstädtischen Areals, die Verringerung des Grünflächendefizits im Verflechtungsbereich des Standorts und die Berücksichtigung denkmalpflegerischer Belange im Vordergrund.[335]

- Das in der Fläche größte Konversionsgebiet Berlins und Deutschlands stellt die Entwicklungsmaßnahme „*Berlin-Johannisthal/Adlershof*"[336] dar. Das Gelände mit 420 ha Fläche wurde unter anderem von dem Flugfeld des ältesten deutschen Flugplatzes „*Johannisthal*", den Einrichtungen der ehemaligen Akademie der Wissenschaften und des Fernsehfunks der DDR sowie Kasernengebäuden der Nationalen Volksarmee eingenommen. Hier sollten zwar bis 2004 ebenfalls 5.500 Wohnungen entstehen, der Schwerpunkt lag allerdings bei der Schaffung einer Stadt für Wissenschaft, Forschung, Medien und technologieorientiertem Gewerbe, in der 30.000 Arbeitsplätze geschaffen werden sollten. Es war geplant, die naturwissenschaftlichen Fakultäten der Humboldt-Universität an diesen Standort zu verlagern. Der zentrale Bereich des Flugfeldes war für einen Landschaftspark vorgesehen.[337]

- Schließlich sollte im 142 ha großen Entwicklungsbereich „*Biesdorf-Süd*"[338] bis 2007 ein urbaner, vielfältiger neuer Stadtteil als Mittelzentrum mit bezirksübergreifenden Versorgungs- und Dienstleistungsfunktionen für den Ostteil der Stadt entstehen. Das neu zu schaffende Stadtteilzentrum sollte einen Einzugsbereich von 500.000 Menschen versorgen. Es handelte sich im Zeitpunkt der Festlegung um einen städtebaulich ungeordneten Übergangsbereich zwischen den homogen gewachsenen Stadtbezirken in der Innenstadt und den Großsiedlungen am Stadtrand, der unmittelbar an der Bundesstraße 1/5 liegt, einer der wichtigsten Berliner Ausfallstraßen in Richtung Osten. Hier waren Handels- und Dienstleistungsangebote mit 50.000 m² Verkaufsfläche und 250.000 m² Bruttogeschossfläche für Büronutzungen geplant. Insgesamt sollten so 12.000 Arbeitsplätze entstehen – und nach dem Leitbild der Neuen Vorstädte ebenfalls 5.000 Wohnungen mit den entsprechenden Folgeeinrichtungen.[339]

Die Erwartung, zügig einen erhöhten Bedarf an Wohn- und Arbeitsstätten decken zu müssen, geht maßgeblich auf die Wachstumsprognosen für Berlin zurück, die Grundlage für die stadtplanerischen Entscheidungen zu Anfang und Mitte der neunziger Jahre waren. Die Begründung der ersten Berliner Entwicklungsbe-

---

[335] Vgl. hierzu *Knoche*, Foyer II/1995, S. 34.

[336] Verordnung über die förmliche Festlegung des städtebaulichen Entwicklungsbereichs einschließlich zweier Anpassungsgebiete zur Entwicklungsmaßnahme „*Berlin-Johannisthal/Adlershof*" vom 7. Dezember 1994, GVBl. S. 499.

[337] Vgl. hierzu *Lütke Daldrup*, Foyer II/1995, S. 32; ferner *Senatsverwaltung für Stadtentwicklung und Umweltschutz* (Hrsg.), Johannisthal-Adlershof – Technologie- und Wissenschaftsstadt, Berlin 1994 sowie *Kunst*, in: Becker/Jessen/Sander: Ohne Leitbild? – Städtebau in Deutschland und Europa, 1998, S. 205.

[338] Verordnung über die förmliche Festlegung des städtebaulichen Entwicklungsbereichs „*Biesdorf-Süd*" vom 22. Dezember 1993, GVBl. S. 22.

[339] Vgl. hierzu *Gropp*, Foyer II/1995, S. 33.

reichsverordnung für den Entwicklungsbereich „Wasserstadt Berlin-Oberhavel" stellt etwa schlicht fest:

> „Von den im Gesetz ausdrücklich beispielhaft genannten Fällen für die Annahme des Gemeinwohlerfordernisses liegt offenkundig der der Deckung eines erhöhten Bedarfs an Wohn- und Arbeitsstätten vor."[340]

Zwei Jahre später wird in der Begründung für die Entwicklungsbereichsverordnung „Berlin-Rummelsburger Bucht" der erhöhte Bedarf an Wohnstätten schon etwas ausführlicher dargestellt:

> „Bereits seit Mitte der 80er Jahre ist auf dem Berliner Wohnungsmarkt ein Defizit an verfügbaren Wohnungen zu verzeichnen. Mit der Vereinigung Deutschlands und der Zuweisung der Hauptstadtfunktion hat sich die prekäre Situation auf dem Berliner Wohnungsmarkt nachhaltig verschärft. Die Erhöhung der Zuwanderung, die zu weiteren Engpässen führt, wird auch während der 90er Jahre anhalten. Für 1993 wird von einem Wohnungsfehlbestand von ca. 150.000 Wohnungen ausgegangen. Insgesamt wird der zukünftige Bedarf bis zum Jahre 2010 auf ca. 400.000 Wohneinheiten geschätzt. [...] Im Vorentwurf zum Flächennutzungsplan ist durch die verstärkte Ausweisung von Wohnbauflächen dem erhöhten Bedarf Rechnung getragen."[341]

Auch im Hinblick auf einen erhöhten Bedarf an Arbeitsstätten legt die Entwicklungsbereichsverordnung ein optimistisches Szenario zugrunde:

> „Der Senat von Berlin beabsichtigt, die Stadt sowohl als Produktions- als auch als Dienstleistungsstandort weiter zu entwickeln. Aufgrund der Lagegunst ist der Wirtschaftsraum Berlin besonders geeignet, sich als Kreuzungspunkt großräumiger europäischer Wirtschaftsbeziehungen zu entwickeln und als vorgeschobener Standort des EG-Binnenmarktes Ausstrahlung bis weit nach Osteuropa hinein zu gewinnen. [...] Unter Einbeziehung der umfangreichen öffentlichen Forschungs- und Wissenschaftskapazitäten, dem differenzierten Arbeitskräftepotential sowie der leistungs- und ausbaufähigen Infrastruktur hat der gewerbliche Sektor in Berlin [...] eine zukunftsträchtige Perspektive. [...]
>
> Nachholbedarf, Strukturwandel, Bedeutungs- und Funktionszuwachs lassen auch eine schnelle Expansion des Dienstleistungssektors erwarten. Bis zum Jahre 2010 werden voraussichtlich Flächen für über 850.000 Büroarbeitsplätze benötigt, so dass sich ein Zu-

---

[340] Begründung zur Verordnung über die förmliche Festlegung des Entwicklungsbereichs „*Wasserstadt Berlin-Oberhavel*" vom 13. Juli 1992, Seite 7; vgl. AH-Drs. 12/1830. Die Begründungen der Verordnungen sind nicht mit der Rechtsverordnung veröffentlicht worden, es handelt sich jedoch um einen Bestandteil der Senatsvorlage, die nach Art. 64 VvB dem Abgeordnetenhaus jeweils zur Kenntnis vorzulegen war; vgl. *Arndt*, Städtebauliche Entwicklungsmaßnahmen, 1999, S. 46. Teilweise erfolgte eine Veröffentlichung der Begründungen durch die treuhänderischen Entwicklungsträger, vgl. etwa *Entwicklungsträgergesellschaft Rummelsburger Bucht* (Hrsg.), Verordnung und Begründung über die förmliche Festlegung des städtebaulichen Entwicklungsbereichs „Berlin – Rummelsburger Bucht", Berlin 1994.

[341] Begründung zur Verordnung über die förmliche Festlegung des Entwicklungsbereichs „*Berlin-Rummelsburger Bucht*" vom 8. April 1994, Seite 15; vgl. AH-Drs. 12/4270.

§ 4 Probleme städtebaulicher Entwicklungsmaßnahmen   83

satzbedarf an Büroflächen in einer Größenordnung von elf Mio. m² Bruttogeschossfläche ergeben wird (Zahlen aus FNP-Entwurf 11/1993)."[342]

Die Zahlen des Entwurfs des Flächennutzungsplans, auf den sich die Begründung sowohl für die Wohn- als auch für die Arbeitsstätten beziehen, sind schließlich auch Grundlage für den am 1.7.1994 bekannt gemachten Flächennutzungsplan Berlin 1994 geworden.[343] Der Erläuterungsbericht zum Flächennutzungsplan fasst die Wachstumserwartungen bündig zusammen:

„Insgesamt deuten viele Anzeichen darauf hin, dass der Berliner Raum in den kommenden Jahren einen starken Wachstumsschub erleben wird. Die wirtschaftliche Basis in den beiden Stadthälften wird sich erweitern. Insbesondere nimmt die Attraktivität der Stadt für überregionale Dienstleistungen stark zu, so dass Berlin den Rückstand gegenüber anderen westlichen Großstädten zügig aufholen kann. Mit der wirtschaftlichen Entwicklung ist auch ein weiteres Bevölkerungswachstum zu erwarten, das auf einen bereits heute angespannten Wohnungsmarkt trifft."[344]

Die Erwartung eines kräftigen Bevölkerungswachstums vor allem durch Wanderungsgewinne und einer dauerhaften Steigerung der Bodenpreise waren noch bis Mitte der neunziger Jahre nur ihrer Höhe nach in der Fachwelt umstritten.[345] In einer umfangreichen Studie des Deutschen Instituts für Urbanistik zu den Entwicklungschancen deutscher Städte nach der Vereinigung[346] wurde für Berlin im Jahr 1993 prognostiziert:

„Im internationalen Kontext wird Berlin als die kommende europäische Metropole gehandelt. Dieses Bild von Berlin wird auch wirksam werden, wenn es der Stadt auch nur halbwegs gelingt, diesem zu entsprechen. [...] Zu erwarten ist, dass die zentrale Entwicklungsachse [Europas] durch einen zentralen Knoten Berlin [...] ergänzt wird. [...] Wenn nicht ‚Weltkatastrophen' eintreten, hat Berlin eine gute Chance, wieder eine Metropole mit Weltgeltung zu werden."[347]

Auch das Deutsche Institut für Wirtschaftsforschung sah durchweg positive Entwicklungsperspektiven für Berlin. Nach einem Szenario des DIW aus dem Jahre 1990 sollte die Umstrukturierung der Wirtschaft bis zum Jahr 2000 abge-

---

[342] Ebda., S. 16.

[343] Vgl. *Senatsverwaltung für Stadtentwicklung und Umweltschutz* (Hrsg.), Flächennutzungsplan Berlin 1994, Sektorales Konzept Wohnen, S. 14 und Sektorales Konzept Arbeitsstätten, S. 16; ferner Erläuterungsbericht zum Flächennutzungsplan 1994, S. 22.

[344] Erläuterungsbericht zum Flächennutzungsplan 1994, S. 8.

[345] Anschaulich die Dokumentation eines Hearings „*Szenarien der Wohnstandortentwicklung*" der Senatsverwaltung für Stadtentwicklung und Umweltschutz am 1.11.1994. Hier bleiben Stimmen, die alternative Szenarien schwacher Einkommensentwicklung und geringem Bevölkerungswachstum anmahnen, eine klare Außenseiterposition; vgl. *Fassbinder*, ebda., S. 30.

[346] *Henckel u. a.*, Entwicklungschancen deutscher Städte – die Folgen der Vereinigung, 1993.

[347] Ebda., S. 456 ff.

84   1. Teil: Ausgangspunkte der Untersuchung

schlossen sein, bis zu diesem Zeitpunkt sollte die Bevölkerung im Stadtgebiet auf 3,5 Millionen wachsen, bis zum Jahr 2010 auf 3,6 Millionen, im Großraum Berlin samt Umlandgemeinden sogar auf 3,9 Millionen. Die Zahl der Erwerbstätigen sollte von 1,79 Millionen im Jahr 1989 auf 1,82 Millionen im Jahr 2000 und 1,9 Millionen im Jahr 2010 steigen.[348] In einer anderen Untersuchung des DIW findet sich die Feststellung:

> „Mit der politischen und ökonomischen Öffnung der DDR und einer Hauptstadt- und Metropolenfunktion Berlins werden sich neue großräumige Strukturen und Verflechtungsbeziehungen entwickeln. Eine Reihe der bisherigen Strukturdefizite und Standortnachteile West-Berlins wird sich nach und nach verringern."[349]

Die Zitate zeigen, dass Berlin zu diesem Zeitpunkt nach nahezu allgemeiner Meinung davon ausgehen konnte, am Anfang einer glänzenden Entwicklung und zudem dauerhaft steigender Bodenwerte zu stehen. So entsprach es der allgemeinen Erwartung, durch die Inanspruchnahme der „ansonsten einfach in private Taschen abfließenden Bodenwertsteigerungen"[350] den Berliner Haushalt im Hinblick auf die für Grundstückskäufe und Ordnungsmaßnahmen aufzubringenden Kosten erheblich entlasten zu können. In der Begründung zur Festlegung des städtebaulichen Entwicklungsbereichs „Wasserstadt Berlin-Oberhavel" heißt es:

> „Die Finanzierung der Maßnahmen, Planung und Koordination durch den Entwicklungsträger, die Erschließung und Neuordnung – einschließlich der Finanzierungsmittel für einen Teil des Grunderwerbs – sollen durch die abzuschöpfenden Bodenwertzuwächse in Form von Verkaufserlösen bzw. Ausgleichsbeträgen ermöglicht werden."[351]

Gleichwohl war den Beteiligten schon Anfang der neunziger Jahre klar, dass nicht mit einem „rentierlichen" Abschluss der Entwicklungsmaßnahmen zu rechnen war, zumal fast jede zweite der in den Entwicklungsbereichen geplanten 31.000 Wohnungen öffentlich gefördert werden sollte.[352]

II. Änderung der Rahmenbedingungen der Stadtentwicklung seit Mitte der neunziger Jahre

Die Wachstumserwartungen, die den Planungen der Entwicklungsgebiete zu Grunde lagen, wurden von der Realität jedoch deutlich verfehlt. Schon Ende 1995 wurde klar, dass die Nachfrage nach Wohnungen im Stadtgebiet angesichts der erheblichen Zunahme des Wohnungsneubaus im Berliner Umland erheblich

---

[348] *Müller/Pfeiffer*, DIW-Wochenbericht 27/90 vom 5. Juli 1990, Seite 366.
[349] *Heuer*, DIW-Wochenbericht 22/90 vom 31. Mai 1990, Seite 295.
[350] So die Formulierung von *Nagel*, Foyer V/1992, S. 22.
[351] Begründung zur Verordnung über die förmliche Festlegung des Entwicklungsbereichs „*Wasserstadt Berlin-Oberhavel*" vom 13. Juli 1992, S. 17; vgl. AH-Drs. 12/1830.
[352] So rückblickend *Hellweg*, Forum 2006, 276/278.

§ 4 Probleme städtebaulicher Entwicklungsmaßnahmen

geringer ausfiel als noch wenige Monate zuvor angenommen. Zudem wurde deutlich, dass der Berliner Landeshaushalt erhebliche Schuldenlasten zu tragen hatte und die öffentliche Wohnungsbauförderung deshalb nicht im ursprünglich vorgesehenen Umfang fortgesetzt werden konnte. Bausenator Nagel räumte ein:

„Unsere Stadt hat spätestens 1994 das Monopol auf die Wohnungsversorgung ihrer Bürger verloren. Als Konsequenz dieser Entwicklung [...] wird kurzfristig ein sehr großes Wohnungsangebot [im Berliner Umland] entstehen, das zu einer wesentlichen Entspannung auf dem Berliner Wohnungsmarkt führen wird. Als Folge der erfolgreichen Neubaupolitik der letzten Jahre werden auch die Haushaltsbelastungen, die in diesem Jahr 2,2 Milliarden DM für die Finanzierung des Neubaus der vorangegangenen Jahrzehnte betragen, in den nächsten Jahren erheblich ansteigen und eine kritische Größe für den Haushalt bilden. Sowohl die Entwicklung des Wohnungsbedarfs als auch die ansteigende Haushaltsbelastung zwingen deshalb zu einer Korrektur der Förderprogramme im Wohnungsneubau. [...] Gravierend sind vermutlich die Folgen für die fünf Entwicklungsgebiete. Deren Realisierung wird durch mangelnde Nachfrage im Bürobereich, durch sinkende Wohnungsbauförderung und durch Probleme der Infrastrukturfinanzierung einen längeren Zeitraum in Anspruch nehmen."[353]

Der Berliner Senat musste schließlich im Juni 1996 angesichts der sich dramatisch verschlechternden Haushaltssituation und der gleichzeitig dramatisch steigenden Kosten in den Entwicklungsbereichen, vor allem für den Grunderwerb und die Finanzierung,[354] eine Umsteuerung der Entwicklungsmaßnahmen einleiten. Der Senat beschloss, die zeitliche Durchführung der Entwicklungsmaßnahmen durchgängig für alle Entwicklungsbereiche bis zum Jahre 2010 zu verlängern und die geplanten Nutzungsstrukturen den veränderten Marktbedingungen anzupassen. An die Stelle von gefördertem Geschosswohnungsbau sollte mehr freifinanzierter Eigenheimbau treten, der Grunderwerb nur noch „maßnahmenorientiert und zeitgerecht" erfolgen.[355]

Die Probleme der Entwicklungsmaßnahmen wurden durch die zeitliche Streckung der Durchführungshorizonte jedoch nicht gelöst. Ab 1996 verschärften sich die Rahmenbedingungen der städtebaulichen Entwicklung eher noch.

---

[353] *Nagel*, Foyer IV/1995, S. 31.

[354] Vgl. hierzu die – zuweilen polemische – Kritik an der Berliner Stadtentwicklungspolitik bei *Rose*, Warten auf die Sintflut, 2004, S. 118. *Hellweg* meint hingegen, trotz des von vornherein bekannten Zuschussbedarfs hätten „Teile von Politik und Medien die ‚Kostenexplosion' in den Entwicklungsbereichen als publikumswirksames Skandalthema entdeckt", es sei „zu einem festen Bestandteil der partei- und wahltaktischen Debatte" geworden, in: Forum 2006, 276/278.

[355] Senatsbeschluss Nr. 199/96 vom 11. Juni 1996.

1. Ausbleiben des Bevölkerungswachstums

Die Wanderungsgewinne Berlins bei der Bevölkerungsentwicklung fielen nicht nur wesentlich geringer aus als prognostiziert, sie wurden durch den Wegzug vieler Haushalte in die brandenburgischen Umlandgemeinden mehr als ausgeglichen. Im Jahr 2003 lag die Bevölkerungszahl Berlins mit 3,39 Millionen Einwohnern sogar noch unter dem Anfangsniveau von 3,45 Millionen im Jahr 1992 bei Festsetzung des ersten Entwicklungsbereichs.[356] Berlin hat in den Jahren von 1992 bis 2005 insgesamt 190.000 Menschen an sein Umland verloren, während aus den restlichen Teilen Deutschlands nur 65.000 Menschen und aus dem Ausland 155.000 Menschen zuwanderten.[357] Angesichts des stabilen Sterbeüberschusses bei der natürlichen Bevölkerungsentwicklung ohne Wanderungsgewinne und -verluste ergibt sich somit eine seit 1998 stagnierende Bevölkerungszahl.[358]

2. Kein Wachstum der Wirtschaft

Während die Berliner Wirtschaft bis 1994 noch von dem Wiedervereinigungsboom profitierte, ging von 1995 bis 2004 das Bruttoinlandsprodukt in sieben von zehn Jahren zurück.[359] Zwischen 1996 und 2003 sank die Zahl der Beschäftigten im produzierenden Gewerbe um rund ein Drittel, diese massiven Beschäftigungsverluste konnten nicht durch Zuwächse in der Dienstleistungsbranche kompensiert werden.[360] Der Einzelhandel verzeichnete zwischen 1994 und 2003 in sechs von zehn Jahren Umsatzeinbußen, die schließlich im Zehnjahresvergleich mit einem Minus von 11% zu Buche schlugen.[361] Insgesamt hat sich die Arbeitslosigkeit in Berlin von 1990 bis 2003 fast verdoppelt.[362]

3. Leerstand bei Gewerbeimmobilien

Diese Entwicklungen führten dazu, dass die erwartete starke Nachfrage nach Gewerbeimmobilien nicht einsetzte. Viele zur Wendezeit konzipierte Projekte zur Büroflächenentwicklung drängten in einer Phase auf den Markt, als der Strukturwandel Berlin bereits erfasst hatte. Während die Zahl der Bürobeschäftigten sank, wuchs das Büroflächenangebot kräftig an. Die Leerstandsquote auf dem Büroflächenmarkt betrug im Jahr 2005 annähernd 10%.[363] Der Nachholbedarf

---

[356] *Statistisches Landesamt Berlin*, Statistisches Jahrbuch 2004, S. 32.
[357] *Just/Spars*, Immobilienmarkt Berlin, 2005, S. 3.
[358] *Statistisches Landesamt Berlin*, Berliner Statistik 2005, S. 84.
[359] *Beeck*, Berliner Statistik 2005, S. 231.
[360] *Just/Spars*, Immobilienmarkt Berlin, 2005, S. 6.
[361] *Langer*, Berliner Statistik 2005, 12/14.
[362] *Statistisches Landesamt Berlin*, Statistisches Jahrbuch 2004, S. 220.

auf dem Markt für Einzelhandelsimmobilien ist gedeckt, die Flächenversorgung liegt mit 1,2 m² je Einwohner auf dem Niveau von Hamburg und München – bei deutlich geringeren Umsätzen.[364]

4. Keine Nachfrage nach Wohnflächen

Auch die Nachfrage nach Wohnungen fiel aufgrund der schwachen Wirtschafts- und Bevölkerungsentwicklung deutlich geringer aus als erwartet. Die Wohnungsnachfrage im Geschosswohnungsbau – auf welche die Planung in den Entwicklungsmaßnahmen nach dem Leitbild der „Neuen Vorstädte" vor allem gesetzt hatte – war außerhalb der innerstädtischen Lagen im Jahr 2003 gänzlich zum Erliegen gekommen.[365] Das Baugewerbe verzeichnete einen lang anhaltenden Abwärtstrend,[366] eine Umsatzbelebung war erst im Jahr 2006 wieder zu verzeichnen, die sich allerdings auf Bestandsimmobilien konzentrierte.[367]

Der stadtweite Leerstand von Wohnungen betrug nach Angaben der Senatsverwaltung für Stadtentwicklung im Jahr 2005 im Durchschnitt ca. 5 % bzw. rund 100.000 Wohnungen, in einigen Quartieren im Ostteil der Stadt betrug die Leerstandsquote bis zu 15 %.[368] Trotz einer steigenden Zahl von Single-Haushalten und der Zunahme des Wohnflächenverbrauchs pro Kopf erhöhte sich schließlich der Leerstand vom Jahr 2004 auf 2005 noch einmal, vor allem standen viele Wohnungen über sechs Monate und länger leer.[369]

5. Einbrechen der Bodenpreise

Diese Entwicklung hat dazu geführt, dass die Bodenpreise im Vergleich zum Beginn der Entwicklungsmaßnahmen deutlich gefallen sind. Nach einem vorübergehenden Anstieg in der zweiten Hälfte der neunziger Jahre sind die Grundstückspreise seit dem Jahr 2000 wieder drastisch eingebrochen.[370] Der Quadratmeterpreis

---

[363] *Just/Spars*, Immobilienmarkt Berlin, 2005, S. 17.

[364] *Just/Spars,* Immobilienmarkt Berlin, 2005, S. 20.

[365] Im Jahr 2003 wurde in ganz Berlin für insgesamt nur 75 Wohngebäude mit drei und mehr Wohnungen eine Baugenehmigung erteilt; vgl. *Statistisches Landesamt Berlin*, Statistisches Jahrbuch 2004, S. 302.

[366] *Evers*, Berliner Statistik 2005, 88/96.

[367] Vgl. *Bohleber* in seinem Bericht „Bestandsimmobilien im Aufwind – Neubau auf Talfahrt", GE 2007, 100.

[368] *Senatsverwaltung für Stadtentwicklung*, Wohnungsmarktbericht 2005, S. 13 f., 56 f.; *Just/Spars*, Immobilienmarkt Berlin, 2005, S. 24, weisen darauf hin, dass der Mikrozensus doppelt so viele leer stehende Wohnungen ausweist.

[369] Vgl. Wohnungsmarktbericht 2005, GE 2006, 872/873.

[370] *Kleiber*, GuG aktuell 2/2002, 10, der von einer „Berliner Sonderentwicklung" spricht.

für baureifes Land betrug etwa im 1. Halbjahr 2001 in Berlin im stadtweiten Durchschnitt nur noch 282 DM (144 €), während er – bei starken Schwankungen in der Zwischenzeit – im Jahr 1996 noch bei 924 DM (472 €) gelegen hatte.[371]

Obwohl die Bodenpreise in den Entwicklungsbereichen noch längere Zeit vergleichsweise hoch lagen,[372] machte sich der Preisverfall auch hier bemerkbar: Während 1992 im Entwicklungsbereich „Wasserstadt Berlin-Oberhavel" ein Grundstücksanfangswert von 800 DM (409 €) pro m² ermittelt und von Endwerten von 2.500 DM (1278 €) ausgegangen wurde, wurden im Jahr 1998 bereits nur noch Anfangswerte von 250 DM (127 €) und Endwerte von höchstens 1.700 bis 1.800 DM (869 bis 920 €) zugrunde gelegt.[373]

6. Landeshaushalt in erheblicher Notlage

Die öffentliche Hand hat in Berlin kaum noch Spielraum für Investitionen. Nach der Wiedervereinigung führten der kurzfristige Abbau der Bundeshilfen bis zum 31.12.1994, erhebliche Anpassungslasten bei der Zusammenlegung der Verwaltungen beider Stadthälften, aber auch überdimensionierte Planungen, die auf Fehlprognosen beruhten, zu einem erheblichen Anstieg der Staatsverschuldung. Von 1991 bis 2004 hat sich der Schuldenstand des Landes von 10,8 Mrd. € auf 56 Mrd. € verfünffacht.[374] Der Senat von Berlin hat deshalb im November 2002 festgestellt, dass sich das Land in einer extremen Haushaltsnotlage befände.[375] Im Oktober 2003 erklärte der Berliner Verfassungsgerichtshof das Haushaltsgesetz des Landes für die Jahre 2002/2003 wegen überhöhter Kreditaufnahme für verfassungswidrig und nichtig.[376]

---

[371] Untersuchung des *Instituts für Städtebau, Wohnungswirtschaft und Bausparwesen*, GuG aktuell 2/2002, 12.

[372] *Hellweg* spricht davon, sie seien „hoch gehalten" worden, woran die durch den verdichteten geförderten Geschosswohnungsbau geprägte Bewertungspraxis der Gutachterausschüsse „nicht völlig unbeteiligt" gewesen sei, in: Forum 2006, 276 und 354/355.

[373] *Arndt*, Städtebauliche Entwicklungsmaßnahmen, 1999, S. 139 mit Verweis auf die Berichte des *Tagesspiegels* vom 19.6. und 22.9.1998. Die Presse berichtete hier bereits Mitte 1998 von den aus dem Preisverfall resultierenden erheblichen Finanzierungsdefiziten der Treuhandvermögen, die zu diesem Zeitpunkt bereits 702,8 Millionen DM betrugen.

[374] Vgl. detailliert *Färber*, Zur extremen Haushaltsnotlage Berlins, 2003, S. 7 ff.

[375] Vgl. hierzu ausführlich *Färber*, Zur extremen Haushaltsnotlage Berlins, 2003; *Musil/Kroymann*, DVBl 2004, 1204; *Waldhoff*, NVwZ 2004, 1062.

[376] BerlVerfGH, NVwZ 2004, 210. Auf Normenkontrollantrag von 63 Abgeordneten des Berliner Abgeordnetenhauses wurde das Haushaltsgesetz vom 19.7.2002 mit der Verfassung von Berlin für unvereinbar und daher nichtig erklärt, da die Aufnahme von Krediten die in Art. 87 Abs. 2 Satz 2 Halbsatz 1 VvB gesetzte Grenze überschreite, ohne dass die Voraussetzungen des Art. 87 Abs. 2 Satz 2 Halbsatz 1 VvB (Abwehr der Störung eines gesamtwirtschaftlichen Gleichgewichts) und die daraus resultierenden Darlegungslasten erfüllt seien; vgl. hierzu auch *Kloepfer/Rossi*, VerwArch 94 (2003), 319.

§ 4 Probleme städtebaulicher Entwicklungsmaßnahmen 89

Auch wenn das Bundesverfassungsgericht im Oktober 2006 festgestellt hat, dass ein bundesstaatlicher Notstand im Sinne einer nicht ohne fremde Hilfe abzuwehrenden Existenzbedrohung des Landes Berlin nicht besteht und Berlin deshalb die vom Senat begehrten Sonderbedarfs-Ergänzungszuweisungen auf Grundlage des Finanzausgleichsgesetzes nicht gewährt werden müssen,[377] sieht sich das Land zu einschneidenden Ausgabenkürzungen gezwungen, die zur Begrenzung der Investitionen des Landes in der Wohnungsbauförderung, der sozialen Infrastruktur und der Stadtentwicklung allgemein führen.[378]

7. Ausbleiben von externen Wachstumsimpulsen

Auch die sonstigen Rahmenbedingungen haben sich gegenüber den Annahmen bei Festsetzung der städtebaulichen Entwicklungsbereiche verschlechtert. Bereits im Jahre 1993 war Berlin bei der Bewerbung um die Austragung der Olympischen Spiele im Jahr 2000 gegen Sydney unterlegen. Im Jahr 1996 scheiterte die geplante Länderfusion von Berlin und Brandenburg in einer Volksabstimmung am Widerstand der Brandenburger Bevölkerung. Die Planungen des Großflughafens „Berlin Brandenburg International" stockten immer wieder, vor 2011 ist in keinem Falle mit der Aufnahme des Flugbetriebs zu rechnen.[379]

Auch der Umzug von Parlament und Regierung nach Berlin hat nicht den erwarteten Boom ausgelöst, der „Hauptstadteffekt" hat lediglich verhindert, dass die Berliner Wirtschaft weiter schrumpft.[380] Experten gehen davon aus, dass Berlin ohne den Hauptstadtumzug Bevölkerung in einem Umfang verloren hätte wie die neuen Länder, deren Wirtschaftsentwicklung in ähnlichem Umfang hinter den Erwartungen zurückgeblieben ist.[381]

---

[377] BVerfG, Urteil vom 19. 10. 2006, Az. 2 BvF 3/03; NVwZ 2007, 67.

[378] Vgl. *Färber*, Zur extremen Haushaltsnotlage Berlins, 2003, S. 64; *Just/Spars*, Immobilienmarkt Berlin, 2005, S. 10.

[379] Erst mit der Entscheidung des *Bundesverwaltungsgerichts* vom 16. 03. 2006 (Az. 4 A 1001.04), NVwZ 2006, 1055, mit dem die Musterklagen von Anwohnern und vier Gemeinden gegen den betreffenden Planfeststellungsbeschluss des Ministeriums für Infrastruktur und Raumordnung des Landes Brandenburg vom 13. August 2004 zum überwiegenden Teil abgewiesen wurden, besteht Aussicht auf zügige Verwirklichung eines internationalen Verkehrflughafens.

[380] Vgl. *Steden/Arndt*, Bedeutung der Hauptstadtfunktion für die regionale Wirtschaftsentwicklung in Berlin, Berlin 2003.

[381] *Färber*, a. a. O., S. 39, weist in diesem Zusammenhang darauf hin, dass etwa Sachsen-Anhalt zwischen 1994 und 2002 insgesamt 7,4 % seiner Bevölkerung verloren habe, während der Bevölkerungsverlust in Berlin im gleichen Zeitraum 2,5 % betrug.

8. Ausblick auf weitere Entwicklungsperspektiven

Auch für die absehbare Zukunft ist nicht damit zu rechnen, dass sich ein erhöhter Bedarf an Wohn- und Arbeitsstätten ergibt. Nach der aktuellen Bevölkerungsprognose für Berlin bis 2020 ist zwar bis 2010 mit einem leichten Bevölkerungswachstum zu rechnen, in den Folgejahren bis 2020 wird die Bevölkerungszahl aber infolge der allgemeinen demographischen Entwicklung wieder um 0,8 % im Vergleich zum Jahr 2002 abnehmen und zudem signifikant altern.[382] Auf dieser Grundlage gehen Schätzungen von einem nur geringen Neubaubedarf an Wohnungen aus.[383] Bei den Gewerbeimmobilien ist mit einem nur langsamen Absinken der Leerstandsquoten auf dem Büromarkt und einem fortgesetzten Verdrängungswettbewerb im Einzelhandel zu rechnen.[384]

9. Zwischenergebnis

Die bei Einleitung der Voruntersuchungen für die städtebaulichen Entwicklungsmaßnahmen vorherrschenden Wachstumserwartungen haben sich nicht annähernd erfüllt. Vielmehr sieht sich das Land statt mit einem erhöhten Bedarf an Wohn- und Arbeitsstätten mit einer Schrumpfung von Bevölkerung, Wirtschaft und der Nachfrage nach Wohnungen und Gewerbeflächen konfrontiert. Auch die Prognosen für die weitere Entwicklung lassen keine Trendwende bei der Bevölkerungsentwicklung und am Immobilenmarkt erkennen. Damit sind die Entwicklungschancen der städtebaulichen Maßnahmengebiete erheblich begrenzt. Die geringe Nachfrage nach Wohnungs- und Gewerbeneubau wird eher durch die Verdichtung in Bestandsgebieten realisiert werden als auf Flächen in den städtebaulichen Entwicklungsbereichen.

III. Folgen des Wandels der städtebaulichen Rahmenbedingungen für die Entwicklungsmaßnahmen

Verändern sich die städtebaulichen Rahmenbedingungen derart grundlegend, so bleibt dies für die Entwicklungsmaßnahmen nicht nur in unmittelbar immobilienwirtschaftlicher Hinsicht nicht ohne Folgen, indem es an Investoren, Käufern und Mietern für die im Entwicklungsbereich entstandenen oder geplanten Nutzungen fehlt. Auch das rechtliche Instrumentarium, das das Baugesetzbuch der Gemeinde

---

[382] *Senatsverwaltung für Stadtentwicklung*, Bevölkerungsentwicklung in der Metropolregion Berlin, 2002, S. 23.
[383] Vgl. Studie von *Z-Plan* und *Aengevelt-Research*, Gesamtstädtische Rahmenbedingungen und Planungsansätze für das Stadtumbauprogramm Ost in Berlin, 2002, S. 38 f.
[384] *Just/Spars* in ihrer Untersuchung mit dem bezeichnenden Titel „Immobilienmarkt Berlin: Mit schwerer Hypothek in die Zukunft", 2005, S. 19 und 21.

bei der Durchführung der Entwicklungsmaßnahme an die Hand gibt, wird stumpf oder greift ins Leere.

1. Verzögerung der Durchführung der Maßnahme

Unmittelbarste Folge der Nachfrageschwäche am Immobilienmarkt ist, dass die Maßnahme nicht mehr in dem ursprünglich geplanten Zeitraum realisiert werden kann. Investoren, Käufer und Mieter bleiben aus, so dass die Grundstücke nicht in Einklang mit den ursprünglichen Zielen und Zwecken der Entwicklungsmaßnahme und den Festsetzungen in den Entwicklungsbebauungsplänen bebaut und genutzt werden. Die von § 165 Abs. 1 und Abs. 3 Satz 1 Nr. 4 BauGB vorgesehene zügige Durchführung innerhalb eines absehbaren Zeitraums wird damit in Frage gestellt.

2. Infragestellung des Entwicklungskonzepts

Auf der Hand liegt außerdem, dass die Maßnahme bei einer dauerhaft ausbleibenden Nachfrage nicht mehr zur Deckung eines erhöhten Bedarfs an Wohn- und/ oder Arbeitsstätten erforderlich ist (§ 165 Abs. 3 Satz 1 Nr. 2, 1. Alt. BauGB) und damit das wichtigste Regelbeispiel für die Allgemeinwohlerforderlichkeit der Maßnahme nicht mehr erfüllt wird. Auch die Erforderlichkeit von Gemeinbedarfs- und Folgeeinrichtungen wird zweifelhaft (§ 165 Abs. 3 Satz 1 Nr. 2, 2. Alt. BauGB). Damit wird das Entwicklungskonzept der Gemeinde insgesamt in Frage gestellt. Die Gemeinde muss prüfen, ob sie darauf vertrauen kann, dass die Nachfrage nach den ursprünglich geplanten Nutzungen später wieder einsetzt oder ob sie ihr Konzept im Umfang reduziert, umstellt oder ganz aufgibt.

3. Rechtsunsicherheit bei der entwicklungsrechtlichen Genehmigung nach §§ 144, 145 BauGB

Die Unsicherheit im Hinblick auf das Entwicklungskonzept hat wiederum Konsequenzen für die entwicklungsrechtliche Genehmigung. Nach § 169 Abs. 1 Nr. 3 BauGB sind die §§ 144 und 145 BauGB entsprechend anzuwenden, so dass für die Grundstücke im städtebaulichen Entwicklungsbereich eine Verfügungs- und Veränderungssperre gilt.[385] Eine Genehmigung darf unter Geltung dieser Sperre nach § 145 Abs. 2 BauGB nur versagt werden, wenn Grund zu der Annahme besteht, dass das beantragte Vorhaben, der Rechtsvorgang einschließlich der Teilung eines Grundstücks oder die damit erkennbar bezweckte Nutzung die Durchführung der Entwicklung unmöglich machen oder wesentlich erschweren oder den Zielen und

---

[385] Vgl. dazu bereits § 3.III.4.

Zwecken der Entwicklung zuwiderlaufen würde. Prüfungsmaßstab dafür, ob diese Voraussetzungen vorliegen, sind bei allen drei Tatbestandsmerkmalen des § 145 Abs. 2 BauGB die Ziele und Zwecke der Entwicklungsmaßnahme.[386]

Werden diese Ziele und Zwecke der Entwicklung nun in Frage gestellt und unklar, so liegt es aus Sicht der Gemeinde zunächst nahe, möglichst jeder Änderung der bestehenden Situation die Genehmigung zu versagen, um sich alle Möglichkeiten der Anpassung des Entwicklungskonzepts zu erhalten. Auf diese Weise werden aber auch an sich sinnvolle Zwischennutzungen der Grundstücke während der Überprüfungsphase verhindert.[387] Der betroffene Eigentümer kann angesichts der Tatsache, dass die jeweiligen Ziele und Zwecke der Entwicklung von der Gemeinde nicht veröffentlicht werden müssen, vor einem Antrag auf Genehmigung nach § 144 BauGB nicht nachvollziehen, ob sich sein Vorhaben in dem von § 145 Abs. 2 BauGB gesteckten Rahmen hält.[388]

Bei einem solchen Vorgehen geht die Gemeinde aber das Risiko ein, dass der Eigentümer die Genehmigung im Wege der Verpflichtungsklage durchsetzt, denn nach der ständigen Rechtsprechung des Bundesverwaltungsgerichts und des Bundesgerichtshofs müssen sich im Laufe der Durchführung der Entwicklungsmaßnahme die Entwicklungsziele zunehmend verdichten und konkreter werden. Ist eine solche Konkretisierung nicht festzustellen und wird die Entwicklung nur verzögerlich vorangetrieben, so wäre eine Versagung der Genehmigung rechtswidrig.[389] Die Gemeinde kann dadurch in eine Lage kommen, in der sie Vorhaben oder Rechtsvorgänge, die ihren weiterhin verfolgten oder auch geänderten Entwicklungszielen entgegenstehen, nicht mehr verhindern kann.

Die Gemeinde muss daher bei einer Änderung der städtebaulichen Rahmenbedingungen ihr Entwicklungskonzept gerade dann zügig aktualisieren und anpassen, wenn die Entwicklungsmaßnahme bereits fortgeschritten ist, um nicht die Steuerungsmöglichkeiten der Maßnahme insgesamt einzubüßen.

4. Übernahmeverlangen der Eigentümer nach § 168 BauGB

Verweigert die Gemeinde die Genehmigung nach §§ 144, 145 BauGB, riskiert sie außerdem, die Anspruchsvoraussetzungen für ein Übernahmeverlangen des

---

[386] *Krautzberger*, in: Battis/Krautzberger/Löhr, § 145, Rn. 3 und 4. *Fislake*, in: FS für Schlichter, 1995, 425/426 weist darauf hin, dass zwischen den verschiedenen Tatbestände der Beeinträchtigung in § 145 Abs. 2 BauGB nur graduelle Unterschiede bestehen.

[387] Hierauf weist auch *Fleckenstein* in einem Artikel mit der Überschrift „Mondlandschaften in Berlin-Adlershof" hin, FAZ vom 23. 8. 2002, S. 41.

[388] Kritisch hierzu *Fislake*, in: FS für Schlichter, 1995, 425/426 und 438, der von einem „Überraschungsmoment" des Verwaltungshandelns spricht; vgl. noch im Einzelnen § 6.II.1.b).

[389] Grundlegend BVerwGE 70, 83/91 und BGH, ZfBR 1982, 133/135; vgl. dazu noch ausführlich § 5.I.1.e).

Eigentümers nach § 168 BauGB zu schaffen.[390] Denn nach § 168 Satz 1 BauGB kann der Eigentümer die Übernahme des Grundstücks verlangen, wenn es ihm mit Rücksicht auf die Erklärung zum städtebaulichen Entwicklungsbereich oder den Stand der Entwicklungsmaßnahme wirtschaftlich nicht mehr zuzumuten ist, das Grundstück zu behalten oder es in der bisherigen oder einer anderen zulässigen Art zu nutzen.[391] Der Gemeinde drohen damit weitere Ausgaben für Grundstückserwerb und – unterhaltung, obwohl sie die betroffenen Flächen möglicherweise nicht oder noch nicht zur Umsetzung ihres Entwicklungskonzepts benötigt.

5. Wegfall der Refinanzierungsmöglichkeiten durch die Abschöpfung von Bodenwertsteigerungen

Stellt sich heraus, dass infolge der geschilderten Entwicklung der Bodenwerte die Differenz zwischen Anfangs- und Endwert sehr viel geringer ausfällt als ursprünglich kalkuliert, so greift das Finanzierungsinstrumentarium der städtebaulichen Entwicklungsmaßnahme ins Leere. Dieses Instrumentarium setzt sich zusammen aus dem Erwerb der Grundstücke zum entwicklungsunbeeinflussten Anfangswert (dazu a), der Reprivatisierung zum Neuordnungswert (dazu b) und der Abschöpfung entwicklungsbedingter Bodenwerterhöhungen durch einen Ausgleichsbetrag für diejenigen Eigentümer, deren Grundstück im Laufe der Entwicklungsmaßnahme nicht erworben wurde (dazu c). Mit diesen Eigentümern ist auch der Abschluss einer Abwendungsvereinbarung möglich, in welcher auch die Ablösung des Ausgleichsbetrages vor dem Abschluss der Entwicklung vereinbart werden kann (dazu d).

a) Erwerb von Grundstücken zu hohen Anfangswerten

Der gesetzlich vorgesehene Regelfall ist der gemeindliche Durchgangserwerb, entweder durch freihändigen Erwerb oder durch Enteignung (§§ 166 Abs. 3 Satz 1, 169 Abs. 3 Satz 1 BauGB). In beiden Fällen sind Werterhöhungen, die lediglich durch die Aussicht auf die Entwicklung, ihre Vorbereitung oder Durchführung eingetreten sind, nur insoweit zu berücksichtigen, als der Eigentümer die Werterhöhungen durch eigene Aufwendungen zulässigerweise bewirkt hat (§ 169 Abs. 1 Nr. 6 i. V. m. § 153 Abs. 1 Satz 1 BauGB). Der Erwerb erfolgt also grundsätzlich zum entwicklungsunbeeinflussten Anfangswert,[392] die Vereinbarung eines Preises, der diesen Wert übersteigt, ist unzulässig (§ 153 Abs. 3 Satz 1 BauGB).

---

[390] So auch *Fleckenstein*, FAZ vom 23. 8. 2002, S. 41.

[391] Vgl. zu den Voraussetzungen eines Übernahmeverlangens nach § 168 BauGB noch näher § 9.VI.1.

[392] Vgl. im Einzelnen *Löhr*, in: Battis/Krautzberger/Löhr, § 153, Rn. 2 ff.

Die Eigentümer dürfen dabei zwar auf Kosten der Allgemeinheit keinen unverdienten Entwicklungsgewinn erzielen, sie dürfen jedoch nicht von der allgemeinen Preisentwicklung auf dem Grundstücksmarkt ausgeschlossen werden (vgl. § 153 Abs. 1 Satz 2 BauGB).[393] Vollzieht sich nun nach Festlegung des Entwicklungsbereichs ein grundlegender Wandel der Grundstückspreise, führt dies dazu, dass die Gemeinde in der Boomphase zu Anfang der Entwicklungsmaßnahme hohe Anfangswerte für den Erwerb von Grundstücken aufwendet, zu denen dann erhebliche Investitionen in Neuordnung, Erschließung und Aufwertung der Flächen hinzukommen. Diese Kosten können dann nach einem Verfall der Bodenpreise nicht ausreichend refinanziert werden.

b) Reprivatisierung zu nicht kostendeckenden Preisen

Die vom Gesetz vorgeschriebene Reprivatisierung der Grundstücke an bauwillige Private erfolgt nach § 169 Abs. 8 Satz 1 BauGB zum Verkehrswert, der sich durch die rechtliche und tatsächliche Neuordnung des Entwicklungsbereichs ergibt. Ist der Verkehrswert trotz der Neuordnung jedoch aufgrund der konjunkturellen Entwicklung deutlich gesunken, so entsteht ein erhebliches Finanzierungsdefizit. Anschaulich hierfür ist das schon geschilderte Beispiel der Wasserstadt Oberhavel: Während 1992 Anfangswerte von 800 DM pro m² gezahlt und von Endwerten von 2.500 DM ausgegangen wurde, wurden im Jahr 1998 tatsächlich nur höchstens 1.700 bis 1.800 DM als Verkehrswert ermittelt – und auch zu diesem Preis konnten die Grundstücke in der Realität kaum vermarktet werden.[394] Auf diese Weise ergab sich bereits Mitte 1998 ein Finanzierungsdefizit der Berliner Entwicklungsmaßnahmen in Höhe von 702,8 Millionen DM,[395] das in erheblichem Umfang allerdings auch auf Finanzierungskosten zurückzuführen war.[396]

---

[393] Vgl. hierzu *Fislake,* in: Berliner Kommentar zum BauGB, § 153, Rn. 13.

[394] Vgl. bereits oben § 4.II.5.

[395] Vgl. *Der Tagesspiegel* vom 19.6. und 22.9.1998. Die Presse berichtete bereits Mitte 1998 von den aus dem Preisverfall resultierenden erheblichen Finanzierungsdefiziten der Treuhandvermögen, die zu diesem Zeitpunkt bereits 702,8 Millionen DM betrugen.

[396] *Hellweg* kritisiert, dass Berlin im Gegensatz zu anderen Gemeinden die Entwicklungsmaßnahmen nicht aus dem laufenden Haushalt finanziert habe, sondern die Entwicklungsträger gezwungen habe, die Finanzierung der Maßnahmen über den Kapitalmarkt zu beschaffen, so dass erhebliche Finanzierungskosten aufgelaufen seien. Hierin sieht er auch den wesentlichen Grund für das „Misstrauen und die Abneigung der Abgeordneten", bei denen das Finanzierungssystem der Entwicklungsmaßnahmen als intransparent und unkontrollierbar gegolten habe; in: Forum 2006, 276/280 f.

c) Geringe Refinanzierungsmöglichkeiten der öffentlichen Ausgaben durch Ausgleichsbetrag

Schließlich sieht das Finanzierungsinstrumentarium des Entwicklungsrechts nach § 169 Abs. 1 Nr. 7 i. V. m. § 154 Abs. 1, Satz 1, 1. Halbsatz BauGB vor, dass der Eigentümer eines im Entwicklungsbereich gelegenen Grundstücks einen Ausgleichsbetrag in Geld zu entrichten hat, welcher der durch die Entwicklung bedingten Erhöhung des Bodenwertes entspricht.[397] Nach § 169 Abs. 1 Nr. 7 i. V. m. § 154 Abs. 2 BauGB besteht die durch die Entwicklung bedingte Erhöhung des Bodenwerts aus dem Unterschied zwischen dem Bodenwert, der sich für das Grundstück ergeben würde, wenn die Entwicklung weder beabsichtigt noch durchgeführt worden wäre (Anfangswert) und dem Bodenwert, der sich für das Grundstück durch die rechtliche und tatsächliche Neuordnung ergibt (Endwert).

Der Begriff des „Anfangswerts" darf nicht zu dem Missverständnis verleiten, er bezeichne den Wert, der zu Anfang der städtebaulichen Entwicklungsmaßnahme bestand. Vielmehr kommt es darauf an, welcher Wert zum Wertermittlungsstichtag, nämlich dem Tag der Aufhebung des Entwicklungsrechts, bestünde, wenn die Entwicklungsmaßnahme weder beabsichtigt noch durchgeführt worden wäre. Er beschreibt also einen theoretischen Wert zum Abschluss der Maßnahme. Daraus folgt, dass der Anfangswert ebenso wie der Endwert die zwischenzeitliche konjunkturelle Entwicklung zu berücksichtigen hat.[398] Sinken also Anfangswert und Endwert im Vergleich zu den ursprünglichen Annahmen gleichermaßen, so kann die abzuschöpfende Differenz der entwicklungsbedingten Bodenwerterhöhung gleich bleiben, so dass sich für die Gemeinde kein Defizit ergibt.

In diesem Zusammenhang sei allerdings an die Warnungen Krautzbergers und Runkels erinnert.[399] Diese hatten schon anlässlich der Einführung der Innenentwicklungsmaßnahme darauf hingewiesen, dass die Spanne zwischen dem noch nicht von der Entwicklung beeinflussten Anfangswert und dem Neuordnungswert bei einer Entwicklung innerstädtischer, bebauter Bereiche erheblich geringer ausfallen werde als bei Entwicklungen im Außenbereich, bei denen für vormals landwirtschaftlich genutzte Flächen ein höherer Planwertzuwachs erreicht werden könne, so dass Innenentwicklungsmaßnahmen nicht ohne erhebliche öffentliche Mittel durchgeführt werden könnten.[400]

Diese Entwicklung hat sich in den Berliner Entwicklungsbereichen bewahrheitet. Gerade die Nachfrage nach denjenigen Nutzungen, die in den Entwicklungsbe-

---

[397] Vgl. dazu bereits § 2.1.2.5. Zum Verfahren im Zusammenhang mit der Erhebung des Ausgleichsbetrages vgl. noch näher § 8.V.2.
[398] Vgl. ausführlich *Freise*, in: Kohlhammer-Kommentar zum BauGB, § 154, Rn. 23 ff.
[399] *Krautzberger*, LKV 1992, 84/85; *Runkel*, ZfBR, 1991, 91/93.
[400] Vgl. dazu bereits § 3.II.3.c).

reichen vor allem planerisch gesichert wurden, nämlich verdichteter Geschosswohnungsbau, ist völlig zum Erliegen gekommen. Deshalb fallen die Wertsteigerungen gegenüber der ursprünglich zulässigen Nutzung auf Grundlage von § 34 BauGB oder – im Westteil Berlins – dem Baunutzungsplan 1958/60[401] deutlich geringer aus als ursprünglich erwartet. Deshalb ist wohl auch über die nach § 169 Abs. 1 Nr. 7 i. V. m. § 154 Abs. 3 Satz 1 BauGB mit Abschluss der Entwicklungsmaßnahme zu entrichtenden Ausgleichsbeträge keine auch nur annähernde Refinanzierung der Kosten der Maßnahme zu erwarten.

d) Situation bei vorzeitiger Abschöpfung des Ausgleichsbetrages im Rahmen von Abwendungsvereinbarungen

Die Gemeinde kann nach § 169 Abs. 1 Nr. 7 i. V. m. § 154 Abs. 3 Satz 2 BauGB auch die Ablösung des Ausgleichsbetrages vor Abschluss der Entwicklungsmaßnahme zulassen. Die Ablösung ist am zu erwartenden Ausgleichsbetrag zu orientieren, sie ersetzt diesen, so dass später grundsätzlich keine Nachzahlungs- oder Erstattungspflicht besteht.[402] Allerdings bestehen auch in diesen Fällen Restrisiken für die Gemeinde. Auf Abwendungsvereinbarungen findet § 60 Abs. 1 Satz 1 VwVfG Anwendung.[403] Auf dieser Grundlage können Vertragsanpassungsansprüche begründet sein.

6. Unfinanzierbarkeit des gemeindlichen Grunderwerbs

In einer solchen Situation erheblicher finanzieller Deckungslücken und Haushaltsrisiken wird die Gemeinde verstärkt Abwendungsvereinbarungen anstreben, um – entgegen der grundsätzlichen Erwerbspflicht nach § 166 Abs. 3 Satz 1 – nicht Kaufpreise oder Enteignungsentschädigungen aufbringen zu müssen. Damit ergibt sich nicht nur die Ersparnis der Grunderwerbskosten, sondern es können über die vorzeitige Ablösung des Ausgleichsbetrages wie gezeigt auch kurzfristig Einnahmen für die Finanzierung der Maßnahme erwirtschaftet werden.

Setzt die Gemeinde aber flächendeckend auf private Investitionen statt auf den gemeindlichen Durchgangserwerb, birgt dies auch Risiken, dass die Gemeinde den privaten Vertragspartnern weitgehende Zugeständnisse machen muss, die das ursprüngliche – und in Krisenzeiten ohnehin brüchige[404] – Entwicklungskonzept

---

[401] Vgl. hierzu *von Feldmann/Knuth*, Berliner Planungsrecht, 1998, S. 22 ff.

[402] *Löhr*, in: Battis/Krautzberger/Löhr, § 154, Rn. 16. *Freise* ist der Auffassung, dass schon aus dem Wort „Ablösung" folge, dass diese Regelung abschließend sei, Abweichungen nach unten oder oben werden bewusst in Kauf genommen, in: Kohlhammer-Kommentar zum BauGB, § 154, Rn. 68.

[403] Zu Vertragsanpassungsansprüchen im Rahmen des Rückzugs der Gemeinde aus der Entwicklungsmaßnahme vgl. noch ausführlich § 9.IV.2.b).

weiter verunklaren.[405] Das Bedürfnis, angesichts einer schwierigen Marktlage Investoren für die mit erheblichem Aufwand baureif gemachten Flächen zu akquirieren, kann dann zu einer situativen Anpassung der Entwicklungsziele führen, was dem Leitbild der Gesamtmaßnahme, die sich durch ein planmäßiges und aufeinander abgestimmtes Vorgehen und eine einheitliche Konzeption auszeichnet,[406] zuweilen kaum noch entspricht.

7. Drohende Schaffung städtebaulicher Missstände

Kommt die Entwicklungsmaßnahme über längere Phasen angesichts der Nachfrageschwäche zum Erliegen, so entsteht vor allem bei Innenentwicklungsmaßnahmen ein lang anhaltendes Nebeneinander bereits entwickelter Flächen, auf denen die städtebauliche Neuordnung bereits abgeschlossen ist mit ungeordneten, noch gewerblich oder durch Industriebrachen geprägten Teilgebieten. Die Gemeinde riskiert in diesen Fällen, durch die Entwicklungsmaßnahme neue städtebauliche Missstände zu schaffen, mithin erreicht sie das Gegenteil dessen, was mit der Maßnahme angestrebt war.

8. Zwischenergebnis

Schwindet die Nachfrage nach Flächen im Entwicklungsbereich oder erweisen sich die festgesetzten und entwickelten Nutzungen als nicht marktgerecht, kann die städtebauliche Entwicklungsmaßnahme in bedrohliche Schwierigkeiten geraten. Insbesondere ein Verfall der Bodenpreise bedroht dann die Finanzierbarkeit der Maßnahme. Gerät die Entwicklung für längere Zeit ins Stocken, kann die Steuerungsfähigkeit der Maßnahme insgesamt verloren gehen. Das Defizit erhöht sich weiter aufgrund erheblicher Vor- und Zwischenfinanzierungskosten. Der Grunderwerb wird unfinanzierbar, so dass die Gemeinde den ohnehin raren Investoren entgegenkommen und ihr Entwicklungskonzept an deren Wünschen ausrichten muss. Die Gemeinde kann die entwicklungsrechtliche Genehmigung nicht mehr versagen, wenn sie die zügige Durchführung der Maßnahme nicht mehr gewährleisten kann und ihr Entwicklungskonzept in Frage gestellt wird. Verweigert sie Genehmigungen dennoch, riskiert sie Übernahmeansprüche der Eigentümer und Schadensersatzansprüche und damit weitere erhebliche Kosten. Schließlich droht die Schaffung neuer städtebaulicher Missstände, wenn sich „Entwicklungsinseln" für lange Zeit in einem ungeordneten Umfeld wiederfinden.

---

[404] Siehe bereits oben § 4.III.3.
[405] Hierauf weist auch *Fleckenstein* hin, FAZ vom 23.8.2002, S.41.
[406] Vgl. BVerwG, NVwZ 1998, 1297.

IV. Umsteuerung der Berliner Entwicklungsbereiche

Das Land Berlin hat aus der dargestellten Entwicklung Konsequenzen gezogen. Nach der ersten wohnungsbaupolitischen Korrektur im Jahr 1996, die die Streckung der Entwicklungszeiträume und eine deutliche Verminderung des öffentlich geförderten Wohnungsbaus zum Inhalt hatte, wurde angesichts der sich dramatisch verschärfenden Haushaltslage mit Beschluss des Hauptausschusses des *Abgeordnetenhauses von Berlin* vom 25. Juni 1998 der *Rechnungshof von Berlin* gebeten zu prüfen,

1. welche rechtlichen Möglichkeiten eines Ausstiegs bzw. Teilausstiegs aus den Entwicklungsmaßnahmen für das Land bestehen und welche finanziellen Konsequenzen damit verbunden wären;
2. wie die begonnenen Entwicklungsmaßnahmen – mit dem Ziel der Minimierung der Belastungen für den Haushalt – sinnvoll abgeschlossen werden können.[407]

Der Rechnungshof kam bei dieser Prüfung unter Hinzuziehung von externen Gutachtern von Unternehmensberatern zu dem Ergebnis, der „Point of no return" sei für die Entwicklungsbereiche Berlins überschritten, ein sofortiger Abbruch der Maßnahmen sei in keinem der fünf Entwicklungsbereiche wirtschaftlich vertretbar. Der Rechnungshof hat vielmehr empfohlen, bereits entwickelte Teilgebiete zügig aufzuheben und auf diesem Weg die Entwicklungsbereiche kontinuierlich zu verkleinern, er machte einige konkrete Einsparvorschläge, welche vor allem die Rolle der Entwicklungsträger und den Standard der öffentlichen Baumaßnahmen betrafen.[408] Der Hauptausschuss des Abgeordnetenhauses ist den Monita des Rechnungshofes weitgehend gefolgt.[409] Nach dem Auseinanderbrechen der großen Koalition im Zuge des Berliner Bankenskandals machte die neue Mehrheit aus SPD und PDS die Kurskorrektur in den Entwicklungsbereichen zu einem Hauptanliegen ihrer Stadtentwicklungspolitik. In der Koalitionsvereinbarung der neuen Regierungsparteien vom 16. Januar 2002 heißt es:

„Die schwierige finanzielle Situation Berlins lässt eine Weiterführung der städtebaulichen Entwicklungsbereiche sowie Teilbereiche ohne mittelfristige Entwicklungschancen in der bisherigen Weise nicht zu. Hinreichend entwickelte Teilbereiche sind vorzeitig

---

[407] Vgl. *Fischer*, in einem Beitrag mit dem Titel „Alles unter Kontrolle? Erfahrungsbericht des Rechnungshofs von Berlin über die Umsetzung der Ergebnisse der Prüfung aus den Jahren 1998/1999", in: Zukunft der Entwicklungsgebiete, Symposium der IHK Berlin am 21. Januar 2002, S. 14. *Hellweg* spricht von einem „historisch einmaligen Akt", mit dem der Bauverwaltung „quasi das Vertrauen entzogen" worden und die Debatte über die Rolle und Bedeutung der Entwicklungsbereiche von vornherein in eine haushaltspolitische Richtung gelenkt worden sei, die wenig Raum für eine stadtentwicklungspolitische Debatte gelassen habe; in: Forum 2006, 276/280.

[408] Siehe auch hierzu *Fischer*, in: Zukunft der Entwicklungsgebiete, Symposium der IHK Berlin am 21. Januar 2002, S. 14.

[409] Vgl. *Fischer*, a. a. O., S. 14/15 f.

§ 4 Probleme städtebaulicher Entwicklungsmaßnahmen 99

zu entlassen. Unter dieser Maßgabe ist zu prüfen, die Entwicklungsträger effizienter zu strukturieren, zu straffen und ggf. aufzulösen. Es ist eine adäquate Gesamtstrategie der Umstrukturierung und Bedarfsanpassung zu entwickeln und umzusetzen, die bei Abschluss der Maßnahmen vor 2010 zu einer Reduzierung der Nettoneuverschuldung in den Entwicklungsbereichen und damit zu spürbaren finanziellen Verbesserungen für das Land Berlin führt. Im Rahmen dieser marktorientierten Durchführungsstrategie sind die Aktivitäten in den Entwicklungsbereichen grundsätzlich auf einnahmerelevante Vorhaben zu konzentrieren. Ausgabenintensive Projekte, die zum Zeitpunkt der Maßnahmendurchführung keine oder nur geringe Einnahmen erwarten lassen, werden zurückgestellt. In den Entwicklungsgebieten wird für Wohnungsstandorte nur noch dann in öffentliche Infrastruktur investiert, wenn die Refinanzierung durch Ausgleichsbeträge vertraglich gesichert ist."[410]

Auf dieser Grundlage wurde im Jahr 2002 ein grundlegender Strategiewechsel für die städtebaulichen Entwicklungsbereiche eingeleitet. Durch Beschluss des Abgeordnetenhauses vom 16. Mai 2002 wurde der Senat aufgefordert:

- „hinreichend entwickelte Teilbereiche der städtebaulichen Entwicklungsgebiete vorzeitig zu entlassen sowie Grundstücke, die bislang nicht entwickelt und auch nicht mehr vermarktungsfähig sind, ebenfalls zu entlassen, soweit dies rechtlich möglich und finanziell vertretbar ist.
- Maßnahmen in den in den Entwicklungsgebieten grundsätzlich auf kostenneutrale Vorhaben zu konzentrieren.
- Für Wohnungsstandorte in den Entwicklungsgebieten nur noch dann in die öffentliche Infrastruktur zu investieren, wenn die Refinanzierung durch Ausgleichsbeträge vertraglich gesichert und möglichst zeitnah gewährleistet ist.
- Dem Abgeordnetenhaus eine Gesamtstrategie zur Umstrukturierung und realen Bedarfsanpassung der Entwicklungsgebiete im Hinblick auf eine Kostendeckung für das Land Berlin vorzulegen. [...]"[411]

Mit dieser Unterstützung durch das Landesparlament leitete der Senat eine „deutliche Umsteuerung der Entwicklungsmaßnahmen"[412] ein. Wichtigster Bestandteil dieser Umsteuerungsstrategie war dabei die Reduzierung der Entwicklungskulisse, die dadurch ermöglicht wurde, dass das Entwicklungsziel einer Deckung eines erhöhten Bedarfs an Wohn- und Arbeitsstätten in quantitativer Hinsicht aufgegeben wurde. Das Entwicklungsrecht sollte deshalb teilgebietsweise aufgehoben werden, soweit das rechtliche Instrumentarium in einem einzelnen Teilgebiet nicht

---

[410] Koalitionsvereinbarung zwischen der *Sozialdemokratischen Partei Deutschlands*, Landesverband Berlin, und der *Partei des Demokratischen Sozialismus*, Landesverband Berlin, für die Legislaturperiode 2001–2006 vom 16. Januar 2002, S. 53; deutliche Kritik daran bei *Fuderholz*, in: Zukunft der Entwicklungsgebiete, Symposium der IHK Berlin am 21. Januar 2002, S. 11 ff.

[411] Beschluss des *Abgeordnetenhauses von Berlin* in seiner 11. Sitzung am 16. Mai 2002 zu den AH-Drs. 15/193 und 15/401.

[412] So Stadtentwicklungssenator *Strieder*, zitiert nach *Fleckenstein*, in einem Artikel mit dem Titel „Abschied von den Entwicklungsgebieten in Berlin", FAZ vom 09.01.2004, S. 39.

zur Erreichung anderer Entwicklungsziele benötigt wurde, die aufrechterhalten bleiben und bis zu einem vorgezogenen Abschluss der Maßnahmen zum Jahr 2007 noch erreicht werden sollten.[413]

Die Senatsverwaltung für Stadtentwicklung erarbeitete auf dieser Grundlage ein Ausstiegsszenario[414] für die städtebaulichen Entwicklungsbereiche, das zwischen drei verschiedenen Flächentypen differenzierte: Zunächst solche Flächen, auf denen die ursprünglichen Entwicklungsziele bereits erreicht waren und die Entwicklung damit im Sinne von § 169 Abs. 1 Nr. 8 i.V. m. § 162 Abs. 1 Satz 1 Nr. 1, Satz 2 BauGB durchgeführt war. Für diese Flächen konnte das Entwicklungsrecht zeitnah aufgehoben werden. Selbiges galt für die Flächen, für welche die Entwicklungsabsicht nach § 169 Abs. 1 Nr. 8 i.V. m. § 162 Abs. 1 Satz 1 Nr. 2, Satz 2 BauGB aufgegeben werden sollte, weil die Flächen für die geänderten Entwicklungsziele nicht mehr benötigt wurden.[415]

Die Flächen, die für die Erreichung der aufrechterhaltenen und neu konzipierten Entwicklungsziele aber benötigt wurden, sollten zunächst im Entwicklungsrecht verbleiben und mit einer späteren Aufhebungsverordnung aus dem Entwicklungsrecht entlassen werden. Zu den weiter verfolgten Entwicklungszielen gehörten regelmäßig die Festsetzung der ausstehenden Entwicklungsbebauungspläne, um die planungsrechtliche Grundlage für eine ggf. nach Aufhebung des Entwicklungsrechts einsetzenden Nachfrage zu schaffen sowie die Durchführung wesentlicher Erschließungs- und sonst wesentlicher Ordnungsmaßnahmen.

Beispielsweise wurde im Bereich der Entwicklungsmaßnahme „Wasserstadt Berlin-Oberhavel" wie für alle Entwicklungsmaßnahmen das Entwicklungskonzept nicht weiter verfolgt, unter Geltung des Entwicklungsrechts die vollständige Bebauung aller Flächen zu erreichen. Angesichts des Standes der Entwicklungsmaßnahme konnte aber nicht unberücksichtigt bleiben, dass das stadtstrukturelle Ziel einer Umwandlung dieses ehemaligen Industriestandorts zu einem modernen

---

[413] Senatsbeschluss Nr. 1279/2003 vom 1. Juli 2003; vgl. Pressemitteilung des Senats vom 22. 12. 2004.

[414] Bekannt geworden als „*Ampelplan*": Flächen, die aufgrund durchgeführter Entwicklung entlassen werden sollten, waren *grün* gekennzeichnet; Flächen, auf denen die Entwicklungsabsicht aufgegeben wurde, *rot*. Als „*gelbe* Flächen" wurden diejenigen Teilgebiete bezeichnet, die zunächst noch im Entwicklungsrecht verbleiben und bis zum Abschluss der Gesamtmaßnahme bei reduzierter Entwicklungskulisse weiter entwickelt werden sollten.

[415] Die erste Rechtsverordnung dieser Art stellt die „Verordnung zur teilweisen Aufhebung der Verordnung über die förmliche Festlegung des städtebaulichen Entwicklungsbereichs *Berlin-Rummelsburger Bucht*" vom 21. 12. 2004 dar, vgl. GVBl. 2005, Nr. 1, S. 4. Anfang des Jahres 2006 folgten weitere Teilaufhebungen für die Entwicklungsbereiche *Wasserstadt Berlin-Oberhavel* mit Verordnung vom 10. 01. 2006, vgl. GVBl. 2006 Nr. 2, S. 32; *Biesdorf-Süd* mit Verordnung vom 14. 03. 2006, vgl. GVBl. 2006 Nr. 11, S. 285 und *Berlin-Johannisthal/Adlershof* mit Verordnung vom 21. 03. 2006, vgl. GVBl. 2006, Nr. 12, S. 293.

§ 4 Probleme städtebaulicher Entwicklungsmaßnahmen 101

Wohn- und Dienstleistungsquartier bereits weitgehend erreicht war. Ein Zurückfallen auf eine gewerbliche Nutzung in der Nachbarschaft zu den im Rahmen der Maßnahme bereits geschaffenen „Entwicklungsinseln" hätte zu erheblichen städtebaulichen Missständen geführt. Deshalb wurde das Entwicklungsziel beibehalten, die Umwandlung der gewerblichen Struktur zumindest in den zentralen Teilgebieten des Entwicklungsbereichs sowie jeweils im Umfeld bereits entstandener Wohnnutzungen zu vollenden und zu sichern. Ferner blieb es Teil des Entwicklungskonzepts, bereits unumkehrbar begonnene Entwicklungsansätze zu Ende zu führen sowie durch die Schaffung der erschließungstechnischen und planerischen Mindestvoraussetzungen die Grundlage für eine ggf. künftig einsetzende selbsttragende Entwicklung nach Aufhebung des städtebaulichen Entwicklungsrechts zu schaffen.[416]

Dieses „Restprogramm" wird in der „Wasserstadt Berlin-Oberhavel" – und den anderen Entwicklungsmaßnahmen unter ähnlichen Vorzeichen – im Laufe des Jahres 2007 weitgehend absolviert, so dass der Abschluss der Gesamtmaßnahme mit Aufhebungsverordnung des Senats in der ersten Jahreshälfte 2008 erfolgen kann. Stadtentwicklungssenatorin Junge-Reyer stellte im April 2006 fest:

„Vor drei Jahren haben wir angesichts des entspannten Wohnungsmarktes beschlossen, das starke und wirkungsvolle Instrument des Entwicklungsrechts nicht weiter zu nutzen. In den 15 Jahren, in denen dieses Recht angewandt wurde, konnte für die Berliner und Berlinerinnen viel bewegt werden. Berlin hat die damals vernachlässigten, teilweise kontaminierten und vergessenen Flächen – die insgesamt eine Ausdehnung der Stadt Frankfurt (Oder) haben – nicht aufgegeben. Das Land hat sich seiner Verantwortung gestellt. Wir haben die Fläche neu geordnet, die Entwicklung in diesen Gebieten aktiv vorangebracht und dabei auch Vermarktungserfolge erzielt."[417]

Berlin ist damit vorzeitig aus den städtebaulichen Entwicklungsmaßnahmen ausgestiegen und hat zugleich rechtliches Neuland betreten.[418] Im Folgenden soll ein Beitrag zur Lösung der Rechtsfragen geleistet werden, die sich im Rahmen der vorzeitigen Abwicklung der Entwicklungsmaßnahme stellen.

---

[416] Dieses Konzept wurde mit den betroffenen Grundeigentümern und Mietern im Rahmen einer öffentlichen Veranstaltung am 23. 10. 2003 durch die *Senatsverwaltung für Stadtentwicklung* erörtert; vgl. dazu auch Bekanntmachung im Amtsblatt von Berlin Nr. 61 vom 30. 12. 2003, S. 5303.

[417] *Junge-Reyer*, in: Pressemitteilung der Senatsverwaltung für Stadtentwicklung „Städtebauliche Entwicklungsmaßnahmen vor dem Abschluss" vom 12. April 2006; vgl. auch *Senatsverwaltung für Stadtentwicklung*, Berliner Entwicklungsbereiche – Eine Bilanz, 2007, mit einer Darstellung der Ergebnisse der Entwicklungsmaßnahmen.

[418] Vgl. *Arndt*, Die städtebauliche Entwicklungsmaßnahme, 1999, S. 1; *Watzke/Otto*, ZfBR 2002, 117/121. *Fleckenstein* sagt voraus, dass Auseinandersetzungen mit den Grundeigentümern „vorprogrammiert" seien; in: FAZ vom 09. 01. 2004, S. 39.

Zweiter Teil

Der Weg zur Beendigung der städtebaulichen Entwicklungsmaßnahme

Die Darstellung im Ersten Teil der Untersuchung hat gezeigt, dass städtebauliche Entwicklungsmaßnahmen in eine Krise geraten können, in der ihre weitere Durchführung ins Stocken gerät oder völlig zum Erliegen kommt. In dieser Situation stellt sich für die Gemeinde die Frage, ob sie abwarten und darauf hoffen darf, dass die Nachfrage nach einiger Zeit wieder einsetzen werde und sie dann ihr ursprüngliches Planungskonzept bei gestrecktem Durchführungszeitraum umsetzen kann oder ob sie aus Rechtsgründen gehalten ist, ihr Planungskonzept zu ändern, die Entwicklungsziele anzupassen und die Entwicklungsmaßnahme gegebenenfalls vorzeitig zu beenden.

In diesem Zweiten Teil der Arbeit soll der Weg zu einer Beendigung der städtebaulichen Entwicklungsmaßnahme aufgezeigt werden. Hierzu wird zunächst untersucht, ob die städtebauliche Entwicklungssatzung ohne weiteren Rechtssetzungsakt außer Kraft treten kann, wenn die Gemeinde die Durchführung der Maßnahme nicht weiter betreibt oder sich die tatsächlichen Umstände erheblich ändern, so dass die Voraussetzungen für die Festlegung nachträglich entfallen (dazu im folgenden § 5). Wenn dies geklärt ist, stellt sich die Frage, wie die Gemeinde in einer solchen Situation die Entwicklungsmaßnahme umsteuern und ihr Entwicklungskonzept geänderten Rahmenbedingungen anpassen kann, um einen vorzeitigen Abschluss der Entwicklungsmaßnahme herbeizuführen (§ 6). Schließlich gilt es die Rechtsgrundlagen für die Aufhebung des Entwicklungsrechts näher zu beleuchten. Es soll untersucht werden, unter welchen Voraussetzungen und in welchen Grenzen die Gemeinde die städtebauliche Entwicklungssatzung schließlich ganz oder teilweise aufheben kann oder muss (§ 7).

§ 5 Rechtswidrigwerden und Funktionslosigkeit einer städtebaulichen Entwicklungssatzung

Betreibt die Gemeinde die Durchführung der städtebaulichen Entwicklungsmaßnahme über einen längeren Zeitraum nicht oder nur zögerlich weiter und/oder bricht die Nachfrage nach den entwickelten Flächen ein, so stellt sich die Frage, ob

§ 5 Rechtswidrigwerden einer städtebaulichen Entwicklungssatzung 103

hierdurch die städtebauliche Entwicklungssatzung ihren Geltungsanspruch verlieren kann. Wird eine Entwicklungssatzung also unwirksam, obwohl sie rechtmäßig beschlossen wurde, wenn sich im Laufe der Durchführung zeigt, dass sich ihre ursprünglichen Ziele nicht oder nicht in dem ursprünglich vorgesehenen Zeitraum erreichen lassen?

Die Rechtsprechung hat diese Frage oftmals unter dem Stichwort der Funktionslosigkeit der Satzung diskutiert. Von einer Funktionslosigkeit bauplanerischer Festsetzungen ist nach gefestigter Rechtsprechung des Bundesverwaltungsgerichts dann auszugehen, wenn und soweit die Verhältnisse, auf die sie sich beziehen, in der tatsächlichen Entwicklung einen Zustand erreicht haben, der eine Verwirklichung der Festsetzungen auf unabsehbare Zeit ausschließt und die Erkennbarkeit dieser Tatsache einen Grad erreicht hat, der einem etwa dennoch in die Fortgeltung der Festsetzung gesetzten Vertrauen die Schutzwürdigkeit nimmt.[1] Die Funktionslosigkeit erfordert also einen Blick nach vorne: Ist „auf unabsehbare Zeit" offenkundig nicht damit zu rechnen, dass die mit der Entwicklungsmaßnahme verfolgten Ziele noch erreicht werden können?

Die Rechtsprechung hatte sich aber auch mit der Frage auseinanderzusetzen, welche Rechtsfolgen es hat, wenn die materiellen Tatbestandsvoraussetzungen der städtebaulichen Entwicklungsmaßnahme später wegfallen. Anders als bei der Funktionslosigkeit ist hier ein Blick zurück auf die für die Festlegung eines Entwicklungsbereichs maßgeblichen Voraussetzungen und Verhältnisse zu werfen. Der Rechtmäßigkeitsmaßstab einer Entwicklungsmaßnahme ergibt sich aus § 165 Abs. 3 BauGB, der die Festlegungsvoraussetzungen eines städtebaulichen Entwicklungsbereichs normiert.[2] Müssten diese Tatbestandsmerkmale der Entwicklungssatzung dauerhaft vorliegen, so würde ein späterer Wegfall eines Merkmals dazu führen, dass die Entwicklungssatzung bei einer grundlegenden Änderung der städtebaulichen Situation rechtswidrig und grundsätzlich auch unwirksam wird.[3]

In der Kommentarliteratur wird oftmals davon ausgegangen, die Frage, ob eine Entwicklungs- oder Sanierungssatzung automatisch außer Kraft treten könne, sei durch die Rechtsprechung des Bundesverwaltungsgerichts aus den sechziger und siebziger Jahren geklärt, wonach sich eine unzureichende Förderung nicht auf

---

[1] Vgl. grundlegend zum Begriff der Funktionslosigkeit bauplanerischer Festsetzungen die Entscheidung BVerwGE 54, 5/7; zu städtebaulichen Sanierungs- und Entwicklungssatzungen BVerwG, NJW 1979, 2577; OVG Berlin, LKV 2001, 126/130; VGH Mannheim, NVwZ-RR 1999, 564; vgl. hierzu noch näher Kapitel § 5.I.2.

[2] Vgl. hierzu die ausführliche Darstellung im Ersten Teil, § 3.III.

[3] Sog. Nichtigkeitsdogma, vgl. dazu allgemein zuletzt etwa OVG Hamburg, NVwZ-RR 2007, 108; VGH München, NVwZ-RR 2004, 108 sowie ferner zur Nichtigkeit infolge des Rechtswidrigwerdens von untergesetzlichen Normen Kopp/Schenke, VwGO, § 47, Rn. 135 ff.

die Gültigkeit der Satzung auswirke.[4] Es wird jedoch gezeigt werden, dass die Rechtsprechung sich seitdem weiterentwickelt hat und Tendenzen zur Uneinheitlichkeit in dieser Frage erkennbar sind. Außerdem wird dargelegt werden, dass die dogmatische Frage eines Rechtswidrigwerdens von Normen weithin ungeklärt ist und sich vermehrt Stimmen in der Literatur und auch der Rechtsprechung finden, die eine einheitliche „Theorie der Beendigung der Normgeltung"[5] anmahnen. Im Lichte dieser neuen Erkenntnisse soll die Frage eines möglichen Geltungsverlusts hier aufgegriffen werden.

Die Frage, ob es für die fortdauernde Geltung des Entwicklungsrechts ohne Folgen bleiben kann, wenn zentrale Voraussetzungen der Entwicklungsmaßnahme wie die zügige Durchführung oder die Durchführung zur Deckung eines erhöhten Bedarfs an Wohn- und Arbeitsstätten offensichtlich nicht mehr erfüllt werden, stellt sich umso dringender, wenn dies kein Ausnahmephänomen und Folge vereinzelter Fehlplanungen mehr ist, sondern Entwicklungsmaßnahmen angesichts von Verwerfungen am Baulandmarkt flächendeckend in bedrohliche Schwierigkeiten geraten, zumal sich in einer solchen Lage die Durchführungszeiträume oftmals über mehrere Dekaden erstrecken und damit dem gesetzlichen Leitbild der Maßnahme nicht mehr entsprechen.

Die Untersuchung differenziert aus den dargelegten Gründen zwischen dem möglichen Außerkrafttreten wegen nachträglicher Rechtswidrigkeit („Rechtswidrigwerden") bei Wegfall der Festlegungsvoraussetzungen einerseits, um dann auf eine mögliche Funktionslosigkeit der städtebaulichen Entwicklungssatzung einzugehen.[6] Zu beiden Aspekten wird zunächst die hierzu ergangene Rechtsprechung analysiert (siehe I.), um darauf aufbauend eine eigene Position zu erarbeiten (dazu II.).

I. Die Rechtsprechung zum Geltungsverlust von städtebaulichen Entwicklungssatzungen

1. Rechtsprechung zum Außerkrafttreten der städtebaulichen Entwicklungssatzung bei einem späteren Wegfall der Festlegungsvoraussetzungen

Durch die Darstellung der materiellen Festlegungsvoraussetzungen im Einzelnen ist klar geworden, dass Gesetzgeber und Rechtsprechung hohe Hürden vor die Festlegung eines städtebaulichen Entwicklungsbereichs gestellt haben.

---

[4] Vgl. etwa *Krautzberger*, in: Battis/Krautzberger/Löhr, § 162, Rn. 11; *Fislake*, in: Berliner Kommentar zum BauGB, § 162, Rn. 15.

[5] So schon die Formulierung von *Schneuner*, in: Festgabe für Flatten, 1973, S. 381/394.

[6] Für die Differenzierung zwischen Rechtswidrigwerden und Funktionslosigkeit auch *Steiner*, in: Festschrift für Schlichter, 1995, S. 313/325.

Doch auch wenn die Gemeinde diese Hürden im Zeitpunkt der Beschlussfassung über die Satzung erfolgreich genommen hat, so stellt sich die Frage, welche Folgen es für die Rechtmäßigkeit und Wirksamkeit der Satzung hat, wenn nachträgliche Änderungen eintreten, die einen Wegfall der gesetzlichen Tatbestandsvoraussetzungen bewirken.[7]

a) Wegfall eines erhöhten Bedarfs an Wohn- und Arbeitsstätten

Bei der Darstellung der materiellen Festlegungsvoraussetzungen[8] wurde herausgearbeitet, dass ein erhöhter Bedarf an Wohn- und/oder Arbeitsstätten im Sinne von § 165 Abs. 3 Satz 1 Nr. 2 BauGB voraussetzt, dass die Nachfrage das Angebot aus strukturellen Gründen deutlich übersteigt. Die Gemeinde darf keine Angebotsplanung betreiben, die nicht auf einen bestehenden Bedarf reagiert, sondern eine Nachfragesituation überhaupt erst schaffen soll. Erweist sich nun im Laufe der Durchführung der Maßnahme, dass die Nachfrage nach Baufeldern und realisierter Bebauung ausbleibt, weil der prognostizierte Bedarf nicht eingetreten ist und es der Gemeinde oder ihrem Entwicklungsträger nicht gelingt, die Grundstücke im Entwicklungsbereich zu vermarkten, so stellt sich die Frage, ob dies Konsequenzen für die Wirksamkeit der Entwicklungssatzung haben kann.

Nach einschlägiger Rechtsprechung des Bundesverwaltungsgerichts soll es für die Gültigkeit der Entwicklungssatzung nicht von Belang sein, ob die Bedarfseinschätzung der Gemeinde durch die spätere Entwicklung tatsächlich bestätigt oder widerlegt wird.[9] Maßgeblich dafür, ob der Planungsträger alle „berücksichtigungsfähigen Erkenntnismittel" für die Bedarfseinschätzung genutzt und in einer der Materie angemessenen Weise verwertet hat, sollen allein die Verhältnisse im Zeitpunkt des Satzungsbeschlusses sein.[10] Fehlerhaft sind die Prognosen nach Auffassung der Rechtsprechung nur, wenn sie von Anfang an auf haltlosen Annahmen beruhten, nicht jedoch dann, wenn sie durch die spätere Entwicklung nur unvollständig bestätigt oder auch widerlegt werden.[11] Verläuft die Entwicklung anders als prognostiziert, so könne dies allenfalls ein Indiz für eine unsachgemäß erstellte Prognose sein.[12]

Ausdrücklich hat das OVG Berlin sich im Jahr 2000 mit der Berliner Situation befasst, wo sich der tatsächliche Bedarf in die entgegengesetzte Richtung zum prognostizierten Verlauf bewegte:

---

[7] So die Formulierung des BVerwG, ZfBR 1999, 100/106.
[8] Siehe dazu Kapitel § 3.III.2.b)aa).
[9] BVerwG, ZfBR 1999, 100/104; dass., NVwZ 2001, 1050/1051.
[10] BVerwG, NVwZ 2001, 1050/1051.
[11] OVG Berlin, LKV 2001, 126/127; VGH München, BRS 57, Nr. 286, S. 709.
[12] BVerwG, NVwZ 2001, 1050/1051; VGH München, BRS 57, Nr. 286, S. 709.

„Hinsichtlich des erhöhten Bedarfs an Wohnstätten beruft sich der Antragsteller zu Unrecht auf die jetzige Situation auf dem Berliner Wohnungsmarkt, der sich zumindest in Teilbereichen merklich entspannt hat [...] Maßgeblich für die Vertretbarkeit der Prognoseentscheidung sind die Verhältnisse im Zeitpunkt der Festsetzung der Entwicklungsverordnung [...]. In der Zeit der maßgeblichen Abwägungsvorgänge und Prognoseentscheidungen von Ende 1993 bis April 1994 und auch noch Jahre danach bestand in Berlin ein erheblicher Mangel an Wohnraum. [...] Für die Rechtmäßigkeit der Prognose hinsichtlich eines erhöhten Bedarfs an Arbeitsstätten gilt strukturell Entsprechendes. [...]

Entgegen der Auffassung des Antragstellers haben die nachträglichen Veränderungen der Bedürfnisse auf dem Wohnungsmarkt und der Situation bei den Dienstleistungsangeboten (Büroleerstand) keinen Einfluss auf die Rechtmäßigkeit der Entwicklungsverordnung."[13]

Ändern sich die tatsächlichen Verhältnisse, hat dies nach dieser Rechtsprechung also keine Folgen für die Rechtmäßigkeit und Wirksamkeit der Entwicklungssatzung.[14] Dies ist vor allem auch für die bereits dargelegte besondere Struktur bei der Prüfung der Enteignungsvoraussetzungen im städtebaulichen Entwicklungsbereich zu berücksichtigen:[15] Die städtebauliche Entwicklungssatzung legt mit Bindungswirkung für das nachfolgende Enteignungsverfahren fest, dass das Wohl der Allgemeinheit den Eigentumsentzug generell rechtfertigt, allein das grundstücksbezogene Enteignungsverfahren soll dann die Prüfung beinhalten, ob auch der Zugriff auf das einzelne Grundstück – noch – erforderlich ist.

Fallen nun die Gründe des Gemeinwohls – beispielsweise eben die Erforderlichkeit zur Deckung eines erhöhten Bedarfs an Wohn- und Arbeitsstätten – später infolge einer Änderung der tatsächlichen Verhältnisse weg, so soll auch dieser Wegfall der Enteignungsvoraussetzungen ohne Folgen für die Wirksamkeit der Entwicklungssatzung bleiben. Die Rechtsprechung verweist darauf, dass der Wegfall der Voraussetzungen im nachfolgenden grundstücksbezogenen Enteignungsverfahren zu prüfen sei.[16] Die enteignungsrechtliche Erforderlichkeit kann nach Auffassung des VGH Mannheim danach dann – und nur dann – entfallen, wenn

---

[13] OVG Berlin, LKV 2001, 126/127 (Entwicklungsmaßnahme *Rummelsburger Bucht*); ebenso dass., ZfBR 1998, 211/213 (*Alter Schlachthof*) und VGH Mannheim, NVwZ-RR 1999, 564.

[14] So auch die Literatur; vgl. statt vieler *Runkel*, in: Ernst/Zinkahn/Bielenberg/Krautzberger, § 165, Rn. 62. Auch *Neuhausen*, in: Kohlhammer-Kommentar zum BauGB, § 165, Rn. 32, führt aus, das BVerwG habe „*darauf hingewiesen, dass sich die Frage, ob die zügige Durchführung* [dazu noch näher unten, § 5.II.1.4.] *gewährleistet ist, nach den Verhältnissen im Zeitpunkt der Beschlussfassung richtet.*" Im Gegensatz dazu steht aber die Kommentierung desselben Autors zu § 144, dort Rn. 10a, in der im Anschluss an BVerwG, NJW 1996, 2807 argumentiert wird, die Rechtsgültigkeit der Sanierungssatzung *entfalle*, wenn die Sanierung nicht mehr sachgemäß und nicht mehr hinreichend zügig durchgeführt werde; vgl. dazu noch ausführlich § 5.I.1.5.

[15] Siehe dazu Kapitel § 3.III.2.a).

die Verzögerungen bei der Durchführung der Entwicklungsmaßnahme eindeutig und dauerhaft belegen, dass das ursprünglich verfolgte Planungsziel aufgegeben worden ist.[17] Angesichts der Wandelbarkeit der Planungsziele[18] ist insoweit allerdings klarstellungsbedürftig, dass es nicht auf die ursprünglich verfolgten Ziele ankommen kann, sondern darauf, ob die Gemeinde überhaupt kein schlüssiges Entwicklungskonzept mehr verfolgt und die Entwicklungsabsicht faktisch aufgegeben hat.[19]

b) Wegfall eines Bedarfs an Gemeinbedarfs- und Folgeeinrichtungen

Im Zusammenhang mit dem Wegfall des erhöhten Bedarfs an Wohn- und Arbeitsstätten ist auch der Fall zu sehen, dass Gemeinbedarfs- und Folgeeinrichtungen, die der im Entwicklungsbereich erwarteten Bevölkerung dienen sollten, überflüssig werden, wenn die Ansiedlung ausbleibt. Wie dargelegt kann das Wohl der Allgemeinheit eine Entwicklungsmaßnahme im Sinne des § 165 Abs. 3 Satz 1 Nr. 2 BauGB aber auch dann erfordern, wenn mit der Maßnahme Gemeinbedarfseinrichtungen geschaffen werden sollen, die einem größeren Bevölkerungskreis auch außerhalb des Entwicklungsbereichs zu dienen bestimmt sind.[20] Außerdem ist die Errichtung von Gemeinbedarfs- und Folgeeinrichtungen ausdrücklich nicht an einen erhöhten Bedarf geknüpft.[21] Das Problem des Bedarfswegfalls stellt sich insofern für die Errichtung der Gemeinbedarfs- und Folgeeinrichtungen von vornherein nicht in gleicher Weise wie bei der angestrebten Schaffung von Wohn- und Arbeitsstätten.

Im Übrigen wären aber die Grundsätze der Rechtsprechung, wonach es für die Wirksamkeit der Entwicklungssatzung allein auf die Verhältnisse im Zeitpunkt des Satzungsbeschlusses ankommt, auch auf die anderen Fälle des § 165 Abs. 3 BauGB anzuwenden, so dass nachträgliche Entwicklungen grundsätzlich außer Betracht bleiben müssten.[22]

c) Nachträgliche Perspektive für vertragliche Einigungen

Es wurde dargelegt, dass die städtebauliche Entwicklungsmaßnahme nach § 165 Abs. 3 Satz 1 Nr. 3 BauGB gegenüber städtebaulichen Verträgen subsidiär ist, die

---

[16] So ausdrücklich VGH Mannheim, NVwZ-RR 1999, 564; OVG Berlin, LKV 2001, 126/128.
[17] VGH Mannheim, NVwZ-RR 1999, 564/565.
[18] Siehe dazu bereits § 4.III.3. und weiterhin § 5.II.1.d), II.2. und § 6.
[19] Siehe dazu § 7.IV.
[20] Vgl. § 3.III.1.b)cc).
[21] BVerwG, BauR 2004, 1584/1588; dass., NVwZ 2001, 558/559; bestätigt durch BVerfG, NVwZ 2003, 71.
[22] In diesem generellen Sinne etwa BVerwG, ZfBR 1999, 100/106.

108   2. Teil: Der Weg zur Beendigung der Entwicklungsmaßnahme

Gemeinde aber nur dann in konkrete Vertragsverhandlungen eintreten muss, wenn sich eine realistische Perspektive für eine einvernehmliche Lösung abzeichnet.[23] Möglich ist aber, dass sich im Verlauf der Durchführung der Maßnahme zeigt, dass maßgebliche Grundstückseigentümer bereit sind, auf Grundlage von städtebaulichen Verträgen nach § 11 BauGB die Entwicklungsaufgaben selbst zu übernehmen. Das hoheitliche Instrumentarium der §§ 165 ff BauGB wäre in diesen Fällen dann nachträglich nicht mehr erforderlich.

Auch für diesen Fall bleibt die Rechtsprechung aber bei ihrer Linie, dass nachträgliche Änderungen außer Betracht bleiben: Zeigt sich erst im Verlauf der Durchführung, dass die betroffenen Eigentümer mitwirkungsbereit sind, so soll diese nachträgliche Kooperationsbereitschaft nicht geeignet sein, die Rechtmäßigkeit der seinerzeitigen förmlichen Festlegung des Entwicklungsbereichs nachträglich in Frage zu stellen.[24] Das Bundesverwaltungsgericht lässt in dieser Entscheidung allerdings offen, ob diese Bereitschaft

> „außerhalb des Anwendungsbereichs des § 169 Abs. 1 Nr. 6 [i. d. F. bis 1997, jetzt Nr. 8] i. V. m. § 162 Abs. 1 BauGB n. F. dazu führen kann, die Entwicklungsmaßnahme mit Wirkung für die Zukunft aufzuheben, weil so die Ziele und Zwecke der Entwicklung ebenso zügig erreicht werden können."[25]

Hierzu sei angemerkt, dass diese Formulierung zu Missverständnissen führen kann. Entweder ist die Entwicklungssatzung rechtswidrig und unwirksam – wovon der erkennende Senat ersichtlich nicht ausgeht – oder die wirksame Satzung muss *innerhalb*, und nicht außerhalb des Anwendungsbereichs des § 162 Abs. 1 BauGB aufgehoben werden. Tertium non datur – eine Rechtsgrundlage außerhalb des Anwendungsbereichs des § 162 Abs. 1 BauGB existiert für die Aufhebung der Satzung nicht.[26]

d) Keine zügige Durchführung
innerhalb eines absehbaren Zeitraums

Es wurde ebenfalls dargelegt, dass das Zügigkeitsgebot des § 165 Abs. 3 Satz 1 Nr. 4 BauGB eine einfachgesetzliche Ausprägung des verfassungsrechtlichen Verhältnismäßigkeitsgebots ist, denn während der Dauer der städtebaulichen Entwicklungsmaßnahme unterliegen die Grundeigentümer erheblichen Beschränkungen, insbesondere der Verfügungs- und Veränderungssperre des § 169 Abs. 1 Nr. 3 i. V. m. §§ 144, 145 BauGB.[27] Die vorangestellte Darstellung der Festlegungsvor-

---

[23] Vgl. § 3.III.2.
[24] BVerwG, NVwZ 2001, 1053/1055.
[25] Ebda., am Ende des Entscheidungsabdrucks.
[26] Dazu, dass der Katalog der Aufhebungsgründe in § 162 Abs. 1 BauGB abschließend ist vgl. noch näher unten, § 7.I.
[27] Vgl. Kapitel § 3.III.4.

aussetzungen hat auch gezeigt, dass zur Frage der Zügigkeit der Entwicklung auch die gesicherte Finanzierbarkeit der Maßnahme gehört und dass die Gemeinde durch das Zügigkeitsgebot gehalten ist, die Entwicklung unter Einsatz ihrer gesamten verfügbaren Verwaltungskraft voranzutreiben.

Gerade diese Vorgaben werfen im Verlauf der Durchführung der Entwicklungsmaßnahme oftmals die größten Probleme auf: Durch ein Einbrechen der Nachfrage kann es sehr viel länger dauern als ursprünglich veranschlagt, die Flächen im Entwicklungsbereich nach ihrer Neuordnung und Baureifmachung zu vermarkten, Wohnungen und Gewerbeflächen zu verkaufen oder zu vermieten sowie durch Ausgleichsbeträge im Rahmen von Abwendungsvereinbarungen (§ 166 Abs. 3 Satz 3 Nr. 2 i. V. m. § 154 Abs. 3 Satz 2 BauGB) neue Mittel für weitere Erschließungsmaßnahmen und neue Bauabschnitte zu akquirieren. Somit kann die Finanzierbarkeit der Maßnahme in Frage gestellt werden. Schließlich können sich durch einen Wechsel der kommunalen Mehrheitsverhältnisse die Prioritäten der gemeindlichen Stadtentwicklungspolitik verschieben, so dass nicht mehr davon die Rede sein kann, dass die Gemeinde „ihre gesamte verfügbare Verwaltungskraft"[28] auf die Entwicklungsmaßnahme konzentriert.

Auch in diesen Fällen hält die Rechtsprechung daran fest, dass nachträgliche Entwicklungen nicht geeignet seien, die Rechtmäßigkeit der Entwicklungssatzung in Frage zu stellen; ob die zügige Durchführung der Maßnahme im Sinne des § 165 Abs. 1 Satz 1 Nr. 4 BauGB gewährleistet sei, bestimme sich ebenfalls allein nach den Verhältnissen im Zeitpunkt der Beschlussfassung.[29] Die Rechtsprechung stellt dabei zum Teil generell fest, dass in den Fällen, in denen sich im Nachhinein auf Grund von zeitlichen Verzögerungen herausstellt, dass eine zügige Durchführung der Maßnahme innerhalb eines absehbaren Zeitraums nicht möglich sein wird[30] oder die Durchführung jedenfalls zeitweise ins Stocken gerät,[31] die Wirksamkeit der Satzung davon nicht berührt werden soll. Dies hat das Bundesverwaltungsgericht wiederholt auch schon für städtebauliche Entwicklungs- und Sanierungssatzungen nach dem StBauFG so entschieden,[32] diese Auffassung wurde auch vom Bundesgerichtshof geteilt.[33]

Zum Teil geht die Rechtsprechung auch auf die Ursachen der Verzögerung ein. So soll es für die Wirksamkeit der Verordnung nicht von Belang sein, dass sich die finanzielle Situation der Gemeinde nachträglich erheblich verschlechtert und

---

[28] So eine Formulierung des BGH, ZfBR 1982, 133/135, vgl. dazu noch näher § 5.I.1.e).
[29] BVerwG, ZfBR 1999, 100/106; dass., NVwZ 2001, 1050/1053; dass., NVwZ 2001, 1053/1054; dass., BauR 2004, 1584/1588; OVG Berlin, LKV 2001, 126/129; VGH Mannheim, NVwZ-RR 1999, 564; *OLG Frankfurt am Main*, UPR 1991, 450.
[30] BVerwG, BauR 2004, 1584/1588.
[31] VGH Mannheim, NVwZ-RR 1999, 564.
[32] Vgl. etwa BVerwG, NJW 1979, 2577/2578.
[33] BGH, NVwZ 1987, 923/925.

deshalb eine zügige Durchführung in Frage gestellt ist[34] oder sich die Entwicklungsmaßnahme gar insgesamt als nicht mehr finanzierbar erweist.[35] Zum anderen soll auch bei Konstellationen, in denen sich die politischen Kräfteverhältnisse ändern und die Entwicklungsmaßnahme deshalb nicht mehr intensiv vorangetrieben wird, die Entwicklungssatzung hiervon nicht betroffen werden.[36]

Allerdings wurde vor Einführung der sanierungsrechtlichen Regelung des § 142 Abs. 3 Satz 3 und 4 BauGB mit der Innenentwicklungsnovelle 2007 von der obergerichtlichen Rechtsprechung bereits Kritik daran geübt, dass der Gesetzgeber keinerlei zeitliche Vorgaben für eine Befristung städtebaulicher Sanierungs- und Entwicklungssatzungen vorgesehen habe. Der VGH Kassel beklagte etwa, die Rechtsprechung könne die fehlende gesetzliche Festlegung einer Höchstdauer nicht ohne weiteres ersetzen, stellte sich aber die Frage,

„ob bei einem Durchführungszeitraum, der zwei Jahrzehnte überschreitet und drei vielleicht ausfüllt, nicht letztlich eine absolute Höchstgrenze wirksam werden muss."[37]

Dieser Auffassung nähert sich auch das OVG Koblenz an, wenn es unter Bezugnahme auf die zitierte Entscheidung des VGH Kassel ausführt:

„Zwar ist der Rechtsprechung des Bundesverwaltungsgerichts, der obergerichtlichen Rechtsprechung und auch der Literatur zu entnehmen, dass ein langer Zeitraum seit der Sanierungssatzung für sich genommen die Sanierung noch nicht rechtswidrig machen muss. Dieser Rechtsprechung und Kommentierung ist aber zugleich auch dass Bewusstsein der Problematik einer sich lang hinziehenden Sanierungsmaßnahme zu entnehmen, die sich vergrößert, je länger die Sanierungsmaßnahme dauert. [...] Auch wenn es bei der Sanierung um einen komplexen Vorgang handelt, dem kein zu enger Zeitrahmen gesetzt werden kann und dem der Gesetzgeber auch einen solchen engen Zeitraum nicht setzen wollte, muss es nach der Überzeugung des Senats gleichwohl eine absolute Grenze geben, jenseits derer die Bindungen durch die Sanierung durch die betroffenen Grundstückseigentümer nicht mehr hingenommen werden müssen."[38]

In beiden Entscheidungen wurde allerdings die Höhe dieser möglichen „absoluten Grenze" offen gelassen. Der VGH Kassel legt aber dem Gesetzgeber ausdrücklich nahe, eine solche Beschränkung einzuführen, um Entwicklungsmaßnahmen zu verhindern, die dem gesetzlichen Leitbild der Zügigkeit nicht mehr entsprechen:

„Wünschenswert wäre eine auf die Erfahrung, dass Sanierungsmaßnahmen und ebenso städtebauliche Entwicklungsmaßnahmen Zeiträume in Anspruch nehmen können, die dem gesetzlichen Leitbild nicht mehr gerecht werden, antwortende Entscheidung des Gesetzgebers. Sie wäre auch deshalb angebracht, weil mit einer gewissen Wahrschein-

---

[34] OVG Berlin, LKV 2001, 126/129.
[35] BVerwG, NVwZ 2001, 1050/1053; dass., NVwZ 2001, 1053/1054.
[36] BVerwG, ZfBR 1999, 100/105 f.
[37] VGH Kassel, NVwZ-RR 1994, 635/636.
[38] OVG Koblenz, ZfBR 2002, 501/502.

lichkeit die Veränderung wirtschaftlicher, technischer und sozialer Gegebenheiten in Jahrzehnten sich auf die Planung und Durchführung einer so lange dauernden Sanierungs- oder Entwicklungsmaßnahme auswirken und zu wiederholten Anpassungen führen müssen, die ihrerseits wieder zur Verlängerung der Laufzeit beitragen. Ebenso ist damit zu rechnen, dass in einer Serie von Kommunalwahlperioden, die in die Ausführungszeit einer Sanierungs- oder Entwicklungsmaßnahme fällt, sich die Zielvorstellungen des Planungsträgers auch politisch bedingt ändern.

Eine gesetzlich festgelegte Höchstdauer städtebaulicher Sanierungen und Entwicklungsmaßnahmen würde außerdem dazu beitragen können, dass der Umfang einer vorgesehenen Maßnahme von vornherein so bemessen wird, das sie in dem zur Verfügung stehenden Zeitraum mit einiger Sicherheit abgewickelt werden kann. Die Rechtsprechung kann jedoch die fehlende gesetzliche Festlegung einer Höchstdauer nicht ohne weiteres ersetzen."[39]

Diese rechtspolitische Kritik wurde für die Sanierungsmaßnahmen mit dem § 143 Abs. 3 Satz 3 und Satz 4 BauGB n. F. vom Gesetzgeber aufgegriffen.[40] Für die Entwicklungsmaßnahmen bleibt es dagegen dabei, dass mangels zeitlicher Höchstgrenze die städtebauliche Entwicklungssatzung allein aufgrund der Durchführungsdauer nicht rechtswidrig werden oder gar außer Kraft treten kann.

Selbst eine Sanierungssatzung, für die die neue Befristungsregel des § 142 Abs. 3 Satz 3 und 4 BauGB gilt, tritt mit Fristablauf nicht automatisch außer Kraft. Der Gesetzgeber hat die Neuregelung so gefasst, dass es auch in diesem Falle des formalen Aufhebungsakts durch Satzung bedarf, wie § 162 Abs. 1 Satz 1 Nr. 4 BauGB ausdrücklich klarstellt; auch eine nachträgliche Verlängerung der bereits abgelaufenen Frist soll nach Auffassung des Schrifttums möglich sein, so dass die objektiv mit Fristablauf eingetretene Aufhebungspflicht nachträglich wieder entfällt.[41]

e) Exkurs: Folgen zögerlicher Durchführung der Entwicklung für die Verfügungs- und Veränderungssperre nach § 144 BauGB

Die anhaltend zögerliche Durchführung bleibt trotzdem nach Rechtsprechung des Bundesverwaltungsgerichts nicht ohne Folgen für die Durchführung der Entwicklungsmaßnahme: Bei der Erörterung des möglichen Wegfalls der Enteignungsvoraussetzungen ist bereits festgestellt worden, dass zwar die Wirksamkeit der Entwicklungssatzung auch vom Wegfall der Enteignungsvoraussetzungen unberührt bleibt, ihre Bindungswirkung für das nachfolgende Enteignungsverfah-

---

[39] VGH Kassel, NVwZ-RR 1994, 635/636.
[40] Vgl. dazu bereits § 2.VII.1.
[41] *Stemmler/Hohrmann*, ZfBR 2007, 224/225.

ren aber durchbrochen ist. Ebenso verhält es sich nach der Lösung der Rechtsprechung für den entwicklungsrechtlichen Genehmigungsvorbehalt nach § 169 Abs. 1 Nr. 3 i. V. m. § 144 BauGB. Diese entwicklungsrechtliche Verfügungs- und Veränderungssperre stellt eine Inhalts- und Schrankenbestimmung im Sinne von Art. 14 Abs. 1 Satz 2 GG dar.[42] Die durch § 144 BauGB verliehene Befugnis, Bauvorhaben, die den im Allgemeinwohlinteresse liegenden Entwicklungszielen[43] entgegenstehen, zu verhindern, hält nach der ständigen Rechtsprechung des Bundesgerichtshofs die Grenzen der Verhältnismäßigkeit und der Sozialbindung des Eigentums nur ein, wenn die Gemeinde die Entwicklung

> „mit der notwendigen Umsicht und ohne Überschätzung ihrer Möglichkeiten unter Einsatz der gesamten verfügbaren Verwaltungskraft vorantreibt und nicht durch verzögerliche Behandlung des Sanierungsvorgangs [bzw. Entwicklungsvorgangs] die Eigentumsbindung der betroffenen Grundstücke zeitlich über Gebühr ausdehnt [...]. Eine diesen Ansprüchen in zeitlicher und inhaltlicher Hinsicht nicht genügende Förderung des Sanierungsvorhabens [bzw. der Entwicklungsmaßnahme] könnte eine Ablehnung der Genehmigung nach § 15 Abs. 3 StBauFG [entspricht § 144 BauGB] nicht rechtfertigen, weil sie eine durch Art. 14 Abs. 1 Satz 2 GG nicht mehr gedeckte Beeinträchtigung des Eigentums bedeuten würde."[44]

Im Laufe der Entwicklungsmaßnahme müssen sich deshalb auch nach Auffassung des Bundesverwaltungsgerichts die Entwicklungsziele zunehmend verdichten und konkreter werden, die Sperrwirkung des § 144 BauGB soll zu einem Rechtsinstitut werden, mit dessen Hilfe nur noch jene Rechtsvorgänge und Vorhaben abgewendet werden können, die den detaillierten Planungsabsichten widersprechen.[45] Nur diese im Laufe der Entwicklung zu erwartende Einschränkung der Sperrwirkung rechtfertigt es nach der Rechtsprechung, ihre zeitliche Dauer anders als bei der allgemeinen Veränderungssperre nach § 17 BauGB von vornherein zu beschränken.

In den Fällen, in denen die Entwicklungssatzung vor längerer Zeit erlassen wurde, ohne dass in der Folgezeit die Entwicklungsmaßnahme vorangetrieben wurde und ohne dass die Entwicklungsziele konkreter geworden sind, soll deshalb die Genehmigung nach § 144 BauGB nicht mehr versagt werden dürfen.[46] Dem hat sich soweit auch die Literatur – soweit ersichtlich uneingeschränkt – angeschlossen.[47]

---

[42] Vgl. hierzu bereits § 3.III.4.

[43] Die Rechtsprechung ist zur städtebaulichen Sanierungsmaßnahme ergangen, wegen der entsprechenden Anwendbarkeit des § 144 BauGB nach § 169 Abs. 1 Nr. 3 BauGB auf das Entwicklungsrecht zu übertragen.

[44] BGH, ZfBR 1982, 133/135.

[45] BVerwGE 70, 83/91 unter Modifizierung der Rechtsprechung im Urteil vom 20. 10. 1978, vgl. NJW 1979, 2577; in jüngerer Zeit bestätigt durch BVerwG, NJW 1996, 2807; auch OVG Berlin, NVwZ-RR 1992, 7/8.

[46] BVerwGE 70, 83/91; dass., NJW 1979, 2577; dass., NVwZ 1985, 184/185; OVG Berlin, NVwZ-RR 1992, 7/9.

§ 5 Rechtswidrigwerden einer städtebaulichen Entwicklungssatzung

Das Bundesverwaltungsgericht geht in seiner Entscheidung vom 6. Juli 1996 jedoch noch weiter und bricht mit seiner bis dahin einheitlichen Rechtsprechung. Es führt zu den Verfügungsbeschränkungen der §§ 144, 145 BauGB aus:

„Die Grenze der Sozialbindung wird überschritten, wenn die Sanierung nicht mehr sachgemäß und nicht mehr hinreichend zügig durchgeführt wird (BVerwG, NVwZ 1985, 184; BGH; NVwZ 1982, 329 = ZfBR 1982, 133; *ders.*, BRS 53 Nr. 160). In diesem Fall *entfällt die Rechtsgültigkeit der Sanierungssatzung*.[48] Es kann auch – namentlich im Bereich der Genehmigungspflicht – geboten sein, im Wege verfassungskonformer Auslegung die eigentumsrechtliche Ausgangslage zu berücksichtigen (BVerwG, NJW 1982, 398; BGH, NVwZ 1982, 329 = ZfBR 1982, 133 m. krit. Anm. *Krautzberger*, ZfBR 1982, 135). Das Berufungsgericht hat jedoch in tatsächlicher Hinsicht festgestellt, dass die *Voraussetzungen der Sanierungssatzung unverändert gegeben seien*."[49]

In dieser Entscheidung geht das Gericht demnach offenbar davon aus, dass die Satzung auch durch nachträgliche Umstände rechtswidrig und unwirksam *werden* kann und die Voraussetzungen der Satzung auch während der Dauer der Durchführung vorliegen müssen. Die Entscheidungsgründe erläutern dies jedoch nicht näher, insbesondere thematisieren die Gründe eine Abweichung zur bisherigen – in den vorangegangenen Kapiteln dargelegten – Rechtsprechung nicht, obwohl diese bereits seit den siebziger Jahren Bestand hatte.[50]

Die in dem Beschluss angeführten Bezugsentscheidungen haben ein Entfallen der Rechtsgültigkeit der Satzung nicht zum Inhalt, sondern sprechen – wie hier ebenfalls bereits dargelegt – aus, dass eine Versagung einer Genehmigung nach §§ 15 StBauFG, 144 BauGB bei nicht hinreichend zügiger Durchführung nicht gerechtfertigt sei[51] oder beschäftigen sich mit der vergleichbaren Rechtslage im Umlegungsverfahren[52] sowie der Berücksichtigung von Wertsteigerungen im städtebaulichen Entwicklungsbereich.[53]

Auch die zitierte Anmerkung von Krautzberger[54] zu einer in Bezug genommenen Entscheidung des Bundesgerichtshofs geht nicht der Frage nach, ob eine Sanierungs- oder Entwicklungssatzung bei nicht hinreichend zügiger Durchführung ihre Rechtsgültigkeit verlieren kann, sie hat vielmehr die Frage zum Ge-

---

[47] Vgl. etwa *Bielenberg/Krautzberger*, in: Ernst/Zinkahn/Bielenberg/Krautzberger, § 144, Rn. 19; *Neuhausen*, in. Kohlhammer-Kommentar zum BauGB, § 144, Rn. 7, 10a; *Fislake*, in: Berliner Kommentar zum BauGB, § 144, Rn. 6.
[48] Hervorhebungen hier und in folgenden Zitaten durch den Verfasser.
[49] BVerwG, NJW 1996, 2807.
[50] Vgl. etwa BVerwG, NJW 1979, 2577/2578; siehe schon Kapitel § 3.I.4.
[51] So die zitierten Entscheidungen BVerwG, NVwZ 1985, 184 und BGH, NVwZ 1982, 329 = ZfBR 1982, 133.
[52] Vgl. die zitierte Entscheidung BGH, BRS 53, Nr. 160.
[53] Vgl. die zitierte Entscheidung BVerwG, NJW 1982, 398.
[54] *Krautzberger*, ZfBR 1982, 135 zu BGH, NVwZ 1982, 329 = ZfBR 1982, 133.

genstand, ob bei der Genehmigung nach §§ 15 StBauFG, 144 BauGB zwischen sanierungsbezogenen und nicht sanierungsbezogenen Bebauungsplänen zu unterscheiden ist.

Der Entscheidung haben sich Teile der Oberverwaltungsgerichtsbarkeit und der Literatur dennoch ausdrücklich oder durch Bezugnahme angeschlossen, allerdings ohne den Widerspruch dieser Entscheidung zur sonstigen Judikatur zur Wirksamkeit städtebaulicher Sanierungs- und Entwicklungssatzungen dabei zu thematisieren.

So führt Neuhausen – nahezu wortgleich zur besagten Entscheidung – aus:

„Die Grenze der Sozialbindung wird überschritten, wenn die Sanierung nicht mehr sachgemäß oder nicht mehr hinreichend zügig durchgeführt wird; in diesem Fall *entfällt die Rechtsgültigkeit der Sanierungssatzung*."[55]

Das OVG Weimar hat in einem Urteil vom 28. 8. 2002 die besagte Entscheidung des Bundesverwaltungsgerichts ebenfalls aufgegriffen:

„Wird das Sanierungsverfahren nicht mit der gebotenen Zügigkeit durchgeführt oder werden die Sanierungsziele nicht in dem erforderlichen Maße konkretisiert, kann dies zur Folge haben, dass die sanierungsrechtliche Genehmigung zu erteilen ist ([...], vgl. auch den Beschluss des BVerwG vom 7. 6. 1996, NJW 1996, 2807, der für den Fall der nicht hinreichend zügig durchgeführten Sanierung davon ausgeht, dass die Rechtsgültigkeit der Sanierungssatzung entfällt."[56]

In der Literatur wird die Entscheidung des Bundesverwaltungsgerichts zumeist nur für den Aspekt der Überschreitung der Grenzen der Sozialbindung ausgewertet, ohne auf die in dem Beschluss enthaltene Aussage einzugehen, dass auch die Rechtsgültigkeit der Satzung bei nicht hinreichend zügiger Durchführung entfalle.[57] Die Kommentierungen gehen vielmehr einhellig davon aus, dass nach der Rechtsprechung weder Zeitablauf noch eine unzureichend zügige Förderung der Entwicklungsmaßnahme zur Folge haben könne, dass die zugrunde liegende Satzung außer Kraft tritt.[58] Einzelne Stimmen im jüngeren Schrifttum sehen allerdings „die Rechtmäßigkeit der Entwicklungssatzungen in Frage gestellt", wenn

---

[55] *Neuhausen*, in. Kohlhammer-Kommentar zum BauGB, § 144, Rn. 10a. Anders allerdings die Kommentierung zu § 165, Rn. 32 und § 162, Rn. 22, in der sich der Autor der herrschenden Meinung anschließt, wonach die Wirksamkeit durch eine zögerliche Durchführung nicht betroffen wird.

[56] OVG Weimar, Entscheidung vom 28. 8. 2002, BauR 2003, 769 f.

[57] Etwa *Fislake*, in: Berliner Kommentar zum BauGB, § 144, Rn. 6; *Bielenberg / Krautzberger*, in: Ernst / Zinkahn / Bielenberg / Krautzberger, § 144, Rn. 19, legen ausdrücklich dar, dass die Sanierungssatzung auch bei unzulänglicher Durchführung oder nach längerer Zeit nicht „automatisch" außer Kraft trete, ziehen aber besagten Beschluss im selben Kontext für die Grenzen der Sozialbindung heran.

[58] *Krautzberger*, in: Ernst / Zinkahn / Bielenberg / Krautzberger, § 162, Rn. 28; *Fislake*, in: Berliner Kommentar zum BauGB, § 162, Rn. 12; *Neuhausen*, in: Kohlhammer-Kommentar zum BauGB, § 162, Rn. 22, allerdings ohne Differenzierung zwischen Funktionslosigkeit

sich herausstellt, dass die Gemeinde die Länge der Planungsverfahren unterschätzt hat und deshalb eine zügige Durchführung nicht mehr gewährleistet ist.[59]

f) Ergebnis der Rechtsprechungsanalyse zum Außerkrafttreten der städtebaulichen Entwicklungssatzung bei Wegfall der Festlegungsvoraussetzungen

Im Ergebnis ist festzuhalten, dass die Rechtsprechung in einer Vielzahl von Entscheidungen und mit nahezu einhelliger Unterstützung der Literatur entschieden hat, dass es für die Rechtmäßigkeit einer städtebaulichen Entwicklungssatzung allein auf die Verhältnisse im Zeitpunkt der Beschlussfassung über die Festlegung des Entwicklungsbereichs ankommen soll. Nachträgliche Änderungen, die einen Wegfall der Tatbestandsvoraussetzungen der Entwicklungsmaßnahme bewirken, sollen auf die Rechtmäßigkeit der Satzung deshalb keinen Einfluss haben. Weder der Ablauf einer bestimmten Durchführungszeit noch eine unzureichende Förderung der Entwicklungsmaßnahme sollen deshalb zu einem Außerkrafttreten der Entwicklungssatzung führen können.

Allerdings finden sich auch Einzelentscheidungen und diese stützende Kommentierungen im Schrifttum, die genau das Gegenteil nahe legen: Wenn die Gemeinde die Entwicklung nicht mehr sachgemäß oder hinreichend zügig durchführt, soll die Rechtsgültigkeit der Satzung entfallen. Diese Widersprüche sind weder in der Rechtsprechung noch in der Literatur hinreichend deutlich gemacht worden und geben deshalb Anlass zur Überprüfung, zumal sich gerade auch das Fehlen einer absoluten Höchstgrenze für die Durchführung einer städtebaulichen Entwicklungsmaßnahme rechtspolitischer Kritik in der obergerichtlichen Rechtsprechung und der Literatur ausgesetzt sieht und sich der Gesetzgeber im Entwicklungsrecht – anders als im Sanierungsrecht – mit dieser Kritik in der jüngsten BauGB-Novelle 2007 nicht auseinandergesetzt hat.

Unstreitig hingegen ist, dass nach gefestigter Rechtsprechung von Bundesverwaltungsgericht und Bundesgerichtshof die zögerliche Förderung und der Wegfall

---

und Wegfall der Festlegungsvoraussetzungen und wie bereits aufgezeigt im Widerspruch zur Kommentierung zu § 144, Rn. 10a; *Bönker*, in: Hoppe/Bönker/Grotefels, Öffentliches Baurecht, 2002, § 14, Rn. 140, S. 585.

[59] Etwa *Möller*, Siedlungsrückbau in den neuen Ländern, 2006, S. 248 f. Missverständlich allerdings *Arndt*, Städtebauliche Entwicklungsmaßnahme, 1999, S. 30, die zwar zutreffend darauf hinweist, dass die Entwicklungsmaßnahme nicht automatisch außer Kraft treten könne, ein Gericht könne die Entwicklungssatzung aber für nichtig erklären, wenn es erkenne, dass die zügige Durchführung der Maßnahme nicht mehr gewährleistet sei. Die in Bezug genommenen Entscheidungen des OVG Lüneburg, BauR 1997, 620/625 sowie des VGH München, BRS Nr. 286, S. 706/710 f. beziehen sich aber auf den „maßgeblichen Zeitpunkt des Satzungsbeschlusses" (so wörtlich VGH München, a. a. O., S. 711) und werten die nachträgliche Entwicklung nur als Indiz für den der Satzung bereits innewohnenden Verstoß gegen das Zügigkeitsgebot.

der Erforderlichkeit für das Wohl der Allgemeinheit nicht ohne Folgen für die weitere Durchführbarkeit der Entwicklungsmaßnahme bleiben. Die Gemeinde darf eine Genehmigung nach §§ 144, 145 BauGB nicht mehr versagen, wenn die Satzung bereits vor längerer Zeit erlassen wurde und die Entwicklungsmaßnahme in der Folgezeit nur zögerlich betrieben, insbesondere die Entwicklungskonzeption nicht weiter konkretisiert und gegebenenfalls den veränderten Umständen angepasst wurde. Somit tritt zwar in diesem Fall nach der Rechtsprechung nicht das Entwicklungsrecht insgesamt, wohl aber die entwicklungsrechtliche Verfügungs- und Veränderungssperre außer Kraft.

Ferner kann auch die Bindungswirkung der Entwicklungssatzung für das grundstücksbezogene Enteignungsverfahren durchbrochen werden, wenn die Verzögerungen bei der Durchführung eindeutig und dauerhaft belegen, dass die Gemeinde kein Entwicklungskonzept mehr verfolgt. Bei einem „Liegenlassen" der Maßnahme verstößt die Gemeinde deshalb nicht nur gegen das objektiv-rechtliche Zügigkeitsgebot, sie droht auch insgesamt die Steuerungsmöglichkeiten über die Maßnahme einzubüßen.

2. Rechtsprechung zur Funktionslosigkeit einer Entwicklungssatzung

Von dem Außerkrafttreten wegen Wegfalls der Tatbestandsvoraussetzungen, insbesondere wegen nachträglich mangelnder Erforderlichkeit der Maßnahme oder Zügigkeit ihrer Durchführung, ist die mögliche Funktionslosigkeit der städtebaulichen Entwicklungssatzung begrifflich zu unterscheiden.[60] Bei Bebauungsplänen wird eine Funktionslosigkeit dann angenommen, wenn und soweit die Verhältnisse, auf die sich die planerische Festsetzung bezieht, in der tatsächlichen Entwicklung einen Zustand erreicht haben, der eine Verwirklichung der Festsetzung auf unabsehbare Zeit ausschließt, und die Erkennbarkeit dieser Tatsache einen Grad erreicht hat, der einem etwa dennoch in die Fortgeltung der Festsetzung gesetzten Vertrauen die Schutzwürdigkeit nimmt.[61]

---

[60] Siehe dazu bereits oben in der Einleitung zu § 5 sowie *Steiner*, in: Festschrift für Schlichter, 1995, S. 313/325.

[61] Grundlegend BVerwGE 54, 5; vgl. auch dass., NVwZ 2001, 1055/1056 sowie BGH in ständiger Rechtsprechung, zuletzt BGHZ 110, 1/4; zum funktionslosen Bebauungsplan auch *Steiner*, in: Festschrift für Schlichter 1995, S. 313; ferner *Bönker*, in: Hoppe/Bönker/Grotefels, Öffentliches Baurecht, 2002, § 4, Rn. 446, S. 194 und *Grooterhorst*, Der Geltungsverlust von Bebauungsplänen durch die nachträgliche Veränderung der tatsächlichen Verhältnisse, 1988. In einer jüngeren Entscheidung hat das Bundesverwaltungsgericht festgestellt, eine Funktionslosigkeit eines Bebauungsplans könne auch dann eintreten, „wenn die tatsächlichen wirtschaftlichen Verhältnisse einen Zustand erreicht haben, der eine Verwirklichung der im Bebauungsplan zugelassenen Nutzungen ausschließt, weil sie auf unabsehbare Zeit wirtschaftlich nicht mehr tragfähig und damit unzumutbar sind", in: NVwZ-RR 2005, 776/777. Kritik an der rechtsdogmatischen Konstruktion der Funktions-

§ 5 Rechtswidrigwerden einer städtebaulichen Entwicklungssatzung

Während die vorangegangenen Ausführungen in Kapitel § 5.I.1. einen nachträglichen Widerspruch des Inhalts der Entwicklungssatzung zum höherrangigen Recht betrafen, geht es bei der Funktionslosigkeit darum, dass die Verwirklichung der planerischen Ziele in der Zukunft infolge einer Änderung tatsächlicher Verhältnisse ausgeschlossen erscheint.[62]

In der Literatur wird – zumeist unter Berufung auf die Rechtsprechung des Bundesverwaltungsgerichts in dem bereits erörterten Urteil vom 20. 10. 1978[63] – die Auffassung vertreten, eine Sanierungs- oder Entwicklungssatzung könne nicht funktionslos werden.[64] Das zitierte Urteil setzt sich mit einem Funktionsloswerden einer Satzung allerdings nicht auseinander, sondern legt dar, dass eine Sanierungssatzung nicht wegen Zeitablaufs außer Kraft trete:

„Die Annahme eines Außerkrafttretens ‚wegen Zeitablaufs' oder ‚wegen Verzögerung' lässt sich nicht – *anders* als das Außerkrafttreten wegen entgegenstehenden Gewohnheitsrechts *oder das Außerkrafttreten wegen Funktionslosigkeit* – auf einen anerkannten allgemeinen Rechtsgrund zurückführen."[65]

Die Möglichkeit eines Funktionsloswerdens wird damit nicht abgelehnt, sondern als aliud zum Fall der zögerlichen Durchführung bezeichnet. In jüngeren Entscheidungen hat das Gericht nicht ausdrücklich Position bezogen, ob eine städtebauliche Entwicklungssatzung funktionslos werden kann, es hat lediglich klargestellt, dass die Entwicklungssatzung nicht dadurch automatisch funktionslos werde, dass die Voraussetzungen entfallen, von denen § 165 BauGB die förmliche Festlegung eines Entwicklungsbereichs abhängig macht.[66]

Umgekehrt stellt das Bundesverwaltungsgericht aber die „Kontrollfrage" für die Funktionslosigkeit, ob eine konkrete bauplanerische Festsetzung im Zeitpunkt der Planaufstellung bei Vorliegen der nachträglich eingetretenen Umstände schlechterdings nicht hätte erlassen werden dürfen.[67] Nur wenn dies der Fall ist, soll eine Funktionslosigkeit überhaupt in Betracht kommen. Mithin ist festzustellen, dass sich jedenfalls aus der Rechtsprechung des Bundesverwaltungsgerichts nicht

---

losigkeit von Bebauungsplänen durch *Baumeister*, Das Rechtswidrigwerden von Normen, 1996, S. 346; *ders.*, GewArch 1996, 318/319 ff. sowie *Krebs*, in: Schmidt-Aßmann, Besonderes Verwaltungsrecht, S. 439.

[62] Vgl. bereits die einleitenden Ausführungen zu § 5.

[63] BVerwG, NJW 1979, 2577; siehe dazu bereits § 5.I.1.e).

[64] *Neuhausen*, in: Kohlhammer-Kommentar zum BauGB, § 162, Rn. 22; *Arndt*, Städtebauliche Entwicklungsmaßnahme, 1999, S. 135; missverständlich *Fislake*, in: Berliner Kommentar zum BauGB, § 144, Rn. 14.

[65] BVerwG, NJW 1979, 2577.

[66] BVerwG, BRS 64 (2001), Nr. 224, S. 877; offen gelassen auch durch dass., NVwZ 2001, 1050/1053.

[67] BVerwGE 85, 273/282 und aus jüngerer Zeit dass., NVwZ-RR 2005, 776/778; jeweils für die Funktionslosigkeit eines Bebauungsplans.

ergibt, dass ein Außerkrafttreten wegen Funktionslosigkeit für eine städtebauliche Entwicklungssatzung von vornherein ausscheidet.

Als herrschend dürfte deshalb heute die Auffassung gelten, dass die für das Funktionsloswerden eines Bebauungsplans entwickelten Grundsätze auch auf städtebauliche Entwicklungssatzungen anwendbar sind.[68] So nimmt etwa das OVG Berlin in seiner Normenkontrollentscheidung zur Entwicklungsmaßnahme „Alter Schlachthof" die Definition der Rechtsprechung des Bundesverwaltungsgerichts zur Funktionslosigkeit von Bebauungsplänen auf:

> „Planungsänderungen können eine Entwicklungsbereichsverordnung nur funktionslos werden lassen, wenn sie die Verwirklichung der ursprünglichen Entwicklungsziele auf unabsehbare Zeit ausschließen und einem in die Fortgeltung der Verordnung gesetzten Vertrauen die Schutzwürdigkeit nehmen. Die Abweichungen müssen so massiv und offenkundig sein, dass die Verordnung bei einer Gesamtbetrachtung die Fähigkeit verliert, die städtebauliche Entwicklung noch in die ursprünglich vorgesehene Richtung zu steuern."[69]

Auch der VGH Mannheim ist der Auffassung, dass die Grundsätze der Obsoleszenz auch für die städtebauliche Entwicklungsmaßnahme herangezogen werden können.[70] Von einer Funktionslosigkeit könne daher nur dann ausgegangen werden, wenn nachträglich eine tatsächliche Entwicklung eingetreten sei, die eine Planverwirklichung objektiv ausschließe, eine bloße Änderung der Planungskonzeption reiche hierfür nicht aus. Das Gericht nennt als Beispiel etwa Fälle, bei denen die Errichtung von Wohngebäuden als Entwicklungsziel verfolgt werde, in der Zwischenzeit nach dem Beschluss der Entwicklungssatzung aber bauliche Anlagen entstanden wären, die mit einer Wohnnutzung unvereinbar wären.[71]

Im Ergebnis ist festzuhalten, dass ein Funktionsloswerden einer städtebaulichen Entwicklungssatzung von der Rechtsprechung zwar für möglich gehalten wird, es findet sich aber in der Judikatur kein konkreter Fall, in dem die Voraussetzungen der Obsoleszenz tatsächlich bejaht worden wären. Vor diesem Hintergrund spricht Bönker davon, eine Funktionslosigkeit werde „kaum je anzunehmen sein."[72]

---

[68] Vgl. *Krautzberger*, in: Krautzberger, Städtebauförderungsrecht, § 162, Rn, 24; *ders.*, in: Ernst/Zinkahn/Bielenberg/Krautzberger, § 162, Rn. 29 m.w.N.

[69] OVG Berlin, ZfBR 1998, 211/213. Ebenso dass., LKV 2001, 126/130 zur Entwicklungsmaßnahme „*Rummelsburger Bucht*".

[70] VGH Mannheim, NVwZ-RR 1999, 564.

[71] Ebda.

[72] *Bönker*, in: Hoppe/Bönker/Grotefels, Öffentliches Baurecht, 2002, § 14, Rn. 140, S. 585.

3. Lösung der Rechtsprechung: Verweis auf die Aufhebungspflicht

Gelangt die Rechtsprechung damit jedenfalls in der weit überwiegenden Zahl der Entscheidungen zu dem Ergebnis, dass nachträgliche Änderungen der tatsächlichen Verhältnisse die Gültigkeit der Entwicklungssatzung unberührt lassen sollen und wurde auch eine Funktionslosigkeit in der Entscheidungspraxis bislang noch nie angenommen, so wäre doch die Annahme falsch, dass die einmal rechtmäßig beschlossene Entwicklungssatzung mit höchstrichterlichem Segen gleichsam unendlich in Kraft bleiben könnte. Gerade in jüngeren Entscheidungen weist gerade das Bundesverwaltungsgericht auf die nach § 169 Abs. 1 Nr. 8 i.V. m. § 162 Abs. 1 BauGB bestehende Pflicht zur Aufhebung der Entwicklungssatzung hin.

In der grundlegenden Entscheidung aus dem Jahre 1998 zum „Gemeinsamen Gewerbepark" der Städte Nürnberg, Fürth und Erlangen führt das Gericht dazu aus:

> „Die von der Maßnahme Betroffenen erleiden dadurch, dass nachträgliche Änderungen außer Betracht bleiben, die einen Wegfall der gesetzlichen Tatbestandsvoraussetzungen bewirken, keine unzumutbare Rechtseinbuße. Es tritt kein irreversibler Zustand ein. Der Gesetzgeber trifft Vorkehrungen, um zu verhindern, dass der Planungsträger an einer Maßnahme festhält, die dem ursprünglich mit ihr verfolgten Zweck nicht mehr entspricht. Nach § 169 Abs. 1 Nr. 8 BauGB sind die §§ 162 bis 164 BauGB im Entwicklungsrecht entsprechend anzuwenden. § 162 Abs. 1 Satz 1 Nr. 2 und 3 BauGB schreibt vor, dass die Satzung aufzuheben ist, wenn die Sanierung sich als undurchführbar erweist oder die Sanierungsabsicht aus anderen Gründen aufgegeben wird. [...]"[73]

Auf diese Ausführungen hat das Gericht in der Folgezeit wiederholt Bezug genommen.[74] In einer Entscheidung zum städtebaulichen Sanierungsrecht hat das Gericht im Jahre 2003 ausdrücklich klargestellt, dass es in dem Fall, dass sich die Maßnahme als „flächendeckend undurchführbar erweist" das Regelungsmodell des § 162 Abs. 1 BauGB ausschließe, den Abschluss der Sanierung, mit welchen Mitteln auch immer, hinauszuzögern.[75] Auch das OVG Berlin legt unter dem Eindruck der dargestellten Schwierigkeiten der Berliner Entwicklungsbereiche die Aufhebung des Entwicklungsrechts nahe:

> „Die Schwierigkeiten bei der Finanzierung der Entwicklungsmaßnahme können ebenso wie die Veränderungen auf dem Wohnungs- und Arbeitsmarkt Anlass für die Prüfung sein, ob die Entwicklungsverordnung aufzuheben sein wird (§ 169 Abs. 1 Nr. 8 i.V. m. § 162 Abs. 1 BauGB) [...]."[76]

---

[73] BVerwG, ZfBR 1999, 100/106.

[74] Vgl. etwa BVerwG, NVwZ 2001, 1050/1053; dass., NVwZ 2001, 1053/1054 (jeweils zur Entwicklungsmaßnahme „*Am Riedberg*" in Frankfurt am Main); dass., BauR 2004, 1584/1588.

[75] BVerwG, NVwZ 2003, 1389/1390.

[76] OVG Berlin, LKV 2001, 126/130 (Entwicklungsmaßnahme „*Rummelsburger Bucht*").

120   2. Teil: Der Weg zur Beendigung der Entwicklungsmaßnahme

Damit bleibt festzuhalten, dass die Rechtsprechung auch unter dem Eindruck sich erheblich verschärfender städtebaulicher Rahmenbedingungen nicht den Weg außerordentlicher, paragesetzlicher Beendigungsgründe[77] wie der Funktionslosigkeit oder einem Außerkrafttreten wegen Zeitablaufs oder nicht hinreichender Förderung der Entwicklung durch die Gemeinde weist, sondern gerade in den Entscheidungen der letzten Jahre verstärkt die gesetzliche Aufhebungspflicht nach § 169 Abs. 1 Nr. 8 i. V. m. § 162 Abs. 1 BauGB hervorhebt.

II. Stellungnahme zur Möglichkeit eines automatischen Geltungsverlusts

Die Darlegung der Rechtsprechung zu einem möglichen Geltungsverlust einer städtebaulichen Entwicklungssatzung hat gezeigt, dass die Rechtsprechung insbesondere des Bundesverwaltungsgerichts uneinheitlich ist und von Seiten der Oberverwaltungsgerichte Kritik am Gesetzgeber geübt wird, weil dieser eine Höchstgrenze für die Dauer einer Entwicklungsmaßnahme nicht vorgesehen hat. Die ausdrücklich zur Funktionslosigkeit eines Bebauungsplans entwickelten und laut Rechtsprechung auf städtebauliche Entwicklungssatzungen ebenso anwendbaren Maßstäbe haben demgegenüber noch nie dazu geführt, dass die Obsoleszenz einer Entwicklungsmaßnahme gerichtlich anerkannt worden wäre. Diese Sachlage gibt Anlass zur Überprüfung, inwieweit die Aussagen der Rechtsprechung tragfähig sind. Hierbei soll zunächst auf die Möglichkeit eines Außerkrafttretens infolge eines Wegfalls der Rechtmäßigkeitsvoraussetzungen eingegangen werden (dazu 1.), um dann die Anwendbarkeit der Grundsätze der Funktionslosigkeit zu prüfen (dazu 2).

1. Das Außerkrafttreten einer städtebaulichen Entwicklungssatzung wegen Wegfalls der Festlegungsvoraussetzungen

a) Rechtsdogmatische Einordnung des Außerkrafttretens von Normen bei einer nachträglichen Änderung der tatsächlichen Verhältnisse

Unzweifelhaft tritt eine Norm dann außer Kraft, wenn ihre Geltungsdauer durch sie selbst ausdrücklich bestimmt ist, und zwar entweder durch eine bestimmte Höchstdauer der Geltung – etwa bei der Veränderungssperre nach § 17 Abs. 1 BauGB – oder durch einen festen Zeitpunkt des Außerkrafttretens.[78] Ebenso sicheres Terrain stellen die ausdrückliche Aufhebung oder Ersetzung der Norm

---

[77] So die Formulierung von *Steiner*, in: Festschrift für Schlichter, 1995, S. 313/315.

[78] So genannte transitorische Gesetze, moderner „*sunset law*". Hierzu zählte schon das *Sozialistengesetz* (RGBl. 1878, S. 351), das gemäß seines § 30 zunächst auf drei Jahre erlassen war, allerdings viermal verlängert wurde, bevor der fünfte Verlängerungsversuch

§ 5 Rechtswidrigwerden einer städtebaulichen Entwicklungssatzung   121

durch den Normgeber dar.[79] Schließlich verliert eine Norm ihre Wirksamkeit, wenn verfassungs- oder verwaltungsgerichtlich in einem Normenkontroll- oder Verfassungsbeschwerdeverfahren festgestellt wird, dass sie verfassungs- und/oder rechtswidrig ist, weil sie im Zeitpunkt ihres Erlasses nicht mit höherrangigem Recht in Einklang stand.

Strukturell anders gelagert und umstrittener[80] sind aber diejenigen Fälle, in denen eine Norm nicht von hoheitlicher Seite – entweder durch den Gesetzgeber oder die Rechtsprechung – für unwirksam erklärt wird, sondern die Unwirksamkeit möglicherweise aufgrund der tatsächlichen Situation eintritt und später das Rechtswidrigwerden oder Außerkrafttreten gerichtlich festgestellt wird. Ob dies überhaupt möglich ist, rührt an der seit Jahrhunderten diskutierten Grundfrage der Wechselbeziehung zwischen Recht und Wirklichkeit, die hier nicht aufgegriffen werden soll, da dies den Rahmen der Untersuchung bei weitem überdehnen würde und darüber hinaus auf gesicherte Erkenntnisse verwiesen werden kann.[81]

Für den heutigen Stand der Diskussion in Rechtsprechung und Literatur ist jedenfalls festzustellen, dass die Möglichkeit eines Rechtswidrig*werdens* von Normen infolge tatsächlicher Veränderungen durchaus anerkannt wird[82] und sich hierfür im Übrigen seit Jahrzehnten Beispiele in der Rechtsprechung des Bundesverfassungsgerichts finden.[83] Eine überzeugende dogmatische Grundlegung

---

im Reichstag scheiterte und das Gesetz damit 1890 endgültig zu Fall kam; aus jüngerer Zeit etwa das *Terrorismusbekämpfungsgesetz* (BGBl. I 2002, S. 361/395), das in Art. 22 Abs. 2 vorsah, dass Teile des Gesetzes am 11. 1. 2007 wieder außer Kraft treten sollten. Die befristeten Regelungen wurden durch Art. 13 des *Terrorismusbekämpfungsänderungsgesetzes* (BGBl. I 2007, S. 2/9) allerdings im Jahr 2007 um weitere fünf Jahre bis 2012 verlängert.

Für Verordnungen im Bereich des Polizei- und Ordnungsrechts ist die zeitliche Befristung nunmehr in allen Polizeigesetzen vorgesehen, vgl. in Berlin § 58 ASOG, wonach die Geltungsdauer einer Gefahrenabwehrverordnung auf zehn Jahre beschränkt ist; hierzu *Prümm/Sigrist*, Allgemeines Sicherheits- und Ordnungsrecht, 1997, Rn. 352. *Schneider*, in: Gesetzgebung, 2002, § 15, Rn. 562, führt in diesem Zusammenhang aus, „dass Polizeiverordnungen nicht von selbst außer Kraft treten, wenn die gesetzlichen und tatsächlichen Voraussetzungen, auf denen sie beruhen, später in Wegfall geraten. Die Polizeibehörden sind freilich verpflichtet, die Aufhebung vorzunehmen, wenn die Voraussetzungen für den Erlass nachträglich entfallen."

[79] *Lex posterior degorat priori*, vgl. mit grundlegenden Anmerkungen hierzu schon *Enneccerus/Nipperdey*, Bürgerliches Recht AT, 1960, 1. Halbband, § 45, S. 286.

[80] Auf die uneinheitliche Beurteilung der Frage, ob eine Norm bei einer Änderung der tatsächlichen Verhältnisse nachträglich rechtswidrig werden kann, hat zuletzt etwa der VGH Mannheim hingewiesen, Urteil vom 17. 10. 2002, DVBl. 2003, 416. In dem zitierten Fall ging es um die Verteilung der Gemeinderatssitze auf verschiedene Stadtteile in der Hauptsatzung einer Gemeinde.

[81] Vgl. etwa die ausführlichen Darstellungen bei *Kaufmann/Hassemer*, Einführung in die Rechtsphilosophie und Rechtstheorie, 1985, S. 58 ff.; *Larenz*, Methodenlehre, 1983, S. 334 ff.; *Zippelius*, Rechtsphilosophie, 1989, S. 12 ff. und die Aufarbeitung der Diskussion aus Sicht des Planungsrechts bei *Grooterhorst*, Der Geltungsverlust von Bebauungsplänen durch die nachträgliche Veränderung der tatsächlichen Verhältnisse, 1988, S. 58 ff.

122   2. Teil: Der Weg zur Beendigung der Entwicklungsmaßnahme

für die Grenzen der Wirksamkeit und Anwendbarkeit von Normen bei einem Wandel der tatsächlichen Verhältnisse und einem hierdurch bedingten Wegfall der Voraussetzungen der Ermächtigungsgrundlage fehlt allerdings.[84]

In einer Entscheidung aus jüngerer Zeit hat das Bundesverwaltungsgericht die Frage ausdrücklich offengelassen, ob ein Bebauungsplan ausschließlich wegen des Funktionsloswerdens seiner Festsetzungen oder auch wegen eines Rechtswidrigwerdens ungültig werden kann, in jedem Falle könne im Rahmen des Normenkontrollverfahrens nach § 47 VwGO nicht nur geprüft werden, ob eine Vorschrift im Zeitpunkt ihres Erlasses rechtmäßig ist, sondern auch, ob eine rechtswirksam erlassene Vorschrift noch fortgilt, „ob sie also nicht unwirksam geworden ist."[85]

b) Zum Beispiel: Zweckentfremdungsverbote bei Wegfall der Wohnraumknappheit

In der umfangreichen und teilweise widersprüchlichen Kasuistik finden sich aber für die hier zu beantwortende Frage, ob die Grenzen der Ermächtigungsgrundlage auch nach rechtmäßigem Erlass einer administrativen Norm fortgelten und ein Überschreiten dieser Grenzen zu einem automatischen Außerkrafttreten

---

[82] Vgl. etwa *Wolff/Bachof/Stober*, Verwaltungsrecht I, § 27, Rn. 5; *Gerhardt*, in: Schoch/Schmidt-Aßmann/Pietzner, VwGO, § 47, Rn. 111; für das zivilistische Schrifttum schon *Enneccerus/Nipperdey*, Bürgerliches Recht AT, 1960, 1. Halbband, § 45, S. 288; ausführlich zum Ganzen *Baumeister*, Das Rechtswidrigwerden von Normen, 1996, S. 177 f.

[83] Vgl. etwa BVerfGE 16, 130 (Verfassungswidrigkeit der Wahlkreiseinteilung bei der Bundestagswahl 1961 wegen Veränderung der Bevölkerungsdichte); BVerfGE 56, 54 (Möglichkeit des Verfassungswidrigwerdens der Regelungen zum Schutz vor Fluglärm wegen der Änderungen im Luftverkehr); BVerfGE 83, 1 (Pflicht zur Anpassung der Rechtsanwaltsgebühren im sozialgerichtlichen Verfahren wegen ständiger Ausweitung des Sozialrechts); weitere Nachweise und Entscheidungsanalyse bei *Baumeister*, Das Rechtswidrigwerden von Normen, 1996, S. 187 ff. mit Zustimmung zur These des Rechtswidrigwerdens von *Pieroth*, DVBl. 1997, 860 und *Wolff*, Der Staat, 1999, 146/148.

[84] So schon *Scheuner*, in: Festgabe für Flatten, 1973, S. 381/394; grundlegend *Baumeister*, Das Rechtswidrigwerden von Normen, 1996, S. 32; vgl. ferner *Gerhardt*, in: Schoch/Schmidt-Aßmann/Pietzner, VwGO, § 47, Rn. 111. Schon die Terminologie bewegt sich nicht auf gesicherter Grundlage: Die Begriffe des Rechtswidrigwerdens, Funktionsloswerdens bzw. Obsoletwerdens, des Geltungsverlusts und Außerkrafttretens werden uneinheitlich und partiell gleichbedeutend verwendet. Teilweise wird der Geltungsverlust bei einer Änderung der tatsächlichen Verhältnisse als ein Fall der Anwendung des Satzes „*cessante ratione legis cessat lex ipsa*" diskutiert, teilweise als Wegfall der Geschäftsgrundlage der Norm oder als Anwendung der Grundsätze der „*clausula rebus sic stantibus*"; vgl. *Schneider*, Gesetzgebung, 2002, Rn. 559 sowie *Baumeister*, ebda.

[85] BVerwG, NVwZ 1999, 986/987. Das Gericht zitiert hier namentlich *Baumeister*, GewArch 1996, 318 für die Auffassung eines Rechtswidrigwerdens sowie als „vorherrschende Auffassung" *Steiner*, in: Festschrift für Schlichter, 1995, S. 313/325 f. für eine Beschränkung auf das Funktionsloswerden.

§ 5 Rechtswidrigwerden einer städtebaulichen Entwicklungssatzung

der Norm führen kann, bei einem Blick über den Tellerrand der städtebaulichen Satzungen auch ausdrücklich zustimmende Antworten in der Rechtsprechung.

In mehreren Entscheidungen zu Verordnungen über Zweckentfremdungsverbote haben verschiedene Obergerichte und das Bundesverwaltungsgericht ein automatisches Außerkrafttreten ohne Aufhebungsakt des Normgebers anerkannt, wenn eine Wohnraummangellage offenkundig nicht mehr besteht.[86]

Dem liegt zugrunde, dass Art. 6 § 1 Abs. 1 Satz 1, Abs. 2 Satz 1 des Mietrechtsverbesserungsgesetzes (MRVerbG)[87] Landesregierungen ermächtigt, für Gemeinden, in denen die Versorgung der Bevölkerung mit ausreichendem Wohnraum zu angemessenen Bedingungen besonders gefährdet ist, durch Rechtsverordnung zu bestimmen, dass Wohnraum anderen als zu Wohnzwecken nur mit Genehmigung einer von der Landesregierung bestimmten Stelle Gebrauch gemacht werden darf. Auf dieser Grundlage hatte etwa der Berliner Senat 1994 die Zweite Zweckentfremdungsverbots-Verordnung erlassen.[88]

Hierzu hat das OVG Berlin im Jahr 2002 erkannt, dass diese Verordnung bereits zum 1.9.2000 automatisch außer Kraft getreten sei. Es hat zur Begründung ausgeführt, dass in dem Fall, da eine Änderung der Wohnungsmarktdaten objektiv nur die Feststellung zulasse, dass eine Wohnraummangellage nicht mehr bestehe und damit ein Zweckentfremdungsverbot offensichtlich entbehrlich geworden sei, die Grenze der Ermächtigungsgrundlage des Art. 6 § 1 Abs. 1 Satz 1, Abs. 2 Satz 1 MRVerbG überschritten sei. Deshalb sei von einem automatischen Außerkrafttreten der Verordnung rückwirkend seit dem objektiv feststellbaren Ende des Wohnraummangels auszugehen.[89]

Diese Entscheidung wurde vom Bundesverwaltungsgericht ausdrücklich bestätigt. Das Gericht führt aus:

„Bei offenkundigem Wegfall der Voraussetzungen tritt die Verordnung zu dem Zeitpunkt, zu dem sie [...] offensichtlich entbehrlich geworden ist, außer Kraft; der Zeitpunkt des Außerkrafttretens kann mithin auch schon vor demjenigen der gerichtlichen Entscheidung liegen, ohne dass dem Verordnungsgeber, der insoweit durch das Offenkundigkeitserfordernis geschützt ist, dann noch weitere Überlegungs-, Prüf-, Reaktions- oder Anpassungsfrist einzuräumen wäre."[90]

---

[86] BVerwGE 59, 195; dass., NVwZ 2003, 1125/1126; BayVGH, BayVBl. 1987, 557/559; OVG Berlin, GE 2002, 1128.

[87] Gesetz zur Verbesserung des Mietrechts und zur Begrenzung des Mietanstiegs sowie zur Regelung von Ingenieur- und Architektenleistungen vom 4.11.1971, BGBl. I S. 1745.

[88] Zweite Verordnung über das Verbot der Zweckentfremdung von Wohnraum vom 15.3.1994, GVBl. S. 91, 272. Die Vorgängerverordnung stammte bereits vom 4.8.1972 und wurde mit dem Beitritt am 3.10.1990 auf den Ostteil Berlins ausgedehnt (vgl. GVBl. 1990, S. 2119).

[89] OVG Berlin, GE 2002, 1128.

[90] BVerwG, NVwZ 2003, 1125/1126.

124 2. Teil: Der Weg zur Beendigung der Entwicklungsmaßnahme

Als Zwischenergebnis kann deshalb festgehalten werden, dass es nach diesem Befund keineswegs selbstverständlich ist, dass die Rechtmäßigkeitsvoraussetzungen einer städtebaulichen Entwicklungsmaßnahme keine Rolle mehr spielen sollen, sobald die Satzung einmal rechtmäßig erlassen wurde.

c) Die Bedeutung des § 214 Abs. 3 Satz 1 BauGB

Gegen die Annahme der Möglichkeit eines Rechtswidrigwerdens und Außerkrafttretens wegen späteren Wegfalls der Festlegungsvoraussetzungen spricht bei städtebaulichen Satzungen allerdings die Vorschrift des § 214 Abs. 3 Satz 1 BauGB. Zwar mag die Sachlage bei der Sicherstellung der Versorgung der Bevölkerung mit ausreichendem Wohnraum mittels eines Zweckentfremdungsverbots (Art. 6 § 1 MRVerbG) und der angestrebten Deckung eines erhöhten Bedarfs an Wohnstätten mittels Festlegung eines städtebaulichen Entwicklungsbereichs (§ 165 Abs. 3 Satz 1 Nr. 2 BauGB) durchaus vergleichbar sein. Anders als für Zweckentfremdungsverbots-Verordnungen hat der Gesetzgeber aber für städtebauliche Satzungen mit § 214 Abs. 3 Satz 1 BauGB im Rahmen der Planerhaltungsvorschriften explizit geregelt, dass für die Abwägung die Sach- und Rechtslage im Zeitpunkt der Beschlussfassung über die Satzung maßgeblich ist.

Spätestens seit dem Inkrafttreten des EAG Bau 2004,[91] mit dem § 214 Abs. 3 Satz 1 BauGB ausdrücklich so gefasst wurde, dass er nicht nur Bauleitpläne, sondern alle städtebaulichen Satzungen betrifft,[92] ist davon auszugehen, dass diese Vorschrift einem nachträglichen Rechtswidrigwerden wegen Wegfalls der Festlegungsvoraussetzungen entgegensteht.[93]

Gegen die Annahme, wonach § 214 Abs. 3 Satz 1 BauGB so auszulegen ist, dass er einem nachträglichen Rechtswidrigwerden einer städtebaulichen Satzung generell keinen Raum mehr lässt, sind allerdings zwei mögliche Einwände denkbar. Erstens ist zu berücksichtigen, dass die Vorschrift ihrem Wortlaut nach nur für die der Satzung zugrunde liegende Abwägung, nicht aber für die Prüfung der Voraussetzungen der Ermächtigungsgrundlage gilt. Zweitens gilt es zu beachten, dass die Vorschrift des § 214 Abs. 3 Satz 1 BauGB über den maßgeblichen Zeitpunkt nach übereinstimmender Auffassung in Rechtsprechung und Literatur nicht ausnahmslos gilt.

---

[91] Siehe hierzu bereits § 2.VI.
[92] Vgl. *Battis*, in: Battis / Krautzberger / Löhr, § 214, Rn. 15.
[93] Die Gesetzesbegründung führt dazu aus, dass die Vorschrift der geltenden Rechtslage entspreche. Die Rechtsprechung sei bereits bisher davon ausgegangen, dass die Stichtagsregelung als Ausdruck eines allgemeinen Rechtsgrundsatzes nicht nur für Bauleitpläne, sondern für städtebauliche Satzungen generell gelte. Diese Rechtslage solle mit dem EAG Bau 2004 nunmehr ausdrücklich geregelt werden; vgl. BT-Drs. 15/2250, S. 64.

§ 5 Rechtswidrigwerden einer städtebaulichen Entwicklungssatzung

Zunächst zum ersten möglichen Einwand: Wenn § 214 Abs. 3 Satz 1 BauGB von dem maßgeblichen Zeitpunkt „für die Abwägung" spricht, so knüpft es zwar systematisch nur an das Abwägungsgebot des § 1 Abs. 7 BauGB für Bauleitpläne bzw. § 165 Abs. 3 Satz 2 BauGB für städtebauliche Entwicklungssatzungen an. Es ist in der Rechtsprechung des Bundesverwaltungsgerichts jedoch geklärt, dass § 214 Abs. 3 Satz 1 BauGB generell verhindern soll, dass nachträgliche tatsächliche Verhältnisse oder geänderte Rechtslagen bei der späteren Beurteilung der Rechtmäßigkeit des Bauleitplans geltend gemacht werden.[94] Die Vorschrift enthält deshalb nach ständiger Rechtsprechung in funktionaler Hinsicht eine materielle Präklusion, die grundsätzlich jeden später eintretenden Rechtsfehler erfasst.[95] An anderer Stelle betont das Gericht, die Norm diene der Planungssicherheit und bilde für die Prüfung der Rechtmäßigkeitsvoraussetzungen eine eindeutige zeitliche Zäsur.[96]

Dies entspricht auch der historischen Auslegung der Vorschrift, denn der Gesetzgeber wollte ausweislich der Gesetzesmaterialien verhindern, dass bei der gerichtlichen Überprüfung von Bauleitplänen nachträgliche Änderungen der städtebaulichen Verhältnisse oder von Rechtsvorschriften zugrunde gelegt werden. Die Einführung der Norm mit der sog. Beschleunigungsnovelle 1979[97] als § 155b Abs. 2 Satz 1 BBauG hat danach den Zweck verfolgt,

> „dass bei der Prüfung der Frage, ob die Anforderungen an die Abwägung eingehalten sind, die Sach- und Rechtslage zugrunde zu legen ist, die im Zeitpunkt der Beschlussfassung über den Bauleitplan bestanden hat. Dadurch wird vermieden, dass bei der Überprüfung von Bauleitplänen nachträgliche Änderungen der städtebaulichen Verhältnisse oder von Rechtsvorschriften zugrunde gelegt werden, die die Gemeinde bei der Beschlussfassung über den Bauleitplan noch nicht zu berücksichtigen hatte."[98]

Dies muss entsprechend auch für städtebauliche Satzungen gelten, und zwar unabhängig von der Frage einer analogen Anwendung, seitdem § 214 Abs. 3 Satz 1 BauGB für alle Satzungen nach dem Baugesetzbuch gilt. Die Rüge eines späteren Wegfalls der Tatbestandsvoraussetzungen einer städtebaulichen Entwicklungssatzung ist damit bei richtigem Verständnis des § 214 Abs. 3 Satz 1 BauGB materiell präkludiert.

Nichts anderes ergibt sich daraus, dass sich nach der Rechtsprechung mit Unterstützung in der Literatur[99] und ausdrücklicher Billigung des Gesetzgebers[100] in seltenen Ausnahmefällen der maßgebliche Zeitpunkt für die Beurteilung der

---

[94] Die Möglichkeit eines Funktionsloswerdens hat das *Bundesverwaltungsgericht* hingegen ausdrücklich anerkannt, vgl. § 5.I.2.
[95] BVerwG, NVwZ 1996, 374/375; zustimmend *Battis*, in: Battis/Krautzberger/Löhr, § 214, Rn. 15.
[96] BVerwG, BauR 1997, 590/593.
[97] Siehe hierzu bereits § 2.I.2.f).
[98] Ausschussbericht vom 21.5.1979, BT-Drs. 8/2885, S. 46, Nr. 22a.

Rechtmäßigkeit eines Bauleitplans auf den Zeitpunkt seines Inkrafttretens verschieben kann, wenn sich zwischen Beschluss und Inkraftsetzung die Sach- und Rechtslage erheblich ändert.[101]

In diesen Fällen geht es darum, dass ausnahmsweise unabhängig von dem gesetzlich bestimmten maßgeblichen Zeitpunkt der Beschlussfassung noch zu einem späteren Zeitpunkt eine zusätzliche Prüfung der Satzung durch den Normgeber erforderlich werden kann. Das Bundesverwaltungsgericht hat dies zwar angenommen, aber „als den letztmöglichen Zeitpunkt den Tag des Inkrafttretens"[102] angegeben. Das Gericht stellt dabei darauf ab, dass die Gemeinde nicht sehenden Auges einen von ihr beschlossenen Bebauungsplan in Kraft setzen dürfe, der inzwischen nicht mehr geeignet wäre, die städtebauliche Entwicklung zu ordnen und zu fördern (§ 1 Abs. 3 BauGB). Für eine Verschiebung des maßgeblichen Zeitpunkts für die Überprüfung des Vorliegens der Rechtmäßigkeitsvoraussetzungen über den Zeitpunkt des Inkrafttretens hinaus auf einen späteren Zeitpunkt in der Phase des Planvollzugs oder der Durchführung der Entwicklungsmaßnahme findet sich deshalb in dieser Rechtsprechung keine Stütze.[103]

Mit der Entscheidung des Gesetzgebers, durch § 214 Abs. 3 Satz 1 BauGB die Bauleitplanung und auch die Satzungen des Besonderen Städtebaurechts nach dem Satzungsbeschluss von der weiteren Entwicklung der Sach- und Rechtslage abzukoppeln, ist jedenfalls für diese Normen klargestellt, dass es den Normenkontrollgerichten verwehrt sein muss, Satzungen für unwirksam zu erklären, weil sich nach der Beschlussfassung – etwa über den städtebaulichen Entwicklungsbereich gem. § 165 Abs. 6 Satz 1 BauGB – die städtebaulichen Verhältnisse geändert haben und so der Beschluss bei der veränderten Sachlage nicht noch einmal in gleicher Weise ergehen könnte.[104]

---

[99] Vgl. etwa *Bielenberg*, in: Ernst/Zinkahn/Bielenberg/Krautzberger, § 214, Rn. 132 f.; *Schmaltz*, in: Schrödter, BauGB, § 214, Rn. 44 m.w. N.

[100] Vgl. BT-Drs. 8/2885, S. 46, Nr. 22a. Der Bericht des zuständigen Ausschusses des Deutschen Bundestages spricht davon, dass „die Rechtsprechung, die in seltenen Ausnahmefällen auf den Zeitpunkt des Inkraftsetzens des Bebauungsplans abhebt, [...] unberührt bleiben" solle.

[101] Grundlegend BVerwGE 56, 283/288; dass., NVwZ 1997, 893/895.

[102] BVerwG, NVwZ 1996, 374/375.

[103] Zu weitgehend dagegen VGH München, ZfBR 2003, 784/785, der aus der Rechtsprechung des Bundesverwaltungsgerichts folgert, maßgeblich könne auch die Sach- und Rechtslage „im Zeitpunkt der mündlichen Verhandlung" und „*nach* dem Inkrafttreten" der Satzung sein. Die Entscheidung ist allerdings insoweit widersprüchlich, als dass im Weiteren doch wiederum nur auf den Zeitpunkt des Inkrafttretens abgestellt wird.

[104] Auch *Gerhardt*, in: Schoch/Schmidt-Aßmann/Pietzner, VwGO, § 47, Rn. 111, stellt fest, dass die Ablehnung eines nachträglichen Rechtswidrigwerdens ihre Stütze darin finde, dass für die Rechtmäßigkeit einer Norm „insoweit der Zeitpunkt ihres Erlasses bzw. der Beschlussfassung (vgl. § 214 Abs. 3 Satz 1 BauGB) maßgeblich" sei.

Nicht überzeugend ist die gegenteilige Ansicht von Baumeister.[105] Dieser will – so wörtlich – „entgegen der ‚Ansicht' des § 214 Abs. 3 Satz 1 BauGB immer nur auf den Zeitpunkt der gerichtlichen Entscheidung"[106] abstellen. Der Gesetzgeber bereichert die wissenschaftliche Diskussion indes nicht um Ansichten, sondern setzt verbindliches Recht. Nach der hier gefundenen Auslegung des § 214 Abs. 3 Satz 1 BauGB, die sich auf die Rechtsprechung des Bundesverwaltungsgerichts stützt, hat der Gesetzgeber mit dieser Vorschrift den maßgeblichen Zeitpunkt für das Vorliegen der Rechtmäßigkeitsvoraussetzungen einer städtebaulichen Satzung verbindlich und abschließend festlegt. Nur in besonders gelagerten Ausnahmefällen kann noch die Sach- und Rechtslage im Zeitpunkt des Inkrafttretens maßgeblich sein, nicht jedoch eine Änderung der Verhältnisse nach Inkrafttreten der Satzung.

Der Gesetzgeber hat mit § 214 Abs. 3 Satz 1 BauGB deshalb nicht nur eine „Binsenweisheit zum Ausdruck gebracht, [wonach] das Gericht bei einer Prüfung des rechtmäßigen *Zustandekommens* eines Bauleitplans nur Informationen zu verwerten hat, die zum Zeitpunkt der Entscheidung des Satzungsgebers vorhanden waren,"[107] sondern im Interesse der Rechtssicherheit die gerichtliche Rechtmäßigkeitskontrolle der Satzung an einen bestimmten Zeitpunkt gebunden. Diese Eindeutigkeit dient nicht nur der Gemeinde, sondern auch dem Planbetroffenen, für den der Plan oder die Satzung Grundlage für Dispositionen bilden.[108]

d) Die Bedeutung der Rechtssicherheit unter Berücksichtigung des Wandels des Entwicklungskonzeptes

Dass die Entwicklungssatzung nicht nachträglich rechtswidrig werden und darauf gegründet automatisch außer Kraft treten kann, ist auch ein Gebot der Rechtssicherheit. Gerade die Rechtssicherheit ist der entscheidende Begründungsansatz der Rechtsprechung, warum es für die städtebauliche Entwicklungssatzung allein auf die Rechtslage im Zeitpunkt der Beschlussfassung ankommen soll. Es wird auf die unüberwindbaren Schwierigkeiten hingewiesen, bei einem Wandel der tatsächlichen Verhältnisse den Zeitpunkt eines möglichen Außerkrafttretens „auch nur einigermaßen präzis festzulegen."[109]

Hier liegt auch der entscheidende Unterschied zu den Fällen der Zweckentfremdungsverbots-Verordnungen. Während sich objektiv etwa anhand von Wohnungs-

---

[105] *Baumeister*, Das Rechtswidrigwerden von Normen, 1996, S. 366.
[106] Ebda. Für ein automatisches Außerkrafttreten von Bebauungsplänen bei nachträglicher Unverhältnismäßigkeit auch *Grooterhorst*, Der Geltungsverlust von Bebauungsplänen durch die nachträgliche Veränderung der tatsächlichen Verhältnisse, 1988, S. 233 ff.
[107] So aber *Baumeister*, a. a. O., S. 365.
[108] Vgl. auch BVerwG, NVwZ 1997, 893/895.
[109] Grundlegend schon BVerwG, NJW 1979, 2577/2578; die Formulierung wurde aufgegriffen vom VGH Kassel, NVwZ-RR 1994, 635/636.

marktanalysen feststellen lässt, ob in einer bestimmten Gemeinde die Versorgung der Bevölkerung mit ausreichendem Wohnraum zu angemessenen Bedingungen auch weiterhin noch besonders gefährdet ist (Art. 6 § 1 MRVerbG), lässt sich dies für die Grenzen der Ermächtigung in § 165 Abs. 3 BauGB keineswegs eindeutig bestimmen. Eine Wohnraumknappheit im Sinne des Art. 6 § 1 MRVerbG besteht entweder – dann gilt die Verordnung weiter – oder sie besteht offenkundig nicht mehr. Dann tritt die Verordnung nach Rechtsprechung des Bundesverwaltungsgerichts ohne erneuten Rechtssetzungsakt außer Kraft.

Wenn in der gleichen Gemeinde aber auch eine städtebauliche Entwicklungsmaßnahme durchgeführt wird mit dem Entwicklungsziel, den ursprünglich bestehenden erhöhten Bedarf an Wohnstätten zu decken (§ 165 Abs. 3 Satz 1 Nr. 2, 1. Alt. BauGB) und besteht dieser erhöhte Bedarf später objektiv nicht mehr, so lässt sich nicht eindeutig beantworten, ob hierdurch schon die Voraussetzungen der Ermächtigungsgrundlage weggefallen sind. Denn möglicherweise verfolgt die Gemeinde andere Entwicklungsziele wie die Wiedernutzung brachliegender Flächen unabhängig von der Deckung quantitativer Versorgungsziele weiter (§ 165 Abs. 3 Satz 1 Nr. 2, 3. Alt. BauGB). Oder sie ändert ihr Entwicklungskonzept und strebt statt Wohnungsbau nunmehr die Errichtung eines Schulzentrums oder eines Landschaftsparks an (§ 165 Abs. 3 Satz 1 Nr. 2, 2. Alt. BauGB). Eine damit verbundene Überdenkungs- und Umsteuerungsphase bewirkt eine Verlängerung der Maßnahme, möglicherweise auch eine Pause in der tatsächlichen Durchführung über einige Monate. Durch eine nachhaltige und sorgfältig geplante Umsteuerung der Maßnahme kann die Gemeinde aber durchaus noch dem Gebot der zügigen Durchführung genügen.

Bei den Zweckentfremdungsverboten ist die Grenze der Ermächtigungsgrundlage des Art. 6 § 1 MRVerbG klar bestimmt. Zweckentfremdungsverbote müssen zur ausreichenden Versorgung der Bevölkerung mit Wohnraum zu angemessenen Bedingungen dienen. Für Ziele städtebaulicher Art wie der Erhaltung geschlossener Wohnviertel, dem Denkmalschutz oder um allgemein unerwünschte oder schädliche Entwicklungen auf dem Wohnungsmarkt zu verhindern oder einzudämmen, dürfen sie gerade nicht dienstbar gemacht werden.[110] Ein besonderes „Konzept", das über die Feststellung der Wohnraumknappheit hinausgeht, muss – und darf – dem Zweckentfremdungsverbot deshalb nicht zugrunde liegen.

Das vorangestellte Beispiel illustriert, dass die Gemeinde dagegen auf der Grundlage des städtebaulichen Entwicklungsrechts eine Vielzahl unterschiedlicher Ziele neben- oder nacheinander verfolgen kann. In jedem Falle setzt die Durchführung der Maßnahme eine umfassende Entwicklungskonzeption voraus, die die Entwicklungsziele konkretisiert und den eigentlichen Inhalt der Maßnahme überhaupt erst bestimmt.[111] Fislake betont für das Sanierungsverfahren, dass sich

---

[110] Vgl. BVerwG, NVwZ 2003, 1125.
[111] Vgl. *Krautzberger*, in: Battis/Krautzberger/Löhr, § 140, Rn. 3.

§ 5 Rechtswidrigwerden einer städtebaulichen Entwicklungssatzung

die Bestimmung der Ziele und Zwecke der Maßnahme nach § 140 Nr. 3 BauGB, der für die Entwicklungsmaßnahme gemäß § 165 Abs. 4 Satz 2 BauGB entsprechend anzuwenden ist, der Gemeinde über die Gesamtdauer der Maßnahme als Aufgabe stellt. Planung vollziehe sich nämlich, bevor ihre Ergebnisse die Gestalt eines konkreten Planes annähmen, in aller Regel nicht aus der Deduktion aus verbindlichen Oberzielen, sondern in einem schrittweisen, oft hin- und herpendelnden Entscheidungsprozess, der Elemente sowohl der Gestaltung als auch der Anpassung aufweise.[112]

Bezieht man diese Besonderheit der Durchführungsbezogenheit, die die Maßnahmen des Besonderen Städtebaurechts kennzeichnet, in die Betrachtung ein, so wird umso deutlicher, dass es in der Entwicklungspraxis kaum möglich sein wird, einen eindeutigen Zeitpunkt zu bestimmen, zu dem eine Entwicklungsmaßnahme bestimmten Vorgaben der Ermächtigungsgrundlage des § 165 Abs. 3 BauGB nicht mehr genügt.

Für die Gemeinde wie für die maßnahmenbetroffenen Grundstückseigentümer oder auch Pächter und Mieter im Entwicklungsbereich ist es von erheblicher Bedeutung, ob das Entwicklungsrecht weiterhin gilt oder nicht. Letztlich hängt es für beide Seiten vom Fortbestand der Maßnahme beispielsweise ab, ob und zu welchen Konditionen etwa Abwendungsvereinbarungen oder städtebauliche Verträge geschlossen werden, Aufträge vergeben, Mietverträge geschlossen oder gekündigt werden.

Aus dem Wesen einer Entwicklungsmaßnahme als einer Gesamtmaßnahme, die eine Vielzahl städtebaulicher Einzelprojekte großflächig bündelt, folgt nämlich zwangsläufig, dass sie auch eine große Zahl von Rechtsbeziehungen betrifft. Deshalb kommt dem Gebot der Rechtssicherheit als Teil des Rechtsstaatsprinzips (Art. 20 Abs. 3 GG)[113] hier eine besondere Bedeutung zu.

Wie bereits dargestellt wurde, wird die Rechtsstellung der Betroffenen nicht dadurch nachteilig betroffen, dass die Rechtsgültigkeit der Entwicklungsmaßnahme im Laufe ihrer Durchführung nicht mehr von den Voraussetzungen der Ermächtigungsgrundlage abhängt. Zunächst tritt wie dargelegt eine Abschwächung[114] der Rechtswirkung der Satzung ein: Die entwicklungsrechtliche Genehmigung nach §§ 144, 145 BauGB darf nicht mehr versagt werden, wenn die Entwicklung nicht mehr hinreichend zügig oder nicht sachgemäß durchgeführt wird. Auch kann – auf ein einzelnes Grundstück bezogen – die enteignungsrechtliche Erforderlichkeit entfallen, wenn die Verzögerungen bei der Durchführung der Entwicklungsmaßnahme eindeutig und dauerhaft belegen, dass das ursprünglich verfolgte Planungsziel

---

[112] *Fislake*, in Festschrift für Schlichter, 1995, 425/428; wortgleich Entscheidung des OVG Lüneburg vom 30. 10. 1986, ZfBR 1987, 206.

[113] Vgl. hierzu *Stern*, in: Staatsrecht I, 1984, § 20, S. 781, 849.

[114] So die Formulierung von *Krautzberger*, in: Battis/Krautzberger/Löhr, § 162, Rn. 11.

aufgegeben worden ist. Schließlich tritt bei Wegfall der Rechtmäßigkeitsvoraussetzungen der Satzung eine Aufhebungspflicht ein. Deshalb besteht im Ergebnis kein Bedürfnis, die erhebliche Rechtsunsicherheit in Kauf zu nehmen, die mit einem automatischen Außerkrafttreten der Entwicklungssatzung verbunden wäre.

e) Zwischenergebnis

Danach ist festzuhalten, dass die Lösung des überwiegenden Teils der Rechtsprechung, die städtebauliche Entwicklungssatzung nur an der Sach- und Rechtslage im Zeitpunkt der Beschlussfassung über die förmliche Festlegung des städtebaulichen Entwicklungsbereichs nach § 165 Abs. 6 Satz 1 BauGB zu messen, überzeugend ist. Die Annahme eines automatischen Außerkrafttretens wäre mit dem Gebot der Rechtssicherheit nicht in Einklang zu bringen und würde die Besonderheiten der Entwicklungspraxis, insbesondere der fortlaufenden Anpassung des Entwicklungskonzepts an veränderte Rahmenbedingungen, außer Acht lassen.

Mit der Novellierung des § 214 Abs. 3 Satz 1 BauGB durch das EAG Bau 2004 findet diese Auffassung auch eine Stütze im Gesetzeswortlaut des Baugesetzbuchs. Ob generell die Möglichkeit des Rechtswidrigwerdens von Normen bei einer nachträglichen Änderung der tatsächlichen Verhältnisse besteht, bedarf hier keiner abschließenden Entscheidung. Denn jedenfalls für die städtebaulichen Satzungen hat der Gesetzgeber den maßgeblichen Zeitpunkt für das Vorliegen der Rechtmäßigkeitsvoraussetzungen verbindlich auf den Zeitpunkt der Beschlussfassung festgelegt.

Die abweichende Judikatur, insbesondere die Einzelentscheidung des Bundesverwaltungsgerichts vom 7. Juni 1996, die von einem Entfallen der Rechtsgültigkeit der Satzung ausgeht, wenn die Maßnahme nicht mehr sachgemäß und nicht hinreichend zügig durchgeführt wird,[115] ist deshalb abzulehnen.

2. Das Funktionsloswerden städtebaulicher Entwicklungssatzungen

Aufbauend auf diesem Ergebnis, dass ein automatisches Außerkrafttreten der Satzung wegen Wegfalls der Rechtmäßigkeitsvoraussetzungen ausgeschlossen ist, soll überprüft werden, ob eine städtebauliche Entwicklungssatzung funktionslos werden kann. Wie dargelegt hat das Bundesverwaltungsgericht die Rechtsfigur der Funktionslosigkeit explizit für den Bebauungsplan entwickelt; in Entscheidungen einzelner Oberverwaltungsgerichte wurde erkannt, die Grundsätze der Funktionslosigkeit seien auch auf städtebauliche Entwicklungssatzungen anwendbar.[116] In

---

[115] BVerwG, NJW 1996, 2807; vgl. ausführlich § 5.I.1.e).

[116] OVG Berlin, ZfBR 1998, 211/213; VGH Mannheim, NVwZ-RR 1999, 564; vgl. hierzu bereits § 5.I.2.

§ 5 Rechtswidrigwerden einer städtebaulichen Entwicklungssatzung

der Literatur wird dies teilweise befürwortet,[117] teilweise aber auch abgelehnt.[118] Auch gegen die Rechtsfigur der Funktionslosigkeit als solcher werden dogmatische Bedenken geltend gemacht.[119]

Ruft man sich die Definition der Funktionslosigkeit nach der ständigen Rechtsprechung des Bundesverwaltungsgerichts in Erinnerung, so sind zwei Voraussetzungen zu differenzieren: Die planerische Festsetzung kann erstens aufgrund einer zwischenzeitlichen Veränderung der tatsächlichen Verhältnisse auf unabsehbare Zeit nicht verwirklicht werden und die zur Funktionslosigkeit führende „Schere" zwischen der planerischen Festsetzung und der tatsächlichen Situation[120] hat zweitens in ihrer Erkennbarkeit einen Grad erreicht, der einem etwa dennoch in die Fortgeltung der Festsetzung gesetzten Vertrauen die Schutzwürdigkeit nimmt.

Wenn die Definition damit voraussetzt, dass eine planerische Festsetzung nicht verwirklicht werden kann, so stellt sich die Frage, wie dieses Tatbestandsmerkmal der Funktionslosigkeit auf die städtebauliche Entwicklungsmaßnahme übertragen werden kann. Denn die Gemeinde beschließt gemäß § 165 Abs. 6 BauGB lediglich die förmliche Festlegung des städtebaulichen Entwicklungs*bereichs* als Satzung. Welche Gründe die förmliche Festlegung des Entwicklungsbereichs rechtfertigen, also die Ziele und Zwecke der Entwicklungsmaßnahme nach § 165 Abs. 2 BauGB und die materiellen Festlegungsvoraussetzungen nach § 165 Abs. 3 BauGB, ist nach § 165 Abs. 7 Satz 2 BauGB lediglich in der Begründung der Entwicklungssatzung darzulegen. Eine dem Normcharakter einer planerischen Festsetzung in einem Bebauungsplan entsprechende Regelung wird damit nur im Hinblick auf den räumlichen Geltungsbereich, nicht im Hinblick auf die materiellen Entwicklungsziele der Gemeinde getroffen.[121] Diese Entwicklungsziele können und müssen sich im Laufe der Durchführung der Entwicklungsmaßnahme ändern und anpassen,[122] sie finden ihren Niederschlag vor allem in den Entwicklungsbebauungsplänen (§ 166 Abs. 1 Satz 2 BauGB).

Mit anderen Worten: Die Entwicklungssatzung selbst hat – anders als der Bebauungsplan nach § 9 BauGB – einen eingeschränkten materiellen Regelungsgehalt. Sie normiert nur einen ausfüllungsbedürftigen Rahmen. „Verwirklichungsunfähig" im Sinne der Funktionslosigkeits-Formel kann nur das Entwicklungskonzept der Gemeinde werden. Hieran knüpfen auch die Versuche der Rechtsprechung an, die Grundsätze der Funktionslosigkeit auf das städtebauliche Entwicklungsrecht

---

[117] *Krautzberger*, in: Krautzberger, Städtebauförderungsrecht, § 162, Rn. 24.
[118] Vgl. zum Ganzen bereits § 5.I.2.
[119] *Krebs*, in: Schmidt-Aßmann, Besonderes Verwaltungsrecht, S. 439; *Baumeister*, Das Rechtswidrigwerden von Normen, 1996, S. 346; *ders.*, GewArch 1996, 318/319.
[120] So die Formulierung von *Steiner*, in Festschrift für Schlichter, 1995, S. 313/316.
[121] So auch *Köhler*, in: Schrödter, BauGB, § 165,Rn. 52.
[122] Vgl. *Krautzberger*, in: Battis/Krautzberger/Löhr, § 162, Rn. 4.

zu übertragen. Nach der Definition des OVG Berlin können Planungsänderungen eine Entwicklungssatzung dann funktionslos werden lassen, wenn sie die Verwirklichung der *ursprünglichen Entwicklungsziele* auf unabsehbare Zeit ausschließen; die Satzung müsste danach die Fähigkeit verlieren, die städtebauliche Entwicklung noch *in die ursprünglich vorgesehene Richtung* zu steuern.[123]

Auch der VGH Mannheim hält die Grundsätze der Funktionslosigkeit für anwendbar, weist aber darauf hin, dass eine Änderung der Planungskonzeption für die Annahme einer Funktionslosigkeit nicht ausreichen könne.[124] Als Beispiel für den Fall der Funktionslosigkeit einer städtebaulichen Entwicklungssatzung führt der Verwaltungsgerichtshof den Fall an, dass bei einer Entwicklungsmaßnahme mit dem Entwicklungsziel Wohnungsbau objektiv keine Wohngebäude mehr errichtet werden können, weil in der Zwischenzeit bauliche Anlagen entstanden seien, die mit einer Wohnnutzung unvereinbar wären.[125]

Diese Begründungsansätze vernachlässigen meines Erachtens jedoch die Wandelbarkeit und Anpassungsbedürftigkeit städtebaulicher Entwicklungsziele. Wie bereits angesprochen unterliegen die Ziele und Zwecke der städtebaulichen Entwicklungsmaßnahme im Lauf des Verfahrens regelmäßig der stetigen Änderung. Die Gemeinde ist sogar verpflichtet, die Entwicklungsziele fortzuschreiben[126] und damit zugleich die ursprünglichen Entwicklungsziele jedenfalls teilweise aufzugeben, wenn sich die tatsächlichen Verhältnisse ändern. Die Unmöglichkeit, die ursprünglichen Entwicklungsziele zu verwirklichen, kann deshalb für sich allein nicht zur Funktionslosigkeit der Satzung führen.

Wollte man nun unterscheiden zwischen mehr oder weniger erheblichen Änderungen des Entwicklungskonzept, oder statt auf die einzelnen Entwicklungsziele auf die Abweichung von der „ursprünglich vorgesehenen Richtung" abstellen, so ergäben sich kaum lösbare Abgrenzungsschwierigkeiten. Jedenfalls dürfte es an der Offenkundigkeit der Obsoleszenz fehlen, solange die Gemeinde überhaupt noch ein Entwicklungskonzept verfolgt, sei es auch erheblich verschieden von den ursprünglich angestrebten Entwicklungszielen. Denn wenn die Gemeinde erkennbar weiterhin daran festhält, ein bestimmtes Gebiet einer anderen als der bisherigen Nutzung zuzuführen oder jedenfalls die planerischen Voraussetzungen hierfür zu schaffen, bleibt ein Vertrauen auf eine Änderung des status quo weiterhin schutzwürdig.

Somit bleibt nur der Anwendungsfall der Funktionslosigkeit denkbar, in dem die Gemeinde überhaupt kein Entwicklungskonzept mehr verfolgt und die Förderung

---

[123] OVG Berlin, ZfBR 1998, 211/213; vgl. hierzu und zum folgenden bereits § 5.I.2.
[124] VGH Mannheim, NVwZ-RR 1999, 564.
[125] Ebda.
[126] *Krautzberger*, in: Battis/Krautzberger/Löhr, § 162, Rn. 4; *Fislake*, in: Festschrift für Schlichter, 1995, S. 425/429; siehe dazu ausführlich § 6.II.2.

der Entwicklung eingestellt hat. In diesem Falle hätte die Gemeinde allerdings ihre Entwicklungsabsicht zweifellos zugleich aufgegeben, dieser Fall ist in § 162 Abs. 1 Satz 1 Nr. 3 BauGB ausdrücklich gesetzlich geregelt. Der Gesetzgeber sieht hier eine Aufhebungspflicht vor.

Anders als beim Bebauungsplan, der darauf angelegt ist, die städtebauliche Entwicklung und Ordnung dauerhaft verbindlich zu steuern,[127] ist die städtebauliche Entwicklungsmaßnahme von vornherein eine Maßnahme auf Zeit. Deshalb hat der Gesetzgeber mit § 169 Abs. 1 Nr. 8 i.V.m. § 162 Abs. 1 BauGB eine explizite Regelung über den Abschluss der Maßnahme und damit die Geltungsbeendigung des Entwicklungsrechts getroffen, wie es sie für den Bebauungsplan nicht gibt. § 162 Abs. 1 BauGB hat deshalb nach den Grundsätzen der Spezialität Vorrang gegenüber dem paragesetzlichen, richterrechtlichen Geltungsbeendigungsgrund der Funktionslosigkeit.[128]

Für die Anerkennung eines Funktionsloswerdens städtebaulicher Entwicklungssatzungen besteht auch kein rechtliches Bedürfnis. Wie bereits bei der Erörterung eines Außerkrafttretens wegen nachträglichem Rechtswidrigwerden dargelegt, tritt für die Betroffenen kein Nachteil dadurch ein, dass nachträgliche Änderungen unberücksichtigt bleiben.[129] Mit der Aufhebungspflicht nach § 162 Abs. 1 BauGB existiert für das Entwicklungsrecht bereits ein vom Gesetzgeber „maßgeschneiderter Beendigungsgrund", wie ihn Steiner in der Funktionslosigkeit für den Bebauungsplan sieht.[130] Wie passgenau diese Rechtsgrundlage für die Beendigung der städtebaulichen Entwicklungsmaßnahme ist, soll im Folgenden geklärt werden.

3. Ergebnis zum Geltungsverlust einer städtebaulichen Entwicklungssatzung

Damit bleibt im Ergebnis festzuhalten, dass städtebauliche Entwicklungsmaßnahmen weder wegen eines nachträglichen Wegfalls der materiellen Festlegungsvoraussetzungen noch wegen eines Funktionsloswerdens nachträglich automatisch außer Kraft treten können.

Die Frage, welche Folgen eine nachträgliche Änderung der tatsächlichen Verhältnisse haben kann, in deren Folge die Entwicklungsmaßnahme städtebaulich

---

[127] Vgl. schon § 1 Abs. 1 BauGB; hierzu *Krautzberger*, in: Battis/Krautzberger/Löhr, § 1, Rn. 10 m.w.N.

[128] Auch für Bebauungspläne ist anerkannt, dass die leges speciales gegenüber der Funktionslosigkeit den Vorrang haben; vgl. hierzu VGH München, BayVBl. 1994, 273/274; *Steiner*, in: Festschrift für Schlichter, 1995, S. 313/321.

[129] BVerwG, ZfBR 1999, 100/106; vgl. auch schon § 5.II.1.d).

[130] *Steiner*, in: Festschrift für Schlichter, 1995, S. 313/315.

134   2. Teil: Der Weg zur Beendigung der Entwicklungsmaßnahme

nicht mehr erforderlich ist oder im Laufe des Verfahrens stockt oder gar gänzlich zum Erliegen kommt, ist im Rahmen der Aufhebungspflicht nach § 169 Abs. 1 Nr. 8 i. V. m. § 162 Abs. 1 BauGB von Bedeutung.[131]

§ 6 Die Änderung der Ziele und Zwecke der Entwicklungsmaßnahme

Im vorangegangenen Kapitel ist deutlich geworden, dass eine städtebauliche Entwicklungssatzung weder außer Kraft treten noch funktionslos werden kann, weil die Gemeinde die Möglichkeit hat, die Ziele und Zwecke der Entwicklungsmaßnahme zu ändern und veränderten Umständen anzupassen. Dies führt zu der Frage, wie die „Ziele und Zwecke" überhaupt rechtlich einzuordnen sind und welche Anforderungen die Gemeinde zu beachten hat, wenn sie durch eine Änderung dieser Ziele und Zwecke einen vorzeitigen Abschluss der Entwicklungsmaßnahme herbeiführen will.

In dieser Arbeit ist an verschiedenen Stellen bereits deutlich worden, dass dem Entwicklungskonzept[132] der Gemeinde bei Vorbereitung und Durchführung der städtebaulichen Entwicklungsmaßnahme eine zentrale Rolle zukommt.[133] Der Gesetzgeber hat das städtebauliche Entwicklungskonzept allerdings nur sehr zu-

---

[131] Zur Vollständigkeit ist allerdings darauf hinzuweisen, dass der Ablauf der Rügefrist des § 47 Abs. 2 Satz 1 VwGO der Zulässigkeit einer auf die Feststellung der nachträglich eingetretenen Unwirksamkeit der Satzung gerichteten Normenkontrollklage nicht entgegenstehen würde. Diese Frage war bei Inkrafttreten des 6. VwGO-Änderungsgesetzes, mit dem die zweijährige Rügefrist eingeführt wurde, umstritten (vgl. *Schenke*, NJW 1997, 81/84 für einen Fristbeginn erst mit Rechtswidrigwerden bzw. Funktionsloswerden der Norm; dagegen *Gerhardt*, in: Schoch / Schmidt-Aßmann / Pietzner, VwGO, § 47, Rn. 111, insb. Fn. 586).
Zwischenzeitlich haben mehrere Obergerichte entschieden, dass jedenfalls im Falle der Geltendmachung einer nachträglich eingetretenen Funktionslosigkeit eines Bebauungsplans die Antragsfrist des § 47 Abs. 2 Satz 1 VwGO keine Geltung beanspruchen kann (OVG Berlin, BRS 65, Nr. 85 [2002]; VGH Mannheim, ZfBR 2000, 69; zust. *Schenke*, in: Kopp / Schenke, VwGO, § 47, Rn. 85; offen gelassen noch durch BVerwG, NVwZ 1999, 986/987).
Schließlich könnte eine nachträgliche Rechtswidrigkeit oder Funktionslosigkeit der Satzung nicht nach § 215 Abs. 1 BauGB innerhalb von zwei Jahren seit Bekanntmachung unbeachtlich werden, denn diese Fälle sind von dem Geltungsbereich der Norm nicht erfasst.

[132] Dazu, dass die Begriffe der „Ziele und Zwecke der Entwicklungsmaßnahme" und des „Entwicklungskonzepts" bzw. der „Entwicklungsplanung" synonym verwendet werden, vgl. sogleich § 6. I. 2.

[133] Vgl. etwa im Zusammenhang mit der Genehmigung nach §§ 144, 145 BauGB schon § 4. III. 3., dort insbesondere zu Unsicherheiten der Genehmigungserteilung bei einer Infragestellung des Entwicklungskonzepts durch eine Veränderung der städtebaulichen

§ 6 Änderung der Ziele und Zwecke der Entwicklungsmaßnahme   135

rückhaltend behandelt[134] und sich in den §§ 165 ff BauGB im Wesentlichen auf die Regelung des Verfahrens und der Voraussetzungen der Entwicklungssatzung beschränkt. Andererseits setzt das BauGB ein geschlossenes Entwicklungskonzept – wie sogleich näher gezeigt werden wird – an vielen Stellen voraus. Diese Widersprüchlichkeit gibt Anlass, die Stellung des städtebaulichen Entwicklungskonzept im Regelungsgefüge des BauGB näher zu untersuchen (dazu I.)

Strebt die Gemeinde nun eine – im Verhältnis zur ursprünglichen Planung – vorzeitige Beendigung der städtebaulichen Entwicklungsmaßnahme an, so kann sie den Weg dorthin regelmäßig nur durch eine Änderung ihrer Entwicklungsplanung einschlagen. Die Anpassung der Ziele und Zwecke der Entwicklung ist die Alternative zu einem bloßen „Liegenlassen" und Abwarten einerseits und einem sofortigen Abbruch der Maßnahme andererseits. Ersteres begegnet allerdings Bedenken im Hinblick auf das Gebot der Zügigkeit (§ 165 Abs. 1 und Abs. 3 Satz 1 Nr. 4 BauGB); letzteres Vorgehen riskiert, im fortgeschrittenen Stadium der Maßnahme erhebliche städtebauliche Missstände unbewältigt zurückzulassen. In diesem Spannungsfeld sind die Anforderungen zu entwickeln, die die Gemeine bei einer Änderung und Anpassung ihres Konzepts an veränderte Rahmenbedingungen zu beachten hat (dazu II.)

I. Das Entwicklungskonzept im Rechtssystem

1. Begriff des Entwicklungskonzepts

Das städtebauliche Entwicklungskonzept im Rahmen der städtebaulichen Entwicklungsmaßnahme wird im Schrifttum als eine Form der so genannten „informellen" städtebaulichen Planung qualifiziert,[135] auf die das BauGB an verschiedener Stelle ausdrücklich Bezug nimmt.[136] „Entwicklungsplanung" als Oberbegriff

---

Rahmenbedingungen. Außerdem wurde herausgearbeitet, dass die Frage nach einer fortdauernden Einhaltung der Grenzen der Ermächtigungsgrundlage nicht ohne Berücksichtigung der Wandelbarkeit des städtebaulichen Entwicklungskonzepts beantwortet werden kann (siehe § 5.II.1.d)). Ferner wurde gezeigt, dass wegen der Wandelbarkeit des Entwicklungskonzepts eine Funktionslosigkeit der Entwicklungssatzung nicht eintreten kann (siehe § 5.II.2.).

[134] *Bielenberg/Krautzberger*, in: Ernst/Zinkahn/Bielenberg/Krautzberger, § 142, Rn. 11.

[135] Vgl. etwa *Fislake*, in: Berliner Kommentar zum BauGB, § 140, Rn. 23; *Krautzberger*, in: Battis/Krautzberger/Löhr, § 1, Rn. 77.

[136] Siehe etwa § 1 Abs. 6 Nr. 11 BauGB, wonach die Ergebnisse eines von der Gemeinde beschlossenen städtebaulichen Entwicklungskonzepts oder einer von ihr beschlossenen sonstigen städtebaulichen Planung bei der Aufstellung eines Bauleitplans zu berücksichtigen sind, ferner die Ziele und Zwecke der Sanierung nach § 140 Nr. 3 BauGB sowie die Entwicklungskonzepte im Rahmen der Stadtumbaumaßnahmen (§ 171b Abs. 2 BauGB) und der Maßnahmen der Sozialen Stadt (§ 171e Abs. 4 BauGB).

der informellen Planung ist definiert worden als „eine gemeindliche Planung, die Zielvorstellungen für den Gesamtbereich gemeindlicher Tätigkeiten oder für einen Teilbereich aufzeigt und aufeinander abstimmt. Die Entwicklungsplanung hat die Aufgabe, den Rahmen zu setzen für eine den sozialen, kulturellen und wirtschaftlichen Erfordernissen dienende städtebauliche Entwicklung und Ordnung des Gemeindegebiets einschließlich der raumwirksamen Investitionen der Gemeinde und deren Zeit- und Rangfolge."[137]

Erstmalig hatte der Begriff der städtebaulichen Entwicklungsplanung mit der Novelle 1976 in § 1 Abs. 5 BBauG Einzug in das Bundesbaugesetzbuch gehalten, nach der damaligen Rechtslage sollte die Entwicklungsplanung nicht nur bei der Aufstellung von Bauleitplänen Berücksichtigung finden, sondern die Gemeinde sollte umgekehrt auch prüfen, ob und inwieweit Auswirkungen auf die Bauleitplanung in Betracht kommen, wenn sich die Entwicklungsplanung ändert. Wollte die Gemeinde in der Bauleitplanung von der Entwicklungsplanung abweichen, oblag ihr eine Begründungspflicht.[138]

Die damalige Kodifizierung der Entwicklungsplanung war von erheblichen Erwartungen begleitet. Sie ist vor dem Hintergrund der damaligen Diskussion um eine Ausweitung staatlicher Planung und Steuerung auf allen Ebenen zu sehen, in der der Begriff der Entwicklungsplanung eine erhebliche Konjunktur zu verzeichnen hatte.[139] Anschaulich deutlich wird das etwa in einem Definitionsversuch des gegenüber der Planungseuphorie durchaus skeptischen Ossenbühls im Rahmen einer Untersuchung zu den normativen Anforderungen an die Entwicklungsplanung aus dem Jahre 1974:

„Entwicklungsplanung steht in einem gewissen Gegensatz zur hergebrachten Raumplanung, als sie nicht in erster Linie der Abwehr, sondern der Gestaltung dient. Entwicklungsplanung ist deshalb nicht zielneutral, sondern zielorientiert und zielbestimmend, nicht nur raum-, sondern auch zeit- und finanzbezogen; sie kanalisiert nicht nur naturwüchsige Entwicklungen, sondern bringt auch selbst Entwicklungsprozesse in Gang, fördert sie, lenkt sie auf selbstgesteckte Ziele hin. [...] Entwicklungsplanung geht von der unbedingten Notwendigkeit staatlicher Beeinflussung und Steuerung der gesellschaftlichen und wirtschaftlichen Prozesse aus. Sie soll Fehlentwicklungen in der Gesellschaft und damit verbundene Fehlinvestitionen des Staates vermeiden."[140]

---

[137] Definition bei *Krautzberger*, in: Battis/Krautzberger/Löhr, § 1, Rn. 78, in Anlehnung an die Legaldefinition der Entwicklungsplanung im Entwurf der BBauG-Novelle 1976, gegen die der Bundesrat allerdings kompetenzrechtliche Einwände erhob, so dass das Gesetz ohne Legaldefinition in Kraft trat, vgl. *Bielenberg/Dyong*, Die Novellen zum Bundesbaugesetz, 1979, Teil C, Rn. 3; vgl. auch *Battis*, DVBl. 1976, 144.

[138] Vgl. zu den einzelnen Regelungen *Battis*, DVBl. 1976, 144/146 ff. sowie *Krautzberger*, in: Battis/Krautzberger/Löhr, § 1, Rn. 79.

[139] *Battis* spricht allerdings schon 1976 von den „Blütenträumen der Theorie der Entwicklungsplanung", die im Gesetzgebungsverfahren zur BBauG-Novelle 1976 „nicht gereift" seien, in: DVBl. 1976, 144/145 f.

[140] *Ossenbühl*, Gutachten für den 50. Deutschen Juristentag 1974, S. B 31 f.

§ 6 Änderung der Ziele und Zwecke der Entwicklungsmaßnahme   137

Mit dem Ende der Planungseuphorie verschwand auch die Entwicklungsplanung wieder aus dem Allgemeinen Städtebaurecht: Das BauGB 1987 hat die Vorschrift nicht übernommen, nachdem sich gezeigt hatte, dass die Steuerungswirkung der städtebaulichen Entwicklungskonzepte für die allgemeine städtebauliche Entwicklung weit hinter den Erwartungen blieb und zudem die gesetzliche Regelung dieser Planungsstufe den Vorzug der Flexibilität gegenüber der förmlichen Bauleitplanung wieder in Frage stellte.[141] Mit dem BauROG 1998 wurden die „sonstigen" städtebaulichen Planungen, mit dem EAG Bau 2004 ausdrücklich die städtebaulichen Entwicklungskonzepte wieder in § 1 BauGB aufgenommen.

Im Besonderen Städtebaurecht spielte die Entwicklungsplanung allerdings durchgängig vom StBauFG bis zum BauGB in heutiger Fassung eine wichtige Rolle.[142] Besondere Bedeutung haben städtebauliche Entwicklungskonzepte zuletzt auch im Rahmen der Maßnahmen des Stadtumbaus und der Sozialen Stadt erlangt, wo sie in §§ 171a Abs. 2, 171e Abs. 4 BauGB eine Kodifizierung erfahren haben.[143]

2. Rechtliche Relevanz des Entwicklungskonzepts im städtebaulichen Entwicklungsrecht

Im städtebaulichen Entwicklungsrecht der §§ 165 ff BauGB hat das jeweilige städtebauliche Entwicklungskonzept eine erhebliche Relevanz. Eine vollständige rechtliche Ausformung des Entwicklungskonzepts enthält das Gesetz zwar auch hier nicht,[144] die von § 165 Abs. 1 BauGB geforderte einheitliche Vorbereitung und zügige Durchführung der Maßnahme wäre aber ohne ein abgestimmtes Maßnahme-, Zeit- und Finanzierungskonzept nicht möglich. Die Entwicklungsmaßnahme setzt als Gesamtmaßnahme eine flächendeckende und zugleich geschlossene Planungskonzeption voraus.[145] § 165 Abs. 4 Satz 2 i. V. m. § 140 Nr. 3 und Nr. 4 BauGB regelt deshalb ausdrücklich, dass die Vorbereitung der Entwicklung auch die Bestimmung der Ziele und Zwecke der Entwicklungsmaßnahme sowie die städtebauliche Planung umfasst.

---

[141] *Krautzberger*, in: Battis/Krautzberger/Löhr, § 1, Rn. 77.

[142] Zur rechtlichen Relevanz des Entwicklungskonzepts im Rahmen des städtebaulichen Entwicklungsrechts vgl. sogleich ausführlich § 6.II.1.1.2.

[143] Zu Stadtumbaukonzepten, insbesondere so genannten „Integrierten Stadtentwicklungskonzepten (INSEK)" vgl. *Möller*, Siedlungsrückbau in den neuen Ländern, 2006, S. 71 f.

[144] Im Rahmen des Gesetzgebungsverfahrens zum BauGB 1987 wurde erwogen, die städtebauliche Rahmenplanung detailliert zu regeln, dies wurde aber aufgrund der Befürchtung aufgegeben, durch eine Verrechtlichung die Flexibilität des Instruments wieder einzuengen, vgl. Empfehlung des Expertenkreises „Städtebaulicher Rahmenplan" aus dem Jahre 1986, Abdruck bei *Krautzberger*, in: Krautzberger, Städtebauförderungsrecht, § 140, Rn. 62.

[145] So wörtlich etwa *Fislake*, in: FS für Schlichter, 1995, S. 425/427.

Diese „Ziele und Zwecke" der Entwicklungsmaßnahme bezeichnen das Entwicklungskonzept.[146] Die städtebauliche Planung im Sinne des § 140 Nr. 4 BauGB ist ihrerseits wesentlicher Bestandteil des Entwicklungskonzepts, denn in ihr manifestieren sich letztlich die Ziele und Zwecke der Maßnahme.[147] Allerdings kann sich das Entwicklungskonzept in der Entwicklungspraxis aus vielen Fundstellen und aus der Zusammenschau von textlichen und zeichnerischen Darstellungen ergeben: etwa dem Bericht über die vorbereitende Untersuchung nach § 165 Abs. 4 BauGB, der Begründung der Entwicklungssatzung nach § 165 Abs. 7 BauGB, entworfene und bereits festgesetzte Entwicklungsbebauungspläne nach § 166 Abs. 1 Satz 2 BauGB, städtebauliche Rahmenpläne nach § 165 Abs. 4 Satz 2 i. V. m. § 140 Nr. 4 BauGB, Aufzeichnungen über die entwicklungsrechtliche Abwägung einzelner Belange nach §§ 165 Abs. 4 Satz 1, 169 Abs. 1 Nr. 1 i. V. m. §§ 137, 139 BauGB, speziellen Verkehrsordnungsplänen, Grünflächenplänen, Brachflächenkatastern, Sozialplänen nach § 180 BauGB, der Kosten- und Finanzierungsübersicht nach § 171 Abs. 2 BauGB, einer Zeit-Maßnahme-Planung, aus der sich ergibt, welche Vorstellungen die Gemeinde zur zeitlichen Reihenfolge der verschiedenen Maßnahmen hat, schließlich aus einzelnen Beschlüssen des nach dem Kommunalrecht zuständigen Organs der Gemeinde.[148]

a) Anknüpfungen an das Entwicklungskonzept im BauGB

An die „Ziele und Zwecke" der Maßnahme knüpft das Gesetz in mehren Vorschriften zum Teil weitreichende – wenn auch mittelbare – Rechtsfolgen oder nimmt auf sie zur Begründung von Entscheidungen Bezug:

- § 166 Abs. 1 Satz 2 BauGB statuiert als entwicklungsrechtliche Aufgabe der Gemeinde, die Voraussetzungen dafür zu schaffen, dass ein funktionsfähiger Bereich entsprechend der beabsichtigten städtebaulichen Entwicklung und Ordnung entsteht, der nach seinem wirtschaftlichen Gefüge und der Zusammensetzung seiner Bevölkerung *den Zielen und Zwecken der städtebaulichen Entwicklungsmaßnahme* entspricht.[149]
- Nach § 166 Abs. 3 Satz 3 Nr. 2 BauGB besteht eine Ausnahme von der grundsätzlichen gemeindlichen Erwerbspflicht, wenn der Eigentümer eines Grundstücks, dessen Verwendung nach *den Zielen und Zwecken der städtebaulichen Entwicklungsmaßnahme* bestimmt oder mit ausreichender Sicherheit bestimmbar ist, in der Lage ist, das Grundstück binnen angemessener Frist dementsprechend zu nutzen und er sich hierzu verpflichtet.[150]

---

[146] BVerwGE 70, 83/91; *Fislake*, in: FS für Schlichter, 1995, S. 425/431 f.; *Krautzberger*, in: Krautzberger, Städtebauförderungsrecht, § 140, Rn. 35; *ders.*, in: Battis/Krautzberger/Löhr, § 140, Rn. 3; *Neuhausen*, in: Kohlhammer-Kommentar zum BauGB, Vor §§ 136–164, Rn. 47.

[147] *Krautzberger*, in: Krautzberger, Städtebauförderungsrecht, § 140, Rn. 48.

[148] Vgl. zum Ganzen *Fislake*, in: FS für Schlichter, 1995, S. 425/431 f; *Köhler*, in: Schrödter, BauGB, § 140, Rn. 6.

[149] Vgl. hierzu bereits § 2.III.2.b).

§ 6 Änderung der Ziele und Zwecke der Entwicklungsmaßnahme

- Nach § 169 Abs. 1 Nr. 1 BauGB findet § 139 Abs. 3 BauGB entsprechende Anwendung, so dass sich bei einer beabsichtigten *Änderung der Ziele und Zwecke der Entwicklungsmaßnahme* die Träger öffentlicher Belange unverzüglich miteinander ins Benehmen zu setzen haben.
- Gemäß § 169 Abs. 1 Nr. 3 i.V.m. §§ 144, 145 Abs. 2 BauGB darf die entwicklungsrechtliche Genehmigung nur dann versagt werden, wenn Grund zu der Annahme besteht, dass das Vorhaben, der Rechtsvorgang einschließlich der Teilung eines Grundstücks oder die damit erkennbar bezweckte Nutzung die Durchführung der Entwicklungsmaßnahme unmöglich machen oder wesentlich erschweren oder *den Zielen und Zwecken der Entwicklungsmaßnahme zuwiderlaufen* würde.[151]
- Nach § 169 Abs. 1 Nr. 4 i.V.m. § 146 Abs. 1 BauGB umfasst die Durchführung der Entwicklungsmaßnahme die Ordnungsmaßnahmen und die Baumaßnahmen innerhalb eines förmlich festgelegten Entwicklungsbereichs, die *nach den Zielen und Zwecken der Entwicklungsmaßnahme erforderlich* sind.
- Nach § 169 Abs. 1 Nr. 8 i.V.m. § 163 Abs. 1 Satz 1 BauGB kann die Gemeinde die Entwicklung für ein Grundstück als abgeschlossen erklären, wenn das Grundstück *entsprechend den Zielen und Zwecken der Entwicklungsmaßnahme* bebaut ist oder in sonstiger Weise genutzt wird (Nr. 1) oder das Gebäude modernisiert oder instand gesetzt ist (Nr. 2). Nach § 169 Abs. 1 Nr. 8 i.V.m. § 163 Abs. 2 Satz 1 BauGB kann die Gemeinde die Durchführung der Entwicklung für ein Grundstück bereits für abgeschlossen erklären, wenn die den Zielen und Zwecken der Entwicklungsmaßnahme entsprechende Bebauung oder sonstige Nutzung [...] *auch ohne Gefährdung der Ziele und Zwecke der Entwicklungsmaßnahme* zu einem späteren Zeitpunkt möglich ist.[152]
- Gemäß § 169 Abs. 6 Satz 1 BauGB sind Grundstücke im Entwicklungsbereich nach ihrer Neuordnung und Erschließung unter Beachtung weiter Kreise der Bevölkerung und *unter Beachtung der Ziele und Zwecke der Entwicklungsmaßnahme* an Bauwillige zu veräußern, die sich verpflichten, dass sie die Grundstücke innerhalb angemessener Frist entsprechend den Festsetzungen des Bebauungsplans und den Erfordernissen der Entwicklungsmaßnahme bebauen werden.
- Bei der Veräußerung hat die Gemeinde gemäß § 169 Abs. 7 BauGB dafür Sorge zu tragen, dass die Bauwilligen die Bebauung in wirtschaftlich sinnvoller Aufeinanderfolge derart durchführen, dass *die Ziele und Zwecke der städtebaulichen Entwicklungsmaßnahme erreicht* werden und die Vorhaben sich in den Rahmen der Gesamtmaßnahme einordnen. Sie hat weiter sicherzustellen, dass die neugeschaffenen baulichen Anlagen *entsprechend den Zielen und Zwecken der städtebaulichen Entwicklungsmaßnahme dauerhaft genutzt* werden.
- Ergeben sich schließlich aus den *Zielen und Zwecken der städtebaulichen Entwicklungsmaßnahme* in einem im Zusammenhang bebauten Gebiet Maßnahmen zur Anpassung an die vorgesehene Entwicklung, so kann die Gemeinde dieses Gebiet gemäß § 170 Abs. 1 Satz 1 BauGB förmlich als Anpassungsgebiet festsetzen.

---

[150] Vgl. hierzu bereits § 2.III.2.d).

[151] Vgl. hierzu bereits ausführlich § 5.I.1.e).

[152] Auf die Abhängigkeit der Beurteilung einer Entwicklungsmaßnahme als „durchgeführt" oder „undurchführbar" im Rahmen des § 169 Abs. 1 Nr. 8 i.V.m. § 162 Abs. 1 Satz 1 BauGB von dem Entwicklungskonzept wird noch einzugehen sein; vgl. dazu noch ausführlich § 7.I., II. und III.

140   2. Teil: Der Weg zur Beendigung der Entwicklungsmaßnahme

Darüber hinaus knüpfen weitere Vorschriften außerhalb des städtebaulichen Entwicklungsrechts ebenfalls an die Ziele und Zwecke der Entwicklungsmaßnahme an:

- Nach § 27 Abs. 1 Satz 1 BauGB kann der Käufer eines Grundstücks die Ausübung des gemeindlichen Vorkaufsrechts nach § 24 Abs. 1 Satz 1 Nr. 3 BauGB abwenden, wenn die Verwendung des Grundstücks [...] *nach den Zielen und Zwecken der städtebaulichen Maßnahme bestimmt oder mit ausreichender Sicherheit bestimmbar ist,* der Käufer in der Lage ist, das Grundstück binnen angemessener Frist dementsprechend zu nutzen und er sich [...] hierzu verpflichtet.
- Nach § 182 Abs. 1 BauGB kann die Gemeinde private Miet- oder Pachtverhältnisse auf Antrag des Eigentümers aufheben, wenn *die Verwirklichung der Ziele und Zwecke der Entwicklung im städtebaulichen Entwicklungsbereich dies erfordert.*

Zur Klarstellung sei darauf hingewiesen, dass auch in § 165 Abs. 3 Satz 1 Nr. 1 BauGB von „Zielen und Zwecken" die Rede ist: Danach darf die Gemeinde einen städtebaulichen Entwicklungsbereich nur festlegen, wenn die Maßnahme den *Zielen und Zwecken nach § 165 Abs. 2 BauGB* entspricht.[153] Hierzu ist aber festzustellen, dass das Gesetz die „Ziele und Zwecke" an dieser Stelle mit anderem Sinngehalt verwendet: Wenn § 165 Abs. 3 Satz 1 Nr. 1 BauGB auf die Ziele und Zwecke nach § 165 Abs. 2 BauGB verweist, so sind die gesetzlich definierten Ziele, Gegenstände und Arten städtebaulicher Entwicklungsmaßnahmen gemeint, nicht jedoch das eigentliche Entwicklungskonzept, das nach § 165 Abs. 4 Satz 2 i. V. m. § 140 Nr. 3, Nr. 4 BauGB von der Gemeinde im Rahmen der Vorbereitung der städtebaulichen Entwicklungsmaßnahme erst noch bestimmt und dann laufend fortgeschrieben werden muss.

b) Unterschiede zu sonstigen informellen Planungen

Schon angesichts der zahlreichen gesetzlichen Anknüpfungen an die Ziele und Zwecke der Entwicklungsmaßnahme stellt sich die Frage, ob das Entwicklungskonzept der §§ 165 ff BauGB zutreffend als informelle Planungsart zu qualifizieren ist. Die informellen Planungen haben nach herkömmlichem Verständnis nur vorbereitenden Charakter, ihre hauptsächliche Bedeutung liegt nicht in der unmittelbaren externen Verbindlichkeit, sondern in der internen Bindungswirkung.[154] Das Entwicklungskonzept wurde deshalb als bloßes Verwaltungsinternum qualifiziert.[155] Informelle Planungen erfahren regelmäßig keine Normierung,[156] wenn doch, so stellt die Normierung typischerweise bereits den bloßen Empfehlungscharakter[157]

---

[153] Vgl. hierzu bereits § 3.II. und § 3.III. 1.
[154] *Krautzberger,* in: Battis / Krautzberger / Löhr, § 1, Rn. 81.
[155] *Fislake,* in: Berliner Kommentar zum BauGB, § 140, Rn. 23.
[156] Vgl. *Goldschmidt,* BauR 2004, 1402/1406 zu Stadtumbaumaßnahmen.
[157] So sieht beispielsweise § 4 Abs. 1 Satz 4 AGBauGB Bln vor: „Stadtentwicklungsplanung hat grundsätzlich Empfehlungscharakter für alle an der Planung beteiligten Stellen."

§ 6 Änderung der Ziele und Zwecke der Entwicklungsmaßnahme   141

oder die bloß verwaltungsinterne Bindungswirkung[158] klar. Dies gibt Anlass dazu, die Unterschiede des Entwicklungskonzepts im Rahmen der Entwicklungsmaßnahme zu informellen Planungen herkömmlicher Art näher zu untersuchen.

aa) Gesetzliche Ausgestaltung

Offensichtlich ist, dass die Aussage, informelle Planungen seien nicht normiert, auf die Entwicklungsplanung nach den §§ 165 ff BauGB nicht zutrifft. Auch wenn keine der Bauleitplanung vergleichbare gesetzliche Ausgestaltung erfolgt ist, hat das Entwicklungskonzept in Gestalt der Ziele und Zwecke der Entwicklungsmaßnahme aber – wie soeben unter 2.1. – dargelegt in erheblichem Umfang eine Kodifizierung erfahren. Mit dem Verweis in § 169 Abs. 1 Nr. 1 BauGB auf §§ 137, 139 BauGB wurden darüber hinaus auch verfahrensmäßige Anforderungen statuiert.[159]

bb) Rechtliche Bindungswirkung

Darüber hinaus entfaltet das Entwicklungskonzept durchaus eine Bindungswirkung außerhalb der Sphäre des Planungsträgers selbst. Watzke und Otto halten die Handlungszwänge, die sich für die Eigentümer im Rahmen der Entwicklungsmaßnahme aufgrund des Inhalts des städtebaulichen Entwicklungskonzepts ergeben, sogar für vergleichbar mit der Eingriffsintensität städtebaulicher Gebote nach den §§ 175 ff BauGB.[160] Am deutlichsten wird dies beim entwicklungsrechtlichen Genehmigungserfordernis nach § 169 Abs. 1 Nr. 3 i. V. m. §§ 144, 145 Abs. 2 BauGB: Auch wenn das Entwicklungskonzept im Hinblick auf unmittelbar verbindliche Festsetzungen noch der Umsetzung durch Entwicklungsbebauungspläne (§ 166 Abs. 1 Satz 2 BauGB) bedarf, kommt ihm im Vorfeld der planerischen Festsetzung eine erhebliche externe Bindungswirkung dadurch zu, dass sein Inhalt auf Grundlage von § 145 Abs. 2 BauGB Vorhaben und Rechtsgeschäften als Verfügungs- und Veränderungssperre entgegengehalten werden kann. Angesichts der bereits dargestellten Verfahrensdauer städtebaulicher Entwicklungsmaßnahme kann sich dieses „Vorfeld" über viele Jahre hinziehen.[161]

Der Eigentümer kann dem Verlust seines Grundstückes im städtebaulichen Entwicklungsbereich außerdem nur dadurch entgehen, dass er sich zu einer Be-

---

[158] Zu Bereichsentwicklungsplänen, die im Gegensatz zu Stadtentwicklungsplänen nach Berliner Recht der teilräumlichen Entwicklung dienen sollen, legt § 4 Abs. 2 Satz 4 AGBauGB Bln fest: „Das Ergebnis der Bereichsentwicklungsplanung ist verwaltungsintern bindend; es ist in der verbindlichen Bauleitplanung bei der Abwägung zu berücksichtigen."

[159] Vgl. dazu noch näher § 6.II.1.c).

[160] *Watzke/Otto*, ZfBR 2002, 117/121.

[161] Vgl. zur zulässigen Dauer der Durchführung eines Entwicklungsmaßnahme bereits § 3.III.4.

bauung im Einklang mit dem Entwicklungskonzept verpflichtet (§ 166 Abs. 3 Nr. 2 BauGB). Selbiges gilt für den Käufer, der die Ausübung des gemeindlichen Vorkaufsrechts abwenden will (§ 27 Abs. 1 Satz 1 BauGB). Auch der Inhalt der Baupflichten auf einzelnen Grundstücken wird durch das Entwicklungskonzept vorherbestimmt (§ 169 Abs. 7 BauGB). Schließlich kann die Gemeinde unter Berufung auf das Entwicklungskonzept Miet- und Pachtverhältnisse aufheben, wenn der Eigentümer dies beantragt (§ 182 Abs. 1 BauGB) – selbst dieser Antrag ist aber entbehrlich, wenn die Gemeinde selbst Eigentümerin ist.[162]

Schließlich entscheidet sich, ob die besonderen Bindungen des Entwicklungsrechts in einem im Zusammenhang bebauten Gebiet überhaupt erst eintreten, weil ein Anpassungsgebiet festgesetzt wird (§ 170 Abs. 1 Satz 1 BauGB)[163] oder durch die Aufhebung des Entwicklungsrechts (§ 162 Abs. 1 Satz 1 BauGB) bzw. die Erteilung einer Abschlussgenehmigung (§ 163 Abs. 1 Satz 1 und Abs. 2 Satz 1 BauGB) wieder entfallen, ebenfalls gleichermaßen nach dem Entwicklungskonzept der Gemeinde.

Bemerkenswert ist auch, dass allein auf Grundlage des Entwicklungskonzepts von der für das Entwicklungsrecht konstitutiven (Re-)Privatisierung abgesehen werden kann. Nach § 169 Abs. 5 BauGB besteht eine Ausnahme von der Privatisierungspflicht, wenn das Grundstück in einem Bebauungsplan als Gemeinbedarfsfläche festgesetzt ist oder aber „für sonstige öffentliche Zwecke" benötigt wird, die sich demnach ausdrücklich nicht aus einer Festsetzung im Bebauungsplan ergeben müssen.[164] Ob ein solcher „sonstiger öffentlicher Zweck" vorliegt, ergibt sich wiederum aus den Zielen und Zwecken der Entwicklungsmaßnahme.[165]

Auch wenn diese Rechtsfolgen für die betroffenen Eigentümer, Mieter oder Pächter sämtlich nur mittelbar entweder durch einen weiteren hoheitlichen Umsetzungsakt (z. B. Genehmigungsversagung, Satzungsbeschluss über ein Anpassungsgebiet oder eine Aufhebungssatzung, Ablehnung eines Zuteilungsanspruchs im Rahmen der Privatisierung) oder einvernehmlichen Vertragsabschluss eintreten, ist der Inhalt dieser Umsetzungsakte durch das Entwicklungskonzept jeweils vorherbestimmt.[166] Hierdurch besteht eine erheblich stärkere Bindungswirkung im Außenverhältnis als bei herkömmlichen informellen Planungen.

---

[162] *Krautzberger*, in: Battis/Krautzberger/Löhr, § 182, Rn. 6.
[163] Im Anpassungsgebiet gelten bis auf den gemeindlichen Grunderwerb die übrigen Beschränkungen des städtebaulichen Entwicklungsrechts, vgl. § 170 Abs. 1 Satz 4 BauGB.
[164] *Schlichter/Roeser* sehen darin „eine nicht unwesentliche Erweiterung", in: Berliner Kommentar zum BauGB, § 169, Rn. 29.
[165] *Krautzberger*, in: Krautzberger, Städtebauförderungsrecht, § 169, Rn. 79.
[166] Vgl. auch BGH, BRS 19, Nr. 45.

cc) Faktische Außenwirkung

Das Entwicklungskonzept hat aber darüber hinaus auch faktische Außenwirkung. Der Inhalt des Entwicklungskonzepts ist letztlich für die Grundstückseigentümer maßgeblich, welche Entscheidungen und Dispositionen sie bereits lange im Vorfeld einer planerischen Festsetzung treffen. Im Vertrauen darauf, dass eine einmal konkretisierte Entwicklungskonzeption umgesetzt wird, werden sie Grundstücke entweder veräußern – etwa als Gewerbetreibende, die eine angestrebte Wohnnutzung nicht umsetzen können oder wollen – oder aber Grundstücke erst (hinzu-)erwerben. Baumaßnahmen werden begonnen oder verschoben, gewerbliche Nutzungen aufgegeben, Arbeitsplätze verlagert, Verträge mit Mietern abgeschlossen oder vorsorglich gekündigt.[167]

Schließlich können sich faktische Auswirkungen auch im Hinblick auf Bodenwerte ergeben:[168] Wenn die Gemeinde im Zuge einer Änderung der Entwicklungskonzeption entscheidet, im gesamten Entwicklungsbereich oder in Teilgebieten die Entwicklungskulisse erheblich zu reduzieren, wird dies vom Grundstücksmarkt durchaus registriert, die Verkehrswerte geben nach, Kreditsicherungen werden möglicherweise in Frage gestellt. Derartig konkrete faktische Außenwirkungen haben informelle Planungen des Allgemeinen Städtebaurechts regelmäßig nicht.

dd) Konkreter Durchführungsbezug

Die Entwicklungskonzeption ist ferner nicht nur eine vorbereitende, grobmaschigere Planung im Vorfeld eines Bebauungsplans wie beispielsweise die Stadt- und Bereichsentwicklungspläne nach § 4 AGBauGB Bln, sondern enthält auch konkrete Durchführungselemente, nämlich etwa einen Zeit- und Maßnahmenplan[169] und die Kosten- und Finanzierungsübersicht nach § 171 Abs. 2 i. V. m. § 149 BauGB.[170] Da die Gemeinde bei der städtebaulichen Entwicklungsmaßnahme nicht nur reine Angebotsplanung wie im Rahmen der Bauleitplanung betreibt, sondern selbst maßgeblich an der Umsetzung von Ordnungs- und subsidiär auch der Baumaßnahmen[171] beteiligt ist („staatlicher Raumgestaltungsauftrag"),[172] gehört zum Entwicklungskonzept eben nicht nur die Vorbereitung der städtebauli-

---

[167] Beispiele teilweise auch bei *Watzke/Otto*, ZfBR 2002, 117/121.

[168] So auch *Schmidt-Eichstaedt*, ZfBR 2001, 13, für die Ziele und Zwecke der Sanierungsmaßnahme.

[169] *Krautzberger*, in: Krautzberger, Städtebauförderungsrecht, § 140, Rn. 39.

[170] Diese bezeichnet *Fislake* als „Teilplanung" im Rahmen der Gesamtplanung der Sanierung bzw. Entwicklung, in: Berliner Kommentar zum BauGB, § 149, Rn. 3.

[171] Vgl. § 169 Abs. 1 Nr. 4 i. V. m. § 148 Abs. 1 Satz 1 Nr. 2 BauGB.

[172] So die Formulierung von *Schmidt-Aßmann*, Grundfragen des Städtebaurechts, 1972, S. 223. Vgl. bereits § 2.I.2.3.

144   2. Teil: Der Weg zur Beendigung der Entwicklungsmaßnahme

chen Planung, sondern auch der tatsächlichen Durchführung, Finanzierung und Aufgabenverteilung. Dieser Durchführungsbezug ist den rein vorbereitenden informellen Planungen des Allgemeinen Städtebaurechts fremd.

c) Ergebnis und Folgerungen

Dies alles zeigt, dass sich das Entwicklungskonzept nach §§ 165 ff BauGB in vielerlei Hinsicht von den herkömmlichen informellen Planungen unterscheidet. Im Ergebnis ist das Entwicklungskonzept deshalb als eigenständige Planungskategorie oberhalb der informellen Planung zu verorten.[173] Dem nähert sich auch Krautzberger, wenn er davon spricht, die Rechtsfigur der Ziele und Zwecke der Entwicklungsmaßnahme sei als „besondere Planungsart" aufzufassen, die der Gesetzgeber für den Typus der städtebaulichen Maßnahmen entwickelt habe.[174] Auch Neuhausen bezeichnet das Entwicklungskonzept als „Plan sui generis".[175] Hieran knüpft auch Fieseler an, der für das Sanierungsrecht feststellt, das Sanierungskonzept stelle „eine Entscheidungsgrundlage eigener Art (sui generis) dar."[176] Schmidt-Eichstaedt schließlich spricht von einer „in sich selbständigen Rechtsfigur der Ziele und Zwecke."[177]

Die schematische Einordnung als informelle Planung kann ansonsten leicht dazu führen, dass die Bedeutung und Bindungswirkung des Entwicklungskonzepts und die hieraus resultierenden rechtlichen Risiken in der Praxis von Gemeinden und Entwicklungsträgern verkannt werden.[178]

II. Anforderungen an das Entwicklungskonzept, insbesondere bei einer späteren Änderung der Entwicklungsziele

Die Einordnung des städtebaulichen Entwicklungskonzepts als eigenständige Planungsebene oberhalb der informellen Planung macht deutlich, dass an die Erar-

---

[173] Damit würde der Ansatz *Möllers*, der die Konzeptplanung im Stadtumbau- und Sanierungsrecht dogmatisch als eigenständige Planungskategorie oberhalb der informellen Planung einordnet, auf das städtebauliche Entwicklungsrecht übertragen, vgl. in: Siedlungsrückbau in den Neuen Ländern, 2006, S. 78. Zum Verhältnis der Sanierungskonzepte zu bestehenden Bebauungsplänen vgl. *Schmidt-Eichstaedt*, ZfBR 2001, 13/16.

[174] *Krautzberger*, in: Bielenberg/Koopmann/Krautzberger, § 140, Rn. 38.

[175] *Neuhausen*, in: Kohlhammer-Kommentar zum BauGB, Vor §§ 136–164, Rn. 50.

[176] *Fieseler*, Städtebauliche Sanierungsmaßnahmen, 2000, S. 77.

[177] *Schmidt-Eichstaedt*, ZfBR 2001, 13/14.

[178] Für Missverständnisse in der Entwicklungspraxis im Hinblick auf das Entwicklungskonzept vgl. auch *Fislake*, in: FS für Schlichter, 1995, Seite 425/428.

§ 6 Änderung der Ziele und Zwecke der Entwicklungsmaßnahme   145

beitung, Konkretisierung und Änderung der Entwicklungsziele konkrete rechtliche Anforderungen zu stellen sind und sich das Entwicklungskonzept nicht in einem weitgehend rechtsfreien Raum der Informalität bewegt. Diese Anforderungen sind bisher mit einigen Unsicherheiten verbunden.[179]

1. Formelle Anforderungen

Formelle Anforderungen an das Entwicklungskonzept stellen sich im Hinblick auf die Zuständigkeit für Entwicklungsplanung und deren Änderung, die Veröffentlichung des jeweiligen Entwicklungskonzepts und die Beteiligung von Betroffenen und öffentlichen Aufgabenträgern.

a) Zuständigkeit für die Entwicklungsplanung

Aus dem Bundesrecht, insbesondere dem BauGB, ergibt sich nicht ausdrücklich, wer über die Ziele und Zwecke der Entwicklungsmaßnahme zu entscheiden hat. Rechtsquelle dafür, welche kommunalen Organe zur Entwicklungsplanung berufen sind, ist das Kommunalrecht.[180] Mangels ausdrücklicher Zuweisung der Aufgabe der Entwicklungsplanung in den Gemeindeordnungen und Kommunalverfassungen ist zunächst nicht zwingend davon auszugehen, dass die unmittelbar demokratisch legitimierte Gemeindevertretung über das Entwicklungskonzept entscheiden oder beschließen muss.[181]

In Berlin sind allerdings die stadtstaatlichen Besonderheiten zu beachten.[182] § 27 Abs. 1 Satz 1 AGBauGB i. V. m. § 246 Abs. 2 Satz 1 BauGB sieht vor, dass der städtebauliche Entwicklungsbereich durch Rechtsverordnung des Senats festgelegt wird. Die Rechtsverordnung ist nach dem Senatsbeschluss gemäß Art. 64 Abs. 3 Satz 1 VvB dem Abgeordnetenhaus unverzüglich zur Kenntnis vorzulegen.

---

[179] So für das Sanierungsrecht auch *Möller*, Siedlungsrückbau in den Neuen Ländern, 2006, S. 184 f.

[180] *Bielenberg/Krautzberger*, in: Ernst/Zinkahn/Bielenberg/Krautzberger, § 142, Rn. 11; *Krautzberger*, in: Battis/Krautzberger/Löhr, § 142, Rn. 16; dieser nennt als verschiedene mögliche Varianten etwa die Verwaltung, den Rat insgesamt oder einzelne Ausschüsse der Gemeindevertretung.

[181] OVG Lüneburg, ZfBR 1987, 206; offen gelassen durch OVG Münster, BRS Bd. 36 Nr. 228, jeweils für das Sanierungsrecht. A. A. VGH München, BayVBl. 1980, 339/340, der es als notwendig ansieht, dass die Gemeinde bei ihrem Beschluss über eine Sanierungssatzung auch die Ziele und Zwecke der Sanierung beschließt. Das BVerwG hat festgestellt, dass das Entwicklungskonzept mindestens von dem innerhalb der kommunalrechtlichen Zuständigkeitsordnung maßgeblichen Gemeindeorgan „gebilligt" sein müsse, hierzu sei wegen der grundsätzlichen Bedeutung und der weitreichenden Folgewirkungen die Gemeindevertretung berufen, NJW 1982, 2787/2789.

[182] Ausführlich zum Verfahren zum Erlass der Rechtsverordnung *Arndt*, Städtebauliche Entwicklungsmaßnahme, 1999, S. 45 f.

§ 27 Abs. 3 Satz 1 AGBauGB bestimmt für die *Vorbereitung und Durchführung* von städtebaulichen Entwicklungsmaßnahmen die Zuständigkeit der für Bauwesen zuständigen Senatsverwaltung; § 27 Abs. 3 Satz 2 und 3 AGBauGB sieht vor, dass die Bezirke zu beteiligen sind und einzelne Aufgaben von der zuständigen Senatsverwaltung auf die Bezirke übertragen werden können. Mithin ist die Entwicklungsplanung und die Entscheidung über das Entwicklungskonzept nach Berliner Landesrecht zunächst ein Geschäft der laufenden Verwaltung bei der Senatsverwaltung für Stadtentwicklung.[183]

Im Hinblick darauf, ob die Gemeindevertretung durch den Satzungsbeschluss das Entwicklungskonzept gleichsam „mitbeschließt", wurde bereits dargelegt, dass die Entwicklungssatzung selbst regelmäßig nicht die Ziele und Zwecke der Entwicklungsmaßnahme enthält.[184] Die mit dem EAG Bau 2004 erforderlich gewordene Begründung der Entwicklungssatzung nach § 165 Abs. 7 BauGB muss nun allerdings die Ziele und Zwecke der Entwicklungsmaßnahme darstellen,[185] mit dem Satzungsbeschluss wird die Gemeindevertretung somit das anfängliche Entwicklungskonzept konkludent billigen, auch wenn die Begründung nicht Teil der Entwicklungssatzung ist und von der Gemeindevertretung deshalb nicht formell beschlossen wird.[186] Kein Teil der Entwicklungssatzung sind im Übrigen das Ergebnis der vorbereitenden Untersuchungen nach § 165 Abs. 4 BauGB oder der noch bis zum BauROG 1998 im Anzeigeverfahren vorzulegende Bericht nach § 143 Abs. 1 Satz 1 Halbsatz 2 BauGB a. F.[187]

Es ist aber zu berücksichtigen, dass nur das Entwicklungskonzept, wie es sich im Zeitpunkt der Festlegung des städtebaulichen Entwicklungsbereichs darstellt, zusammen mit dem Satzungsbeschluss zustimmend zur Kenntnis genommen werden kann, später erforderliche Konkretisierungen und/oder auch grundlegende Änderungen der Ziele und Zwecke der städtebaulichen Entwicklungsmaßnahme müssen unabhängig vom Satzungsbeschluss beurteilt werden.

Dies macht deutlich, dass bei genauer Betrachtung drei verschiedene Sachverhaltskonstellationen zu unterscheiden sind:[188] Zum einen die allgemeinen Zie-

---

[183] So die Formulierung des OVG Lüneburg, ZfBR 1987, 206 für die Rechtslage nach der Niedersächsischen Gemeindeordnung.

[184] Siehe § 5.II.1.4., vgl. ferner *Bielenberg/Krautzberger*, in: Ernst/Zinkahn/Bielenberg/Krautzberger, § 142, Rn. 11.

[185] § 165 Abs. 7 Satz 2 BauGB sieht nunmehr vor, dass in der Begründung die Gründe darzulegen sind, „die die förmliche Festlegung des entwicklungsbedürftigen Bereichs rechtfertigen."

[186] Vgl. *Köhler*, in: Schrödter, BauGB, § 165, Rn. 52.

[187] *Bielenberg/Krautzberger*, in: Ernst/Zinkahn/Bielenberg/Krautzberger, § 142, Rn. 11.

[188] Vgl. für die Differenzierung zwischen den verschiedenen Sicherungszwecken in der ersten Phase der Entwicklung und dem Erfordernis einer zunehmenden Konkretisierung

§ 6 Änderung der Ziele und Zwecke der Entwicklungsmaßnahme   147

le und Zwecke, wie sie Motiv für die Festlegung des städtebaulichen Entwicklungsbereichs sind, zum anderen die zeitlich nachgelagerte, fortlaufende Konkretisierung dieser Ziele und Zwecke in einem sich ständig verdichtenden Entwicklungskonzept. Die dritte Konstellation, die maßgeblich den vorliegenden Untersuchungsanlass auszeichnet, ist dagegen eine Änderung des ursprünglichen Entwicklungskonzepts, die nicht den Charakter einer schlichten Verdichtung und Konkretisierung, sondern eines Richtungswechsels, einer Umsteuerung der gesamten Entwicklungsmaßnahme hat.

Für die erste Phase mit und nach Erlass der Entwicklungssatzung ist durch die Einführung der Begründungspflicht in § 165 Abs. 7 BauGB durch das Bundesrecht sichergestellt, dass die Gemeindevertretung bzw. in Berlin der Senat die Ziele und Zwecke der Entwicklungsmaßnahme in ihre/seine Willensbildung mit aufnimmt. Für die fortlaufende und dem Prozess der Planung inhärente Konkretisierung der Entwicklungsplanung dürfte es kaum praktikabel sein, den Planungsträgern aufzuerlegen, jede Verdichtung etwa des fortzuschreibenden Rahmenplanes durch die Gemeindevertretung förmlich beschließen oder billigen zu lassen. Die notwendige Flexibilität der Planung ginge damit verloren. Außerdem sind betroffene Grundstückseigentümer bei einer Entwicklung des konkretisierten Konzepts aus den ursprünglichen Zielen und Zwecken nicht schutzbedürftig, den Planungsvorstellungen der Gemeinde wohnt dann kein „Überraschungsmoment" inne. Deshalb ist diese Fallkonstellation als Geschäft der laufenden Verwaltung zu qualifizieren.

Kritischer sind indes die Fälle der dritten Konstellation zu beurteilen, wenn die Gemeinde nämlich innerhalb des ausfüllungsbedürftigen Rahmens der Entwicklungssatzung eine Richtungsänderung vornimmt, die über eine bloße Konkretisierung hinausgeht. Denkbar sind hier etwa Fälle, in denen sich das ursprüngliche Entwicklungskonzept bereits in einem Entwicklungsbebauungsplan nach § 166 Abs. 1 Satz 2 BauGB konkretisiert hatte, der von der Gemeindevertretung nach § 10 Abs. 1 BauGB beschlossen wurde, und nun nachträglich eine Änderung des Entwicklungskonzepts die Festsetzungen wieder in Frage stellt. In diesen Fällen könnte ein an sich planungsrechtlich zulässiges Vorhaben nach §§ 144, 145 Abs. 2 BauGB verhindert werden, wenn es den neueren Planungsvorstellungen widerspricht.[189]

Es lassen sich aber auch Beispiele bilden, in denen es nicht zu einer Verfestigung eines überholten Entwicklungskonzepts durch Bebauungspläne gekommen ist: Hat die Gemeindevertretung etwa einen städtebaulichen Entwicklungsbereich durch Satzung festgelegt, mit dem die Deckung eines erhöhten Bedarfs an Wohnungen angestrebt wurde, so ist fraglich, ob dann die planende Verwaltung Bauanträge auf

---

im Verlauf der Entwicklungsmaßnahme *Krautzberger*, in: Krautzberger, Städtebauförderungsrecht, § 145, Rn. 29 ff.

[189] Vgl. Fallgestaltung bei VGH Mannheim, BRS Bd. 46, Nr. 218; *Krautzberger*, in: Krautzberger, Städtebauförderungsrecht, § 145, Rn. 38, 42.

Realisierung von Wohnungsbau auf Grundlage von §§ 144, 145 Abs. 2 BauGB mit der Begründung verweigern könnte, nach Änderung des Entwicklungskonzepts werde nunmehr die Ansiedlung eines Gewerbeparks angestrebt.

Zur Beurteilung dieser Frage lässt sich aus dem Gewaltenteilungsprinzip (Art. 20 Abs. 2 GG) oder dem Vorbehalt des Gesetzes und der Wesentlichkeitstheorie keine Antwort gewinnen, denn sowohl Gemeindevertretung als auch die Gemeindeverwaltung (Bürgermeister, Gemeindevorstand oder Magistrat) sind als Verwaltungsorgane Teil der Exekutive, die Gemeindevertretung ist kein Parlament im Sinne der Gewaltenteilungslehre.[190] Die gesetzliche Grundlage für die Bestimmung von Inhalt und Schranken des Eigentums gemäß Art. 14 Abs. 1 Satz 2 GG findet sich in den dargestellten Beispielsfällen in den Regelungen der §§ 165, 169 Abs. 1 Nr. 3, 144, 145 Abs. 2 BauGB.[191]

Maßgeblich dafür, warum eine Richtungsänderung der Entwicklungskonzeption dennoch jedenfalls der zustimmenden Billigung durch das Beschlussorgan bedarf, welches auch für den Beschluss der Satzung zuständig ist, sind die Prinzipien des Kommunalrechts. Angelegenheiten von grundsätzlicher Bedeutung sind in allen Gemeindeordnungen der Gemeindevertretung als Hauptorgan der Gemeinde zugewiesen.[192] Die Änderung der Ziele und Zwecke der Entwicklungsmaßnahme kann deshalb angesichts der weitreichenden Konsequenzen der Entwicklungsplanung und bei Anerkennung des Entwicklungskonzepts als eigenständiger Planungsebene nur so lange eine Aufgabe der laufenden Verwaltung sein, wie es sich um eine Fortschreibung und Konkretisierung der von der Gemeindevertretung im Rahmen des Satzungsbeschlusses gebilligten Entwicklungskonzeption handelt.

Kennzeichnend für solche Geschäfte der laufenden Verwaltung ist im Kommunalrecht nämlich, dass die Angelegenheiten nach Regelmäßigkeit und Häufigkeit zu den üblichen und regelmäßig wiederkehrenden Routineangelegenheiten zu rechnen sind, die nach feststehenden Grundsätzen *„auf eingefahrenen Gleisen"* entschieden werden können.[193] Mit anderen Worten: Sobald eine Weichenstellung oder gar ein Richtungswechsel vorgenommen werden soll, bedarf es einer erneuten Legitimation durch das zum Beschluss der Entwicklungssatzung berechtigte Organ der Gemeinde.[194]

---

[190] BVerfGE, 57, 43/59; BVerwG, NJW 1993, 411; OVG Münster, OVGE 12, 177/188; *Gern*, Deutsches Kommunalrecht, 2005, S. 201; *von Mutius*, Kommunalrecht, 1996, S. 360, Rn. 708 m.w.N.

[191] Vgl. dazu grundlegend BVerfG, NVwZ 2003, 71 und bereits § 3.III.2.1.

[192] *Gern*, Deutsches Kommunalrecht, 2005, S. 202 mit entsprechenden Nachweisen über die Fundstellen in den einzelnen Gemeindeordnungen.

[193] OVG Münster, OVGE 25, 186/193; *von Mutius*, Kommunalrecht, 1996, S. 361, Rn. 711 m.w.N.

[194] VGH München, BayVBl. 1980, S. 339/341. Ebenso wie hier im Ergebnis auch *Köhler*, in Schrödter, BauGB, § 140, Rn. 11; noch weitergehend *Fieseler*, Städtebauliche

§ 6 Änderung der Ziele und Zwecke der Entwicklungsmaßnahme

b) Frage der Veröffentlichungspflicht

Unabhängig von der Frage der Zuständigkeit für die Entwicklungsplanung ist die Frage nach der Veröffentlichung des jeweils geltenden Entwicklungskonzepts zu beurteilen. Mit der Einführung der Begründungspflicht in § 165 Abs. 7 Satz 1 BauGB muss die Gemeinde nunmehr zusammen mit dem Satzungsbeschluss schriftlich darlegen, welche allgemeinen Ziele sie mit der Festlegung des städtebaulichen Entwicklungsbereichs verfolgt.[195] Wird die Begründung entgegen der neuen Verfahrensvorschrift der Entwicklungssatzung nicht beigefügt, ist dies nach § 214 Abs. 1 Satz 1 Nr. 3 BauGB ein beachtlicher Fehler, die Satzung wäre nichtig. Die Begründung ist gemäß § 165 Abs. 8 Satz 2 i. V. m. § 10 Abs. 3 Satz 2 BauGB zu jedermanns Einsicht bereitzuhalten; über den Inhalt ist auf Verlangen Auskunft zu geben. Fraglich ist jedoch, wie bei einer späteren Konkretisierung oder dem soeben dargelegten Fall der Umsteuerung der Entwicklungsmaßnahme zu verfahren ist. Das BauGB schreibt in diesen Fällen eine Veröffentlichung des geänderten Entwicklungskonzepts nicht vor.

In der Literatur werden verschiedene Vorschläge diskutiert, wie eine rechtswirksame Konkretisierung des Entwicklungskonzepts in verfahrensmäßiger Hinsicht erfolgen könnte. Fieseler schlägt für das Sanierungsrecht vor, das Verfahren der Ersatzverkündung einer Sanierungssatzung nach § 143 Abs. 1 Satz 2 BauGB i. V. m. § 10 Abs. 3 Satz 2 BauGB analog anzuwenden und auch das jeweils konkretisierte Sanierungskonzept nebst Begründung zu jedermanns Einsicht bei der Gemeinde bereithalten zu lassen.[196] Darüber hinaus habe die Gemeinde nach § 143 Abs. 1 Satz 2 BauGB i. V. m. § 10 Abs. 3 Satz 2, 2. Halbsatz BauGB analog auch über den Inhalt des konkretisierten Sanierungskonzepts auf Verlangen Auskunft zu erteilen. Ferner habe die Gemeinde in einer Bekanntmachung des Beschlusses über die Konkretisierung der Sanierungsziele zugleich darauf hinzuweisen, wann und wo das Sanierungskonzept eingesehen werden könne (analog § 143 Abs. 1 Satz 2 BauGB i. V. m. § 10 Abs. 3 Satz 3 BauGB).[197] Dieser Ansatz ließe sich wegen des identischen Verweisungsgehalts der § 143 Abs. 1 Satz 2 BauGB und § 165 Abs. 8 Satz 2 BauGB auf das städtebauliche Entwicklungsrecht übertragen.

Sanierungsmaßnahmen, 2000, S. 78, Rn. 188; *ders.*, NVwZ 1997, 867/868; *ders.*, NVwZ 1998, 903/904. Vgl. auch *Möller*, Siedlungsrückbau in den Neuen Ländern, 2006, S. 185, der jedenfalls für den Einsatz des Sanierungsrechts im Siedlungsrückbau die „vage Legitimation der gemeindlichen Planung für unangemessen" hält. In Berlin wurde die durchgängige Legitimation des Entwicklungskonzepts dadurch sichergestellt, dass die Umsteuerung der Entwicklungsmaßnahmen ausdrücklich durch einen Senatsbeschluss bestätigt wurde, vgl. Senatsbeschluss Nr. 1279/2003 vom 1. Juli 2003; Pressemitteilung des Senats vom 22. 12. 2004; vgl. dazu bereits § 4.IV.

[195] *Köhler*, in: Schrödter, BauGB, § 165, Rn. 54 a. E.

[196] *Fieseler*, Städtebauliche Sanierungsmaßnahmen, 2000, S. 119, Rn. 311; *ders.*, NVwZ 1998, 903/904.

[197] *Fieseler*, ebda.

Fislake hält es aus Gründen der Rechtssicherheit ebenfalls für erforderlich, dass das aktuelle Sanierungskonzept regelmäßig der Öffentlichkeit in hinreichender Deutlichkeit vorgestellt wird.[198] Im Gegensatz zu Fieseler betont er den informellen Charakter der Veröffentlichung, schlägt aber de lege ferenda vor, dem § 140 BauGB einen Absatz mit dem Wortlaut anzufügen:

„Die Bestimmung der Ziele und Zwecke der Sanierung (Sanierungskonzept) ist jedes Mal ortsüblich bekannt zu machen. Dabei ist darauf hinzuweisen, dass die Ziele und Zwecke der Sanierung Veränderungen unterworfen werden können."[199]

Angesichts der Tatsache, dass der Gesetzgeber bei den Novellierungen des BauGB sowohl 1998 als auch 2004 und 2007 davon abgesehen hat, eine entsprechende Verfahrensvorschrift in das Gesetz aufzunehmen, ist davon auszugehen, dass er bewusst die Flexibilität der Sanierungs- und Entwicklungsplanung erhalten wollte. Allerdings spricht gerade der Praxisbericht Fieselers aus Leipzig, wo nach der Wende 13 Sanierungsgebiete mit einer Fläche von 464 ha förmlich festgelegt wurden, davon 12 im so genannten klassischen Verfahren, gegen eine übermäßige Einbuße an Flexibilität, denn hier ist es offenbar trotz regelmäßiger Veröffentlichung des konkretisierten Sanierungskonzepts (und regelmäßiger Beteiligung des Gemeinderats) gelungen, städtebauliche Missstände zügig und effektiv zu beheben.[200]

Aus der Anerkennung des Entwicklungskonzepts als eigenständiger Planungsebene oberhalb der informellen Planungen muss grundsätzlich folgen, dass die Entwicklungsplanung aus dem Bereich der Arkanpraxis der Verwaltung heraustreten muss. Die Einführung der Begründungspflicht der Satzung mit Darstellung der „ersten Fassung" des Entwicklungskonzepts, das damit zu jedermanns Einsicht vorliegt (§ 165 Abs. 7, Abs. 8 Satz 2, § 10 Abs. 3 Satz 2 BauGB), ist hierfür ein erster Schritt. Auch die Weiterentwicklung des Entwicklungskonzepts darf aber schon wegen § 169 Abs. 1 Nr. 1 i. V. m. § 137 BauGB, der die Betroffenenbeteiligung zum durchgehenden Prinzip der Entwicklungsmaßnahme macht,[201] nicht unter Ausschluss der Öffentlichkeit stattfinden.[202]

In diesem Zusammenhang ist auch das Interesse von Grundstückseigentümern zu berücksichtigen, bei einem Antrag auf Genehmigung nach § 169 Abs. 1 Nr. 3 i. V. m. §§ 144, 145 Abs. 2 BauGB dessen Erfolgsaussichten und gegebenenfalls auch die Erfolgsaussichten einer Versagungsgegenklage nach § 42 Abs. 2 VwGO einschätzen können. Ebenso ist der Aspekt zu berücksichtigen, ob ein in diesem

---

[198] *Fislake*, in: FS für Schlichter, 1995, S. 425/435 ff.

[199] *Fislake*, a. a. O., S. 425/437.

[200] Vgl. *Fieselers* Aufsatz „Leipziger Stadtentwicklungspraxis – Instrumente zur zügigen Durchführung der städtebaulichen Sanierungsmaßnahme", in NVwZ 1997, 867.

[201] Vgl. etwa *Krautzberger*, in: Battis/Krautzberger/Löhr, § 137, Rn. 5.

[202] So aber die Befürchtung *Fislakes*, in: FS für Schlichter, 1995, 425/438.

§ 6 Änderung der Ziele und Zwecke der Entwicklungsmaßnahme

Falle angerufenes Verwaltungsgericht auf sicherer Grundlage prüfen kann, ob im Zeitpunkt der Antragstellung tatsächlich „Grund zu der Annahme besteht, dass das Vorhaben, der Rechtsvorgang einschließlich der Teilung eines Grundstücks oder die damit erkennbar bezweckte Nutzung die Durchführung der Entwicklungsmaßnahme unmöglich machen oder wesentlich erschweren oder den Zielen und Zwecken der Entwicklungsmaßnahme zuwiderlaufen würde" (§ 169 Abs. 1 Nr. 3 i. V. m. § 145 Abs. 2 BauGB).

Zu den hierbei bestehenden Schwierigkeiten hat der VGH München in dem bereits zitierten Urteil zur Rechtslage nach dem StBauFG ausgeführt:

> „Es ist nun mit rechtsstaatlichen Grundsätzen von vornherein unvereinbar, derartige, oft schwerwiegende Entscheidungen [über eine entwicklungsrechtliche Genehmigung] lediglich auf Unterlagen zu stützen, die in keiner Weise dem zuständigen Beschlussorgan der Gemeinde zugerechnet werden können; auf ‚Schubladenpapiere' also, von denen man sich jederzeit dadurch distanzieren kann, dass man sie als persönliche Meinung des Verfassers bezeichnet."[203]

Auch Fislake weist für das Sanierungsrecht in diesem Zusammenhang darauf hin, die Praxis belege

> „überdeutlich, dass selbst die zuständigen Mitarbeiter der Gemeinde oftmals nur vage Angaben zum Sanierungskonzept machen können oder wollen. Zum einen können sie mitunter nicht hinreichend klar beschreiben, woraus sich das Sanierungskonzept eigentlich ergibt. […] Zum anderen ist nicht klar, ob das Sanierungskonzept überhaupt noch aktuell ist; denn wegen seiner Fortschreibungsbedürftigkeit ist es nicht ausgeschlossen, dass Teilaspekte des ursprünglichen Sanierungskonzepts bereits entfallen oder verändert sind. […] Die Gerichte haben praktisch keine Möglichkeit zur Kontrolle dessen, was als Sanierungskonzept von der Gemeinde im Prozess vorgetragen wird. Sie müssen darauf vertrauen, dass das, was die Gemeinde als Sanierungskonzept vorträgt, auch tatsächlich das Sanierungskonzept war."[204]

Analysiert man unter Einbeziehung dieses Befundes die Entwicklungsplanung im Hinblick auf ihre erheblichen Folgen, so wird das Bedürfnis dafür deutlich, auch an die nicht förmlich geregelte Entwicklungsplanung diejenigen Anforderungen schutzzweckorientiert zu übertragen, die für vergleichbares oder verwandtes rechtsförmliches Handeln wie dem Satzungserlass zu beachten sind, ohne dabei eine durchgängige Reformalisierung des informellen, planenden Verwaltungshandelns zu verlangen. Denn die Schutz- und Bewirkungsinteressen, die in der Ordnungsfunktion der Rechtsformenlehre gespeichert sind, können bei einem Bedürfnis einer analogen Anwendung von Verfahrensvorschriften den Grundsatz der Nichtförmlichkeit aus § 10 Satz 1 VwVfG überwinden.[205]

---

[203] VGH München, BayVBl. 1980, 339/341.
[204] *Fislake*, in: FS für Schlichter, 1995, 425/433 und 436.
[205] Vgl. zu diesem Maßstab an das informelle Verwaltungshandeln die Ausführungen bei *Schmidt-Aßmann*, Das allgemeine Verwaltungsrecht als Ordnungsidee, 2004, S. 350.

Die Anwendung dieser Grundsätze spricht für die Frage der Veröffentlichungspflicht für eine schutzzweckorientierte Differenzierung zwischen einer bloßen Fortschreibung des Entwicklungskonzepts einerseits und einer einschneidenden Richtungsentscheidung oder Umsteuerung andererseits. In ersterem Fall kann auf die bei Festlegung des Entwicklungsbereichs vorliegende Entwicklungskonzeption verwiesen werden, die es bis zu weiterreichenden Modifizierungen ermöglicht, die Ziele und Zwecke der Entwicklungsmaßnahme und somit die Zulässigkeit von Vorhaben im Sinne des § 145 Abs. 2 BauGB einigermaßen zuverlässig zu beurteilen. In letzterem Falle wohnt dem Inhalt der Entwicklungskonzeption für den Betroffenen hingegen ein Überraschungsmoment inne, wenn es für die Entscheidung der Gemeinde keine verlässliche Fundstelle gibt.

Deshalb ist entweder der von Fieseler für die Sanierungsplanung vorgeschlagenen Weg auf das Entwicklungsrecht zu übertragen und die Vorschriften über die Ersatzverkündung der Entwicklungssatzung nach § 165 Abs. 8 Satz 2 BauGB i. V. m. § 10 Abs. 3 Satz 2 bis 5 BauGB analog auf das geänderte Entwicklungskonzept anzuwenden, wenn es sich um grundlegende Änderungen der Ziele und Zwecke der Entwicklungsmaßnahme handelt.

Oder es ist auf andere Weise sicherzustellen, dass ein grundlegend geändertes Entwicklungskonzept den Betroffenen in geeigneter Weise bekannt gemacht wird. So ist es vertretbar, auf eine förmliche Ersatzverkündung zu verzichten, wenn im Rahmen des Beteiligungverfahrens nach § 169 Abs. 1 Nr. 1 i. V. m. §§ 137, 139 BauGB allen potentiell Betroffenen die Möglichkeit zur Kenntnisnahme und Erörterung des geänderten Entwicklungskonzepts gegeben wird und die Möglichkeit besteht, das Entwicklungskonzept einzusehen, nachdem die Ergebnisse des Beteiligungverfahrens in die Änderung der Entwicklungsziele eingeflossen sind.[206] Hierdurch werden bei Vermeidung einer übermäßigen Formalisierung der Entwicklungsplanung die Interessen der Betroffenen ausreichend gewahrt.

c) Beteiligungserfordernisse

Anerkannt ist, dass sich nach § 169 Abs. 1 Nr. 1 i. V. m. § 137 S. 1 BauGB die Aufgabe der Betroffenenbeteiligung in allen Phasen der Entwicklungsmaßnahme

---

[206] Dazu sogleich unter c). Diesen Weg hat das Land Berlin im Rahmen der Umsteuerung seiner Entwicklungsmaßnahmen gewählt, beispielsweise wurde die geänderte Entwicklungsplanung mit den betroffenen Grundeigentümern und Mietern im Entwicklungsbereich *„Wasserstadt Berlin-Oberhavel"* im Rahmen einer öffentlichen Veranstaltung am 23. 10. 2003 durch die Senatsverwaltung für Stadtentwicklung erörtert; auf diese Veranstaltung wurde öffentlich durch Bekanntmachung hingewiesen im Amtsblatt von Berlin Nr. 61 vom 30. 12. 2003, S. 5303; nach dem Beteiligungsverfahren wurde das geänderte Entwicklungskonzept im Überblick als „Zusammenfassung der Abwägung zur Änderung der Entwicklungsziele" der Begründung der ersten Rechtsverordnung zur teilweisen Aufhebung des Entwicklungsrechts im Entwicklungsbereich *„Wasserstadt Berlin-Oberhavel"* (GVBl. 2006 Nr. 2, S. 32) als Anlage beigefügt; vgl. zum Ganzen bereits § 4.IV.

§ 6 Änderung der Ziele und Zwecke der Entwicklungsmaßnahme 153

stellt. Wenn die Formulierung schlicht lautet „Die Sanierung [bzw. Entwicklung] soll mit Eigentümern, Mietern, Pächtern und sonstigen Betroffenen möglichst frühzeitig erörtert werden", so ist hiermit auch und vor allem die Entwicklungsplanung und die mögliche Änderung der Ziele und Zwecke der Entwicklungsmaßnahme im Laufe der Durchführung gemeint. Die Betroffenenbeteiligung ist durchgehendes Prinzip der gesamten Entwicklungsmaßnahme.[207] Sie hat insbesondere dann zu erfolgen, wenn sich wesentliche Änderungen der Entwicklungsziele ergeben sollen wie die Aufgabe der Entwicklungsabsicht oder eine erhebliche Reduzierung der Entwicklungskulisse. Hierbei sollen die Betroffenen nicht nur informiert werden, sondern ausdrücklich auch Anregungen und Kritik an der beabsichtigten Änderung der Entwicklungsplanung aufgenommen werden, die dann in die Abwägungsentscheidung zur Änderung des Entwicklungskonzepts einfließen.[208]

Die Form der Erörterung ist vom Gesetz nicht im Einzelnen vorgegeben. Da regelmäßig von einer großen Zahl von potentiell Betroffenen auszugehen sein wird, kommt zumeist eine Einladung zu einer Erörterungsveranstaltung in Betracht. Allerdings können sich zusätzlich Einzelgespräche mit Eigentümern anbieten, die für die zu treffende Entscheidung zur Änderung der Entwicklungsziele einen wesentlichen Beitrag leisten können, beispielsweise Eigentümer größerer Grundstückareale, die Schlüsselfunktionen für die weitere Entwicklung haben, sowie private Vertragspartner, mit denen Abwendungsvereinbarungen nach § 166 Abs. 3 Satz 3 Nr. 2, Satz 4 BauGB geschlossen wurden, deren Inhalt durch die Entscheidung über die Änderung der Ziele und Zwecke der Entwicklungsmaßnahme betroffen wird.

Darüber hinaus sieht § 169 Abs. 1 Nr. 1 i. V. m. § 139 Abs. 3 BauGB ausdrücklich den Fall der Änderung der Ziele und Zwecke der Entwicklungsmaßnahme vor: Ist eine Änderung des Entwicklungskonzepts oder aber von Maßnahmen und Planungen der Träger öffentlicher Belange, die im Laufe der Durchführung der Maßnahme abgestimmt wurden, beabsichtigt, so haben sich die Beteiligten unverzüglich miteinander ins Benehmen zu setzen.[209] Schließlich sieht in Berlin § 27 Abs. 3 AGBauGB vor, dass die Bezirke bei der Durchführung von städtebaulichen Entwicklungsmaßnahmen zu beteiligen sind. Da die Berliner Bezirke grundsätzlich nach §§ 5, 6 AGBauGB auch in städtebaulichen Entwicklungsbereichen für die Durchführung der Bebauungsplanverfahren zuständig sind,[210] ist deren Mitwirkung von besonderer Bedeutung.

---

[207] Vgl. *Krautzberger*, in: Battis/Krautzberger/Löhr, § 137, Rn. 5.
[208] Dazu sogleich § 6.II.2.a).
[209] Vgl. hierzu für das Sanierungsrecht ausführlich *Fieseler*, Städtebauliche Sanierungsmaßnahme, 2000, S. 119, Rn. 310.
[210] Lediglich für die Entwicklungsmaßnahme *Berlin-Johannisthal/Adlershof* hat der Senat durch Beschluss im Benehmen mit dem Rat der Bürgermeister auf Grundlage von § 9 Abs. 1 Satz 1 Nr. 1 AGBauGB die Zuständigkeit der Senatsverwaltung für Stadtentwicklung begründet (Wissenschaftsstadt Adlershof als Gebiet von außergewöhnlicher

d) Zwischenergebnis

Im Ergebnis ist die Gemeinde bei einer Änderung der Ziele und Zwecke der Entwicklungsmaßnahme gehalten, zunächst ein internes Konzept für die Umsteuerungsentscheidung zu erarbeiten, dann die Beteiligung der Betroffenen und der Träger öffentlicher Belange durchzuführen und anschließend nach einer Abwägung aller geltend gemachter Belange und Anregungen das neue Entwicklungskonzept von der Gemeindevertretung bzw. dem jeweils zum Satzungsbeschluss berufenen Organ beschließen oder billigen zu lassen und es schließlich entweder im Wege der Ersatzverkündung oder in anderer geeigneter Form zur Einsicht durch die Betroffenen bereit zu halten.

2. Materielle Anforderungen

Auch die materiellen Anforderungen an das städtebauliche Entwicklungskonzept ergeben sich nicht ausdrücklich aus dem BauGB. Es wurde aber bereits darauf hingewiesen, dass die Gemeinde verpflichtet ist, ihr anfangs notwendigerweise noch grobmaschiges Konzept im Verlauf der Durchführung der Maßnahme zu konkretisieren.[211] Im Übrigen wird von Rechtsprechung und Literatur betont, es bestehe ein weiter Handlungsspielraum der Gemeinde, ihre Entwicklungsziele einer veränderten Sachlage anzupassen.[212] Die Gemeinde soll im Rahmen der Durchführung der Entwicklungsmaßnahme weder zu einer „Totalentwicklung"[213] noch – wiederum bezogen auf die Sanierungsmaßnahme – zu einer vollständigen Beseitigung aller städtebaulichen Missstände verpflichtet sein.[214] Das Gesetz sei für unterschiedliche Sanierungs- bzw. Entwicklungskonzepte offen; eine Gemeinde, die etwa mit einem umfassenden Sanierungs- bzw. Entwicklungskonzept angetreten sei, sei nicht gehindert, ihr Konzept den veränderten Umständen anzupassen, zu denen auch finanzielle Rahmenbedingungen zählen könnten.[215]

---

stadtpolitischer Bedeutung). In diesen Fällen tritt die Zustimmung des Abgeordnetenhauses zu dem Bebauungsplan nach § 8 Abs. 1 AGBauGB an die Stelle des Beschlusses der zuständigen Bezirksverordnetenversammlung. Für den Sonderfall der Entwicklungsmaßnahme *Hauptstadt Berlin – Parlaments- und Regierungsviertel* ergibt sich die Zuständigkeit der Landesebene unmittelbar aus der gesetzlichen Anordnung des § 8 Abs. 1 AGBauGB.

[211] BVerwGE 70, 83/91; BGH, ZfBR 1982, 133/135, OVG Berlin, NVwZ-RR 1992, 7/9, vgl. zur Konkretisierung bereits § 5.I.1.e).

[212] VGH Mannheim, VGHBW-Ls 2000, Beilage 2, B 1–2; *Krautzberger*, in: Ernst/Zinkahn/Bielenberg/Krautzberger, § 162, Rn. 11; *ders.*, in: Battis/Krautzberger/Löhr, § 162, Rn. 4; *Lüers*, BBauBl. 1977, 152/155; *Köhler*, in: Schrödter, BauGB, § 162, Rn. 3.

[213] Im Abschlussbericht zur Novelle 1984, BT-Drs. 10/2039, S. 12 findet sich die Formulierung der „Totalsanierung".

[214] *Krautzberger*, in: Ernst/Zinkahn/Bielenberg/Krautzberger, § 162, Rn. 11; *Fislake*, in: Berliner Kommentar zum BauGB, § 162, Rn. 5.

§ 6 Änderung der Ziele und Zwecke der Entwicklungsmaßnahme   155

Im Folgenden soll der Versuch unternommen werden, im Rahmen dieses Handlungsspielraums die Maßgaben zu bestimmen, welche die Gemeinde bei einer Änderung der Ziele und Zwecke der Entwicklungsmaßnahme in materieller Hinsicht zu beachten hat. Der Inhalt dessen, was die Gemeinde mit ihrem Entwicklungskonzept anstreben kann, wird zunächst wie für jede Form staatlicher Planung[216] durch verfassungsrechtliche Vorgaben begrenzt.[217] Darüber hinaus ist zu untersuchen, ob auch der rechtliche Rahmen, der für die Festlegung des Entwicklungsbereichs nach § 165 Abs. 3 BauGB gilt, das Entwicklungskonzept begrenzt und strukturiert.

a) Abwägungsgebot

Bei der Bestimmung der Ziele und Zwecke der städtebaulichen Entwicklungsmaßnahme wie bei deren späteren Änderung und Konkretisierung im Zuge der Durchführung muss die Gemeinde das Abwägungsgebot beachten.[218] Krautzberger führt hierzu für das Sanierungsrecht aus:

„Die Bestimmung der Ziele und Zwecke der Sanierung muss von einer sachgerechten Abwägung getragen sein. Die Geltung des Abwägungsgebots ergibt sich unmittelbar daraus, dass das Sanierungskonzept rechtlich als Planung zu bewerten ist. Die rechtlichen Anforderungen, die an das Entwicklungskonzept zu stellen sind, entsprechen deshalb nach Verfahren und Inhalt den Anforderungen, die sich aus allgemeinen rechtsstaatlichen Gründen für Planungen ergeben."[219]

In die Abwägung müssen deshalb nach der Abwägungsformel des Bundesverwaltungsgerichts alle öffentlichen und privaten Belange eingestellt werden, die nach Lage der Dinge einzustellen sind.[220] Diese Belange ergeben sich zunächst aus den Anregungen, die von den Betroffenen und den öffentlichen Aufgabenträgern im Rahmen des Beteiligungsverfahrens nach § 169 Abs. 1 i.V. m. §§ 137, 139 Abs. 3 BauGB geltend gemacht wurden, sie beschränken sich jedoch nicht darauf, denn die Gemeinde muss auch diejenigen Belange berücksichtigen, die ihr bekannt waren oder die sich ihr hätten aufdrängen müssen, auch wenn sie nicht

---

[215] *Krautzberger*, in: Ernst/Zinkahn/Bielenberg/Krautzberger, § 162, Rn. 11; *ders.*, in: Battis/Krautzberger/Löhr, § 162, Rn. 4; *Lüers*, BBauBl. 1977, 152/155.

[216] Vgl. grundlegend BVerwGE 48, 56 ff.

[217] Vgl. dazu grundlegend *Ossenbühl*, Welche normativen Anforderungen stellt der Verfassungsgrundsatz des demokratischen Rechtsstaats an die planende staatliche Tätigkeit? – dargestellt am Beispiel der Entwicklungsplanung, Gutachten für den 50. Deutschen Juristentag, 1974.

[218] Vgl. BVerwG, BRS Bd. 60, Nr. 222. Für städtebauliche Entwicklungskonzepte im Rahmen des Stadtumbaus ergibt sich dies ausdrücklich aus der gesetzlichen Anordnung des § 171b Abs. 2 Satz 2 BauGB, vgl. dazu *Möller*, Siedlungsrückbau in den neuen Ländern, 2006, S. 103; *Goldschmidt*, BauR 2004, 1402/1406.

[219] *Krautzberger*, in: Krautzberger, Städtebauförderungsrecht, Rn. 46.

[220] BVerwGE 34, 301/309, 314; ständige Rechtsprechung; vgl. detailliert *Hoppe*, in: Hoppe/Bönker/Grotefels, Öffentliches Baurecht, § 7, Rn. 64 ff.

im Beteiligungsverfahren geltend gemacht wurden.[221] Angesichts der besonderen Durchführungsverantwortung der Gemeinde im städtebaulichen Entwicklungsbereich ist der Rahmen der erkennbaren Belange eher weit zu ziehen. Sie darf sich auch nicht unkritisch an die Stellungnahmen Träger öffentlicher Belange gebunden fühlen, da die Zusammenstellung des Abwägungsmaterials von der Gemeinde in eigener Verantwortung durchzuführen ist.[222]

Das Abwägungsgebot verlangt nach ständiger Rechtsprechung des Bundesverwaltungsgerichts, dass eine Abwägung überhaupt stattfindet (sonst Abwägungsausfall bzw. Abwägungsdefizit), alle für die Entscheidung wichtigen öffentlichen Belange ermittelt und festgestellt werden (sonst Ermittlungsausfall oder Ermittlungsdefizit), bei der Bewertung der privaten und öffentlichen Belange deren Bedeutung nicht verkannt wird (sonst Abwägungsfehleinschätzung) und der Ausgleich zwischen den gegenläufigen Belangen nicht in einer Weise vorgenommen wird, die zur objektiven Gewichtigkeit einzelner Belange außer Verhältnis steht (sonst Abwägungsdisproportionalität). Erst innerhalb des so gezogenen Rahmens beginnt die Gestaltungsfreiheit der Gemeinde, Belange zu gewichten und in ihrem Verhältnis zueinander vorzuziehen oder zurückzustellen.[223]

Zu unterscheiden ist die Abwägung im Rahmen des Entwicklungskonzepts von der Abwägung im Rahmen der regelmäßig nachfolgenden Entwicklungsbebauungspläne nach § 166 Abs. 1 Satz 2 BauGB. Daraus folgt aber nicht, dass an die Abwägung im Zuge der Änderung der Entwicklungsziele von vornherein im Vergleich zur Abwägung nach § 1 Abs. 7 BauGB die geringeren Anforderungen zu stellen wären.[224] Richtig ist vielmehr, dass das städtebauliche Entwicklungskonzept dem Abwägungsgebot *bezogen auf seine jeweilige Ausführungsdichte* uneingeschränkt entsprechen muss.[225] Deshalb muss einerseits nicht jeder einzelne Konflikt, der in einem Bebauungsplanverfahren zu lösen ist, bereits auf der Ebene der Entwicklungskonzeption vorab bewältigt werden. Die Entwicklungsziele müssen aber in sich jeweils abwägungsfehlerfrei sein und damit die Grundlage für die auf sie aufbauenden Entwicklungsbebauungspläne bilden.

Zu beachten ist auch, dass dem Entwicklungskonzept bei einer späteren Änderung nicht in allen Fällen ein Bebauungsplan nachfolgt, denn die Entwick-

---

[221] BVerwG, NVwZ-RR 1994, 490; *Dürr/Korbmacher*, Baurecht, Rn. 43.

[222] BVerwG, NVwZ-RR 1990, 122 zur Abwägung in der Bauleitplanung; vgl. *W. Schrödter*, in: Schrödter, BauGB, § 1, Rn. 192.

[223] Vgl. etwa BVerwGE 34, 301/309; 59, 87/102; st. Rspr.; ausführlich *Hoppe*, in: Hoppe/Bönker/Grotefels, Öffentliches Baurecht, § 7, Rn. 36 ff.; *ders.*, in: Isensee/Kirchhof, § 71, Rn. 96.

[224] So aber *Fislake*, FS für Schlichter, 1995, S. 425/431; tendenziell für das Stadtumbaurecht auch *Möller*, Siedlungsrückbau in den Neuen Ländern, 2006, S. 103.

[225] So auch *Krautzberger*, in: Ernst/Zinkahn/Bielenberg/Krautzberger, § 171b, Rn. 19, ebenfalls zum Stadtumbaurecht.

§ 6 Änderung der Ziele und Zwecke der Entwicklungsmaßnahme   157

lungsplanung kann etwa auch darin beruhen, lediglich städtebauliche Missstände zu beheben oder Ordnungsmaßnahmen durchzuführen, im Übrigen die Entwicklungsabsicht aber mittelfristig aufzugeben (§ 169 Abs. 1 Nr. 8 i. V. m. § 162 Abs. 1 Satz 1 Nr. 3 BauGB) und ein entsprechendes Teilgebiet ohne Festsetzung eines Bebauungsplans aus dem Entwicklungsrecht zu entlassen.[226] In diesem Fall müssen bereits auf der Ebene der Entwicklungsziele alle in Betracht kommenden Konflikte bezogen auf dieses Teilgebiet vorhergesehen und gelöst werden.

b) Übermaßverbot

Das Entwicklungskonzept muss auch in geänderter Form den Maßstäben der Geeignetheit, der Erforderlichkeit und der Verhältnismäßigkeit im engeren Sinne genügen. Das Entwicklungskonzept muss deshalb sach- und zweckgeeignet sein und dem Prinzip des geringstmöglichen Eingriffs genügen; das Konzept darf nicht außer Verhältnis zu den mit ihm verbundenen Nachteilen stehen, es muss auch insoweit angemessen sein.[227] Zwischen Übermaßverbot und dem Abwägungsgebot ergeben sich insoweit Überschneidungen, als jedes Entwicklungskonzept, welches das Übermaßverbot missachtet, stets auch an einer Abwägungsfehleinschätzung oder Abwägungsdisproportionalität leidet. Deshalb ist dem Übermaßverbot oder Verhältnismäßigkeitsgrundsatz bei planerischen Entscheidungen regelmäßig schon durch die Beachtung des Abwägungsgebots Rechnung getragen.[228]

c) Vertrauensschutzprinzip

Auch das Vertrauensschutzprinzip begrenzt das Planungsermessen bei der Änderung des Entwicklungskonzepts. Allerdings steht der Gemeinde hier ein weiter Spielraum zu, weil sie im Zuge der Abwägung entscheiden kann, ob und inwieweit das Vertrauen eines Betroffenen schutzwürdig ist.[229] Dem Vertrauensschutz genügt es deshalb, wenn zwischen dem Bedürfnis des Planungsträgers bzw. der Gemeinde nach Änderung der Entwicklungsziele einerseits und dem schutzwürdigen Interesse des Planungsbetroffenen anderseits eine gerechte „Risikoverteilung" erreicht wird.[230] Hoppe stellt dar, welche Forderungen sich aus dem Vertrauensgrundsatz ableiten:

„Es dürfen keine willkürlichen Planänderungen erfolgen. Die zuerst gesetzten Planungsziele haben einen erhöhten Stellenwert, der einen gesteigerten Rechtfertigungs- und

---

[226] Vgl. hierzu noch näher § 7.IV.
[227] Vgl. *Hoppe*, in: Isensee / Kirchhof, HbdStR, Band III, § 71, Rn. 97.
[228] BVerwG, DVBl. 1978, 845/848.
[229] *Herzog*, in: Maunz / Dürig, GG, Art. 20, Abschnitt VII, Rn. 64; *Ossenbühl*, Gutachten für den 50. Deutschen Juristentag 1974, S. B 196.
[230] *Ossenbühl*, Gutachten für den 50. Deutschen Juristentag 1974, S. B 196.

Begründungszwang für die Umplanung auferlegt. Damit ist die Zieländerungsfreiheit geringer als die Zielsetzungsfreiheit. Schließlich muss selbst bei sachlich gerechtfertigten Zieländerungen der Überraschungseffekt ggf. durch Übergangszeiten abgemildert werden."[231]

Da die Gemeinde an das Vertrauensschutzprinzip nur *innerhalb* des Abwägungsgebots gebunden ist, ist es ihr aber nicht von vornherein verwehrt, bei einer grundlegenden Änderung der städtebaulichen Rahmenbedingungen ihr Entwicklungskonzept in wesentlichen Punkten umzusteuern.[232] Das kann gerechtfertigt sein, wenn die Interessen Privater an einer unveränderten, vor allem im Verhältnis zur ursprünglichen Planungskonzeption unverminderten Weiterführung der Entwicklung im Umfeld einer Investition nach gerechter Abwägung gegenüber den öffentlichen Interessen nach sparsamer Haushaltsführung und bedarfsgerechter Entwicklung hintanstehen müssen.

In diesem Zusammenhang ist nämlich zu berücksichtigen, dass die Gemeinde eine deutliche Reduzierung der Entwicklungskulisse regelmäßig dann anstreben wird, wenn die Nachfrage nach entwickelten Flächen am Immobilienmarkt deutlich zurückgeht und auch mittelfristig nicht von einem Anziehen der Nachfrage ausgegangen werden kann. Die Marktlage wird die Gemeinde aber regelmäßig kaum beeinflussen können. Die Interessen an einer unverminderten Weiterführung der Entwicklungsmaßnahme sind deshalb von vornherein dann weniger schutzwürdig, wenn für entwickelte Flächen gar kein Bedarf besteht, als in einer Konstellation, in der die Gemeinde etwa aufgrund kurzfristiger finanzieller Engpässe oder einer veränderten politischen Prioritätensetzung eine an sich bestehende Nachfrage gleichsam ausbremsen würde, wenn sie sich aus der Entwicklungsmaßnahme zurückzieht.

Das Vertrauensschutzprinzip kann aber beispielsweise in folgendem Fall zu einer Weiterführung der Entwicklungsmaßnahme veranlassen: Strebt die Gemeinde an, ihr Entwicklungskonzept dahingehend zu verändern, dass sie sich im Vergleich zu einer früheren, ambitionierteren Planung nur noch die Schaffung städtebaulicher Mindeststandards erreichen will, so hat sie zu berücksichtigen, dass im Rahmen dieses Mindestprogramms jedenfalls keine städtebaulichen Missstände verbleiben, die von der Entwicklungsmaßnahme hervorgerufen wurden.[233] Ein reduziertes Entwicklungskonzept würde dann das Vertrauensschutzprinzip verlet-

---

[231] *Hoppe*, in: Isensee/Kirchhof, HbdStR, Band III, § 71, Rn. 98.

[232] *Möller*, in Siedlungsrückbau in den Neuen Ländern, 2006, S. 104, ist der Auffassung, das Abwägungsgebot dürfe „eine Umkehrung der Konzeptplanung in Form einer zur ursprünglichen Planung völlig gegensätzlichen Neuplanung, *ohne dass sich zuvor die abwägungsrelevanten Umstände maßgeblich geändert hätten*, ausschließen." Dem ist insofern zuzustimmen, als es tatsächlich einer maßgeblichen Änderung der Rahmenbedingungen bedarf, die für die Gemeinde zum Abwägungsmaterial bei der Entscheidung über das Entwicklungskonzept gehören.

[233] Vgl. hierzu noch näher § 7.IV.5.

zen, wenn es zur Folge hätte, dass sich bereits entwickelte Wohnnutzungen, die im Vertrauen auf die vollständige Durchführung der Maßnahme realisiert wurden, dauerhaft neben alten Industrienutzungen finden, die aufgrund der Änderung der Entwicklungsziele nicht mehr verlagert werden sollen.

d) Zügigkeitsgebot

Das gemeindliche Planungsermessen ist ferner durch das Zügigkeitsgebot nach § 165 Abs. 1 und Abs. 3 Satz 1 Nr. 4 BauGB begrenzt.[234] Dass die Gemeinde den städtebaulichen Entwicklungsbereich nur festlegen kann, wenn die zügige Durchführung der Maßnahme innerhalb eines absehbaren Zeitraums gewährleistet ist, bedeutet zugleich, dass die Gemeinde im Rahmen ihrer Durchführungsverantwortung auch während der Maßnahme und im Zuge der Konkretisierung und Änderung des Entwicklungskonzepts die Zügigkeit zu gewährleisten hat.[235] Die Gemeinde ist verpflichtet, die ihr nach dem Baugesetzbuch und anderen Vorschriften zustehenden Befugnisse zügig auszuüben, „sobald und soweit dies zur Umsetzung der Entwicklungsmaßnahme erforderlich ist."[236]

Tut sie dies nicht, tritt dadurch zwar die Entwicklungssatzung nicht nachträglich außer Kraft,[237] ihre Entwicklungsplanung wird aber gegebenenfalls rechtswidrig.[238] Deshalb ist es der Gemeinde verwehrt, die Maßnahme über Monate und Jahre „liegen zu lassen". Bei einer grundlegenden Änderung der städtebaulichen Rahmenbedingungen kann sich ihr Planungsermessen sogar zu einer Verpflichtung verdichten, die Entwicklungskonzeption den veränderten Gegebenheiten anzupassen, um eine dem Zügigkeitsgebot noch genügende und abwägungsfehlerfreie Entwicklungskonzeption aufrechtzuerhalten.[239]

Die durchgängige Geltung des Zügigkeitsgebots kann auch durch andere Vorschriften des Baugesetzbuchs belegt werden. So bestimmt § 148 Abs. 1 Satz 1, 2. Hs. Nr. 2 BauGB, der gemäß § 169 Abs. 1 Nr. 4 BauGB auch für die Entwick-

---

[234] Vgl. zum Inhalt des Zügigkeitsgebots bereits § 3.III.4.

[235] Vgl. etwa *Krautzberger*, in: Battis/Krautzberger/Löhr, § 162, Rn. 5: „Von der weitgehend der Verantwortung der Gemeinde obliegenden Beurteilung, ob die Sanierung durchgeführt ist, ist das Gebot der zügigen Durchführung der Sanierung (§ 136 Abs. 1 BauGB), insbesondere die Durchführung der der Gemeinde obliegenden Ordnungsmaßnahmen, zu unterscheiden." Ebenso *Fislake*, in: Berliner Kommentar zum BauGB, § 162, Rn. 7; *Arndt*, Städtebauliche Entwicklungsmaßnahme, 1999, S. 30.

[236] VGH München in der *Landshut-Entscheidung*, BRS Nr. 286, S. 706/711.

[237] Vgl. dazu bereits § 5.I.1.d).

[238] Zur Rechtsfolge, dass die Gemeinde bei nicht hinreichend zügiger Durchführung die Genehmigung nach §§ 144, 145 Abs. 2 BauGB nicht mehr verweigern kann, vgl. bereits § 5.I.1.e).

[239] So auch *Krautzberger*, in: Ernst/Zinkahn/Bielenberg/Krautzberger, § 162, Rn. 11; *Fislake*, in: Berliner Kommentar zum BauGB, § 162, Rn. 5.

lungsmaßnahme gilt, dass der Gemeinde auch die Durchführung der grundsätzlich von privaten Eigentümern durchzuführenden Baumaßnahmen obliegt, wenn nicht gewährleistet ist, dass die Eigentümer die Baumaßnahmen zügig und zweckmäßig durchführen werden. Nach §§ 171 Abs. 2 Satz 1 i.V. m. § 149 Abs. 4 Satz 2 BauGB bleibt das Erfordernis, eine städtebauliche Entwicklungsmaßnahme innerhalb eines absehbaren Zeitraums durchzuführen, unberührt durch die von § 149 Abs. 4 Satz 1 BauGB eingeräumte Möglichkeit, die Kosten- und Finanzierungsübersicht der Entwicklungsmaßnahme auf den Zeitraum der mehrjährigen Finanzplanung der Gemeinde zu beschränken.[240]

Das Zügigkeitsgebot muss aber an die konkrete städtebauliche Situation und den (noch) bestehenden Entwicklungsbedarf anknüpfen. Wie gezeigt kann sich die Gemeinde vor allem ihrer Verantwortung für eine geordnete städtebauliche Entwicklung nicht entziehen und muss daher ggf. die Entwicklungsmaßnahme auch über längere Zeiträume fortsetzen, wenn anderenfalls durch die Nachbarschaft von Entwicklungsinseln inmitten von aufgegebener Industrienutzungen städtebauliche Missstände verblieben. Die Interessen Privater nach einem zeitnahen Abschluss der Maßnahme müssen dann im Ergebnis einer abwägungsfehlerfreien Ausübung der Planungsermessens gegebenenfalls zurücktreten.

e) Bindungen durch allgemeine entwicklungsrechtliche Planungsgrundsätze und den Rechtmäßigkeitsmaßstab des § 165 BauGB

In der Literatur findet sich oftmals die pauschale Aussage, das BauGB treffe keine Aussage zum Inhalt der städtebaulichen Sanierungs- und Entwicklungskonzepte.[241] Dies ist allerdings verkürzt dargestellt. Auch wenn keine durchgängige Normierung des Entwicklungskonzepts erfolgt ist, statuiert das BauGB in §§ 165 ff BauGB doch allgemeine Planungsgrundsätze, die selbstverständlich für die gemeindliche Entwicklungsplanung beachtlich sind.[242] Hierzu zählt jedenfalls § 166 Abs. 2 BauGB. Danach obliegt es der Gemeinde, die Voraussetzungen dafür zu

---

[240] Vgl. hierzu *Köhler*, in: Schrödter, BauGB, § 162, Rn. 2 sowie § 149, Rn. 21, wo *Köhler* davon spricht, die Bestimmung beziehe sich nur vordergründig auf die in § 149 Abs. 4 Satz 1 BauGB geregelte Befristung der Kosten- und Finanzierungsübersicht, es handele sich letztlich um eine wichtige Verfahrensvorschrift, die den Interessen der betroffenen Eigentümer Rechnung trage.

[241] Vgl. statt vieler *Schmidt-Eichstaedt*, ZfBR 2001, 13/14; *Fislake*, in: FS für Schlichter, 1995, S. 425/430 jeweils zum Sanierungskonzept.

[242] Auch ein Hinweis in der Kommentierung *Krautzbergers* in Krautzberger, Städtebauförderungsrecht, § 140, Rn. 37 kann dahingehend verstanden werden, dass sich materielle Anforderungen an das Entwicklungskonzept auch unmittelbar aus den entwicklungsrechtlichen Vorschriften ergeben können: „Was unter Zielen und Zwecken der Sanierung im Einzelfall zu verstehen ist und welche Anforderungen somit an Form und Inhalt zu stellen sind, ergibt sich im übrigen *aus dem Zusammenhang der Anwendung von solchen Vorschrif-*

schaffen, dass ein funktionsfähiger Bereich entsprechend der beabsichtigten städtebaulichen Entwicklung und Ordnung entsteht, der nach seinem wirtschaftlichen Gefüge und der Zusammensetzung seiner Bevölkerung den Zielen und Zwecken der städtebaulichen Entwicklungsmaßnahme entspricht und in dem eine zweckentsprechende Versorgung der Bevölkerung mit Gütern und Dienstleistungen gesichert ist.

Die Vorschrift ist als abstrakte städtebauliche und kommunalpolitische Leitlinie zu verstehen, die mehr als Auslegungshilfe im Einzelfall denn als starre Subsumtionsvorgabe aufzufassen ist.[243] So ist es wie bereits dargestellt der Gemeinde nicht verwehrt, etwa die Ansiedlung eines Gewerbeparks, einer Universität oder des Parlaments- und Regierungsbereichs[244] als Entwicklungsmaßnahme zu verfolgen, in diesen Fällen kann es auf die Zusammensetzung der Bevölkerung oder deren Versorgung mit Gütern und Dienstleistungen nicht ankommen. Andersherum verwehrt es § 166 Abs. 2 BauGB der Gemeinde aber, ein Entwicklungskonzept zu verfolgen, das die Schaffung reiner Schlafstädte zum Inhalt hat, denn § 166 Abs. 2 BauGB setzt durch das Gebot, eine ordnungsgemäße und zweckentsprechende Versorgung sicherzustellen, einem ausschließlich aus Wohnungsbau bestehendem Städtebau Grenzen.[245]

Fraglich ist, ob darüber hinaus auch die Vorgaben aus dem Rechtmäßigkeitsmaßstab des § 165 BauGB das Planungsermessen der Gemeinde beschränken, wenn sie die Entwicklungsziele ändern will. Dass dies für das Zügigkeitsgebot aus § 165 Abs. 1, Abs. 3 Satz 1 Nr. 4 BauGB und das Abwägungsgebot aus § 165 Abs. 3 Satz 2 BauGB gilt, wurde bereits dargelegt. Zu der Frage, ob aus den Vorschriften über den allgemeinen Abwendungsbereich der Entwicklungsmaßnahme (§ 165 Abs. 1 BauGB), die allgemeinen Ziele und Zwecke (§ 165 Abs. 2 BauGB) und die Festlegungsvoraussetzungen (§ 165 Abs. 3 BauGB) zugleich Planungsgrundsätze abzuleiten sind, die auch bei der Entwicklungskonzeption berücksichtigt werden müssen, finden sich keine expliziten Aussagen in Rechtsprechung und Literatur.[246]

Zunächst wird man feststellen müssen, dass das Gesetz etwa die Voraussetzungen des § 165 Abs. 3 BauGB dem Wortlaut nach nur für die Festlegung des städtebaulichen Entwicklungsbereichs statuiert. Es wurde zudem herausgearbeitet, dass

---

ten, die an das Vorliegen bzw. bestimmte Inhalte von Zielen und Zwecken der Sanierung anknüpfen." Vgl. zu diesen Vorschriften bereits die Aufstellung in § 6.I.2.a).

[243] *Köhler*, in: Schrödter, BauGB, § 166, Rn. 4.
[244] Vgl. § 247 Abs. 7 BauGB.
[245] In diesem Sinne auch *Köhler*, in: Schrödter, BauGB, § 166, Rn. 4 a. E.
[246] *Fislake*, in: FS für Schlichter, 1995, S. 425/430, führt allerdings zum Sanierungskonzept aus: „Zum Inhalt des Sanierungskonzeptes trifft das BauGB keine Aussage. Damit hat der Gesetzgeber der Gemeinde einen weiten Handlungsspielraum eingeräumt, der durch die allgemeinen Ziele und Zwecke der Sanierung nach § 136 Abs. 2 BauGB begrenzt und strukturiert wird."

selbst ein späterer Wegfall dieser Festlegungsvoraussetzungen die Gültigkeit der Entwicklungssatzung nicht berührt.[247] Allerdings ist hierbei zu berücksichtigen, dass Entwicklungssatzung und Entwicklungskonzept im Verhältnis zueinander stehen wie Rahmen und Gemälde: Der von der Gemeinde durch Satzung festgelegte Entwicklungsbereich erlangt erst durch das Entwicklungskonzept planerische Gestalt. Dies spricht dafür, dass das, was Inhalt des Entwicklungskonzepts sein kann, auch daran gebunden sein muss, was die Gemeinde nach der Vorgabe des Gesetzgebers überhaupt mit einer städtebaulichen Entwicklungsmaßnahme anstreben darf.

Außerdem werden rechtliche Umgehungspotentiale zum einen im Hinblick auf die Festlegungsvoraussetzungen nach § 165 Abs. 3 BauGB, zum anderen aber auch im Hinblick auf die gemeindliche Aufhebungspflicht nach § 169 Abs. 1 Nr. 8 i. V. m. § 162 Abs. 1 BauGB dadurch ausgeschlossen, dass die Gemeinde auch während der Durchführung der Entwicklungsmaßnahme bei der Entscheidung über ihr Entwicklungskonzept daran gebunden bleibt, was Rechtmäßigkeitsmaßstab für die Festlegung war.

Die insoweit zu beachtende Begrenzung und Strukturierung des Entwicklungskonzepts, von der auch Fislake spricht,[248] kann dadurch erreicht werden, dass die Gemeinde die durch § 165 Abs. 1 bis Abs. 3 BauGB gesetzten Maßstäbe bei der Abwägung über die Änderung der Entwicklungsziele als Leitlinie bei der Ausübung ihres Planungsermessens zu beachten hat. Die Gemeinde muss deshalb bei einer Änderung ihres Entwicklungskonzepts die Kontrollüberlegung anstellen, ob sie mit dem geänderten Inhalt des Entwicklungskonzepts einen neuen städtebaulichen Entwicklungsbereich festlegen könnte.

Ergibt diese Kontrollüberlegung, dass bei einer Neufestsetzung die Entwicklungssatzung rechtswidrig wäre, so stellt dies ein Indiz dafür dar, dass eine entsprechende Umstellung der Entwicklungsplanung ebenfalls rechtswidrig wäre, weil sie die Begrenzungen des Planungsermessens nicht beachtet und die Entwicklungssatzung nach § 169 Abs. 1 Nr. 8 i. V. m. § 162 Abs. 1 Satz 1 Nr. 2 BauGB aufgehoben werden müsste.[249] Nur Belange von ähnlich erheblichem Gewicht wie der materielle Gehalt der nicht erfüllten Festlegungsvoraussetzung vermögen dann im Ergebnis der Abwägung eine Fortsetzung der Entwicklungsmaßnahme zu rechtfertigen.

Deutlich wird dies an einem Fallbeispiel: Denkbar ist etwa eine gemeindliche Entwicklungsplanung, die darin besteht, aufgrund dauerhaft ausbleibender Nachfrage für den größten Teil eines Entwicklungsbereichs die Entwicklungsabsicht aufzugeben und ihn deshalb nach § 169 Abs. 1 Nr. 8 i. V. m. § 162 Abs. 1 Satz 1,

---

[247] Vgl. hierzu § 5.I.1. und § 5.II.1.
[248] *Fislake*, in: FS für Schlichter, 1995, S. 425/430.
[249] Zur Aufhebung nach § 162 Abs. 1 Satz 1 Nr. 2 BauGB noch näher § 7.III.

§ 6 Änderung der Ziele und Zwecke der Entwicklungsmaßnahme

Satz 2 BauGB aus dem Entwicklungsrecht zu entlassen. Nur für eine Restfläche soll das Entwicklungsrecht nicht aufgehoben werden, um hier noch weitere Maßnahmen durchzuführen. Hier liegen rechtliche Umgehungspotentiale darin, dass die Gemeinde eine von vornherein überdimensionierte Entwicklungsmaßnahme nachträglich auf Bereiche zurückschrumpft, die isoliert nicht das städtebauliche Gewicht hätten, um als städtebaulicher Entwicklungsbereich festgesetzt zu werden.

In diesem Beispielsfall könnte der verbleibende Teilbereich bei Aufgabe der Entwicklungsabsicht im Umfeld mangels einer besonderen Bedeutung für die städtebauliche Entwicklung und Ordnung der Gemeinde oder für die entsprechende Entwicklung des Landesgebiets bzw. der Region bei einer Kontrollüberlegung mit Blick auf die Festlegungsvoraussetzung des § 165 Abs. 3 Satz 1 Nr. 1 i. V. m. Abs. 2 BauGB regelmäßig nicht isoliert als neuer Entwicklungsreich festgelegt werden.[250] Andererseits kann das Wohl der Allgemeinheit (§ 165 Abs. 3 Satz 1 Nr. 2 BauGB)[251] in dieser Sachlage die Weiterführung der Entwicklungsmaßnahme in diesem Bereich erfordern, um noch ausstehende Ordnungsmaßnahmen durchzuführen, die erforderlich sind, um in dem Teilbereich bereits erzielte Entwicklungserfolge nicht wieder zu gefährden und wiederum keine städtebaulichen Missstände zurückzulassen. In diesem Fall könnte das Entwicklungskonzept abwägungsfehlerfrei sein, obwohl die Kontrollüberlegung zu einem negativen Ergebnis gelangt.

Anders wäre es aber, wenn die Gemeinde auf der Restfläche gar keine notwendigen Maßnahmen mehr durchführen will, sondern das Entwicklungsrecht in dem Restbereich nur deshalb aufrechterhält, weil sie aus entwicklungsrechtsfremden Motiven ein bestimmtes Vorhaben nicht realisiert sehen und deshalb die Steuerungs- und Verhinderungsmöglichkeiten der §§ 144, 145 Abs. 2 BauGB nicht verlieren möchte.[252] In diesem Falle wäre das Entwicklungskonzept abwägungsfehlerhaft.

Der erstgenannte Fall, in dem insgesamt nur ein kleiner Teilbereich entwickelt wird, unterscheidet sich wiederum grundlegend von einer Konstellation, in der der größte Teil des Entwicklungsbereichs bereits entwickelt ist und nur auf einer Restfläche noch Entwicklungsbedarf besteht. In diesem Falle kann eine Rechtspflicht aus § 169 Abs. 1 Nr. 8 i. V. m. § 162 Abs. 1 Satz 2 bzw. § 163 BauGB bestehen, für den entwickelten Bereich das Entwicklungsrecht aufzuheben, die Absolvierung des Restprogramms der Entwicklungsmaßnahme ist rechtlich unbedenklich, weil insgesamt ein Bereich entsteht, der das von § 165 Abs. 2, Abs. 3 Satz 1 Nr. 1 BauGB geforderte „beträchtliche Eigengewicht"[253] aufweist.

---

[250] Vgl. hierzu im Einzelnen § 3.II.2. und § 3.III.1.
[251] Vgl. hierzu im Einzelnen § 3.III.2.
[252] Vgl. *Krautzberger*, in: Battis/Krautzberger/Löhr, § 162, Rn. 5, der ein solches Vorgehen der Gemeinde für rechtsmissbräuchlich hält.
[253] BVerwG, DVBl. 1998, 1293/1294.

f) Beibehaltung der „Identität" der Entwicklungsmaßnahme als Ermessensgrenze?

Fraglich ist, ob das Planungsermessen der Gemeinde bei einer Änderung der Entwicklungskonzeption darüber hinaus dadurch beschränkt ist, dass die bei der Festlegung des städtebaulichen Entwicklungsbereichs bestimmten Ziele und Zwecke „jedenfalls im Kernbestand"[254] erhalten bleiben müssen. So ist etwa Arndt der Auffassung, die Maßnahme müsse beim Abschluss im Wesentlichen identisch mit der ursprünglich festgelegten Maßnahme sein, wenn dies nicht der Fall sei, sei

> „nicht die ursprünglich festgelegte, sondern eine andere Maßnahme durchgeführt worden. Ein solcher Wechsel der Identität ist z. B. anzunehmen, wenn statt der ursprünglich bezweckten Schaffung von Wohnstätten überwiegend Arbeitsstätten geschaffen worden sind."[255]

Diese Auffassung ist allerdings abzulehnen. Zunächst wirft sie Abgrenzungsprobleme auf, ab wann von einer Abweichung vom „Kernbestand" auszugehen wäre. Darüber hinaus ist unklar, welche Rechtsfolgen ein vermeintlicher „Identitätswechsel" der Entwicklungsmaßnahme nach sich ziehen sollte. Es ist auch nicht erforderlich, den Planungsspielraum der Gemeinde weiter einzuschränken. Denn im Rahmen des Abwägungsgebots, insbesondere des Vertrauensschutzprinzips, werden die privaten Interessen ausreichend berücksichtigt. Durch die Begrenzung des Planungsermessens im Hinblick auf die ursprünglichen Festlegungsvoraussetzungen werden Umgehungspotentiale sowohl im Hinblick auf die Festlegungsvoraussetzungen als auch im Hinblick auf die Aufhebungspflicht ausgeschlossen. Schließlich ist auch das erforderliche durchgängige Legitimationsniveau gewahrt, wenn das nach dem jeweiligen Kommunalrecht zum Satzungsbeschluss zuständige Organ der Gemeinde grundlegende Änderungen des Entwicklungskonzepts jedenfalls billigen muss.

Deshalb ist es der Gemeinde im Rahmen der hier bezeichneten Anforderungen durchaus möglich, ihr Planungskonzept bei einer Änderung der städtebaulichen Rahmenbedingungen insoweit umzustellen, etwa statt Wohnungen nunmehr vorwiegend die Schaffung von Arbeitsstätten als Entwicklungsziel zu verfolgen oder statt der baulichen Herstellung von Wohnstätten nur noch die planungsrechtliche Sicherung der Wohnnutzungen und die Fertigstellung der für diese Nutzungen erforderlichen Ordnungsmaßnahmen anzustreben.[256]

---

[254] So *Arndt*, Städtebauliche Entwicklungsmaßnahme, 1999, S. 138.
[255] *Arndt*, a. a. O., S. 138, dort auch unter Fn. 10.
[256] Zu diesem Konzept einer „eingeschränkten Durchführung" der Entwicklungsmaßnahme siehe noch näher § 7.II.2.

§ 6 Änderung der Ziele und Zwecke der Entwicklungsmaßnahme   165

3. Ergebnis zu den Anforderungen an das Entwicklungskonzept

Dem städtebaulichen Entwicklungskonzept, das die Ziele und Zwecke beschreibt, welche die Gemeinde mit der städtebaulichen Entwicklungsmaßnahme verfolgt, kommt eine erhebliche Bedeutung zu. Diese Form der Entwicklungsplanung sollte deshalb als eigenständige Planungsform er- und anerkannt werden. Die Einordnung des Entwicklungskonzepts als Form der informellen Planung verstellt den Blick auf die konkreten Anforderungen, die trotz der zurückhaltenden Kodifizierung an das städtebauliche Entwicklungskonzept zu stellen sind.

Die Gemeinde kann über eine Änderung ihres Entwicklungskonzepts den Weg zur Beendigung der Entwicklungsmaßnahme einschlagen und somit die Voraussetzungen für eine Aufhebung des Entwicklungsbereichs schaffen, die auf einer ermessensfehlerfreien Entwicklungsplanung beruht. Hierbei ist ihr ein erheblicher Handlungsspielraum eingeräumt.

Strebt die Gemeinde eine Änderung der Ziele und Zwecke der Entwicklungsmaßnahme an, so ist sie gehalten, zunächst ein internes Konzept für die Umsteuerungsentscheidung zu erarbeiten, um hierzu Anregungen und Kritik der Betroffenen und der Träger öffentlicher Belange aufzunehmen und anschließend nach einer Abwägung aller geltend gemachter Belange und Anregungen das neue Entwicklungskonzept von der Gemeindevertretung bzw. dem jeweils zum Satzungsbeschluss berufenen Organ beschließen oder billigen zu lassen und es schließlich in geeigneter Weise bekannt zu machen.

In materieller Hinsicht ist die Gemeinde bei der Planungsentscheidung über ihr Entwicklungskonzept an das Abwägungsgebot, das Vertrauensschutzprinzip und das Zügigkeitsgebot gebunden. Außerdem begrenzen und strukturieren die allgemeinen Planungsgrundsätze des Entwicklungsrechts das Entwicklungskonzept. Deshalb hat die Gemeinde für ihr geändertes Entwicklungskonzept eine Kontrollüberlegung anzustellen, ob die Entwicklungsmaßnahme mit den geänderten Zielen und Zwecken als neuer städtebaulicher Entwicklungsbereich festgelegt werden könnte. So kann eine Umgehung der Festlegungsvoraussetzungen nach § 165 Abs. 3 BauGB und der Aufhebungspflicht nach § 169 Abs. 1 Nr. 8 i. V. m. § 162 Abs. 1 BauGB ausgeschlossen werden. Innerhalb dieser Grenzen kann die Gemeinde ihr Entwicklungskonzept flexibel an veränderte städtebauliche Rahmenbedingungen anpassen.

§ 7 Voraussetzungen und Grenzen für die Aufhebung des städtebaulichen Entwicklungsrechts

Die Untersuchung zu einem Außerkrafttreten oder Funktionsloswerden einer städtebaulichen Entwicklungssatzung in § 5 hat gezeigt, dass die Gerichte in den letzten Jahren eine Vielzahl von Fällen zu beurteilen hatten, in denen nach einem Einbruch der Nachfrage am Immobilienmarkt oder einer sonstigen grundlegenden Umwälzung der städtebaulichen Verhältnisse die Fortgeltung von Entwicklungssatzungen angegriffen wurde.

In den hieraus folgenden Entscheidungen wurde zwar nicht ganz einheitlich, aber doch regelmäßig festgestellt, nachträgliche Veränderungen seien für die Wirksamkeit der einer städtebaulichen Maßnahme zugrunde liegenden Satzung unbeachtlich. Die Gerichte haben aber wiederholt darauf hingewiesen, dass die veränderten Rahmenbedingungen Anlass zur Prüfung bieten können, ob die Entwicklungssatzung auf Grundlage des § 169 Abs. 1 Nr. 8 i. V. m. § 162 Abs. 1 BauGB aufgehoben werden muss.[257] Die Voraussetzungen und Grenzen der Aufhebungspflicht sind jedoch im Einzelnen vielfältig ungeklärt.[258]

Im Rahmen der Darstellung der Entwicklung des Rechts der städtebaulichen Entwicklungsmaßnahme in § 2 wurde bereits herausgearbeitet, dass der Gesetzgeber eine Situation, in der die Nachfrage nach Wohnraum und Gewerbeflächen dauerhaft ausbleibt und Bodenwerte sinken, bei der Normierung der Aufhebungsvoraussetzungen nicht vorhergesehen hat und er konsequenterweise davon ausging, die Entwicklungsmaßnahme könne nur dann beendet werden, wenn sie abschließend durchgeführt worden ist.[259] Auch beim später eingeführten Verweis auf die Regelung im Sanierungsrecht, die auch die Undurchführbarkeit der Maßnahme oder die Aufgabe der Entwicklungsabsicht aus anderen Gründen vorsieht, stand dem Gesetzgeber diese Problematik nicht vor Augen.[260] Deshalb stellt sich die Frage, wie auf Grundlage des geltenden Aufhebungsrechts eine vorzeitige Beendigung der Maßnahme unter – am Beispiel Berlins bereits deutlich gewordenen[261] – Krisenbedingungen des Grundstücksmarktes, der Wirtschaftsentwicklung und der kommunalen Haushalte gewährleistet werden kann. In § 6 konnte gezeigt werden, dass die Gemeinde durch eine Änderung des städtebaulichen Entwick-

---

[257] Vgl. etwa OVG Berlin, LKV 2001, 126/130 (Entwicklungsmaßnahme „*Rummelsburger Bucht*") und bereits ausführlich § 5.I.3.

[258] So auch *Arndt*, Die städtebauliche Entwicklungsmaßnahme, S. 1 u. 135 sowie *Watzke / Otto*, ZfBR 2002, 117/121 f.

[259] Siehe dazu § 2.I.2.f).

[260] Siehe dazu § 2.III.2.g).

[261] Vgl. § 4.II. und § 4.III.

lungskonzepts bereits einen weiten Handlungsspielraum hat, um den Weg zu einer vorzeitigen Beendigung der städtebaulichen Entwicklungsmaßnahme einzuschlagen. Hierauf kann im Folgenden aufgebaut werden.

Nach einer Klärung der allgemeinen Strukturfragen der Aufhebung des Entwicklungsrechts (dazu I.) sollen die einzelnen Aufhebungsgründe des § 162 Abs. 1 BauGB – soweit sie auf die Entwicklungsmaßnahme entsprechend anwendbar sind[262] – näher untersucht werden (dazu II. bis IV.). Schließlich soll auf die Voraussetzungen der teilweisen Aufhebung (dazu V.) und das Konkurrenzverhältnis der Aufhebungsgründe untereinander eingegangen werden (dazu VI.).

I. Allgemeine Strukturfragen des § 162 BauGB

Nach Maßgabe des § 169 Abs. 1 Nr. 8 i. V. m. § 162 Abs. 1 BauGB bestehen folgende Voraussetzungen für die Aufhebung einer städtebaulichen Entwicklungssatzung:

„Die Entwicklungssatzung ist aufzuheben, wenn

1. die Entwicklung durchgeführt ist oder
2. die Entwicklung sich als undurchführbar erweist oder
3. die Entwicklungsabsicht aus anderen Gründen aufgegeben wird.

Sind diese Voraussetzungen nur für einen Teil des förmlich festgelegten Entwicklungsbereichs gegeben, ist die Satzung für diesen Teil aufzuheben."

Nach dem Wortlaut der Vorschrift („*ist aufzuheben*") ist eindeutig, dass bei Vorliegen einer dieser Aufhebungsgründe eine Rechtspflicht der Gemeinde besteht, die Entwicklungssatzung aufzuheben, ein Ermessen steht ihr nicht zu. Dies entspricht der allgemeinen Meinung in Rechtsprechung[263] und Kommentarliteratur.[264] Außerdem sind die Aufhebungsgründe nach allgemeiner Meinung abschließend.[265]

---

[262] Wie bereits dargelegt findet § 162 Abs. 1 Satz 1 Nr. 4 BauGB auf die Entwicklungsmaßnahme keine Anwendung, weil für diese eine § 142 Abs. 3 Satz 3 und 4 BauGB entsprechende Befristungsregelung nicht vorgesehen wurde.

[263] BVerwG, ZfBR 1999, 100/106; dass., BauR 2004, 1584/1588; OVG Berlin, LKV 2001, 126/130; OVG Lüneburg, NVwZ-RR 2003, 674; VGH Mannheim, VGHBW-Ls 2000, Beilage 2, B 1–2; vgl. bereits § 5. I. 3. m. w. N.

[264] *Neuhausen*, in: Kohlhammer-Kommentar, § 162, Rn. 5; *Fislake*, in: Berliner Kommentar zum BauGB, § 162, Rn. 3; *Krautzberger*, in: Krautzberger, Städtebauförderungsrecht, § 162, Rn. 3; *Köhler*, in: Schrödter, BauGB, § 162, Rn. 2.

[265] *Krautzberger*, in: Krautzberger, Städtebauförderungsrecht, § 162, Rn. 3; *ders.* in: Ernst/Zinkahn/Bielenberg/Krautzberger, § 162, Rn. 8; *Fieseler*, Städtebauliche Sanierungsmaßnahmen, Rn. 612; *Fislake*, in: Berliner Kommentar zum BauGB, § 162, Rn. 2.

Um die Frage, ob einer der drei Aufhebungsgründe vorliegt, zu beantworten, bedarf es allerdings einer wertenden Beurteilung der Gemeinde. Bei den Aufhebungsgründen der „durchgeführten Entwicklung", der „undurchführbaren Entwicklung" und der „Aufgabe der Entwicklungsabsicht" handelt es sich um unbestimmte Rechtsbegriffe, die interpretations- und auslegungsbedürftig sind.[266] Die Rechtsprechung hat der Gemeinde bei der Frage, ob ein Aufhebungsgrund nach § 162 Abs. 1 Satz 1 BauGB vorliegt, ausdrücklich einen Beurteilungsspielraum zugestanden.[267]

Darüber hinaus ist zu berücksichtigen, dass die Gemeinde die Beurteilung, ob eine der von § 162 Abs. 1 Satz 1 BauGB normierten Voraussetzungen vorliegt, nur am Maßstab ihres eigenen Entwicklungskonzepts vornehmen kann: Gemäß § 169 Abs. 1 Nr. 4 i.V. m. § 146 Abs. 1 BauGB umfasst die Durchführung der Entwicklungsmaßnahme die Ordnungsmaßnahmen und Baumaßnahmen, die innerhalb des förmlich festgelegten Entwicklungsbereichs *nach den Zielen und Zwecken* der Entwicklungsmaßnahme erforderlich sind.

Die Tatbestandsvoraussetzungen der *„durchgeführten"* oder *„undurchführbaren"* Entwicklung ließen sich deshalb nur dann objektiv feststellen, wenn man von einem statischen, bereits bei Beginn der Entwicklungsmaßnahme abschließend feststehenden Entwicklungskonzept ausginge, welches entweder durchgeführt wurde oder nicht mehr durchgeführt werden kann. Diese Sichtweise wurde aber bereits widerlegt.[268] Im Fall des § 162 Abs. 1 Satz 1 Nr. 3 BauGB wird zudem schon durch das Abstellen auf die *„Aufgabe der Entwicklungsabsicht"* im Wortlaut deutlich, dass § 162 Abs. 1 Satz 1 BauGB eine Entscheidung der Gemeinde über ihr Entwicklungskonzept voraussetzt.[269]

Der vom eindeutigen Wortlaut der Vorschrift erzeugte Eindruck einer starken Bindungswirkung der Satzungsgeberin täuscht über den tatsächlich erheblichen Entscheidungs- und Beurteilungsspielraum der Gemeinde hinweg: Krautzberger hat für die Sanierungsmaßnahme schon im Jahre 1983 festgestellt, dass letztlich die Gemeinde im Rahmen des Gesetzes selbst entscheide, ob die Entwicklung durchgeführt sei oder nicht.[270] Denn im Ergebnis sei für die Durchführung der Entwicklung das Entwicklungskonzept der Gemeinde maßgeblich, das sich aus den konkreten städtebaulichen Verhältnissen ergäbe. Diese städtebaulichen Verhältnisse könnten sich ebenso ändern wie die finanziellen Rahmenbedingungen,

---

[266] Vgl. zum unbestimmten Rechtsbegriff u. a. *Battis*, Allgemeines Verwaltungsrecht, S. 171 ff.; *Maurer*, Allgemeines Verwaltungsrecht, § 7, Rn. 27 ff.; *Wolff/Bachof/Stober*, Verwaltungsrecht I, § 31, Rn. 8 ff.
[267] VGH Mannheim, VGHBW-Ls 2000, Beilage 2, B 1–2.
[268] Siehe etwa § 5.II.1.d), § 5.II.2. sowie ausführlich § 6.
[269] *Neuhausen*, in: Kohlhammer-Kommentar zum BauGB, § 162, Rn. 15.
[270] *Krautzberger*, ZfBR 1983, 11/13; mit Bezugnahme auf *Lüers*, BBauBl. 1977, 152/155, ferner auch *Fislake*, in: Berliner Kommentar zum BauGB, § 162, Rn. 5.

in diesem Falle sei die Gemeinde nicht gehindert, möglicherweise im Einzelfall sogar verpflichtet, ihr Konzept den veränderten Umständen anzupassen und die Entwicklungsziele zu ändern.[271]

Auch in der Rechtsprechung ist anerkannt, dass sich etwa die Frage der Durchführung der Sanierung bzw. Entwicklung im Sinne des § 162 Abs. 1 Satz 1 Nr. 1 BauGB nach der jeweiligen städtebaulichen Situation, nach den von der Gemeinde formulierten Entwicklungszielen und dem darauf aufbauenden Entwicklungskonzept und dem Grad seiner Verwirklichung bestimmt.[272] Hierzu stellt der VGH Mannheim fest:

„Die Sanierung[273] ist auch dann durchgeführt, wenn sich im Laufe der Zeit gewisse Abweichungen von den ursprünglich formulierten Zielvorstellungen ergeben haben. Denn zu Beginn des Sanierungsverfahrens sind noch keine hohen Anforderungen an die Konkretisierung der Sanierungsziele zu stellen. Umso mehr muss eine Gemeinde offen sein, ihre Sanierungsziele in angemessenem Umfang veränderten Sachlagen anzupassen. Dabei ist der Gemeinde insgesamt ein beträchtlicher Handlungsspielraum eingeräumt."[274]

Somit bleibt festzuhalten, dass im Rahmen des § 162 Abs. 1 Satz 1 BauGB zwei Ebenen voneinander zu differenzieren sind: Zunächst muss die Gemeinde auf der ersten Ebene ihre Entwicklungskonzeption im Rahmen ihres Planungsermessens mit zunehmender Dauer der Maßnahme konkretisieren und veränderten städtebaulichen Verhältnissen anpassen. Sie hat dabei die in § 6 dargelegten Anforderungen zu beachten. Auf einer zweiten Ebene muss die Gemeinde im Rahmen des ihr eingeräumten Beurteilungsspielraums bewerten, ob die Entwicklungsmaßnahme in ihrem tatsächlichen Fortschritt gemessen am Maßstab des aktuellen Standes der Entwicklungskonzeption in eines der von § 162 Abs. 1 Satz 1 BauGB bezeichneten Stadien gerückt ist. Diese Kombination von Planungsermessen und tatbestandlichem Beurteilungsspielraum ist bei der Auslegung der einzelnen Aufhebungsgründe zu berücksichtigen.

---

[271] *Krautzberger*, in: Ernst/Zinkahn/Bielenberg/Krautzberger, § 162, Rn. 11; auch *Fislake*, in: Berliner Kommentar zum BauGB, § 162, Rn. 5; siehe bereits § 6.II.2.d).

[272] VGH Mannheim, VGHBW-Ls 2000, Beilage 2, B 1–2.

[273] Die zum städtebaulichen Sanierungsrecht und § 162 BauGB ergangene Rechtsprechung ist wegen der Verweisung des § 169 Abs. 1 Nr. 8 BauGB analog auf die städtebauliche Entwicklungssatzung zu übertragen.

[274] VGH Mannheim, VGHBW-Ls 2000, Beilage 2, B 1–2.

II. Aufhebung der Entwicklungssatzung nach durchgeführter Entwicklung entsprechend § 162 Abs. 1 Satz 1 Nr. 1 BauGB

Die Regelung des § 169 Abs. 1 Nr. 8 i. V. m. § 162 Abs. 1 Satz 1 Nr. 1 BauGB scheint einer Selbstverständlichkeit Ausdruck zu verleihen: Die Entwicklungssatzung ist aufzuheben, wenn die Entwicklung durchgeführt ist. Als zeitlich beschränktes, durchführungsbezogenes Sonderrecht dürfen die mit der Entwicklungsmaßnahme für die Eigentümer verbundenen Einschränkungen – vor allem die Genehmigungspflicht entsprechend §§ 144, 145 BauGB – nur so lange in Kraft bleiben, bis die Entwicklung abgeschlossen ist.[275]

Klärungsbedürftig ist allerdings, wann die Gemeinde im Rahmen ihres Beurteilungsspielraums davon ausgehen muss oder darf, dass dieses Stadium erreicht ist. Wie dargelegt ist dies zunächst nicht ohne Berücksichtigung des gemeindlichen Entwicklungskonzepts zu beantworten (dazu 1.), schließlich ist näher auf den entwicklungsrechtlichen Begriff der Durchführung einzugehen, um zu klären, welches Mindestprogramm die Gemeinde in jedem Fall absolviert haben müsste, um die Entwicklungsmaßnahme als durchgeführt bewerten und in entsprechender Anwendung des § 162 Abs. 1 Satz 1 Nr. 1 BauGB die Entwicklungssatzung aufheben zu können (dazu 2.).

1. Durchführung nach Maßstab des gemeindlichen Entwicklungskonzepts – keine „Totalentwicklung"

Wie in § 6 dargelegt kann die Gemeinde ihr Entwicklungskonzept unter Berücksichtigung formeller und materieller Anforderungen ändern und damit den Maßstab, wann die Entwicklungsmaßnahme durchgeführt ist, selbst setzen. Es wurde darauf hingewiesen, dass ihr innerhalb dieser Anforderungen einen weiten Handlungsspielraum zusteht und das Gesetz insbesondere keine „Totalentwicklung" oder eine vollständige Beseitigung aller vorgefundenen städtebaulichen Missstände verlangt.[276]

Die Bindung an das Abwägungsgebot, den rechtlichen Rahmen des § 165 Abs. 3 BauGB im Allgemeinen und das Zügigkeitsgebot im Besonderen verhindert aber bei einer rechtmäßigen Entwicklungsplanung, dass die Gemeinde dauerhaft

---

[275] Vgl. bereits *Gaentzsch*, NVwZ 1991, 921/923; *Neuhausen*, in: Kohlhammer-Kommentar zum BauGB, § 162, Rn. 5.

[276] *Krautzberger*, in: Ernst/Zinkahn/Bielenberg/Krautzberger, § 162, Rn. 11; *Fislake*, in: Berliner Kommentar zum BauGB, § 162, Rn. 5.

§ 7 Aufhebung des städtebaulichen Entwicklungsrechts

ein unrealistisches Entwicklungskonzept verfolgt und damit das Stadium der durchgeführten Entwicklung nicht in absehbarer Zeit zu erreichen vermag.[277]

Es soll hier der Versuch unternommen werden, eine Umsteuerungsstrategie für die Entwicklungsziele zu skizzieren, bei der die Gemeinde in einer anhaltenden Krise der Entwicklungsmaßnahme weiterhin an den wichtigsten Elemente einer städtebaulichen Neuordnung eines Teilgebiets festhalten kann, nicht mehr jedoch eine – aufgrund einer Veränderung der städtebaulichen Rahmenbedingungen unrealistisch gewordene – zügige Entwicklung und Bebauung jedes Einzelgrundstücks als Entwicklungsziel anstreben muss. In diesem Falle wäre die Entwicklung bereist nach „eingeschränkter Durchführung" abgeschlossen und die Entwicklungssatzung könnte aufgehoben werden, auch wenn erst ein „imperfekter" Entwicklungszustand erreicht ist.

Auch in der Kommentarliteratur wurde ausdrücklich anerkannt, dass es die Gemeinde in der Hand hat, durch eine Änderung ihrer städtebaulichen Planung einen früheren Abschluss der Maßnahme herbeizuführen und eine Entwicklungsmaßnahme auch dann als durchgeführt betrachten kann, wenn alle ihrer Verantwortung obliegenden, einzelnen Ordnungs- und Baumaßnahmen durchgeführt sind und die noch in der städtebaulichen Planung vorgesehenen Baumaßnahmen von Grundeigentümern später, nämlich nach Aufhebung des städtebaulichen Entwicklungsrechts und ohne Gefährdung der Entwicklungsziele, durchgeführt werden können.[278]

2. Mindestprogramm einer durchgeführten Entwicklung bei einer „eingeschränkten Durchführung"

Auch im Falle einer „eingeschränkten" oder „imperfekten" Durchführung der Entwicklungsmaßnahme bestehen für die Gemeinde aber auch Grenzen dafür, ab wann sie von einer „durchgeführten Entwicklung" im Sinne des § 169 Abs. 1 Nr. 8 i. V. m. § 162 Abs. 1 Satz 1 Nr. 1 BauGB ausgehen darf. Denn das Baugesetzbuch trifft in mehreren Bestimmungen Aussagen dazu, welche Aufgaben die Gemeinde im Zuge der Durchführung der Entwicklungsmaßnahme zu erfüllen hat.

Aus § 166 Abs. 1 Satz 1 BauGB ergibt sich zunächst, dass die Entwicklungsmaßnahme von der Gemeinde vorbereitet und durchgeführt wird. Sie hat nach § 166 Abs. 1 Satz 2 BauGB alle erforderlichen Maßnahmen zu ergreifen, um die vorgesehene Entwicklung im städtebaulichen Entwicklungsbereich zu verwirklichen. Ebenso allgemein bestimmt § 169 Abs. 1 Nr. 4 i. V. m. § 146 Abs. 1 BauGB, dass die Durchführung der Entwicklungsmaßnahme diejenigen Ordnungs- und Baumaßnahmen innerhalb des förmlich festgelegten Entwicklungsbereichs um-

---

[277] Vgl. bereits ausführlich § 6.II.2.
[278] Vgl. *Köhler*, in: Schrödter, BauGB, § 162, Rn. 3.

172   2. Teil: Der Weg zur Beendigung der Entwicklungsmaßnahme

fasst, die nach den Zielen und Zwecken der Entwicklungsmaßnahme erforderlich sind. Insoweit ist also wiederum das Entwicklungskonzept maßgeblich.

Im Folgenden soll durch eine Analyse der gesetzlichen Anknüpfungspunkte an die gemeindliche Durchführungsverantwortung herausgearbeitet werden, welches „Mindestprogramm" die Gemeinde absolvieren muss, um die Entwicklungsmaßnahme als durchgeführt beurteilen zu können.

a) Festsetzung der Entwicklungsbebauungspläne

Die Festsetzung der Entwicklungsbebauungspläne ist nach § 166 Abs. 1 Satz 2 BauGB entwicklungsrechtliche Pflicht der Gemeinde. Anders als im Sanierungsverfahren, in dem die Gemeinde nicht (mehr) zur Festsetzung von Bebauungsplänen verpflichtet ist,[279] begründet § 166 Abs. 1 Satz 2 BauGB eine Vermutung für die Erforderlichkeit eines Bebauungsplans, die nur in besonderen Ausnahmefällen widerlegt werden kann.[280] Vor einer Aufhebung der Entwicklungssatzung nach § 169 Abs. 1 Nr. 8 i.V.m. § 162 Abs. 1 Satz 1 Nr. 1 BauGB müssen die Bebauungspläne, die die Entwicklungsziele sichern, deshalb grundsätzlich festgesetzt, d. h. ortsüblich bekannt gemacht sein (§ 10 Abs. 3 Satz 4 BauGB).

Ausnahmsweise kann es ausreichen, dass ein Bebauungsplan erst den Stand der Planreife nach § 33 BauGB erreicht hat, wenn aufgrund des nach der Aufhebung des Entwicklungsrechts geltenden Planungsrechts (beispielsweise nach § 34 BauGB) keine Fehlentwicklungen zu befürchten wären und das Instrumentarium der entwicklungsrechtlichen Genehmigung nach §§ 144, 145 Abs. 2 BauGB nicht mehr erforderlich ist. Allerdings ist in diesem Zusammenhang zu berücksichtigen, dass die Planreife des Bebauungsplans wieder entfällt, wenn das Bebauungsplanverfahren nicht zügig fortgeführt wird.[281]

Gerade dann, wenn die vollständige Bebauung der Flächen als Entwicklungsziel aufgegeben wurde, kommt aber der planungsrechtlichen Sicherung einer künftigen, selbsttragenden Entwicklung nach Aufhebung des Entwicklungsrechts eine besondere Bedeutung zu, denn in diesem Falle besteht eine auf Grundlage von § 33 BauGB bereits genehmigte Bebauung regelmäßig noch nicht und kann demzufolge auch keinen Planersatz nach § 34 BauGB für die künftige Entwicklung des Bereichs bieten.

---

[279] Vgl. hierzu *Krautzberger*, in: Battis/Krautzberger/Löhr, § 141, Rn. 7; *ders.*, ZfBR 1983, 11/14; *Schmidt-Eichstaedt*, ZfBR 2001, 13/14.

[280] Auch *Krautzberger*, in: Battis/Krautzberger/Löhr, § 166, Rn. 1 spricht von einer „im Einzelfall ggf. widerlegbaren Vermutung des Erfordernisses einer Bauleitplanung." Noch enger *Köhler*, in: Schrödter, BauGB, § 166, Rn. 2a.

[281] BVerwG, NVwZ-RR 2002, 256; dass., NVwZ 2003, 86; vgl. auch *Krautzberger*, in: Battis/Krautzberger/Löhr, § 33, Rn. 7.

b) Durchführung der Ordnungsmaßnahmen

Die Bestimmung des § 169 Abs. 1 Nr. 4 i. V. m. § 147 Abs. 1 Satz 1 BauGB regelt, dass die Durchführung der Ordnungsmaßnahmen Aufgabe der Gemeinde ist, dazu gehören nach der Aufzählung in § 147 Abs. 1 Satz 1, 2. Halbsatz BauGB die Bodenordnung einschließlich des Erwerbs von Grundstücken (Nr. 1), der Umzug von Bewohnern und Betrieben (Nr. 2), die Freilegung von Grundstücken (Nr. 3), die Herstellung und Änderung von Erschließungsanlagen (Nr. 4) sowie sonstige Maßnahmen, die notwendig sind, damit die Baumaßnahmen durchgeführt werden können (Nr. 5). Allerdings umfasst die Durchführung diese Ordnungsmaßnahmen nur dann, wenn sie nach den Zielen und Zwecken der Entwicklungsmaßnahme, also dem Entwicklungskonzept,[282] *erforderlich* sind (§ 169 Abs. 1 Nr. 4 i. V. m. § 146 Abs. 1 BauGB).

Will die Gemeinde auf ein Entwicklungskonzept umsteuern, dass zwar die städtebauliche Neuordnung eines Bereichs anstrebt, nicht jedoch die vollständige Bebauung der Flächen im Entwicklungsbereich weiterverfolgt, so kann auch der Bedarf an einzelnen Ordnungsmaßnahmen entfallen. Will sie am Maßstab des geänderten Entwicklungskonzepts die Entwicklungssatzung nach in diesem Sinne „eingeschränkter Durchführung" aufheben, so muss sie mindestens die Maßnahmen vor Aufhebung der Satzung durchführen, die Voraussetzung für den Vollzug der Entwicklungsbebauungspläne nach Aufhebung der Satzung bilden. Es müsste auch nach Maßstab eines solchen reduzierten Entwicklungskonzepts gewährleistet sein, dass eine den Entwicklungszielen entsprechende Bebauung nach Aufhebung des Entwicklungsrechts entstehen könnte, wenn eine entsprechende Nachfrage eine selbsttragende Entwicklung ermöglicht.

aa) Abschluss der Bodenordnung, insbesondere der Enteignungsverfahren

Im Grundsatz muss für jede durchgeführte Entwicklung die Bodenordnung abgeschlossen sein. § 147 Abs. 1 Nr. 1 BauGB liegt ein umfassender Begriff der Bodenordnung zugrunde. Zur entwicklungsrechtlichen Bodenordnung gehören alle zur rechtlichen und / oder tatsächlichen Neuordnung der Grundstücke entsprechend dem Entwicklungskonzept erforderlichen Maßnahmen;[283] so die Umlegung nach §§ 45 ff BauGB, die Ausübung des gemeindlichen Vorkaufsrechts (§ 24 Abs. 1 Satz 1 Nr. 3 BauGB), die Enteignung nach § 169 Abs. 3 BauGB, schließlich auch die Bodenordnung aufgrund vertraglicher Vereinbarung (vgl. § 146 Abs. 3, § 11 Abs. 1 Satz 2 Nr. 1 BauGB).

---

[282] Hierauf weisen auch hin *Neuhausen*, in: Kohlhammer-Kommentar zum BauGB, § 147, Rn. 5; *Köhler*, in: Schrödter, BauGB, § 147, Rn. 4.

[283] *Krautzberger*, in: Battis / Krautzberger / Löhr, § 147, Rn. 2.

§ 147 Abs. 1 Satz 1 Nr. 1 BauGB nennt ausdrücklich auch den Erwerb von Grundstücken, dieser spielt im Entwicklungsrecht eine noch größere Rolle als im Sanierungsrecht. Denn der gemeindliche Durchgangserwerb der Grundstücke im Entwicklungsbereich ist für die städtebauliche Entwicklungsmaßnahme kennzeichnend, angesichts der Subsidiarität der Entwicklungsmaßnahme nach § 165 Abs. 3 Satz 1 Nr. 3 BauGB gegenüber anderen Planungsinstrumenten muss aus der Perspektive im Zeitpunkt der Festlegung des Entwicklungsbereichs gerade der zwangsweise Grunderwerb der Gemeinde zur Neuordnung des Bereichs erforderlich sein.[284]

Deshalb ist die Entwicklungsmaßnahme so lange nicht durchgeführt, solange das besondere Eingriffsinstrumentarium des Entwicklungsrechts *zur Verwirklichung der Entwicklungsziele* weiterhin benötigt wird. Aus der Maßgeblichkeit der Entwicklungsziele folgt wiederum, dass die Gemeinde andererseits nicht zwingend alle Grundstücke freihändig oder zwangsweise erwerben muss, wenn dies zur Verwirklichung der Entwicklungsziele gar nicht erforderlich ist. Sie kann es abhängig vom Einzelfall auch späterer privater Initiative überlassen, einzelne Grundstücke von verschiedenen Grundeigentümern zu erwerben. Notwendig bleibt der Flächenerwerb allerdings, wenn er erst Voraussetzung für die Herstellung von Erschließungsanlagen[285] entsprechend § 147 Abs. 1 Satz 1 Nr. 1 BauGB ist oder für andere Maßnahmen, für die die Gemeinde auf Flächen zugreifen muss.

Als besonderes Instrumentarium des Entwicklungsrechts, das nach der Aufhebung der Satzung nicht mehr zu Verfügung steht, ist insbesondere die Enteignungsmöglichkeit ohne Bebauungsplan nach § 169 Abs. 3 Satz 1 BauGB zu nennen. In diesem Zusammenhang könnte man einwenden, dass für eine Enteignung ohne Bebauungsplan dann kein Bedürfnis mehr besteht, wenn ein Bebauungsplan festgesetzt ist[286] und eine dann planakzessorische Enteignung auf Grundlage von § 85 Abs. 1 Satz 1 Nr. 1 BauGB möglich wäre. Probleme liegen hier aber schon im Bereich des Verfahrensrechts: Es ist fraglich, ob die Gemeinde eine einmal auf der Grundlage von § 169 Abs. 3 Satz 1 BauGB beantragte Enteignung auf eine Enteignung auf Grundlage des Allgemeinen Städtebaurechts gleichsam umstellen und das Enteignungsverfahren dann auf veränderter Rechtsgrundlage fortgesetzt werden kann.

Gegen eine solche „Umstellung" des Verfahrens spricht, dass der Prüfungsumfang beider Rechtsgrundlagen sich unterscheidet.[287] Bei der Enteignung auf

---

[284] Vgl. bereits § 3.III.3.

[285] Siehe dazu sogleich § 7.II.b) bb).

[286] Vgl. auch *Köhler*, in: Schrödter, BauGB, § 169, Rn. 7: „An die Stelle des Bebauungsplans tritt im städtebaulichen Entwicklungsbereich als Enteignungsvoraussetzung die Entwicklungssatzung. Allerdings besteht für die Gemeinde die Pflicht zur unverzüglichen Aufstellung von Bebauungsplänen."

[287] Vgl. zur vorverlagerten Prüfung des Gemeinwohlerfordernisses im städtebaulichen Entwicklungsrecht bereits ausführlich § 3.III.2.a).

§ 7 Aufhebung des städtebaulichen Entwicklungsrechts

Grundlage des § 169 Abs. 3 Satz 1 BauGB erfolgt der enteignende Zugriff auf das Grundstück abgeschichtet in zwei Stufen: Zunächst legt die Entwicklungssatzung mit Bindungswirkung für ein nachfolgendes Enteignungsverfahren fest, dass das Wohl der Allgemeinheit den Eigentumsentzug generell rechtfertigt. Dem grundstücksbezogenen Enteignungsverfahren verbleibt dann lediglich die Prüfung, ob das durch die Ziele und Zwecke der städtebaulichen Entwicklungsmaßnahme konkretisierte Gemeinwohl den Zugriff auf das einzelne Grundstück erfordert.[288]

Bei einer Enteignung aufgrund von § 85 Abs. 1 BauGB muss die Enteignungsbehörde dagegen inzident die Wirksamkeitsvoraussetzungen des Bebauungsplans prüfen, da nur ein rechtswirksamer Bebauungsplan Grundlage einer Enteignung sein kann. Die Enteignungsbehörde hat diese Prüfung von Amts wegen durchzuführen und dabei dieselben rechtlichen Maßstäbe zugrunde zu legen wie bei der verwaltungsgerichtlichen Kontrolle.[289] Darüber hinaus gilt bei einer Enteignung auf Grundlage der §§ 85 ff BauGB ein qualifiziertes, konkret-individuell durchgreifendes Gemeinwohlerfordernis: Nach § 87 Abs. 1 BauGB ist die Enteignung im einzelnen Fall nur zulässig, wenn das Wohl der Allgemeinheit sie erfordert und der Enteignungszweck auf andere zumutbare Weise nicht erreicht werden kann. Diese Norm ist durch § 169 Abs. 3 Satz 3 BauGB für das Entwicklungsrecht ausdrücklich ausgeschlossen, da die Prüfung der Enteignungsvoraussetzungen eben schon auf den Zeitpunkt des Erlasses der Entwicklungssatzung vorverlagert ist.[290]

Angesichts der unterschiedlichen Rechtsgrundlagen und des unterschiedlichen Prüfprogramms ist festzustellen, dass das Enteignungsverfahren auf Grundlage des § 169 Abs. 3 Satz 1 BauGB mit Aufhebung des Entwicklungsrechts von der Enteignungsbehörde einzustellen ist. Die Gemeinde müsste nach Aufhebung des Entwicklungsrechts einen neuen Antrag nach § 85 Abs. 1 Nr. 1 i. V. m. §§ 104 ff BauGB stellen, wenn sie am Grunderwerb festhalten will. Sie könnte dann aber für das betreffende Teilgebiet das Entwicklungsrecht nicht auf Grundlage von § 169 Abs. 1 Nr. 8 i. V. m. § 162 Abs. 1 Satz 1 Nr. 1 BauGB aufheben, denn die Entwicklung ist nicht *durchgeführt*, solange für das Erreichen der Entwicklungsziele *erforderliche* Enteignungsverfahren nicht mit einer Einigung (§ 110 BauGB) oder einem Enteignungsbeschluss (§ 113 BauGB) abgeschlossen sind.

In diesem Falle, da nur noch einzelne Enteignungsverfahren ausstehen, etwa zur Herstellung eher nachgeordneter kleiner Durchwegungen, ist der Gemeinde deshalb zu empfehlen, das Entwicklungsrecht in dem betroffenen Teilgebiet

---

[288] BVerfG, NVwZ 2003, 71/72 (Osterholzer Feldmark); BVerwG, BauR 2004, 1584/1585 m. w. N; *Schlichter/Roeser*, in: Berliner Kommentar zum BauGB, § 165, Rn. 10.

[289] Grundlegend BVerwGE 34, 301; BGHZ 66, 322, ständige Rechtsprechung; vgl. ferner *Halama*, in: Berliner Kommentar zum BauGB, § 85, Rn. 26 und 28; *Breuer*, in: Schrödter, BauGB, § 85, Rn. 29.

[290] *Schlichter/Roeser*, Berliner Kommentar zum BauGB, § 169, Rn. 17.

aufrechtzuerhalten, solange das Enteignungsverfahren noch läuft und kein Enteignungsbeschluss nach § 113 BauGB gefasst wurde.[291] Für die umliegenden Flächen ist das Entwicklungsrecht dann auf Grundlage des entsprechend anwendbaren § 162 Abs. 1 Satz 2 BauGB aufzuheben, soweit die Enteignung nicht der Umsetzung einer Ordnungsmaßnahme dient, ohne deren Durchführung auch auf den einzelnen umliegenden Flächen die Entwicklungsziele nicht erreicht wären, oder Erschließungsmängel[292] oder andere städtebauliche Missstände[293] verblieben.

bb) Herstellung und Änderung der Erschließungsanlagen

Der Abschluss der Herstellung und Änderung von Erschließungsanlagen nach § 147 Abs. 1 Satz 1 Nr. 4 BauGB ist für eine durchgeführte Entwicklung immer dann erforderlich, wenn sie der Außenerschließung einzelner Baufelder oder der Verbindung einzelner Teilgebiete dienen. Zu beachten ist außerdem, dass die Gemeinde sich in Einzelfällen gegebenenfalls Entschädigungsforderungen aussetzen könnte, wenn sie einzelne Erschließungsmaßnahmen, die Grundlage von Investitionsentscheidungen waren, nicht herstellt, obwohl deren Herstellung Grundlage von Abwendungsvereinbarungen oder städtebaulicher Verträge war.[294] Nicht erforderlich ist hingegen die Innenerschließung von unbebauten Baufeldern, für die sich noch keine Nutzung abzeichnet. Diese kann bei später einsetzender Nachfrage auch noch nach der Aufhebung des Entwicklungsrechts erfolgen.

Maßgeblich für die Entscheidung, für einzelne Teilgebiete die Entwicklung als durchgeführt zu bewerten, obwohl die Innenerschließung noch nicht vollständig hergestellt ist, können auch die Eigentumsverhältnisse sein. Verbleiben Flächen mangels Nachfrage auf absehbare Zeit im Gemeindeeigentum und ist kein sonstiger Grundstückseigentümer betroffen, kann die planungsrechtliche Sicherung der Entwicklungsziele auf diesen Flächen ausreichen, ohne dass es der Erschließung von Einzelgrundstücken bedürfte.

cc) Beseitigung städtebaulicher Missstände, insbesondere Freilegung von Grundstücken

Unabhängig davon, ob die Entwicklungssatzung nach durchgeführter Entwicklung (entsprechend § 162 Abs. 1 Satz 1 Nr. 1 BauGB) oder wegen Aufgabe der Entwicklungsabsicht (entsprechend § 162 Abs. 1 Satz 1 Nr. 3 BauGB) aufgehoben wird, dürfen keine städtebaulichen Missstände zurückbleiben, die durch die Ent-

---

[291] Siehe noch näher § 7.V.3. zur Zulässigkeit dieses Vorgehens im Hinblick auf die Abgrenzung zwischen §§ 162 Abs. 1 Satz 2, 163 BauGB.
[292] Siehe dazu sogleich noch § 7.II.2.b)bb).
[293] Siehe dazu sogleich noch § 7.II.2.b)cc).
[294] Siehe dazu noch näher § 9.IV.

wicklungsmaßnahme erst hervorgerufen wurden, etwa durch das Nebeneinander von neu geschaffenen „Entwicklungsinseln" und weiterhin ungeordneten Flächen. Hierdurch entstandene Immissionskonflikte oder auch erhebliche optische Belästigungen müssen vor Aufhebung des Entwicklungsrechts gelöst werden, eine andere Vorgehensweise wäre rechtswidrig, weil das zugrunde liegende Entwicklungskonzept abwägungsfehlerhaft wäre.[295]

Deshalb müssen alle städtebaulichen Missstände mit Ausstrahlungswirkung auf benachbarte Grundstücke noch vor Aufhebung des Entwicklungsrechts beseitigt werden, hierzu zählen vor allem die Maßnahmen, die zur „Freilegung von Grundstücken" gehören (entsprechend § 147 Abs. 1 Satz 1 Nr. 3 BauGB). Hierunter kann etwa die Beseitigung und Abräumung emittierender oder optisch störender baulicher Anlagen, die Beseitigung von Aufschüttungen oder die Beseitigung von Altlasten subsumiert werden.[296] Zur Missstandsbeseitigung kann aber auch die Verlagerung störender Betriebe dienen (entsprechend § 147 Abs. 1 Satz 1 Nr. 2 BauGB). Lediglich solche städtebaulichen Missstände, die keine negative Ausstrahlungswirkung für Nachbargrundstücke haben und nur einzelne Grundstücke betreffen, z. B. eine räumlich begrenzte und beherrschbare Altlastensanierung oder Abrissmaßnahmen kleinerer baulicher Anlagen, die für entwickelte Nutzungen keine optische Beeinträchtigung darstellen, können auch noch nach der Aufhebung des Entwicklungsrechts im Zuge der ggf. später einsetzenden Entwicklung durchgeführt werden.

c) Errichtung von Gemeinbedarfs- und Folgeeinrichtungen

Soweit aufgrund der tatsächlichen Bebauung und Nutzung der Grundstücke im Entwicklungsbereich ein Bedarf für die Herstellung von Gemeinbedarfs- und Folgeeinrichtungen[297] entstanden ist, sind diese Wohnfolgeeinrichtungen grundsätzlich vor Aufhebung des Entwicklungsrechts herzustellen. Soweit aufgrund der planungsrechtlichen Sicherung der Entwicklungsziele allerdings nur Baurechte für Wohnungsbau entstanden sind, die Grundstücke aber noch nicht bebaut sind, kann die Herstellung der sozialen Infrastruktur auf den Zeitpunkt nach Aufhebung des Entwicklungsrechts verschoben werden, wenn ein tatsächlicher Bedarf ausgelöst wird.

---

[295] Siehe dazu bereits § 6.II.2.c) unter Vertrauensschutzgesichtspunkten.

[296] Vgl. Beispiele bei *Fislake*, in Berliner Kommentar zum BauGB, § 147, Rn. 9.

[297] Laut Bundesverwaltungsgericht kennzeichnet Gemeinbedarfseinrichtungen, dass sie unabhängig von der Trägerschaft eine privatem Gewinnstreben entzogene öffentliche Aufgabe wahrnehmen, vgl. BVerwG, NVwZ 1994, 1004. Folgeeinrichtungen können sonstige Bauten und Anlagen sein, die nicht zu den Gemeinbedarfseinrichtungen gehören, aber geschaffen werden müssen, um die Entwicklungsziele zu erreichen, vgl. *Krautzberger*, in: Battis/Krautzberger/Löhr, § 148, Rn. 7. Zu den Gemeinbedarfs- und Folgeeinrichtungen und der begrifflichen Abgrenzung vgl. bereits § 3.III.b)cc).

d) Durchführung sonstiger Baumaßnahmen

Fraglich ist, welche sonstigen Baumaßnahmen die Gemeinde durchführen muss, bevor sie die Entwicklungsmaßnahme als durchgeführt im Sinne von § 162 Abs. 1 Satz 1 Nr. 1 BauGB bewerten darf und ob es das Entwicklungsrecht überhaupt grundsätzlich gestattet, auch unbebaute, aber neu geordnete, erschlossene und beplante Grundstücke wieder in das Allgemeine Städtebaurecht zu entlassen.

Auf der Ebene der entwicklungsrechtlichen Planungsgrundsätze statuiert § 166 Abs. 2 BauGB, dass es der Gemeinde obliegt, insgesamt die Voraussetzungen dafür zu schaffen, dass ein funktionsfähiger Bereich entsprechend der beabsichtigten städtebaulichen Entwicklung und Ordnung entsteht, der nach seinem wirtschaftlichen Gefüge und der Zusammensetzung seiner Bevölkerung den Zielen und Zwecken der städtebaulichen Entwicklungsmaßnahme entspricht und in dem eine zweckentsprechende Versorgung der Bevölkerung mit Gütern und Dienstleistungen gesichert ist. Dies könnte dafür sprechen, dass eine bloße planungsrechtliche Sicherung, die die konkrete Bebauung als Entwicklungsziel aufgibt, dem gesetzgeberischen Leitbild nicht entspräche.

Bei der Vorschrift des § 166 Abs. 2 BauGB handelt es sich allerdings um eine abstrakte städtebauliche Leitlinie, die ggf. als Auslegungshilfe im Einzelfall dienen kann,[298] es der Gemeinde aber nicht von vornherein verwehrt, den Abschluss der Entwicklungsmaßnahme herbeizuführen, bevor dieser Zustand erreicht ist. Dies wird schon daran deutlich, dass das Gesetz davon spricht, die Gemeinde habe (nur) „die Voraussetzungen zu schaffen." Eben dies tut sie auch, wenn sie die Entwicklungsziele planerisch sichert, so dass die angestrebten Nutzungen auch nach Aufhebung des Entwicklungsrechts entstehen können.

Aus § 169 Abs. 1 Nr. 4 i.V. m. § 148 Abs. 1 Satz 1 BauGB ergibt sich die Aufgabenteilung,[299] die das Entwicklungsrecht hinsichtlich der Bebauung der Flächen zwischen Gemeinde und Eigentümer vorsieht: Die Durchführung der Baumaßnahmen bleibt den Eigentümern überlassen, soweit die zügige und zweckmäßige Durchführung durch sie gewährleistet ist. Der Gemeinde obliegt jedoch, für die Errichtung und Änderung der Gemeinbedarfs- und Folgeeinrichtungen (§ 169 Abs. 1 Nr. 4 i.V. m. § 148 Abs. 1 Satz 1, 2. Halbsatz, Nr. 1 BauGB) und für die Durchführung auch sonstiger Baumaßnahmen zu sorgen, soweit die Gemeinde selbst Eigentümerin ist oder nicht gewährleistet ist, dass die Baumaßnahmen vom einzelnen Eigentümer zügig und zweckmäßig durchgeführt werden (§ 169 Abs. 1 Nr. 4 i.V. m. § 148 Abs. 1 Satz 1, 2. Halbsatz, Nr. 2 BauGB). Hieraus wird deutlich, dass der Gesetzgeber eine Gesamt- und Durchführungsverantwortung der

---

[298] Vgl. *Köhler*, in: Schrödter, BauGB, § 166, Rn. 4; siehe bereits § 6.II.2.e).
[299] Vgl. auch *Fislake*, in: Berliner Kommentar zum BauGB, § 146, Rn. 6; *Krautzberger*, in: Battis/Krautzberger/Löhr, § 146, Rn. 1.

Gemeinde vorsieht, auch für die Bebauung der Flächen im Entwicklungsbereich Sorge zu tragen.[300]

Daran knüpfen auch die Vorschriften der §§ 166 Abs. 3 Satz 3 Nr. 2 und 169 Abs. 6, Abs. 7 BauGB an: § 166 Abs. 3 Satz 3 Nr. 2 BauGB sieht vor, dass die Gemeinde (nur dann) vom Erwerb eines Grundstücks absehen darf, wenn der Eigentümer in der Lage ist, sein Grundstück binnen angemessener Frist entsprechend den Entwicklungszielen zu nutzen und er sich hierzu verpflichtete. In der Kommentarliteratur findet sich die Auffassung, daraus ergebe sich, dass der Gesetzgeber sicherstellen wolle, dass die „Entwicklungsmaßnahme, *die auch die Bebauung entsprechend umfasst*, zügig durchgeführt wird."[301]

Die Vorschrift des § 169 Abs. 6 Satz 1 BauGB sieht noch deutlicher vor, dass die Grundstücke nach Neuordnung und Erschließung an *Bauwillige* zu veräußern sind, die sich verpflichten, dass sie die Grundstücke innerhalb angemessener Frist entsprechend den Festsetzungen des Bebauungsplans und den Erfordernissen der Entwicklungsmaßnahme bebauen werden. § 169 Abs. 7 Satz 1 BauGB statuiert weiter, dass die Gemeinde bei der Veräußerung dafür Sorge zu tragen hat, dass die Bauwilligen die Bebauung in wirtschaftlich sinnvoller Aufeinanderfolge derart durchführen, dass die Ziele und Zwecke der städtebaulichen Entwicklung erreicht werden und die Vorhaben sich in den Rahmen der Gesamtmaßnahme einordnen. Die Gemeinde hat nach § 169 Abs. 7 Satz 2 BauGB ferner auch sicherzustellen, dass die neugeschaffenen baulichen Anlagen entsprechend den Zielen und Zwecken der Maßnahme dauerhaft genutzt werden.

Mithin ist deutlich, dass dem Gesetzgeber durchaus Bebauung und dauerhafte Nutzung der Flächen im Entwicklungsbereich als integraler Bestandteil der Entwicklungsmaßnahme vorschwebte. Im Ergebnis steht dies allerdings einer Bewertung einer Entwicklung als „durchgeführt", in der die vollständige Bebauung aller Grundstücke noch nicht erfolgt ist, nicht entgegen. Zunächst knüpfen die hier dargelegten Vorschriften der § 146 Abs. 1 i.V.m. § 148 Abs. 1 Satz 1 Nr. 2; §§ 166 Abs. 3 Satz 3 Nr. 2, 169 Abs. 6 Satz 1, Abs. 7 BauGB ausnahmslos an die „Ziele und Zwecke der Entwicklungsmaßnahme" oder die „Erfordernisse der Entwicklungsmaßnahme" an, welche die Gemeinde wiederum durch ihr Entwicklungskonzept selbst bestimmt. Wenn das Entwicklungskonzept keine flächendeckende Bebauung der Grundstücke unter Geltung des Entwicklungsrechts mehr vorsieht, kann diese deshalb auch noch nach Aufhebung des Entwicklungsrechts erfolgen. Zudem schließt auch die Vereinbarung von Baupflichten, denen sich die alten oder neuen Grundstückseigentümer nach §§ 166 Abs. 3 Satz 3 Nr. 2, 169 Abs. 6 Satz 1 BauGB unterwerfen müssen, nicht von vornherein aus, dass diese Bebauung noch nach Aufhebung des Entwicklungsrechts erfolgt.

---

[300] So auch *Fislake*, in: Berliner Kommentar zum BauGB, § 146, Rn. 6.
[301] So wörtlich *Neuhausen*, in: Kohlhammer-Kommentar zum BauGB, § 166, Rn. 49.

180   2. Teil: Der Weg zur Beendigung der Entwicklungsmaßnahme

Außerdem führt die Auslegung des entwicklungsrechtlichen Normengefüges nach dem Regelungszweck dazu, auch eine Entwicklung ohne vollständige Bebauung im Einzelfall als durchgeführt im Sinne des § 162 Abs. 1 Satz 1 Nr. 1 BauGB bewerten zu können. Ist auf absehbare Zeit nicht damit zu rechnen, dass sich eine Nachfrage privater Bauherren nach den Baufeldern im Entwicklungsbereich einstellt, bestünde für die Gemeinde andernfalls nur die Möglichkeit, die Bebauung der Flächen entweder – vermeintlich im Einklang mit § 148 Abs. 1 Satz 1 Nr. 2 BauGB – selbst zu übernehmen und auf Kosten des Treuhandvermögens und des Gemeindehaushalts an Markt und Bedarf vorbei zu finanzieren. Dies wäre mit den Belangen bedarfsgerechter Entwicklung und sparsamer Haushaltsführung (vgl. etwa § 34 Abs. 2 LHO Berlin) nicht in Einklang zu bringen.

Oder die Gemeinde müsste die Entwicklung als undurchführbar bewerten und die Entwicklungssatzung angesichts der allgemein betonten Aufhebungspflicht[302] in der entsprechenden Anwendung des § 162 Abs. 1 Satz 1 Nr. 2 BauGB unverzüglich aufheben. In diesem Falle hätte sie nicht mehr die Möglichkeit, noch ausstehende Ordnungsmaßnahmen, die zur Sicherung bereits eingetretener Entwicklungserfolge dringend nötig wären, noch unter Geltung des Entwicklungsrechts durchzusetzen und aus dem Treuhandvermögen zu finanzieren. In diesem Falle wäre das Zurückbleiben städtebaulicher Missstände kaum zu vermeiden.[303]

Deshalb führt eine Auslegung nach dem Sinn und Zweck des § 162 Abs. 1 Satz 1 Nr. 1 BauGB zu dem Ergebnis, dass auch eine Beschränkung auf die originär von der Gemeinde durchzuführenden Maßnahmen und ein Verzicht der vollständigen Bebauung aller Flächen unter Geltung des Entwicklungsrechts den Tatbestand der durchgeführten Entwicklung zu erfüllen vermag.

e) Ergebnis: Strategie der „eingeschränkten Durchführung"

Nach all dem ist festzuhalten, dass das Entwicklungsrecht der Gemeinde einen ausreichenden Handlungsspielraum zur Verfügung stellt, die Entwicklungsmaßnahme auch bei mangelnder Nachfrage derart abzuschließen, dass sie die städtebauliche Neuordnung des Bereichs nicht durch einen vorzeitigen Abbruch der Maßnahme gefährden muss.[304] Im Sinne einer „eingeschränkten Durchführung"

---

[302] BVerwG, ZfBR 1999, 100/106; dass., BauR 2004, 1584/1588; OVG Berlin, LKV 2001, 126/130; OVG Lüneburg, NVwZ-RR 2003, 674; VGH Mannheim, VGHBW-Ls 2000, Beilage 2, B 1–2; *Neuhausen*, in: Kohlhammer-Kommentar, § 162, Rn. 5; *Fislake*, in: Berliner Kommentar zum BauGB, § 162, Rn. 3; *Krautzberger*, in: Krautzberger, Städtebauförderungsrecht, § 162, Rn. 3; *Köhler*, in: Schrödter, BauGB, § 162, Rn. 2. vgl. bereits § 5.I.3. und § 7.I.

[303] Vgl. auch *Krautzberger*, in: Ernst/Zinkahn/Bielenberg/Krautzberger, § 162, Rn. 18, wonach die Gemeinde keine Sanierungs- bzw. Entwicklungsruinen zurücklassen darf.

[304] Auf den „weiten und angemessenen Gestaltungsspielraum" im Zuge der Aufhebung weist auch *Krautzberger* hin, in: Ernst/Zinkahn/Bielenberg/Krautzberger, § 162, Rn. 8.

der Entwicklungsmaßnahme kann sie ihr Entwicklungskonzept auf die planerische Sicherung und bedarfsgerechte Erschließung des neu geordneten Bereichs beschränken, um die Voraussetzungen für eine nach Aufhebung des Entwicklungsrechts möglicherweise einsetzende Nachfrage zu schaffen und Störungen der bereits im Laufe der Durchführung der Entwicklungsmaßnahme angesiedelten Neunutzungen auszuschließen.

III. Aufhebung der Entwicklungssatzung wegen Undurchführbarkeit der Entwicklung entsprechend § 162 Abs. 1 Satz 1 Nr. 2 BauGB

1. Undurchführbarkeit am Maßstab des gemeindlichen Entwicklungskonzepts – Vorrang der Anpassung der Entwicklungsziele

Entsprechend § 162 Abs. 1 Satz 1 Nr. 1 BauGB ist die Entwicklungssatzung aufzuheben, wenn sich die Entwicklung als undurchführbar erweist. Wie bereits dargelegt[305] knüpft auch der Tatbestand der Undurchführbarkeit der Entwicklung an das Entwicklungskonzept an, denn wenn die Gemeinde ihr Entwicklungskonzept ändert, kann sie damit möglicherweise einer Undurchführbarkeit der ursprünglich beabsichtigten Entwicklung begegnen. Auch hier steht der Gemeinde ein Beurteilungsspielraum zu, ob sich ihr aktuell verfolgtes Entwicklungskonzept noch durchführen lässt oder nicht.

Allerdings ist angesichts der Begrenzung des gemeindlichen Planungsermessens durch das Vertrauensschutzprinzip festzustellen, dass die Gemeinde grundsätzlich gehalten ist, eine einmal begonnene städtebauliche Entwicklungsmaßnahme auch abzuschließen.[306] Daraus folgt eine Verpflichtung der Gemeinde, ihr Entwicklungskonzept veränderten Umständen anzupassen, bevor sie an ihrem ursprünglichen Entwicklungskonzept festhält und dieses dann als undurchführbar erweist. Die Anpassung des Entwicklungskonzepts hat insoweit Vorrang vor einer Aufhebung der Entwicklungssatzung.[307]

Umgekehrt wird das Planungsermessen der Gemeinde auch insoweit durch das Zügigkeitsgebot nach § 165 Abs. 1, Abs. 3 Satz 1 Nr. 4 BauGB begrenzt: Die

---

[305] Siehe § 7.I.

[306] Allgemeine Meinung, vgl. etwa *Krautzberger*, in: Ernst/Zinkahn/Bielenberg/Krautzberger, § 162, Rn. 15; *ders.*, in: Krautzberger, Städtebauförderungsrecht, § 162, Rn. 12; *Neuhausen*, in: Kohlhammer-Kommentar zum BauGB, § 162, Rn. 19; *Fislake*, in: Berliner Kommentar zum BauGB, § 162, Rn. 11; *Fieseler*, in: Städtebauliche Sanierungsmaßnahmen, Rn. 616.

[307] Vgl. *Krautzberger*, in: Ernst/Zinkahn/Bielenberg/Krautzberger, § 162, Rn. 18.

veränderten Entwicklungsziele müssen sich zügig binnen eines absehbaren Zeitraums erreichen lassen. Lässt sich nach Abwägung aller privaten und öffentlichen Belange gegen- und untereinander kein Entwicklungskonzept finden, dass mit dem Zügigkeitsgebot in Einklang zu bringen ist, muss die Entwicklungsmaßnahme als undurchführbar bewertet und die Entwicklungssatzung aufgehoben werden. Dies hat das Bundesverwaltungsgericht in einer Entscheidung vom 10. Juli 2003 für das Sanierungsrecht ausdrücklich klargestellt:

> „Als undurchführbar im Sinne des § 162 Abs. 1 Satz 1 Nr. 2 BauGB kann sich eine Sanierung im Nachhinein auch dann erweisen, wenn keine Aussicht mehr besteht, die Sanierungsmaßnahme zügig durchzuführen und innerhalb eines absehbaren Zeitraums seit der förmlichen Festlegung als Sanierungsgebiet abzuschließen."[308]

Allerdings ist auch darauf hinzuweisen, dass die Unmöglichkeit der Durchführung endgültig sein muss.[309] Vorübergehende Schwankungen der Immobilienkonjunktur reichen dafür nicht aus. Sie können vielmehr im Rahmen des Zügigkeitsgebots noch vertretbares Erfordernis der Streckung der Durchführungszeiträume begründen.[310] Schließlich muss es sich um *objektive* Gründe handeln,[311] eine *subjektive* Änderung der gemeindlichen Prioritätensetzung kann nur den Tatbestand der Aufgabe der Entwicklungsabsicht entsprechend § 162 Abs. 1 Satz 1 Nr. 3 BauGB erfüllen.

Zur Verdeutlichung dieser Maßstäbe sollen im Folgenden einzelne Fallkonstellationen durchgegangen werden, in denen eine Undurchführbarkeit entsprechend § 162 Abs. 1 Satz 1 Nr. 2 BauGB in Betracht kommt.

2. Undurchführbarkeit wegen mangelnder Finanzierbarkeit

Klar auf der Hand zu liegen scheint, dass sich die Entwicklungsmaßnahme als undurchführbar erweist, wenn die durch die Gemeinde durchzuführenden Ordnungs- und Baumaßnahmen nicht mehr finanzierbar sind, etwa weil Städtebauförderungsmittel nach § 169 Abs. 1 Nr. 9 i. V. m. §§ 164a f. BauGB nicht in erwartetem Umfang eingesetzt werden können.[312] Die mangelnde Finanzierbarkeit der Entwicklungsmaßnahme wurde von § 51 Abs. 2 StBauFG noch ausdrücklich als Grund für eine Undurchführbarkeit der Entwicklungsmaßnahme genannt.[313]

---

[308] BVerwG, NVwZ 2003, 1389.

[309] Vgl. *Krautzberger*, in: Ernst/Zinkahn/Bielenberg/Krautzberger, § 162, Rn. 15; *ders.*, in: Krautzberger, Städtebauförderungsrecht, § 162, Rn. 12.

[310] In diesem Sinne ist das Vorgehen des Berliner Senats zu verstehen, der mit Senatsbeschluss Nr. 199/96 vom 11. Juni 1996 die zeitliche Durchführung der Entwicklungsmaßnahmen durchgängig für alle Entwicklungsbereiche auf einen angestrebten Abschluss bis zum Jahr 2010 verlängerte (statt bis zum Jahr 2006) und die geplanten Nutzungsstrukturen den veränderten Marktbedingungen anpasste, vgl. bereits § 4.II.

[311] So auch *Krautzberger*, in: Krautzberger, Städtebauförderungsrecht, § 162, Rn. 14; *Arndt*, Städtebauliche Entwicklungsmaßnahmen, 1999, S. 138.

§ 7 Aufhebung des städtebaulichen Entwicklungsrechts

Angesichts des geschilderten Vorrangs der Anpassung der Entwicklungsziele stellt sich jedoch die Frage, welches Ausmaß die durch die Entwicklungsmaßnahme hervorgerufenen kommunalen Haushaltsengpässe erreicht haben müssen, um eine Undurchführbarkeit der Maßnahme begründen zu können. Zunächst wird die Gemeinde berücksichtigen müssen, dass ihren Ausgaben durchaus Einnahmen gegenüberstehen können, wenn sie die Entwicklungsmaßnahme fortsetzt und sie die entwicklungsbedingten Wertsteigerungen nach der Aufhebung der Maßnahme als Ausgleichsbeträge entsprechend § 154 Abs. 1 BauGB abschöpfen kann. Außerdem wird sie zu prüfen haben, ob sie durch die Aufhebung des Entwicklungsrechts Vertragsanpassungsansprüche nach § 60 VwVfG riskiert und so möglicherweise höhere Kosten auf sie zukommen als wenn sie die Entwicklungsmaßnahme bei reduzierter Entwicklungskulisse fortsetzt.

Eine bloße Verteuerung der Maßnahme infolge längerer Durchführungszeiträume allein vermag eine Undurchführbarkeit noch nicht zu begründen. Die Gemeinde hat nötigenfalls Umschichtungen in ihrem Haushalt vorzunehmen, die eine weitere Finanzierbarkeit der Maßnahme sichern. Jedenfalls größere Städte, vor allem Stadtstaaten wie Berlin oder Hamburg, können sich nicht vorschnell auf eine mangelnde Finanzierbarkeit berufen. Da die Gemeinde verpflichtet ist, die Entwicklungsmaßnahme mit aller Verwaltungs- und Finanzkraft zu betreiben und es ihr verwehrt ist, nur aufgrund anderer politischer Prioritätensetzungen von der Maßnahme abzurücken, sind an die mangelnde Finanzierbarkeit der Entwicklungsmaßnahme strenge Maßstäbe anzulegen.[314]

Sobald allerdings das Stadium einer extremen Haushaltsnotlage erreicht[315] oder insgesamt die aufgabenadäquate Finanzausstattung einer Gemeinde durch die für die Entwicklungsmaßnahme aufzubringenden Kosten nicht mehr gewährleistet

---

[312] *Köhler* weist darauf hin, dass in der Praxis finanzielle Gründe bei einer Undurchführbarkeit der Entwicklungsmaßnahmen im Vordergrund stünden, weil die Höhe der im Bundes- und Landeshaushalt für die Mitfinanzierung von städtebaulichen Maßnahmen der Kommunen ausgewiesenen Mittel erfahrungsgemäß starken Schwankungen unterläge, in: Schrödter, BauGB, § 162, Rn. 4. Auch *Krautzberger* hält die mangelnde Finanzierbarkeit der Ordnungs- und Baumaßnahmen für den Hauptgrund der Undurchführbarkeit, in: Krautzberger, Städtebauförderungsrecht, § 162, Rn. 12.

[313] § 51 Abs. 2 StBauFG lautete „... als undurchführbar erweist, insbesondere, weil die erforderlichen Finanzierungsmittel nicht beschafft werden können." Vgl. bereits § 2.1.2.6. *Neuhausen*, in: Kohlhammer-Kommentar zum BauGB, § 162, Rn. 12 und *Fislake*, in: Berliner Kommentar zum BauGB, § 162, Rn. 9 weisen ebenfalls auf die Streichung hin.

[314] So auch *Arndt*, Städtebauliche Entwicklungsmaßnahmen, 1999, S. 139.

[315] Der Begriff der extremen Haushaltsnotlage wurde vom *Bundesverfassungsgericht* im Jahre 1992 für die Landeshaushalte entwickelt, BVerfGE 86, 148/258 ff. Der Begriff bezeichnet eine Haushaltslage eines Landes, in der das Verhältnis der Einnahmen zu den Kreditfinanzierungslasten erheblich ungünstiger ist als in den anderen Bundesländern. Das betroffene Land kann seine Aufgaben aus eigener Kraft nicht mehr erfüllen und seine Überschuldung nicht mehr ohne Hilfe von außen abbauen, vgl. dazu *Musil/Kroymann*,

ist,[316] ist es auch gerechtfertigt, von einer mangelnden Finanzierbarkeit und damit der Undurchführbarkeit der Entwicklungsmaßnahme auszugehen.

3. Undurchführbarkeit wegen fehlender Investitionsbereitschaft privater Investoren

Darüber hinaus ist ungeklärt, ob sich durch die mangelnde Investitionsbereitschaft der privaten Grundstückseigentümer eine „Undurchführbarkeit" der Maßnahme im Sinne von § 162 Abs. 1 Satz 1 Nr. 2 BauGB ergeben kann. Es stellt sich die Frage, ob die Gemeinde die Entwicklungsmaßnahme als undurchführbar bewerten kann, wenn die Bereitschaft der Eigentümer, die Grundstücke im Entwicklungsbereich zu bebauen, flächendeckend ausbleibt. Dieser Aspekt verdient angesichts der in einigen Regionen insbesondere Ostdeutschlands anhaltend schwachen Nachfrage am Immobilienmarkt besondere Beachtung. Hierzu findet sich indes weder Rechtsprechung noch Kommentarliteratur.[317]

Für die Beantwortung dieser Frage ist zunächst die Aufgabenteilung im Entwicklungsbereich zwischen der Gemeinde und den Eigentümern zu berücksichtigen. Entsprechend § 148 Abs. 1 BauGB ist die Durchführung der Baumaßnahmen – abgesehen von den Gemeinbedarfs- und Folgeeinrichtungen – grundsätzlich keine Aufgabe der Kommune, sondern bleibt den Eigentümern überlassen. Für die Gemeinde ergibt sich jedoch eine subsidiäre Zuständigkeit nach § 148 Abs. 1 Satz 1 Halbsatz 2 Nr. 2 BauGB: Soweit nicht gewährleistet ist, dass der einzelne Eigentümer die Baumaßnahmen entsprechend dem Entwicklungskonzept zügig und zweckmäßig durchführt, obliegt die Durchführung der Baumaßnahmen der Gemeinde selbst. Hierdurch kommt der Grundsatz der Gesamtverantwortung der Gemeinde für die Durchführung der Entwicklung zum Ausdruck.[318]

Das Regelungsmodell des BauGB geht deshalb nicht davon aus, dass die Entwicklung mit ausbleibender Investitionsbereitschaft der Eigentümer unmöglich

---

DVBl. 2004, 1204 und *Waldhoff*, NVwZ 2004, 1062. Nach Auffassung des *Bundesverfassungsgerichts* ist dieses Stadium in Berlin allerdings noch nicht erreicht, vgl. BVerfG, Urteil vom 19.10.2006, Az. 2 BvF 3/03; NVwZ 2007, 67 sowie § 4.II.6.

[316] Die aufgabenadäquate Finanzausstattung der Kommunen setzt nach der Rechtsprechung des *Bundesverwaltungsgerichts* zu Art. 28 Abs. 2 Satz 3 GG voraus, dass die kommunalen Finanzmittel ausreichen, um der Gemeinde die Erfüllung aller zugewiesener und um Rahmen der kommunalen Selbstverwaltung auch der selbst gewählten Aufgaben zu ermöglichen; vgl. BVerwGE 106, 280/287; vgl. zu Kriterien im einzelnen OVG Lüneburg DVBl 2003, 278/281 mit Besprechung von *Henneke*, DVBl 2003, 282.

[317] *Krautzberger* spricht nur davon, dass sich „das bisher gewählte Sanierungskonzept z. B. wegen der Einstellung der Betroffenen als undurchführbar" erweisen kann; in: Krautzberger, Städtebauförderungsrecht, § 162, Rn. 16.

[318] BVerwG, NVwZ-RR 1990, 121; *Fislake*, in: Berliner Kommentar zum BauGB, § 148, Rn. 2.

wird, sondern statuiert vielmehr eine noch stärkere Durchführungsverantwortung der Gemeinde, die auch darin bestehen kann, einen wirtschaftlich unrentierlichen Teil der Baumaßnahme selbst zu übernehmen, wenn sich so eine Mitwirkungsbereitschaft der Eigentümer erreichen lässt.[319]

In diesen Fällen wird jedoch zu überprüfen sein, ob eine Entwicklung von Baugebieten an Markt und Nachfrage vorbei noch auf einem Entwicklungskonzept beruht, dass ermessensfehlerfrei ist. Auf der anderen Seite ist auch hier wiederum zu berücksichtigen, dass die Undurchführbarkeit *endgültig* sein muss. Nur vorübergehende Investitionszurückhaltung von Privaten vermag eine Undurchführbarkeit der Entwicklungsmaßnahme nicht zu begründen. Gerade während der „Durststrecken" der Entwicklungsmaßnahme ist die Gemeinde gehalten, ihrer besonderen Durchführungsverantwortung gerecht zu werden. Deshalb müsste die Entscheidung der Gemeinde, die weitere Entwicklung als undurchführbar zu bewerten, auf einer sachverständigen Prognose darüber stützen, dass die angestrebten Entwicklungsziele in einer absehbaren Zeit nicht zu erreichen sind.[320]

4. Ergebnis zur Undurchführbarkeit der Entwicklung

Im Ergebnis bleibt festzuhalten, dass die Undurchführbarkeit der Entwicklung eher einen Ausnahmefall darstellen dürfte, weil die Gemeinde verpflichtet ist, ihr Entwicklungskonzept vorrangig den geänderten städtebaulichen und immobilienkonjunkturellen Rahmenbedingungen anzupassen, so dass es im Regelfall nicht zu einer Undurchführbarkeit der Entwicklungsmaßnahme kommen kann. Nur wenn die Gemeinde nach pflichtgemäßem Ermessen zu dem Ergebnis gelangt, dass sie unter Beachtung des Zügigkeitsgebots und der anderen materiellen Begrenzungen ihres Planungsermessens kein Entwicklungskonzept mehr umsetzen kann, kann sie von einer *objektiven* Undurchführbarkeit der Entwicklung ausgehen und muss die Entwicklungssatzung aufheben.

IV. Aufhebung wegen Aufgabe der Entwicklungsabsicht aus anderen Gründen entsprechend § 162 Abs. 1 Satz 1 Nr. 3 BauGB

Schließlich wirft auch der dritte Aufhebungsgrund, die Aufgabe der Entwicklungsabsicht *aus anderen Gründen* entsprechend § 162 Abs. 1 Satz 1 Nr. 3 BauGB,

---

[319] Vgl. Beispiel bei *Köhler*, in: Schrödter, BauGB, § 148, Rn. 4.

[320] Dies war in Berlin der Fall, vgl. etwa die Studien der Institute *Z-Plan* und *Aengevelt-Research*, Gesamtstädtische Rahmenbedingungen und Planungsansätze für das Stadtumbauprogramm Ost in Berlin, 2002, S. 38 f. sowie *Just/Spars*, Immobilienmarkt Berlin: Mit schwerer Hypothek in die Zukunft", 2005, S. 19 und 21; siehe zum Ganzen bereits § 4.II.8.

offene Fragen auf. Anders als bei der objektiven Undurchführbarkeit der Entwicklung stellt der Gesetzgeber bei der dritten Variante der Aufhebungsgründe auf eine *subjektive* Entscheidung der Gemeinde ab.

1. Gebundene Ermessensentscheidung unter Berücksichtigung privater Belange

In der Literatur ist in diesem Zusammenhang umstritten, ob die Aufgabe der Entwicklungsabsicht eine Ermessensentscheidung darstellt oder nicht. Während Neuhausen meint, die Aufgabe der Entwicklungsabsicht sei ebenso wie die Entscheidung, eine Entwicklungsmaßnahme durchzuführen, eine Ermessensentscheidung,[321] widerspricht Köhler mit der Begründung, die Gemeinde dürfe „nur aus sachlichen Gründen die Entwicklungsabsicht aufgeben."[322] Auf der Grundlage des hier entwickelten Verständnisses der Zweistufigkeit von Entwicklungskonzeption und der Fortgeltung des Entwicklungsrechts[323] ist davon auszugehen, dass die Aufgabe der Entwicklungsabsicht eine Ermessensentscheidung auf der Ebene der Ziele und Zwecke der Entwicklungsmaßnahme voraussetzt, welche die bereits dargestellten materiellen Planungsschranken einhalten muss und insoweit gebunden ist.[324]

Die Planungsschranken, die vor der völligen Aufgabe der Entwicklungsabsicht und damit einem Abbruch der Entwicklungsmaßnahme stehen, sind dabei besonders hoch anzusetzen. Wenn die Gemeinde gehalten ist, zur Vermeidung einer objektiven Undurchführbarkeit der Entwicklungsmaßnahme ihr Entwicklungskonzept an veränderte Rahmenbedingungen anzupassen,[325] gilt der Vorrang einer Anpassung des Entwicklungskonzepts erst recht dann, wenn nicht objektive, sondern subjektive Gründe einer Weiterverfolgung des bisherigen Entwicklungskonzepts entgegenstehen. Deshalb ist zunächst festzuhalten, dass eine Änderung der Ziele und Zwecke der Entwicklungsmaßnahme nicht die Aufgabe der Entwicklungsabsicht zur Folge hat,[326] sondern diese vielmehr verhindern kann.[327]

---

[321] *Neuhausen*, in: Kohlhammer-Kommentar zum BauGB, § 162, Rn. 19.

[322] *Köhler*, in: Schrödter, BauGB, § 162, Rn. 6.

[323] Vgl. § 7.I.

[324] So auch *Neuhausen*, in: Kohlhammer-Kommentar zum BauGB, § 162, Rn. 19.

[325] Vgl. soeben § 7.III.1.

[326] Ebenso *Krautzberger*, in Krautzberger, Städtebauförderungsrecht, § 162, Rn. 15; *ders.*, in Ernst/Zinkahn/Bielenberg/Krautzberger, § 162, Rn. 18; *Köhler*, in: Schrödter, BauGB, § 162, Rn. 7.

[327] Missverständlich hierzu VGH Mannheim, VGHBW-Ls 2000, Beilage 2, B 1–2, der davon spricht, die Aufgabe der Sanierungsabsicht liege vor, wenn die Sanierungskonzeption in ihren Grundzügen nicht mehr weiter verfolgt werden solle. Solange die Gemeinde – auch nach grundlegenden Änderungen – ein tragfähiges Entwicklungskonzept weiter verfolgt, ist aber nicht von einer Aufgabe der Entwicklungsabsicht auszugehen.

Der Gemeinde ist es verwehrt, eine einmal begonnene Entwicklungsmaßnahme beliebig abzubrechen, da ihr Ermessen im Rahmen der Änderung der Ziele und Zwecke der Entwicklungsmaßnahme durch das Vertrauensschutzprinzip und das im Rechtsstaatsgebot verankerte Gebot zu konsequentem hoheitlichem Handeln begrenzt ist.[328] Die Aufgabe der Entwicklungsabsicht ist deshalb nur *ultima ratio* der Gemeinde, wenn eine ermessensfehlerfreie Anpassung des Entwicklungskonzepts nicht mehr in Betracht kommt.

In diesem Zusammenhang ist darauf hinzuweisen, dass die Gemeinde im Rahmen der Entscheidung über die Aufgabe der Entwicklungsabsicht[329] entgegen der Auffassung des Oberverwaltungsgerichts Münster zum Sanierungsrecht nicht nur öffentliche, sondern auch private Interessen zu berücksichtigen hat.[330] Das Gericht führt aus, die Unmaßgeblichkeit privater Interessen ergebe sich daraus, dass sich die Entscheidung über die Fortführung oder Aufgabe einer Sanierung an denselben Kriterien zu orientieren habe wie die Entscheidung über die Aufstellung einer Sanierungssatzung; diese Kriterien seien ausschließlich im Bereich des öffentlichen Interesses angesiedelt.

Dies ist nicht zutreffend. Bei der Frage, ob ein Sanierungsgebiet oder ein Entwicklungsbereich förmlich festgelegt wird, sind die öffentlichen *und privaten* Interessen gegen- und untereinander gerecht abzuwägen (vgl. § 165 Abs. 3 Satz 2 BauGB).[331] Private Interessen waren auch bei Entscheidungen im Rahmen von Maßnahmen auf Grundlage des Städtebauförderungsgesetzes nicht unmaßgeblich.[332] Wenn man dem Gericht deshalb darin folgt, dass sich die Entscheidung über die Aufgabe der Entwicklungsabsicht an denselben Kriterien zu orientieren hat wie die Entscheidung über die Festlegung des Entwicklungsbereichs, so sind in beiden Fällen private Interessen bei der Entscheidung zu berücksichtigen.[333]

---

[328] *Krautzberger*, in: Krautzberger, Städtebauförderungsrecht, § 162, Rn. 14; siehe auch die Darstellung der materiellen Anforderungen an das Entwicklungskonzept, § 6.II.2.

[329] Es wurde bereits dargelegt, dass für jede Entscheidung über die Änderung des Entwicklungskonzepts das Abwägungsgebot gilt, das auch die Berücksichtigung privater Interessen gebietet, vgl. § 6.II.2.a).

[330] OVG Münster, NVwZ-RR 1990, 292; aufgegriffen von *Köhler*, in: Schrödter, BauGB, § 162, Rn. 6.

[331] Vgl. bereits § 3.III.; ausführlich Hoppe/Busch, Fragen des städtebaulichen Entwicklungsrechts unter besonderer Berücksichtigung von Bahnflächen, 2001, S. 72 ff.

[332] Das *Bundesverwaltungsgericht* führt schon in seiner bereits zitierten Entscheidung vom 20. 10. 1978, BauR 1979, 139/142, zur Berücksichtigung privater Interessen bei der Aufhebung einer Sanierungssatzung aus: „§ 15 Abs. 3 StBauFG bietet eine ausreichende Handhabe, die es unter Prüfung der konkreten Umstände gestattet, der jeweiligen Interessenlage gerecht zu werden."

[333] Kritisch auch *Krautzberger*, in: Krautzberger, Städtebauförderungsrecht, § 162, Rn. 25, der ausführt: „In dieser Allgemeinheit kann dem OVG nicht zugestimmt werden. [Bei der Aufhebung wegen Aufgabe der Sanierungsabsicht] können durchaus rechtlich relevante Belange Betroffener berührt werden."

Gerade unter Bezugnahme auf die Auswirkungen eines Abbruchs der Maßnahme „auf die Betroffenen in ihren vielfältig berührten Belangen" weist Krautzberger darauf hin, dass die Aufhebung der Entwicklungssatzung nach § 162 Abs. 1 Satz 1 Nr. 1 BauGB nur „in ganz besonders gearteten Ausnahmefällen in Betracht" komme.[334] Welche Fälle dies sein können, soll im Folgenden näher untersucht werden.

2. Fallgruppen der Aufgabe der Entwicklungsabsicht

a) Nachträgliche Mitwirkungsbereitschaft der Eigentümer

In der Literatur wird zuvörderst das Beispiel einer nachträglichen Mitwirkungsbereitschaft der Eigentümer als mögliche Begründung dafür genannt, die Entwicklungsabsicht aufzugeben.[335] Wie gezeigt ist der nachträgliche Wegfall der Festlegungsvoraussetzungen, zu denen auch die Subsidiarität gegenüber der Umsetzung der Entwicklungsziele durch städtebauliche Verträge gehört (§ 165 Abs. 3 Satz 1 Nr. 3 BauGB), zunächst einmal Anlass dazu, das Entwicklungskonzept zu überdenken und anzupassen.[336]

Im Zuge dieser planerischen Entscheidung kann es bei Abwägung aller privaten und öffentlichen Belange gegen- und untereinander durchaus ermessensgemäß sein, die Entwicklungsabsicht für den gesamten Entwicklungsbereich oder auch in bestimmten Teilgebieten (entsprechend § 162 Abs. 1 Satz 2 BauGB) aufzugeben, weil die mit der Entwicklungsmaßnahme verfolgten städtebaulichen Ziele auch ohne das besondere Instrumentarium des Entwicklungsrechts allein aufgrund privater Initiative verwirklicht werden können.

Andersherum kann allerdings auch ein zunehmender Widerstand der Betroffenen eine Aufgabe der Entwicklungsabsicht begründen, wenn hierdurch die Durchführung der Entwicklungsmaßnahme der Gemeinde unverhältnismäßigen Schwierigkeiten begegnet,[337] allerdings nur, wenn nicht andere schutzwürdige öffentliche oder private Interessen an der Fortsetzung der Maßnahme oder der Vermeidung städtebaulicher Missstände überwiegen.[338]

---

[334] *Krautzberger*, in: Ernst/Zinkahn/Bielenberg/Krautzberger, § 162, Rn. 14; *Fislake*, in: Berliner Kommentar zum BauGB, § 162, Rn. 11; *Fieseler*, Städtebauliche Sanierungsmaßnahmen, Rn. 616.

[335] *Krautzberger*, in: Krautzberger, Städtebauförderungsrecht, § 162, Rn. 14; *ders.*, in: Battis/Krautzberger/Löhr, § 162, Rn. 8.

[336] Siehe § 6.II.2.e).

[337] Vgl. *Krautzberger*, in: Ernst/Zinkahn/Bielenberg/Krautzberger, § 162, Rn. 18 mit weiteren Beispielen.

[338] *Krautzberger*, in: Krautzberger, Städtebauförderungsrecht, § 162, Rn. 15; vgl. noch näher § 7.IV.2.d).

b) Rückgang der Nachfrage nach entwickelten Nutzungen

Zum Teil werden auch konjunkturelle Veränderungen, die das Entwicklungserfordernis so sehr zurücktreten lassen, dass eine zügige Durchführung vom öffentlichen Interesse nicht mehr erforderlich erscheint,[339] als ein Ausnahmefall anerkannt, in dem eine Aufgabe der Entwicklungsabsicht gerechtfertigt sein kann.[340] Allerdings wird auch hier zugleich der Vorrang der Anpassung des Entwicklungskonzepts betont.[341]

In diesem Zusammenhang ist allerdings zu beachten, dass mit einer Entwicklungsmaßnahme typischerweise mehrere oder ein ganzes Bündel städtebaulicher Ziele angestrebt werden. So kann neben der Absicht, ein bestimmtes Versorgungsziel zügig zu erreichen, um den prognostizierten erhöhten Bedarf an Wohn- und Arbeitsstätten zu decken (vgl. § 165 Abs. 3 Satz 1 Nr. 2 BauGB), das Ziel verfolgt werden, die Nutzungsstrukturen eines Quartiers umzuwandeln und neu zu ordnen. Fällt nun infolge konjunktureller Veränderungen das Bedürfnis weg, eine bestimmte Bedarfsdeckung zügig zu erreichen, muss damit noch nicht das weitergehende Ziel aufgegeben werden, eine städtebauliche Neuordnung des Gebiets zu erreichen. In diesen Fällen ist von besonderer Bedeutung, *teilgebietsweise* abzuwägen, ob die Entwicklungsabsicht für ein bestimmtes Teilgebiet aufgegeben werden soll oder nicht.

Für bestimmte Kernbereiche des Entwicklungsgebiets, die für eine städtebauliche Neuordnung von zentraler Bedeutung sind, kann so die Entwicklung fortgesetzt werden, wobei sich das Entwicklungsziel dann auf die Schaffung insbesondere der planungsrechtlichen und erschließungstechnischen Voraussetzungen für eine selbsttragende Entwicklung nach Aufhebung der Entwicklungssatzung beschränkt. Für Randbereiche hingegen kann die Entwicklungsabsicht aufgegeben werden, wenn diese lediglich der Deckung des Versorgungsziels dienen, für die Umwandlung des Gebiets nicht von herausgehobener Bedeutung sind und sich von hier keine Störungen der bereits eingetretenen Entwicklungserfolge ergeben können.[342]

---

[339] Vgl. *Köhler*, in Schrödter, BauGB, § 162, Rn. 7, der das Beispiel bildet, dass die Gemeinde eine Flächensanierung zur Schaffung eines Geschäftszentrums beabsichtigt, sich aber aufgrund veränderter Rahmenbedingungen ergibt, dass kein Bedarf mehr für die Verwirklichung einer derartigen Zielsetzung besteht.

[340] *Krautzberger*, in: Battis/Krautzberger/Löhr, § 162, Rn. 8; *ders.*, in: Ernst/Zinkahn/Bielenberg/Krautzberger, § 162, Rn. 17.

[341] Ebda.

[342] Diese teilgebietsweise Betrachtung der Entwicklungsbereiche wurde in Berlin im Rahmen des Umsteuerungsprozesses durchgeführt. Ergebnis dieser Betrachtung war der so genannte „*Ampelplan*": Teilgebiete, die aufgrund durchgeführter Entwicklung entlassen werden sollten, waren *grün* gekennzeichnet; Teilgebiete, für welche die Entwicklungsabsicht aufgegeben wurde, *rot*. Als „*gelbe* Flächen" wurden diejenigen Teilgebiete

c) Kommunale Finanzierungsschwierigkeiten

In engem Zusammenhang mit konjunkturellen Veränderungen stehen Finanzierungsschwierigkeiten bei der Durchführung der Maßnahme. Diese werden stets im Zusammenhang mit der objektiven Undurchführbarkeit im Sinne von § 162 Abs. 1 Satz 1 Nr. 2 BauGB diskutiert.[343] Möglich und nahe liegend ist jedoch, dass die kommunalen Finanzierungsschwierigkeiten zwar die Durchführung der Maßnahme noch nicht objektiv unmöglich machen, die Maßnahme den kommunalen Haushalt jedoch in weit stärkerem Umfang als angenommen belastet, weil die Refinanzierung durch Grundstücksverkäufe und erwartet Ausgleichsbeträge schwindet oder Fördermittel nicht in erwartetem Umfang gewährt werden. In diesem Falle bedarf es einer genauen Betrachtung der Gemeinde, welche Mehrausgaben und Mindereinnahmen sie bei einem sofortigen Abbruch der Entwicklungsmaßnahme in Kauf nimmt. Mehrausgaben können sich insbesondere durch Anpassungsansprüche von Vertragspartnern der Gemeinde oder der Entwicklungsträger ergeben,[344] Mindereinnahmen durch den Ausfall von Ausgleichsbeträgen,[345] weil eine entwicklungsbedingte Bodenwertsteigerung in diesen Fällen gar nicht oder nur in weit geringerem Umfang abgeschöpft werden können. Nur wenn bei dieser Bilanzierung tatsächlich eine Einsparung prognostiziert werden kann, könnte sich die Aufgabe der Entwicklungsabsicht auf den öffentlichen Belang sparsamer Haushaltsführung stützen.

d) Veränderte politische Prioritätensetzungen

Fraglich ist, ob auch eine schlichte Veränderung der politischen Prioritätensetzung – etwa infolge eines Wechsels der Mehrheitsverhältnisse – eine Aufgabe der Entwicklungsabsicht zu begründen vermag. In der Literatur wird darauf hingewiesen, dass eine veränderte kommunalpolitische Schwerpunktbildung durchaus eine Änderung der Sanierungs- und Entwicklungsziele rechtfertigen kann, reine politische Opportunitätsentscheidungen, die keine Rücksicht auf die Anforderungen einer geordneten städtebaulichen Entwicklung und den inzwischen erreichten Stand der Entwicklungsmaßnahme nähmen, seien aber ermessensfehlerhaft.[346]

In der Literatur ist auch der Fall diskutiert worden, ob es gerechtfertigt sein kann, die Sanierungs- bzw. Entwicklungsabsicht aufzugeben, weil sich ergibt,

---

bezeichnet, die zunächst noch im Entwicklungsrecht verblieben und bei reduzierter Entwicklungskulisse weiter entwickelt werden sollten; vgl. hierzu bereits § 4.IV.

[343] Siehe soeben § 7.III.
[344] Siehe hierzu noch näher § 9.IV.
[345] Siehe hierzu noch näher § 8.III.
[346] *Krautzberger*, in: Ernst/Zinkahn/Bielenberg/Krautzberger, § 162, Rn. 18; ders., in: Krautzberger, Städtebauförderungsrecht, § 162, Rn. 15.

dass die Sanierung oder Entwicklung eines anderen Gebietes noch dringender ist.[347] Dies ist für Sanierungsmaßnahmen bereits zweifelhaft,[348] jedenfalls aber für städtebauliche Entwicklungsmaßnahmen abzulehnen. Angesichts des für die Festlegung erforderlichen qualifizierten städtebaulichen Handlungsbedarfs und des besonderen Gewichts des Entwicklungsbereichs für die örtliche oder überörtliche Entwicklung[349] ist es nahezu auszuschließen, dass die Gemeinde aufgrund besserer Einsicht später zu dem Ergebnis kommen kann, eine andere Fläche sei dringender zu entwickeln. Wäre dies der Fall, dürfte bereits die Entwicklungssatzung rechtswidrig und nichtig sein.

Letztlich ist das Kriterium einer veränderten politischen Schwerpunktsetzung untauglich, um eine Aufgabe der Entwicklungsabsicht zu begründen. Grundlegende Entscheidungen über Fragen der Gemeindeentwicklung sind in aller Regel (jedenfalls auch) politisch motiviert. Es kommt allein darauf an, ob sich die politische Vorgabe auf sachliche Gründe von solchem Gewicht stützen kann, dass sich die Aufgabe der Entwicklungsabsicht als Ergebnis einer gerechten Abwägung aller öffentlicher und privater Belange gegen- und untereinander darstellt.

e) Aufgabe der Entwicklungsabsicht trotz Zurückbleibens städtebaulicher Missstände?

Schließlich ist zu prüfen, ob ein Zurückbleiben städtebaulicher Missstände die Aufgabe der Entwicklungsabsicht hindert. Es wurde bereits darauf hingewiesen, dass sich die Gemeinde mit der Aufhebung des Entwicklungsrechts nicht ihrer Verantwortung für eine geordnete städtebauliche Entwicklung entziehen kann. Die Gemeinde darf deshalb im aufgegebenen Entwicklungsbereich keine „Entwicklungsruinen" zurücklassen.[350] Ihr Ermessen ist auf Null reduziert, wenn die Aufgabe der Entwicklungsabsicht zur Folge hätte, dass unverträgliche Gemengelagen entstehen, z. B. zwischen neu entstandenen Wohngebieten und alten Industrienutzungen, die aufgrund der Aufhebung des Entwicklungsrechts nicht mehr verlagert werden.

Allerdings ist auch darauf hinzuweisen, dass die Gemeinde selbst bei einer Aufhebung nach durchgeführter Entwicklung entsprechend § 162 Abs. 1 Satz 1 Nr. 1 BauGB nicht zu einer Totalentwicklung und zur Beseitigung sämtlicher

---

[347] So *Neuhausen*, in: Kohlhammer-Kommentar zum BauGB, § 162, Rn. 18.
[348] Vgl. *Köhler*, in: Schrödter, BauGB, § 162, Rn. 6; *Fislake*, in: Berliner Kommentar zum BauGB, § 162, Rn. 10; *Krautzberger*, in: Krautzberger, Städtebauförderungsrecht, § 162, Rn. 14.
[349] Siehe dazu § 3.I.3. und § 3.II.2.
[350] *Krautzberger*, in: Krautzberger, Städtebauförderungsrecht, § 162, Rn. 15; *ders.*, in: Ernst/Zinkahn/Bielenberg/Krautzberger, § 162, Rn. 18.

vorgefundener städtebaulicher Missstände verpflichtet ist.[351] Dies muss erst recht dann gelten, wenn die Entwicklungsabsicht aufgegeben wird.

f) Ergebnis zur Aufgabe der Entwicklungsabsicht

Zusammenfassend kann festgehalten werden, dass auch die Aufgabe der Entwicklungsabsicht nur dann gerechtfertigt ist, wenn eine Anpassung der Entwicklungsziele an geänderte Umstände nach Abwägung aller Belange nicht in Betracht kommt. Der Abbruch der Entwicklungsmaßnahme im Ganzen stellt nur die ultima ratio gegenüber einer Durchführung der Maßnahme mit vermindertem Umfang oder gestrecktem Entwicklungszeitraum dar.

Würde durch den Abbruch der Maßnahme die geordnete städtebauliche Entwicklung der Gemeinde beeinträchtigt, weil Entwicklungsruinen oder Entwicklungsinseln inmitten eines unentwickelten und möglicherweise emissionsträchtigen Umfeld zurückblieben, wäre die Aufgabe der Entwicklungsabsicht ermessensfehlerhaft. Bei der Entscheidung über Aufgabe oder Fortsetzung der Entwicklung sind auch private Interessen maßgeblich.

V. Teilaufhebung der Entwicklungssatzung entsprechend § 162 Abs. 1 Satz 2 BauGB und Verhältnis zu § 163 BauGB

Es wurde bereits herausgearbeitet, dass gerade eine teilgebietsweise Betrachtung des Entwicklungsbereichs einen „geordneten Rückzug" der Gemeinde aus der Entwicklungsmaßnahme ermöglichen kann.[352] Wie für den gesamten Entwicklungsbereich gilt entsprechend § 162 Abs. 1 Satz 2 BauGB eine Aufhebungspflicht, wenn einer der Aufhebungsgründe in einem Teil des Entwicklungsbereichs vorliegt. Auch bei einer teilgebietsweisen Aufhebung der Entwicklungssatzung ist das jeweils von der Gemeinde verfolgte Entwicklungskonzept für das Vorliegen einer der Aufhebungsgründe maßgeblich.[353]

---

[351] Vgl. bereits § 7.II.2.b)cc).

[352] Siehe oben § 7.IV.2.b) mit Verweis auf den „*Ampelplan*" im Land Berlin, mit dem die Entwicklungsbereiche räumlich gegliedert wurden.

[353] Es kann insoweit auf die Ausführungen in § 7.I. und zu den einzelnen Aufhebungsgründen verwiesen werden.

§ 7 Aufhebung des städtebaulichen Entwicklungsrechts

1. Prüfung möglicher Konflikte bei einer Teilaufhebung

Die Gemeinde muss gerade bei der teilgebietsweisen Aufhebung prüfen, ob sich durch die Herausnahme eines Teilgebiets Auswirkungen auf das städtebauliche Gefüge der Gesamtmaßnahme ergeben können. Wird ein Teilgebiet nach durchgeführter Entwicklung aus dem Entwicklungsrecht entlassen, so muss im Verlauf der weiteren Durchführung der Entwicklungsmaßnahme auf den im Entwicklungsbereich verbleibenden Flächen dafür Sorge getragen sein, dass die eingetretenen Entwicklungserfolge nicht durch den Verbleib oder die Verschärfung städtebaulicher Missstände in den angrenzenden Gebieten wieder gefährdet werden.[354]

Auch bei der Teilaufhebung wegen Unmöglichkeit der angestrebten Entwicklungsziele oder wegen Aufgabe der Entwicklungsabsicht muss sichergestellt sein, dass sich durch die Entlassung der Teilgebiete keine negativen Auswirkungen für benachbarte Flächen, für die an den Entwicklungszielen festgehalten wird, oder auf die Funktionsfähigkeit der Gesamtmaßnahme ergeben.[355]

Krautzberger ist der Auffassung, dass es in Zweifelsfällen bei einer Einbeziehung bleiben müsse, § 163 BauGB biete unterhalb der Schwelle der Aufhebung der Entwicklungssatzung ausreichende Gestaltungsmöglichkeiten.[356] Diese Gestaltungsmöglichkeiten und das Verhältnis der Teilaufhebung nach § 162 Abs. 1 Satz 2 BauGB zur Abschlusserklärung nach § 163 BauGB sollen im Folgenden näher untersucht werden.

2. Verhältnis zur Abschlusserklärung nach § 163 BauGB

Gegenstand der Teilaufhebung nach § 162 Abs. 1 Satz 2 BauGB können nur *Teilgebiete* sein, also mehrere aneinandergrenzende Grundstücke, die zusammen innerhalb des Entwicklungsbereichs eine städtebauliche oder planungsrechtliche Gebietseinheit bilden.[357] Allerdings muss ein Teilgebiet nicht zwingend den gesamten Geltungsbereich eines Bebauungsplans umfassen, es ist durchaus denkbar,

---

[354] Vgl. *Krautzberger*, in: Krautzberger, Städtebauförderungsrecht, § 162, Rn. 16, *ders.*, in: Ernst/Zinkahn/Bielenberg/Krautzberger, § 162, Rn. 19.

[355] Dem entspricht es, dass etwa die Begründung der Abgeordnetenhausvorlage zur Rechtsverordnung zur teilweisen Aufhebung der Verordnung über die förmliche Festlegung des städtebaulichen Entwicklungsbereichs *Berlin-Rummelsburger Bucht* vom 21.12.2004 bei Teilgebieten, die nach durchgeführter Entwicklung entlassen werden, jeweils die „Konfliktbewältigung im Rahmen der geänderten Entwicklungsziele" thematisiert, siehe dort etwa S. 21 für das Teilgebiet „*Stralau Stadt – Friedrich-Junge-Straße*" und bei Teilgebieten, für die nach Aufgabe der Entwicklungsabsicht das Entwicklungsrecht aufgehoben wird, nach den „Auswirkungen auf Nachbargrundstücke und die Gesamtmaßnahme" gefragt wird, siehe dort z.B. S. 27 für das Teilgebiet „*Rummelsburg 1-Nord*".

[356] *Krautzberger*, in: Krautzberger, Städtebauförderungsrecht, § 162, Rn. 17, *ders.*, in: Ernst/Zinkahn/Bielenberg/Krautzberger, § 162, Rn. 19.

dass auch kleinere Einheiten eine Gebietseinheit bilden, ebenso ist es möglich, dass mehrere Geltungsbereiche von Bebauungsplänen gemeinsam eine Gebietseinheit darstellen. Hierfür sind stets die konkreten städtebaulichen Verhältnisse maßgebend.[358]

Im Unterschied zu § 162 Abs. 1 Satz 2 BauGB kann die Gemeinde auf Grundlage von § 163 BauGB die Entwicklungsmaßnahme auch durch Verwaltungsakt[359] für ein einzelnes *Grundstück* für abgeschlossen erklären.[360] Dann entfällt entsprechend § 163 Abs. 3 BauGB die Anwendung der §§ 144, 145 und 153 BauGB für das einzelne Grundstück, die Gemeinde ersucht das Grundbuchamt, den Entwicklungsvermerk zu löschen. Mithin entfallen für das betroffene Grundstück in materieller Hinsicht ebenso wie bei der Teilaufhebung die wesentlichen Beschränkungen[361] des Entwicklungsrechts, formell bleibt Fortgeltung der Satzung jedoch unberührt.

Gemeinsam ist beiden Vorschriften, dass sie Ausfluss des Zügigkeitsgebots und des Verhältnismäßigkeitsprinzips sind: Die Eigentümer von Grundstücken, die bereits vollständig entwickelt sind, sollen nach dem Regelungszweck beider Normen nicht mehr dem besonderen Rechtsregime des Entwicklungsrechts unterworfen bleiben, wenn hierfür kein Bedarf mehr besteht, weil die Entwicklungsziele bereits erreicht sind oder auch ohne das Entwicklungsrecht erreicht werden können.

Dennoch sind die Zielsetzungen der beiden Vorschriften verschieden.[362] Das Bundesverwaltungsgericht hat darauf hingewiesen, dass der Gesetzgeber mit § 163 Abs. 1 Satz 2 BauGB vorausgesetzt habe, dass der Eigentümer aus Gründen seines eigenen Interesses beizeiten einen Antrag stellen werde, dass für sein Grundstück das Sanierungsverfahren bzw. die Entwicklungsmaßnahme für beendet erklärt werde. Damit solle es der Gemeinde erspart bleiben, nur für einzelne Grundstücke ein Satzungsverfahren – wie bei der Teilaufhebung nach § 162 Abs. 1 Satz 2 BauGB – durchführen zu müssen. Es seien deshalb „Gründe der Praktikabilität

---

[357] Vgl. *Köhler*, in: Schrödter, BauGB, § 162, Rn. 8, der als Beispiel einen Häuserblock und den Geltungsbereich eines Bebauungsplans nennt.

[358] Vgl. zu der verwandten Frage, dass sich im Zeitpunkt der förmlichen Festlegung keine pauschalen Aussage über die (Mindest-)Größe eines Entwicklungsbereichs treffen lässt, BVerwG, BauR 2004, 1584/1588.

[359] Vgl. *Arndt*, Städtebauliche Entwicklungsmaßnahmen, 1999, S. 146.

[360] *Krautzberger* weist darauf hin, dass es allerdings nicht ausgeschlossen sei, dass im Zuge des Verfahrens nach und nach für eine zunehmende Zahl von Grundstücken die individuelle Abschlusserklärung erfolgt, in: Krautzberger, Städtebauförderungsrecht, § 162, Rn. 9.

[361] Vgl. aber *Krautzberger*, in: Battis/Krautzberger/Löhr, § 163, Rn. 12, der auf die Fortgeltung des gemeindlichen Vorkaufsrechts nach § 24 Abs. 1 Satz 1 Nr. 3 BauGB hinweist.

[362] Vgl. BVerwG, ZfBR 1996, 114 mit zustimmender Zitierung bei *Krautzberger*, in: Krautzberger, Städtebauförderungsrecht, § 162, Rn. 9.

§ 7 Aufhebung des städtebaulichen Entwicklungsrechts

und der Verhältnismäßigkeit" maßgebend, welche die Unterscheidung zwischen der Teilaufhebung und der individuellen Abschlusserklärung rechtfertigten.[363]

Darüber hinaus sind es allerdings auch inhaltliche Gründe, die den Unterschied zwischen den beiden Normen ausmachen. § 162 BauGB betrifft nämlich stets den Abschluss der Entwicklungsmaßnahme bezogen auf das Teilgebiet in ihrer „rechtlich und tatsächlich letztverbindlichen Fassung", während die Entlassung nach § 163 BauGB die Steuerung der Entwicklung noch voraussetzen kann.[364] Deshalb bleibt festzuhalten, dass keine Rechtspflicht der Gemeinde besteht, die Entwicklungssatzung für ein betreffendes Teilgebiet aufzuheben, wenn die materiellen Voraussetzungen des § 163 BauGB erfüllt sind.

Eine andere Frage ist es, ob die Gemeinde das Entwicklungsrecht lediglich für Einzelgrundstücke aufrechterhalten kann, wenn nur hier noch einzelne Maßnahmen zum Abschluss gebracht werden müssen, im übrigen Entwicklungsbereich die Entwicklungsziele aber bereits erfüllt sind. Beispielsweise kann es darum gehen, ein besonders langwieriges, auf Grundlage von § 169 Abs. 3 Satz 1 BauGB eingeleitetes Enteignungsverfahren noch abzuschließen, das andernfalls mit Aufhebung des Entwicklungsrechts eingestellt werden müsste.[365]

Zunächst scheint es der dargestellten Differenzierung zwischen Teilgebieten und Einzelgrundstücken zu widersprechen, das Entwicklungsrecht lediglich für Einzelgrundstücke aufrechtzuerhalten. Legt man aber auch hier die Maßstäbe der Praktikabilität und Verhältnismäßigkeit an, durch die das Bundesverwaltungsgericht die Unterscheidung zwischen Teilaufhebung und individueller Abschlusserklärung gerechtfertigt sieht,[366] so ergibt sich, dass eine Aufrechterhaltung des Entwicklungsrechts für Restflächen mit dem Regelungszweck der §§ 162, 163 BauGB in Einklang zu bringen ist. Denn es wäre unverhältnismäßig und würde der Aufhebungspflicht des § 162 Abs. 1 Satz 1 Nr. 1, Satz 2 BauGB widersprechen, Teile des Entwicklungsbereichs im Entwicklungsrecht festzuhalten, obwohl die Ziele der Entwicklungsmaßnahme in diesen Teilgebieten erreicht sind. Außerdem wäre es nicht praktikabel, flächendeckend Abschlusserklärungen nach § 163 Abs. 1 BauGB zu erteilen, nur damit keine Restflächen im Entwicklungsrecht verbleiben, die für sich genommen nicht das Gewicht eines Teilgebiets haben. Deshalb ist die isolierte Aufrechterhaltung des Entwicklungsrechts für Einzelgrundstücke, auf denen noch ein Restprogramm der Entwicklungsmaßnahme absolviert werden muss, rechtlich nicht zu beanstanden.

---

[363] BVerwG, ZfBR 1996, 114.
[364] *Krautzberger*, in: Krautzberger, Städtebauförderungsrecht, § 162, Rn. 9; *ders.*, in: Ernst/Zinkahn/Bielenberg/Krautzberger, § 162, Rn. 13.
[365] Vgl. dazu bereits oben § 7.II.b)aa) zum Abschluss der erforderlichen Enteignungsverfahren als Voraussetzung für die Aufhebung nach durchgeführter Entwicklung.
[366] Vgl. die soeben erörterte Entscheidung BVerwG, ZfBR 1996, 114.

196   2. Teil: Der Weg zur Beendigung der Entwicklungsmaßnahme

3. Besonderheiten der Abschlusserklärung nach § 163 BauGB im Entwicklungsrecht

Zur Vollständigkeit sollen im Folgenden kurz die Anforderungen an die Abschlusserklärung im Entwicklungsrecht dargelegt werden.[367] Für die entsprechende Anwendung der sanierungsrechtlichen Vorschrift des § 163 BauGB im städtebaulichen Entwicklungsbereich können sich nämlich einige Besonderheiten ergeben. Darüber hinaus soll untersucht werden, welche Auswirkungen eine Änderung des Entwicklungskonzepts auf den Anspruch auf die Erteilung einer Abschlusserklärung hat.

a) Abschlusserklärung nach Durchführung

Die Gemeinde könnte eine Sanierungsmaßnahme gemäß § 163 Abs. 1 BauGB für abgeschlossen erklären, wenn entsprechend den Zielen und Zwecken der Sanierung 1. das Grundstück bebaut ist oder in sonstiger Weise genutzt wird oder 2. das Gebäude modernisiert oder instand gesetzt ist. Auf Antrag hat die Gemeinde gemäß § 163 Abs. 1 Satz 2 BauGB die Sanierung für abgeschlossen zu erklären, wenn der Eigentümer einen entsprechenden Antrag stellt und die Voraussetzungen nach Satz 1 vorliegen.[368]

Übersetzt in das entsprechend anzuwendende Entwicklungsrecht (vgl. § 169 Abs. 1 Nr. 8 BauGB) bedeutet dies, dass die Entwicklungsziele auf dem betreffenden Grundstück erreicht worden sein müssen. Es ist deshalb zu prüfen, ob die Neuordnung und Erschließung des Grundstücks erreicht wurde und ob es vereinbarungsgemäß bebaut wurde, wenn die Bebauung für das konkrete Grundstück als Entwicklungsziel weiterverfolgt wird. Grundsätzlich kommt es entgegen dem Wortlaut der Vorschrift („bebaut oder in sonstiger Weise genutzt") nicht darauf an, ob das Grundstück bebaut wurde oder nicht, maßgeblich ist das Erreichen des jeweiligen Entwicklungsziels. Dies wird auch durch die Bezugnahme auf die „Ziele und Zwecke der Sanierung" bzw. der Entwicklungsmaßnahme deutlich.[369] Wird die Bebauung eines Grundstücks nicht mehr als Entwicklungsziel verfolgt, so kann – und muss ggf. bei einem entsprechenden Antrag nach § 163 Abs. 1 Satz 2 BauGB – die Abschlusserklärung auch schon zu einem früheren Zeitpunkt erteilt werden. Anders ist es, wenn im konkreten Fall an der Bebauung als Entwicklungsziel festgehalten wird, etwa, wenn mit dem Eigentümer eine

---

[367] Vgl. ausführlich zur Abschlusserklärung bereits etwa *Arndt*, Städtebauliche Entwicklungsmaßnahme, 1999, S. 146 ff; *Fieseler*, Städtebauliche Sanierungsmaßnahme, 2000, Rn. 621 ff.

[368] Vgl. dazu VGH Kassel, ZfBR 2000, 282.

[369] Vgl. bereits § 7.II.2.d) zur (Nicht-) Erforderlichkeit der von Privaten durchzuführenden Baumaßnahmen für die Beurteilung der Entwicklungsmaßnahme als „durchgeführt" im Sinne des § 162 Abs. 1 Satz 1 Nr. 1 BauGB.

Abwendungsvereinbarung nach § 166 Abs. 3 Satz 3 Nr. 2 BauGB unter Einschluss einer Bauverpflichtung geschlossen wurde.[370]

Der zweite Fall des § 163 Abs. 1 Satz 1 BauGB, wonach „das Gebäude modernisiert oder instand gesetzt sein muss" wird im Entwicklungsrecht nur ausnahmsweise eine Rolle spielen, etwa wenn gerade die Erhaltung denkmalgeschützter Gebäude als Entwicklungsziel verfolgt wird.[371]

b) Abschlusserklärung vor Durchführung

Nach § 163 Abs. 2 BauGB kommt eine Abschlusserklärung auch schon vor Durchführung der Maßnahme in Betracht. Die Gemeinde kann danach bereits vor dem in § 163 Abs. 1 BauGB bezeichneten Zeitpunkt die Durchführung der Sanierungsmaßnahme für einzelne Grundstücke durch Bescheid an den Eigentümer für abgeschlossen erklären, wenn die den Zielen und Zwecken der Sanierungsmaßnahme entsprechende Bebauung oder sonstige Nutzung oder die Modernisierung oder Instandsetzung auch ohne Gefährdung der Ziele und Zwecke der Entwicklungsmaßnahme zu einem späteren Zeitpunkt möglich ist. Ein Rechtsanspruch auf die Abgabe der Erklärung besteht jedoch entsprechend § 163 Abs. 2 Satz 2 BauGB in diesem Fall nicht.

Maßgeblich dafür, ob eine bei der Sanierungs- wie bei der Entwicklungsmaßnahme eine Abschlusserklärung vor Durchführung der Maßnahme erteilt werden kann, ist die Frage, ob das jeweilige Entwicklungsziel für das konkrete Grundstück auch ohne die besonderen Sicherungsinstrumente der entwicklungsrechtlichen Genehmigung entsprechend §§ 144, 145 Abs. 2 BauGB und die Preisprüfung entsprechend § 153 BauGB erreicht werden kann, da diese mit der Erklärung nach § 163 Abs. 3 Satz 1 BauGB entfallen.[372] Die hierfür zu treffende Prognoseentscheidung bedarf einer ausreichenden Beurteilungsgrundlage tatsächlicher und rechtlicher Art, die eine sichere Einschätzung hinsichtlich der Folgen einer vorzeitigen Entlassung ermöglichen und diese Folgen als vertretbar erscheinen lassen.[373]

Oftmals wird man hiervon ausgehen können, wenn der Eigentümer mit der Gemeinde eine Abwendungsvereinbarung nach § 166 Abs. 3 Satz 3 Nr. 2 BauGB

---

[370] Auch *Arndt*, in: Städtebauliche Entwicklungsmaßnahmen, 1999, S. 147, insbesondere Anmerkung Ziffer 60, ist der Auffassung, dass der Abschluss einer Entwicklungsmaßnahme eine Bebauung des Grundstücks voraussetzt, nämlich wenn die Bebauung mittels einer Abwendungsvereinbarung mit dem Eigentümer vereinbart worden sei; grundsätzlich sei die Bebauung jedoch nicht Voraussetzung für die Erteilung einer grundstücksbezogenen Abschlusserklärung nach §§ 169 Abs. 1 Nr. 8, 163 Abs. 1 BauGB.

[371] Vgl. auch *Arndt*, a. a. O., S. 148, Anmerkung Ziffer 61.

[372] Vgl. auch *Krautzberger*, in: Battis / Krautzberger / Löhr, § 163, Rn. 8.

[373] *Fieseler*, Städtebauliche Sanierungsmaßnahmen, 2000, Rn. 632 m. w. N.

abgeschlossen hat und insoweit selbst die Durchführung der Entwicklungsmaßnahme in dem jeweiligen Vertragsgebiet übernimmt. Hier bedarf es der bodenrechtlichen Sicherungsinstrumente nicht mehr, da der Eigentümer vertraglich gebunden ist.[374] Wenn auf die Bebauung als Entwicklungsziel verzichtet wird, kommt umso eher auch eine Abschlusserklärung entsprechend § 163 Abs. 2 BauGB in Betracht, wenn die ggf. geänderten Ziele und Zwecke der Entwicklungsmaßnahme sich in einem Bebauungsplan konkretisiert haben, der mindestens das Stadium der Planreife nach § 33 BauGB erreicht hat. Hinsichtlich der „Modernisierung und Instandsetzung" kann auf das oben gesagte verwiesen werden.

4. Ergebnis zu Teilaufhebung und Abschlusserklärung

Die Teilaufhebung gibt der Gemeinde die Möglichkeit, den Ausstieg aus der Entwicklungsmaßnahme stufenweise zu vollziehen. Sie muss aber bei der Entlassung von Teilgebieten die Auswirkungen der Aufhebung des Entwicklungsrechts auf das städtebauliche Gefüge der Gesamtmaßnahme ermitteln und Konfliktpotentiale ausschließen. Im Zweifel muss es bei der Einbeziehung in den Entwicklungsbereich bleiben. Unterhalb der Stufe der teilweisen Aufhebung kann die Gemeinde auch für einzelne Grundstücke eine Abschlusserklärung erteilen, hierauf hat der Eigentümer einen Anspruch, wenn die Entwicklungsmaßnahme nach dem Maßstab des jeweils geltenden Entwicklungskonzepts durchgeführt ist.

VI. Abgrenzungsfragen zwischen den verschiedenen Aufhebungsgründen

Auf den ersten Blick scheinen die verschiedenen Aufhebungsgründe klar voneinander abgrenzbar zu sein. Dennoch können sich im Einzelnen Abgrenzungsfragen ergeben, so etwa, wenn sich die Gemeinde darauf beschränkt, für ein bestimmtes Teilgebiet einen einfachen Bebauungsplan nach § 30 Abs. 3 BauGB festzusetzen, der wesentlich störende Nutzungen ausschließt, im Übrigen aber keine Maßnahmen durchführt und für die betreffende Fläche nun das Entwicklungsrecht aufheben möchte. Hier käme es auf eine genaue Prüfung der städtebaulichen Situation an, ob sich das Entwicklungsziel der Gemeinde nach pflichtgemäßem Ermessen auf die Festsetzung des einfachen Bebauungsplans beschränken durfte. Nur dann könnte von einer durchgeführten Entwicklung ausgegangen werden, andernfalls wäre die Entwicklungsabsicht aufgegeben worden.

Es stellt sich in diesem Zusammenhang die Frage, ob eine Abgrenzung zwischen den einzelnen Varianten des § 162 Abs. 1 Satz 1 Nr. 1 – Nr. 3 BauGB überhaupt

---

[374] *Arndt*, Städtebauliche Entwicklungsmaßnahme, 1999, S. 149 und Anmerkung Ziffer 67.

erforderlich ist. Das Vorliegen aller drei für das Entwicklungsrecht entsprechend anwendbarer Aufhebungsgründe hat – für den gesamten Entwicklungsbereich oder auch nur Teile davon – gleichermaßen zur Folge, dass die Gemeinde verpflichtet ist, die Entwicklungssatzung aufzuheben und dass die besonderen Bindungen des Entwicklungsrechts wegfallen, insbesondere sind entsprechend § 162 Abs. 3 BauGB die Entwicklungsvermerke im Grundbuch zu löschen[375] und das entwicklungsrechtliche Genehmigungserfordernis entsprechend §§ 144, 145 Abs. 2 BauGB entfällt. Unterschiedliche Rechtsfolgen können sich nur insoweit ergeben, als dass in den Fällen des § 162 Abs. 1 Satz 1 Nr. 2 und Nr. 3 BauGB ein Anspruch eines früheren Eigentümers auf Rückübertragung seines Grundstücks entsprechend § 164 Abs. 1 BauGB bestehen kann.[376]

Der Verwaltungsgerichtshof Mannheim hat aber hierzu entschieden, dass über die Rückübertragung nach § 164 BauGB auf Antrag in den dafür vorgesehenen Verfahren zu entscheiden sei, eine Aufhebungssatzung auf Grundlage des § 162 Abs. 1 BauGB sei jedenfalls auch dann wirksam, wenn die Gemeinde versehentlich annähme, die Sanierung bzw. Entwicklung sei im Rahmen des ihr dabei zustehenden Beurteilungsspielraums durchgeführt worden, während bei richtiger rechtlicher Beurteilung davon auszugehen sei, dass die Sanierungs- bzw. Entwicklungsabsicht aufgegeben worden sei; es komme allein auf die Entschließung der Gemeinde an, die Sanierungs- bzw. Entwicklungsmaßnahme zu beenden.[377]

Dieser Auffassung ist meines Erachtens zuzustimmen, wenngleich mit einer Klarstellung: Der Gesetzgeber hat in § 162 Abs. 1 Satz 1 BauGB verschiedenen Sachverhaltsalternativen dieselbe Rechtsfolge zugeordnet. Deshalb kann es für die Rechtmäßigkeit und Wirksamkeit der auf dieser Rechtsgrundlage ergangenen Entscheidung nicht darauf ankommen, ob der ermächtigte Hoheitsträger im Rahmen seines Beurteilungsspielraums irrtümlich von einer anderen Sachverhaltsalternative ausgegangen ist als derjenigen, von der er bei richtiger rechtlicher Beurteilung hätte ausgehen müssen. Denn bei richtiger rechtlicher Beurteilung hätte sich dieselbe Rechtsfolge ergeben. Allerdings ist dies nur solange richtig, als eine der in der Rechtsgrundlage genannten Sachverhaltsalternativen auch tatsächlich vorliegt, man also tatsächlich ein rechtmäßiges Alternativverhalten der Gemeinde konstruieren könnte.

Es sind aber durchaus Fälle denkbar, in denen sich eine Aufhebung der Entwicklungssatzung auf keine der in § 162 Abs. 1 Satz 1 Nr. 1 – Nr. 3 BauGB abschließend bezeichneten Aufhebungsgründe stützen kann, so etwa, wenn die Aufhebung entgegen der Einschätzung der Gemeinde den Voraussetzungen der durchgeführten Entwicklung nicht entspricht, die Gemeinde aber bei pflichtge-

---

[375] Siehe hierzu noch näher § 8.II.
[376] Siehe hierzu noch näher § 8.IV.3.
[377] VGH Mannheim, VGHBW-Ls 2000, Beilage 2, B 1–2.

mäßem Ermessen die Entwicklungsabsicht auch nicht aufgeben durfte. Deshalb kommt es nicht maßgeblich auf die subjektive Entschließung der Gemeinde an, die Entwicklungsmaßnahme zu beenden, sondern darauf, ob einer der sich gegenseitig ausschließenden Aufhebungsgründe des § 162 Abs. 1 Satz 1 BauGB vorliegt. Dies muss die Gemeinde differenziert prüfen.

Von Bedeutung ist die Unterscheidung zwischen den drei Aufhebungsgründen auch in der Entwicklungspraxis durchaus, denn die Gemeinde hat bei der Frage der Durchführung der Entwicklung durch die Definitionshoheit über die Ziele und Zwecke der Maßnahme den weitesten Gestaltungsspielraum, einen städtebaulich und wirtschaftlich verträglichen Ausstieg aus der Entwicklungsmaßnahme zu gewährleisten.[378] Gelangt sie zu der Bewertung, die Entwicklung sei undurchführbar oder gibt sie die Entwicklungsabsicht auf, so bleibt ihr aufgrund der Aufhebungspflicht entsprechend § 162 Abs. 1 Satz 1 BauGB keine andere Wahl, als die Entwicklungssatzung unverzüglich aufzuheben.

Möglich ist es meines Erachtens allerdings auch, dass die Gemeinde erst *mittelfristig* anstrebt, die Entwicklungsabsicht aufzugeben, die Entwicklungssatzung kurzfristig aber noch nicht aufhebt. Anders wäre die Bewältigung städtebaulicher Missstände beim vorzeitigen Rückzug aus dem Entwicklungsbereich nicht zu gewährleisten. So ist es etwa denkbar, dass die Gemeinde vor der Aufgabe der Entwicklungsabsicht noch einzelne brachgefallene Gebäude, die eine optische Beeinträchtigung darstellen, abräumen muss oder auch durch die Festsetzung einfacher Bebauungspläne – wie im eingangs erwähnten Beispiel – potentielle Störungen bereits entwickelter Nutzungen ausschließt.

VII. Ergebnis zu den Rechtsgrundlagen der Aufhebung

Die Darstellung im Zweiten Teil hat gezeigt, dass der Weg zur Beendigung einer städtebaulichen Entwicklungsmaßnahme regelmäßig über eine Anpassung des Entwicklungskonzepts führt. Im Verlauf des Entwicklungszeitraums muss die Gemeinde ihre Nutzungsvorstellungen für den Entwicklungsbereich bei jeder Entwicklungsmaßnahme fortlaufend konkretisieren. Verschlechtern sich nun die stadtwirtschaftlichen Rahmenbedingungen für die Durchführung der Maßnahme, so muss die Gemeinde prüfen, ob es sich um eine vorübergehende Schwankung der Immobilienkonjunktur handelt oder ob die städtebaulichen Rahmenbedingungen sich dauerhaft anders entwickeln werden als bei der Festlegung des Entwicklungsbereichs angenommen.

In letzterem Fall darf die Gemeinde nicht einfach abwarten und die Maßnahme „liegen lassen". Sie ist gehalten, in dieser Situation die Ziele und Zwecke, die sie

---

[378] Siehe bereits § 7.I. und § 7.II.1.

§ 7 Aufhebung des städtebaulichen Entwicklungsrechts 201

mit der Maßnahme verfolgt, unter Beteiligung der Betroffenen und der öffentlichen Aufgabenträger zu überdenken und den veränderten Verhältnissen anzupassen. Damit kann sie zugleich einen vorzeitigen Ausstieg aus der Maßnahme vorbereiten, ohne Entwicklungsruinen und städtebauliche Missstände zurückzulassen. Andererseits muss die Gemeinde die formellen und materiellen Anforderungen ernst nehmen, die an eine Änderung der Ziele und Zwecke der Entwicklungsmaßnahme zu stellen sind.

Ein mögliches verändertes Entwicklungskonzept kann etwa darin bestehen, das Entwicklungsziel der zügigen Bedarfsdeckung aufzugeben, wenn ein solcher Bedarf an Wohn- und Arbeitsstätten angesichts einer ausbleibenden Nachfrage nach entwickelten Nutzungen nicht mehr besteht. Das Entwicklungsziel der städtebaulichen Neuordnung jedenfalls von Kernbereichen des Entwicklungsgebiets kann dennoch aufrechterhalten werden und sich das Entwicklungskonzept deshalb auf die Schaffung der Voraussetzungen für eine Entwicklung bei später möglicherweise einsetzender Nachfrage beschränken. Hierzu müssten die Bebauungspläne festgesetzt werden, die die Entwicklungsziele planerisch sichern. Ferner müssen alle wesentlichen Ordnungsmaßnahmen umgesetzt werden, für die die Gemeinde zuständig ist. Die den Privaten obliegende Bebauung der beplanten, geordneten und erschlossenen Grundstücke kann dann nach Aufhebung des Entwicklungsrechts erfolgen. Für Randbereiche der Maßnahme kann die Entwicklungsabsicht dann teilgebietsweise aufgehoben werden, wenn diese Bereiche insgesamt für die Neuordnung des Gebiets und die mittelfristige Neuorientierung der Nutzungsstrukturen nicht benötigt werden.

Eine in diesem Sinne eingeschränkte Durchführung der Entwicklungsmaßnahme bei angepasstem Entwicklungskonzept hat Vorrang vor einem sofortigen Abbruch der Maßnahme, zu dem die Gemeinde verpflichtet wäre, wenn die Gemeinde die Entwicklung als objektiv undurchführbar bewertet oder die Entwicklungsabsicht insgesamt aufgibt.

Dritter Teil

Verfahrens- und Rechtsschutzfragen beim Abschluss der städtebaulichen Entwicklungsmaßnahme

Nachdem im Zweiten Teil der Untersuchung der Weg zur Beendigung der städtebaulichen Entwicklungsmaßnahme aufgezeigt wurde, soll in diesem letzten Teil der Arbeit die Rechtsfolgenseite der Aufhebung des Entwicklungsrechts dargestellt werden.

Unmittelbare Rechtsfolge der Aufhebung der Entwicklungssatzung ist zunächst, dass alle Ermächtigungsgrundlagen, die der Durchführung der Entwicklungsmaßnahme dienen und Beschränkungen für die Grundeigentümer darstellen, keine Rechtswirkung mehr entfalten können.[1]

So entfallen insbesondere die Geltung der entwicklungsrechtlichen Verfügungs- und Veränderungssperre entsprechend §§ 144, 145 Abs. 2 BauGB, die Vorschriften über die Nichtberücksichtigung der entwicklungsbedingten Werterhöhungen bei Ausgleichs- und Entschädigungsleistungen, die Preisprüfung und die Bindung bei der Preisgestaltung entsprechend § 153 Abs. 1 bis Abs. 3 BauGB und die entwicklungsrechtliche Enteignungsmöglichkeit nach § 169 Abs. 3 Satz 1 BauGB sowie die gemeindliche Erwerbspflicht insgesamt nach § 166 Abs. 3 Satz 1 BauGB.[2]

Auch wenn sich dies jeweils nicht ausdrücklich aus dem Gesetz ergibt,[3] können diese Regelungen nur während der Geltung der Entwicklungssatzung eine Grundlage für Beschränkungen der betroffenen Grundeigentümer bilden. Be-

---

[1] Vgl. hierzu und zum folgenden auch *Krautzberger*, ZfBR 1983, 11/15, *ders.*, in: Krautzberger, Städtebauförderungsrecht, § 162, Rn. 28 und 30 und *Köhler*, in: Schrödter, BauGB, § 162, Rn. 15.

[2] Außerhalb des eigentlichen Entwicklungsrechts entfällt auch die Geltung folgender Vorschriften des Baugesetzbuchs: § 14 Abs. 4 (Keine Geltung der Veränderungssperre im Entwicklungsbereich), § 15 Abs. 2 (Keine Zurückstellung von Baugesuchen), § 17 Abs. 6 (Außerkrafttreten einer Veränderungssperre bei Festlegung eines städtebaulichen Entwicklungsbereichs), §§ 24 Abs. 1 Nr. 3, 27a Abs. 1 (Gemeindliches Vorkaufsrecht und Ausübung des Vorkaufsrechts zugunsten Dritter), §§ 182 bis 186 (Aufhebung von Miet- und Pachtverhältnissen), vgl. Aufzählung bei *Köhler*, in: Schrödter, BauGB, § 162, Rn. 15.

[3] *Krautzberger* in: Battis/Krautzberger/Löhr, § 162, Rn. 17; *Köhler*, in: Schrödter, BauGB, § 162, Rn. 15.

stimmte Regelungen aber – wie etwa die Veräußerungspflicht nach § 169 Abs. 5 BauGB – gelten hingegen als Abwicklungsrecht fort. Andere Rechtsvorschriften, z. B. das Ausgleichsbetragsrecht oder die Löschung der Entwicklungsvermerke, knüpfen schließlich ausdrücklich an den Abschluss der Entwicklungsmaßnahme an (vgl. § 154 Abs. 3 Satz 1 BauGB).

Welche Aufgaben die Gemeinde insoweit im Rahmen der Abwicklung der Entwicklungsmaßnahme zu bewältigen hat, soll nachfolgend in § 8 dargestellt werden. Im Anschluss daran wird geklärt, welche Ansprüche die betroffenen Grundeigentümern in welchen Verfahren geltend machen können, wenn eine Entwicklungssatzung aufgehoben wird (§ 9).

§ 8 Abwicklungsaufgaben beim Abschluss der Entwicklungsmaßnahme

Die Überschrift des Zweiten Abschnitts des Ersten Teils des Besonderen Städtebaurechts im Baugesetzbuch, in dem die Aufgaben der Gemeinde im Sanierungsgebiet beschrieben werden,[4] lautet „Vorbereitung und Durchführung". Krautzberger weist zutreffend darauf hin, dass die Aufgabenbereiche der Gemeinde damit nicht umfassend beschrieben sind, sondern dass der Gemeinde nach Abschluss der Entwicklungsmaßnahme weitere Aufgaben obliegen.[5] Mit der Aufhebung der Entwicklungssatzung tritt die Entwicklungsmaßnahme von der Durchführungs- in die Abwicklungsphase ein. In dieser Phase der Entwicklungsmaßnahme bewältigt die Gemeinde ihre Abwicklungsaufgaben auf Grundlage des fortgeltenden Abwicklungsrechts. Es kann dabei zur Verdeutlichung zweckmäßig sein, für den Zeitraum nach der Aufhebung der Entwicklungssatzung weiter zwischen der „*Abwicklungsphase*" und einer daran anschließenden „*Nachfolgephase*" zu differenzieren: Während im Verlauf der Abwicklungsphase noch wesentliche Aufgaben vom treuhänderischen Entwicklungsträger durchgeführt werden, insbesondere die Fertigstellung begonnener, aber nicht abgeschlossener Einzelmaßnahmen und die Abrechnung des Treuhandvermögens, beginnt die Nachfolgephase, wenn der Entwicklungsträger Rechenschaft abgelegt, das Treuhandvermögen wieder auf die Gemeinde übertragen und seine Tätigkeit als Treuhänder abschließend beendet hat. In der Nachfolgephase ist dann allein die Gemeinde für die Erfüllung noch offener Folgeaufgaben der Entwicklungsmaßnahme zuständig.[6]

---

[4] Diese Vorschriften sind auf die Entwicklungsmaßnahmen gemäß § 169 Abs. 1 BauGB entsprechend anwendbar.

[5] In: Ernst / Zinkahn / Bielenberg / Krautzberger, Vor §§ 136–164b, Rn. 38.

[6] Diese Differenzierung wurde zur Abgrenzung der Aufgaben der treuhänderischen Entwicklungsträger auch bei dem Abschluss der Berliner Entwicklungsmaßnahmen vorge-

Das Abwicklungsrecht der städtebaulichen Entwicklungsmaßnahme ergibt sich aus der Zusammenschau der Vorschriften, die nach ihrem Sinn und Zweck weiterhin nach der Aufhebung der Entwicklungssatzung fortgelten[7], und denjenigen, die ausdrücklich an den Abschluss der Entwicklungsmaßnahme anknüpfen. Zu den auf dieser Grundlage zu erfüllenden Abwicklungsaufgaben der Gemeinde gehören: Die Fertigstellung der noch nicht beendeten Ordnungs- und Baumaßnahmen (dazu I.), die Löschung der Entwicklungsvermerke und personenbezogener Daten (dazu II.), die Abwicklung der Rechtsbeziehungen zum Entwicklungsträger und die Auflösung des Treuhandvermögens (dazu III.), die Veräußerung der verbliebenen Grundstücke (dazu IV.), die Ermittlung und Erhebung der Ausgleichsbeträge (dazu V.) und schließlich die Abrechnung der Entwicklungsmaßnahme mit Überschussberechnung (dazu VI.).[8]

I. Abwicklung einzelner Bau- und Ordnungsmaßnahmen

Zunächst hat die Gemeinde oder der für sie nach § 167 BauGB als Treuhänder tätige Entwicklungsträger die Bau- und Ordnungsmaßnahmen zu Ende zu führen, die vor Aufhebung der Entwicklungssatzung noch nicht fertig gestellt worden waren. Hier ist jedoch zunächst zu klären, in welchem Umfang derartige Restaufgaben nach „durchgeführter" Entwicklung überhaupt noch anfallen dürfen. Anschließend ist auf die Modalitäten der Abwicklung einzugehen.

1. Grundsatz der Fertigstellung vor Aufhebung

Bei der Erörterung der Voraussetzungen einer Aufhebung der Entwicklungssatzung wurden Kriterien entwickelt, *welche* Ordnungs- und Baumaßnahmen die Gemeinde abschließen muss, um die Entwicklungsmaßnahme als durchgeführt im Sinne von § 162 Abs. 1 Satz 1 Nr. 1 BauGB bewerten zu können.[9] Es wurde auch herausgearbeitet, dass die Fertigstellung ausstehender Ordnungsmaßnahmen aber auch dann erforderlich sein kann, wenn die Entwicklungsabsicht zwar aufgegeben wurde, ohne die Durchführung der einzelnen Maßnahme aber ein städtebaulicher Missstand verbliebe.[10]

---

nommen, vgl. *Senatsverwaltung für Stadtentwicklung*, Arbeitshilfe zum Abschluss städtebaulicher Entwicklungsmaßnahmen, 2007, Schaubild in Anlage B 1.1–1.

[7] Vgl. dazu *Krautzberger*, in: Battis/Krautzberger/Löhr, § 162, Rn. 17.

[8] Siehe auch Aufstellungen bei *Krautzberger*, in: Ernst/Zinkahn/Bielenberg/Krautzberger, Vor §§ 136–164b, Rn. 38; *ders.*, in: Battis/Krautzberger/Löhr, § 162, Rn. 19 und *Köhler*, in: Schrödter, BauGB, § 162, Rn. 15.

[9] Vgl. § 7.II.2.b) bis § 7.II.2.d).

[10] Vgl. § 7.IV.2.e).

Fraglich ist allerdings, bis zu welchem Stadium der Fertigstellung – also *wie weit* – die einzelnen Maßnahmen gediehen sein müssen, um die Entwicklungssatzung aufheben zu können. Zu dieser Frage finden sich keine Hinweise in Rechtsprechung oder Schrifttum. Indem die Kommentarliteratur allerdings den Abschluss einzelner Ordnungs- und Baumaßnahmen zu den Abwicklungsaufgaben zählt,[11] wird deutlich, dass insoweit nicht zwingend die vollständige Fertigstellung aller Ordnungs- und Baumaßnahmen vorausgesetzt wird. Andererseits kann die Fertigstellung der als Entwicklungsziel verfolgten Maßnahmen nicht beliebig lange nach der Aufhebung des Entwicklungsrechts erfolgen.

Grundsätzlich ist festzuhalten, dass alle Ordnungs- und Baumaßnahmen, die als Entwicklungsziel verfolgt werden, bis zur Aufhebung der Entwicklungssatzung soweit abgeschlossen sein müssen, dass ein weiteres Tätigwerden der Gemeinde oder des Entwicklungsträgers nicht mehr erforderlich ist. Als „*durchgeführt*" im Sinne der Vorschriften der §§ 146 Abs. 1, 147 Abs. 1, 148 Abs. 1 und 162 Abs. 1 Satz 1 Nr. 1 BauGB kann eine Maßnahme nämlich nicht schon gelten, wenn bloß ihre Finanzierung gesichert und/oder sie im Bebauungsplan ausgewiesen wurde. Maßgeblich ist grundsätzlich, dass die Gemeinde ihre Durchführungsverpflichtung nach §§ 147, 148 Abs. 1 Satz 1, 2. Hs. BauGB auch tatsächlich erfüllt hat.

2. Ausnahmen von der Fertigstellung vor Aufhebung

In Einzelfällen können sich allerdings Abgrenzungsschwierigkeiten ergeben. In diesen Fällen ist maßgeblich, ob der Ausbau- und Fertigstellungszustand der einzelnen Maßnahme es rechtfertigt, von einem Erreichen des mit der Maßnahme angestrebten Entwicklungsziels auszugehen. So kann es im Einzelfall ausreichen, wenn die einzelne Maßnahme zwar noch nicht vollständig abgeschlossen, mit ihrer Herstellung aber bereits unumkehrbar begonnen wurde, so dass feststeht, dass die Maßnahme alsbald nach Aufhebung des Entwicklungsrechts fertig gestellt wird.

Beispielsweise könnte das Entwicklungsrecht aufgehoben werden, wenn eine Straße soweit hergestellt ist, dass sie bereits benutzbar ist, auch wenn die Verschleißdecke noch nicht aufgebracht wurde. Ein weiteres Beispiel ist die Herstellung eines Wanderweges, der entlang der „Rückseite" bereits erschlossener Grundstücke verläuft. Ist hier das Entwicklungsziel dessen durchgängige Herstellung, so kann dieses Ziel auch dann erreicht sein, wenn ein einzelner Abschnitt erst noch im Rahmen der Abwicklungsphase hergestellt werden muss, wenn es sich nur um einen kleineren Abschnitt handelt, mit dessen Fertigstellung alsbald nach Aufhebung der Satzung zu rechnen ist, weil die Mittel dafür bereitstehen und sich die Fläche bereits im Eigentum der Gemeinde oder des Treuhandvermögens befindet.[12]

---

[11] *Krautzberger*, in: Battis/Krautzberger/Löhr, § 162, Rn. 19; ders., in: Ernst/Zinkahn/Bielenberg/Krautzberger, Vor §§ 136–164b, Rn. 38.

3. Teil: Verfahrens- und Rechtsschutzfragen

Stellt man auf das Erreichen des Entwicklungsziels ab, so können konkret folgende Voraussetzungen herausgebildet werden, wann von dem Grundsatz der Fertigstellung einer Ordnungsmaßnahme vor Aufhebung ausnahmsweise abgewichen werden kann:

1. Die Fertigstellung der Maßnahme muss auch nach der Aufhebung des städtebaulichen Entwicklungsrechts rechtlich und finanziell gesichert sein;
2. die Maßnahme darf nicht zur verkehrlichen Erschließung eines im Rahmen der Entwicklungsmaßnahme bereits entwickelten Baufeldes oder der übergeordneten Außenerschließung dienen, so dass bei Aufhebung der Entwicklungssatzung Erschließungsmängel bestünden;
3. durch die Verschiebung der Maßnahme dürfen insgesamt keine städtebaulichen Missstände verbleiben;
4. es darf sich bei einer Erschließungsanlage lediglich um einen kleineren Abschnitt der Anlage handeln, da andernfalls das Entwicklungsziel, das mit deren Herstellung erreicht werden sollte, im Zeitpunkt der Aufhebung regelmäßig verfehlt wäre und
5. mit der Herstellung muss bereits unumkehrbar begonnen worden sein, so dass mit der Fertigstellung der Maßnahme alsbald nach der Aufhebung des Entwicklungsrechts zu rechnen ist.

Sind diese Voraussetzungen erfüllt, kann festgestellt werden, dass die wesentlichen Elemente der städtebaulichen Neuordnung auch ohne die Fertigstellung erreicht sind und unter dem Hinweis, dass die entsprechende Anwendung des § 162 Abs. 1 Satz 1 Nr. 1 BauGB keine „Totalentwicklung" voraussetzt,[13] die Fertigstellung der Maßnahme noch im Rahmen der Abwicklungsphase erfolgen.

II. Löschen des Entwicklungsvermerks und der personenbezogenen Daten

Ausdrücklich als Abwicklungsaufgabe bezeichnet das Baugesetzbuch in § 162 Abs. 3 BauGB die Verpflichtung der Gemeinde, das Grundbuchamt um die Löschung der Entwicklungsvermerke nach § 165 Abs. 9 Satz 3 BauGB zu ersuchen. Ein Anspruch des Eigentümers auf Löschung des Entwicklungsvermerks besteht nur, wenn die Gemeinde tatsächlich die Entwicklungssatzung aufhebt, nicht dagegen, wenn sie die Entwicklungsmaßnahme nicht hinreichend zügig vorantreibt.[14]

---

[12] Es handelt sich hierbei um Beispiele aus der Berliner Praxis, vgl. dazu auch *Senatsverwaltung für Stadtentwicklung*, Arbeitshilfe zum Abschluss städtebaulicher Entwicklungsmaßnahmen, 2007, Kapitel B 1.1.1, S. 34.

[13] *Krautzberger*, in: Ernst/Zinkahn/Bielenberg/Krautzberger, § 162, Rn. 11; *Fislake*, in: Berliner Kommentar zum BauGB, § 162, Rn. 5, siehe außerdem bereits § 7.II.1.

[14] BVerwG, NJW 1979, 2577; *Krautzberger*, in: Ernst/Zinkahn/Bielenberg/Krautzberger, § 162, Rn. 31.

In diesem Falle hat der Eigentümer zwar möglicherweise einen Anspruch auf Erteilung einer Genehmigung entsprechend §§ 144, 145 Abs. 2 BauGB,[15] er kann aber nicht die Löschung des Entwicklungsvermerks durchsetzen, die insoweit an die förmliche Fortgeltung der Entwicklungssatzung anknüpft.

Eine weitere ausdrücklich bezeichnete Abwicklungsaufgabe ist die Löschung der personenbezogenen Daten entsprechend § 138 Abs. 2 Satz 3 BauGB, welche die Gemeinde oder ihr Beauftragter entsprechend § 138 Abs. 1 Satz 2 BauGB erhoben haben. Die Verpflichtung besteht für die Gemeinde, die höhere Verwaltungsbehörde und den beauftragten Entwicklungsträger gleichermaßen.[16] Köhler weist in diesem Zusammenhang darauf hin, dass sich aus dieser Vorschrift mittelbar auch ergäbe, dass spätestens mit der Aufhebung der Entwicklungssatzung keine Daten mehr erhoben werden dürfen.[17]

III. Abwicklung der Rechtsbeziehungen zum Entwicklungsträger und Auflösung des Treuhandvermögens

Hat die Gemeinde nach § 167 Abs. 1 BauGB einen treuhänderischen Entwicklungsträger mit der Vorbereitung und Durchführung der Entwicklungsmaßnahme beauftragt, so muss auch dieses Treuhandverhältnis abgewickelt und das Treuhandvermögen auf die Gemeinde zurückübertragen werden.

1. Beendigung des Vertragsverhältnisses

Die Vorschrift des § 159 Abs. 2 Satz 3 BauGB, die nach § 167 Abs. 2 Satz 3 BauGB auch für den treuhänderischen Entwicklungsträger anzuwenden ist, bestimmt, dass der Trägervertrag nur aus wichtigem Grund gekündigt werden kann. Der ebenfalls entsprechend anzuwendende § 160 Abs. 6 BauGB regelt die Pflichten des Entwicklungsträgers „nach Beendigung seiner Tätigkeit". Das Baugesetzbuch sieht damit keinen festen Zeitpunkt vor, ab dem das Treuhandverhältnis und der Trägervertrag enden. In der Kommentarliteratur ist unstritig, dass der Trägervertrag mit seiner *Erfüllung* endet.[18] Fraglich ist allerdings, ab wann von einer

---

[15] Vgl. bereits § 5.I.1.e).

[16] *Roeser*, in: Berliner Kommentar zum BauGB, § 138, Rn. 6, der auch darauf verweist, der Begriff „nach Aufhebung" lasse den genannten Stellen einen gewissen Spielraum, der es ermögliche, etwa das Verfahren zur Erhebung der Ausgleichsbeträge vor der Löschung zum Abschluss zu bringen; vgl. dazu noch näher unten § 8.V.2.

[17] In: Schrödter, BauGB, § 138, Rn. 10 a. E.

[18] *Fislake*, in: Berliner Kommentar zum BauGB, § 159, Rn. 25; ebenso *Bauernfeind*, in: Ernst/Zinkahn/Bielenberg/Krautzberger, § 159, Rn. 64; *Krautzberger*, in: Battis/Krautzberger/Löhr, § 159, Rn. 4.

Erfüllung des Trägervertrages auszugehen ist. Fislake ist der Auffassung, er ende „spätestens mit Abschluss der Entwicklungsmaßnahme (§§ 162, 163 BauGB)."[19]

Richtig dürfte sein, dass der Inhalt des Schuldverhältnisses zwischen Gemeinde und Träger sich mit der Aufhebung der Entwicklungssatzung in ein Abwicklungsverhältnis wandelt, aber noch nicht erlischt. Im Übrigen ist der jeweilige Vertragsinhalt maßgeblich.

Bei dem Entwicklungsträgervertrag handelt es sich um einen öffentlich-rechtlichen Vertrag gemäß §§ 54 ff VwVfG,[20] für den gemäß § 62 Satz 2 VwVfG die Vorschriften des Bürgerlichen Gesetzbuchs entsprechend gelten, so auch die Vorschriften und Grundsätze des BGB über die Erfüllung.[21] Hierbei kommt zunächst § 362 Abs. 1 BGB in Betracht, der vorsieht, dass ein Schuldverhältnis erlischt, wenn die geschuldete Leistung an den Gläubiger bewirkt wird. Diese Vorschrift bezieht sich indes unmittelbar nur auf Schuldverhältnisse im engeren Sinne, also einen einzelnen schuldrechtlichen Anspruch,[22] das Schuldverhältnis im weiteren Sinne, also die Gesamtheit von Rechtsbeziehungen von Gläubiger und Schuldner im Rahmen eines Dauerschuldverhältnisses, ist nicht unmittelbar Gegenstand der Regelung des § 362 BGB.[23] Ein solches Schuldverhältnis endet erst, wenn alle Leistungspflichten einschließlich der aus dem Schuldverhältnis hervorgegangenen Ersatz- und Abwicklungspflichten erfüllt oder sonst erloschen sind;[24] es kann im übrigen durch Aufhebungsvertrag beendet werden.[25]

Diese zivilrechtlichen Grundsätze gelten auch für den öffentlich-rechtlichen Trägervertrag. Da dieses Schuldverhältnis eine Vielzahl verschiedener Rechtsbeziehungen beinhaltet, die nach der Aufhebung des Entwicklungsrechts schon aufgrund der gesetzlichen Anordnung entsprechend § 160 Abs. 6 BauGB der Abwicklung bedürfen, erlischt es wegen „Erfüllung" erst dann, wenn auch alle Abwicklungspflichten erfüllt sind. Die Aufgaben des Trägers beschränken sich allerdings mit dem Abschluss der Entwicklungsmaßnahme entsprechend § 162 BauGB auf diese Abwicklungsaufgaben, sein eigentliches operatives Geschäft endet, da er nach § 167 Abs. 1 Satz 1 BauGB nur zur Vorbereitung und Durchführung der Entwicklungsmaßnahme beauftragt wird und insoweit eine Bindung seiner Tätigkeit an die Geltung des Entwicklungsrechts besteht.

---

[19] So wörtlich *Fislake*, ebda.
[20] BGH, NJW 1985, 1778; *Köhler*, in: Schrödter, BauGB, § 159, Rn. 17; *Bauernfeind*, in: Ernst/Zinkahn/Bielenberg/Krautzberger, § 159, Rn. 45; *Fislake*, in: Berliner Kommentar zum BauGB, § 159, Rn. 11.
[21] *Kopp/Ramsauer*, VwVfG, § 62, Rn. 21.
[22] BGHZ 10, 391/395; 97, 197/199 m. w. N.
[23] *Wenzel*, in: Münchner Kommentar zum BGB, Vor § 362, Rn. 1.
[24] *Larenz*, Schuldrecht I, § 19 II, *Wenzel*, in: Münchner Kommentar zum BGB, Vor § 362, Rn. 8.
[25] *Wenzel*, ebda.

§ 8 Abwicklungsaufgaben

Die Gemeinde kann – und sollte – die Abwicklung der Trägertätigkeit bereits im Trägervertrag selbst regeln und einen Zeitraum für die Vertragserfüllung festlegen oder ihn als Geschäftsgrundlage in den Vertrag einführen.[26] Eine starre Befristung der Geltungsdauer wird in der Kommentarliteratur allerdings unter Berufung auf den Wortlaut von § 159 Abs. 2 Satz 3 BauGB („darf nur aus zwingendem Grund gekündigt werden") für unwirksam gehalten.[27] Diese Auslegung des § 159 Abs. 2 Satz 3 BauGB erscheint allerdings keineswegs zwingend: Es ist zwar zutreffend, dass die Regelung nicht zur Disposition der Vertragspartner steht und eine in einem Vertrag vorgesehene ordentliche Kündigung wegen Verstoßes gegen ein gesetzliches Verbot deshalb nach § 59 Abs. 1 VwVfG i. V. m. § 134 BGB wegen Verstoßes gegen ein gesetzliches Verbot unwirksam wäre. Eine von vornherein im Vertrag vorgesehene Befristung, die den Vertrag auslaufen lässt, ohne dass es einer Kündigung bedarf, ist dagegen vom gesetzlichen Verbot des § 159 Abs. 2 Satz 3 BauGB nicht umfasst. Deshalb wäre auch eine Vertragsgestaltung wirksam, nach der der Vertrag zu einem bestimmten Zeitpunkt endet und sich jeweils um ein halbes oder ganzes Jahr verlängert, falls nicht widersprochen wird.[28]

Unabhängig davon werden im Zeitpunkt der Beauftragung des Trägers zur Vorbereitung und Durchführung der Entwicklungsmaßnahme entsprechend § 159 Abs. 2 Satz 1 BauGB allerdings oftmals die später zu absolvierenden Abwicklungsaufgaben nur oberflächlich behandelt werden können oder im Einzelnen gar nicht absehbar sein. Deshalb kann sich im Rahmen des Abschlusses der Entwicklungsmaßnahme der Abschluss von „Abwicklungsvereinbarungen" mit dem Entwicklungsträger empfehlen, um die noch durchzuführenden Aufgaben zu präzisieren.

In diesem Rahmen kann insbesondere die Fertigstellung der noch nicht beendeten Ordnungs- und Baumaßnahmen im Rahmen der Abwicklungsphase noch dem Entwicklungsträger übertragen werden. Auch wenn mit der Aufhebung der Entwicklungssatzung wie ausgeführt das eigentliche operative Geschäft des Trägers als Treuhänder der Gemeinde endet, kann und sollte ihm unter Zweckmäßigkeitsgesichtspunkten die Abwicklung bereits begonnener und noch nicht abgeschlossener Maßnahmen übertragen bleiben. In diesem Fall kann die Finanzierung der noch nicht abgerechneten, laufenden Maßnahmen auch aus dem nach §§ 167 Abs. 2 Satz 2, 160 BauGB gebildeten Treuhandvermögen erfolgen.

---

[26] Dies empfehlen auch *Fislake*, in: Berliner Kommentar zum BauGB, § 159, Rn. 25 und *Bauernfeind*, in: Ernst/Zinkahn/Bielenberg/Krautzberger, § 159, Rn. 64 sowie der Mustervertrag, den der *Bundesverband der Kommunalen Spitzenverbände* in Zusammenarbeit mit dem *Innenministerium von Nordrhein-Westfalen* ausgearbeitet hat, abgedruckt bei *Neuhausen*, in: Kohlhammer-Kommentar zum BauGB, Anhang II zu § 159, dort § 14.

[27] *Bauernfeind*, in: Ernst/Zinkahn/Bielenberg/Krautzberger, § 159, Rn. 66 a. E.; *Köhler*, in: Schrödter, BauGB, § 159, Rn. 16.

[28] Anders aber dezidiert *Bauernfeind*, in: Krautzberger, Städtebauförderungsrecht, § 159, Rn. 56 (dort S. 38 unten).

Da die Gemeinde jedoch ein Interesse daran hat, die Tätigkeit des Entwicklungsträgers nicht auf unabsehbare Zeit fortzusetzen und es dem gesetzlichen Leitbild des § 167 Abs. 1 Satz 1 BauGB entspricht, dass die operativen Aufgaben des Trägers grundsätzlich mit der Aufhebung des Entwicklungsrechts enden, sollte dem Träger eine zeitliche Begrenzung vorgeben werden, bis wann er die ihm übertragenen Abwicklungsaufgaben erfüllen, Rechenschaft ablegen, die nicht veräußerten Grundstücke übertragen und das Treuhandvermögen abrechnen muss.[29] Mit der Erbringung dieser Abwicklungsleistung tritt die Erfüllung des Trägervertrages ein. Zur Vermeidung von Unklarheiten kann zum Ablauf dieser Abwicklungsphase der Entwicklungsträgervertrag aber auch gekündigt werden.

2. Rechenschaftspflicht des Entwicklungsträgers

Nach Beendigung seiner Tätigkeit hat der Entwicklungsträger entsprechend § 160 Abs. 6 Satz 1 BauGB Rechenschaft abzulegen. Die Rechenschaftspflicht umfasst auch – aber nicht nur – die Darstellung einschließlich der Abrechnung des Treuhandkontos und den Nachweis der ordnungsgemäßen Verwendung der Städtebauförderungsmittel.[30] „Rechenschaft ablegen" kann dabei durchaus in einem weiteren Sinne verstanden werden,[31] die Gemeinde als Treugeber kann von dem Entwicklungsträger neben dem Zahlenwerk der Abrechnung des Treuhandvermögens[32] auch einen Tätigkeitsbericht verlangen, welche Anstrengungen er unternommen hat, um die Entwicklungsziele zu erreichen und welchen Stand die Entwicklungsmaßnahme im Zeitpunkt der Beendigung seiner Tätigkeit erreicht hat.[33]

3. Übertragung des Treuhandvermögens

Entsprechend § 160 Abs. 6 Satz 2 BauGB muss der Entwicklungsträger nach der Beendigung seiner Tätigkeit das Treuhandvermögen einschließlich der Grundstücke, die er im Rahmen seiner Reprivatisierungspflicht nach § 167 Abs. 3 BauGB nicht veräußert hat, auf die Gemeinde übertragen. Die Übertragung erfolgt un-

---

[29] Siehe bereits die Einleitung zu § 8 mit der Darstellung des Vorgehens der Berliner Senatsverwaltung für Stadtentwicklung.

[30] *Köhler*, in: Schrödter, BauGB, § 160, Rn. 17; *Bauernfeind*, in: Ernst/Zinkahn/Bielenberg/Krautzberger, § 160, Rn. 49.

[31] Enger wohl *Fislake*, in: Berliner Kommentar zum BauGB, § 160, Rn. 15, der statt von „Rechenschaft ablegen" von „Rechnung legen" spricht.

[32] Ein detailliertes Beispiel zu den Einzelheiten der Prüfung und Abrechnung des Treuhandvermögens findet sich in der bereits zitierten Arbeitshilfe zum Abschluss von städtebaulichen Entwicklungsmaßnahmen der Senatsverwaltung für Stadtentwicklung, 2007, Kapitel B 5, S. 47 ff und im Anhang dazu in Anlagen B 5–1 bis B 5.4.3–1.

[33] Wie hier auch *Neuhausen*, in: Kohlhammer-Kommentar zum BauGB, § 160, Rn. 22.

entgeltlich, denn die Vermögensgegenstände sind wirtschaftlich Eigentum der Gemeinde.[34] Gegenstände der Übertragung sind zunächst das Eigentum und der Besitz, aber auch andere Rechte an Grundstücken, ebenso Eigentum und Besitz an beweglichen Sachen im Treuhandvermögen, ferner Forderungen (z. B. Bankguthaben) sowie Sicherungs- und Gestaltungsrechte, die der Entwicklungsträger in seiner Eigenschaft als Treuhänder innehat. Zu letzteren zählen etwa Kündigungsrechte oder Zustimmungsvorbehalte aus Verträgen.[35]

Da § 160 Abs. 6 BauGB keine *cessio legis* vorsieht, bedarf es jeweils einer rechtsgeschäftlichen Übertragung der einzelnen Vermögensgegenstände, also der Umschreibung der Rechte an Grundstücken im Grundbuch (§§ 873, 925 BGB), der Übergabe von beweglichen Vermögensgegenständen (§§ 854, 929 BGB) und der Abtretung von Forderungen (§ 398 BGB) nebst dazugehörigen Sicherungsrechten (§ 401 BGB) und anderer Rechte (§ 413 BGB).

Es empfiehlt sich, von dem Treuhänder rechtzeitig vor der Beendigung seiner Tätigkeit ein Bestandsverzeichnis über alle Vermögensgegenstände, die sich im Treuhandvermögen befinden, erstellen zu lassen und auf dieser Grundlage einen umfassenden Übertragungsvertrag abzuschließen. Dieser sollte im Hinblick auf die Forderungen des Treuhandvermögens eine Globalzession enthalten, durch die alle, auch noch nicht bestimmte, aber bestimmbare künftige Forderungen des Treuhandvermögens auf die Gemeinde als Zessionar übergehen.[36] Darüber hinaus sollte der Gemeinde eine Vollzugsvollmacht eingeräumt werden, so dass die Gemeinde nötigerweise nach der Übertragung noch erforderliche Erklärungen für die Abtretung der zum Treuhandvermögen gehörenden Forderungen und Rechte selbst abgeben und entgegennehmen kann. Im Übertragungsvertrag sollte der Treuhänder sich auch zur Löschung aller personenbezogenen Daten verpflichten.[37]

4. Haftungsübergang

Während die Vermögensgegenstände des Treuhandvermögens auf die Gemeinde durch Rechtsgeschäft übertragen werden müssen, ordnet das Gesetz für die Verbindlichkeiten des Treuhandvermögens in § 160 Abs. 6 Satz 3 BauGB eine gesetzliche Schuldübernahme an.[38] Von der Übertragung des Treuhandvermögens an haftet die Gemeinde danach anstelle des Entwicklungsträgers für die noch

---

[34] *Fislake*, in: Berliner Kommentar zum BauGB, § 160, Rn. 16 für die Grundstücke.

[35] Vgl. auch hierzu *Senatsverwaltung für Stadtentwicklung*, Arbeitshilfe für den Abschluss städtebaulicher Entwicklungsmaßnahmen, 2007, Kapitel B 6, S. 55 ff. mit Übersicht und Musterübertragungsvertrag im Anhang, Anlage B 6.1 – 1 und Anlage B 6.1 – 2.

[36] Zur Globalzession vgl. im Einzelnen *Larenz*, Lehrbuch des Schuldrechts, AT, 1987, § 34 III, S. 584 ff.; *Nörr/Scheyhing/Pöggeler*, Handbuch des Schuldrechts, Band II, Sukzessionen, 1998, § 9, S. 107 ff.

[37] Vgl. hierzu bereits oben § 8.II.

bestehenden Verbindlichkeiten, für die dieser zuvor mit dem Treuhandvermögen gehaftet hat.

Im Hinblick auf den Zeitpunkt des Haftungsübergangs ist folgendes zu berücksichtigen: In der Praxis wird die Übertragung der verschiedenen Vermögensgegenstände nicht an einem Tag erfolgen, sondern sich über Wochen und Monate hinziehen; dies umso mehr, als für die Übertragung des Treuhandvermögens im Sinne des § 160 Abs. 6 Satz 2 und 3 BauGB das Verfügungsgeschäft, also bei den Grundstücken die Umschreibung im Grundbuch, bei Forderungen die Abtretung, maßgeblich ist.[39]

Dies spricht dafür, dass es regelmäßig keinen einheitlichen Zeitpunkt geben wird, ab dem die Haftung insgesamt auf die Gemeinde übergeht. Zu beachten ist in diesem Zusammenhang zunächst, dass für die Einhaltung der Verkehrssicherungspflichten und die Haftung für deren Verletzung bei einzelnen Grundstücken in der Praxis nicht der Zeitpunkt der Übertragung noch des letzten beim Entwicklungsträger verbliebenen Grundstücks maßgeblich sein wird, sondern der im Grundstücksübertragungsvertrag jeweils vereinbarte Zeitpunkt des Nutzen- und Lastenwechsels des einzelnen Grundstücks. Ein partieller Haftungsübergang ist aber auch in Bezug auf andere Vermögensgegenstände sachgerecht: Ein Auseinanderfallen der Rechte und Pflichten aus einem Vertrag, bei dem die Ansprüche zugunsten der Gemeinde bereits abgetreten sind, der Entwicklungsträger aber weiter haften würde, ist vom Gesetzgeber ebenso wenig gewollt wie ein Auseinanderfallen der Sachherrschaft über bewegliche Sachen im Treuhandvermögen und der auch hier bestehenden Verkehrssicherungspflichten.[40]

Da die Vorschrift des § 160 Abs. 6 Satz 3 BauGB eine gesetzliche Schuldübernahme anordnet, bedarf es keiner Zustimmung des dritten Vertragspartners, wenn die Gemeinde durch den Haftungsübergang in eine Pflichtenstellung gegenüber dem Dritten eintritt. Da der Entwicklungsträger nach § 167 Abs. 2 Satz 2 i.V.m. § 160 Abs. 1 Satz 3 BauGB bei der Erfüllung seiner Aufgaben seinem Namen einen das Treuhandverhältnis kennzeichnenden Zusatz hinzufügt, ist dem Vertragspartner ohnehin bewusst, dass er in wirtschaftlicher Hinsicht mit dem Treugeber einen Vertrag schließt, es besteht insoweit kein Schutzbedürfnis.

---

[38] *Fislake*, in: Berliner Kommentar zum BauGB, § 160, Rn. 17; *Köhler*, in: Schrödter, BauGB, § 160, Rn. 20; *Bauernfeind*, in: Ernst/Zinkahn/Bielenberg/Krautzberger, § 160, Rn. 62, der klarstellt, dass es sich nicht um einen Fall einer gesetzlichen Schuld*mit*übernahme handelt, da die Gemeinde anstatt des Sanierungs- und Entwicklungsträgers haftet, nicht zusätzlich zu diesem.

[39] *Bauernfeind*, in: Ernst/Zinkahn/Bielenberg/Krautzberger, § 160, Rn. 51.

[40] Enger *Köhler*, in: Schrödter, BauGB, § 160, Rn. 20, der die Übertragung *aller* Grundstücke auf die Gemeinde als Voraussetzung für die Schuldübernahme ansieht.

IV. Veräußerung und Rückübertragung von Grundstücken

Zu den Abwicklungsaufgaben gehört auch die Veräußerung und ggf. Rückübertragung[41] von Grundstücken. Die Frage nach Privatisierung und Reprivatisierung von Grundstücken nach Aufhebung der Entwicklungssatzung stellt sich, wenn die Gemeinde die im Zuge der Vorbereitung und Durchführung der Entwicklungsmaßnahme erworbenen Grundstücke nicht vollständig bereits im Laufe der Maßnahmendurchführung veräußert hat.[42]

1. Allgemeine Reprivatisierungspflicht

Die sukzessive Veräußerung der Grundstücke nach Durchführung der Maßnahme gehört zu den Grundprinzipien des städtebaulichen Entwicklungsrechts; die Veräußerungspflicht stellt das Gegenstück zur Grunderwerbspflicht der Gemeinde nach § 166 Abs. 3 BauGB dar.[43] Bei dem gemeindlichen Grunderwerb soll es sich nämlich nur um einen Durchgangserwerb handeln, der dazu dient, die Ziele und Zwecke der Entwicklungsmaßnahme verwirklichen zu können, mit der städtebaulichen Entwicklungsmaßnahme soll aber gerade keine kommunale Bodenvorratspolitik betrieben werden können.[44] § 169 Abs. 5 BauGB schreibt deshalb vor, dass die Gemeinde verpflichtet ist, Grundstücke, die sie zur Durchführung der Entwicklungsmaßnahme erworben hat, nach deren Neuordnung und Erschließung wieder zu veräußern.

Diese Veräußerungspflicht besteht dabei sowohl für die Fälle freihändigen Ankaufs wie für Fälle des Erwerbs aufgrund hoheitlicher Maßnahmen (Ausübung des gemeindlichen Vorkaufsrechts nach § 24 Abs. 1 Satz 1 Nr. 3 BauGB, Enteignung nach § 169 Abs. 3 Satz 1 BauGB, Entziehung aufgrund Übernahmeverlangens nach § 168 BauGB); die Verpflichtung endet nicht mit der Aufhebung des Entwicklungsrechts, sondern stellt eine Abwicklungsaufgabe dar.[45] Nach dem gesetzlichen Leitbild der städtebaulichen Entwicklungsmaßnahme erwirbt die Gemeinde die Grundstücke im Entwicklungsbereich, um die Neuordnung und Erschließung durchzuführen und dann eine Bebauung durch Private entsprechend der Entwicklungsziele zu ermöglichen.[46] Die Vorschriften in § 169 Abs. 5 bis

---

[41] Zu den Fällen der Rückübertragung (§ 164 BauGB) und Rückenteignung (§ 102 BauGB) von Grundstücken vgl. noch näher § 9.III.1. und 2.

[42] Grundstücke, die schon vor dem Stadium der Vorbereitung der Entwicklungsmaßnahme in Gemeindeeigentum waren, unterliegen der Privatisierungspflicht nicht.

[43] VGH Kassel, BauR 1985, 224; *Schlichter/Roeser*, in: Berliner Kommentar zum BauGB, § 169, Rn. 25; *Neuhausen*, in: Kohlhammer-Kommentar zum BauGB, § 169, Rn. 27.

[44] *Porger*, WiVerw 1999, 36/51 f.; *Gaentzsch*, NVwZ 1991, 921/925.

[45] *Krautzberger*, in: Krautzberger, Städtebauförderungsrecht, § 169, Rn. 72.

Abs. 8 BauGB regeln die Maßgaben, die die Gemeinde bei der Veräußerung der Grundstücke zu beachten hat:

Nach § 169 Abs. 6 Satz 1 BauGB sind die Grundstücke unter Berücksichtigung weiter Kreise der Bevölkerung und unter Beachtung der Ziele und Zwecke der Entwicklungsmaßnahme an Bauwillige zu veräußern, die sich verpflichten, dass sie die Grundstücke innerhalb angemessener Frist entsprechend den Festsetzungen des Bebauungsplans und den Erfordernissen der Entwicklungsmaßnahme bebauen werden. Dabei sind nach § 169 Abs. 6 Satz 2 BauGB die früheren Eigentümer vorrangig zu berücksichtigen.

Die Vorschrift des § 169 Abs. 7 BauGB sieht weiter vor, dass die Gemeinde bei der Veräußerung dafür Sorge zu tragen hat, dass die Bauwilligen die Bebauung in wirtschaftlich sinnvoller Aufeinanderfolge derart durchführen, dass die Ziele und Zwecke der städtebaulichen Entwicklung erreicht werden und die Vorhaben sich in den weiteren Rahmen der Gesamtmaßnahme einordnen. Die Gemeinde soll weiter sicherstellen, dass die neu geschaffenen baulichen Anlagen entsprechend den Zielen und Zwecken der Entwicklungsmaßnahme dauerhaft genutzt werden. § 169 Abs. 8 BauGB sieht schließlich vor, dass zur Finanzierung der Entwicklung das Grundstück zu dem Verkehrswert zu veräußern ist, der sich durch die rechtliche und tatsächliche Neuordnung des Entwicklungsbereichs ergibt. Im Folgenden soll auf einige Einzelfragen eingegangen werden, die sich in der Abwicklungspraxis bei der Anwendung dieser Vorschriften ergeben können.

a) Vorrangige Berücksichtigung früherer Eigentümer

Zunächst stellt sich für die Gemeinde die Frage, wie sie im Zuge der Abwicklung und Privatisierung der Grundstücke die von § 169 Abs. 6 Satz 2 BauGB geforderte vorrangige Berücksichtigung früherer Eigentümer zu gewährleisten hat. Hierzu ist festzuhalten, dass die Vorschrift des § 169 Abs. 6 Satz 2 BauGB den früheren Grundstückseigentümern keinen unbedingten Anspruch verschafft.[47] § 169 Abs. 6 und Abs. 7 BauGB statuieren nämlich verschiedene Berücksichtigungsgebote und Modalitäten der Privatisierung, die miteinander in Konkordanz gebracht werden müssen.

Zunächst müssen auch die früheren Eigentümer die Voraussetzungen nach § 169 Abs. 6 Satz 1 BauGB erfüllen. Eine Veräußerung an sie kommt deshalb

---

[46] Vgl. zu dieser Arbeitsteilung zwischen Gemeinde und Privaten im städtebaulichen Entwicklungsbereich bereits oben § 7.II.2.d).

[47] *Schlichter/Roeser*, in: Berliner Kommentar zum BauGB, § 169, Rn. 31; *Köhler*, in: Schrödter, BauGB, § 169, Rn. 19 weist zutreffend darauf hin, dass es darüber hinaus nur schwer denkbar sei, dass der Ermessensspielraum der Gemeinde bei der Wahl des Erwerbers im Rahmen der Veräußerungspflicht soweit schrumpfe, dass nur eine bestimmte Person als Erwerber eines bestimmten Grundstücks im Entwicklungsbereich in Frage komme.

nur in Betracht, wenn sie sich zur Umsetzung der Entwicklungsziele verpflichten. Allerdings sind in der Regel keine zwingenden Bauverpflichtungen zu vereinbaren, wenn die Entwicklungsziele die vollständige Bebauung der Flächen im Entwicklungsbereich nicht mehr vorsehen.[48]

Ferner stellt die Formulierung in § 169 Abs. 6 Satz 2 BauGB „*Dabei* sind zunächst die früheren Eigentümer zu berücksichtigen" klar, dass das Berücksichtigungsgebot der früheren Eigentümer nur im Rahmen der Privatisierung nach § 169 Abs. 6 Satz 1 BauGB gilt. Dies bedeutet, dass auch bei einer Reprivatisierung an frühere Eigentümer insgesamt und letztendlich eine Berücksichtigung weiter Kreise der Bevölkerung gewährleistet sein muss.[49] Als weite Kreise der Bevölkerung kommen insoweit nur natürliche Personen des Privatrechts in Betracht.[50] Zu beachten ist auch, dass eine Bindung an das aufgegebene Grundeigentum nicht besteht, zumal das ursprüngliche Grundstück oftmals infolge der Grundstücksneuordnung gar nicht mehr existiert. Das Berücksichtigungsgebot zugunsten der früheren Eigentümer gilt vielmehr für Grundstücke im gesamten Entwicklungsbereich. Insgesamt ist festzustellen, dass der Gemeinde im Rahmen der Ziele und Zwecke der Entwicklungsmaßnahme und unter Berücksichtigung der Festsetzungen der Entwicklungsbebauungspläne ein Gestaltungsspielraum im Rahmen ihrer Veräußerungspflicht zusteht.[51]

b) Inhalt von Bau- und Nutzungsverpflichtungen mit Grunderwerbern nach der Aufhebung

Es wird sich im Zuge der Abwicklung der Privatisierungsaufgaben auch die Frage stellen, ob nach Aufhebung der Entwicklungssatzung die Verpflichtung besteht, Bau- und Nutzungsverpflichtungen nach § 169 Abs. 6 und Abs. 7 BauGB mit den Erwerbern von Grundstücken abzuschließen. Dies ist grundsätzlich zu bejahen.[52] Es ist aber zu berücksichtigen, dass die Vorschrift des § 169 Abs. 7 BauGB maßgeblich an das Entwicklungskonzept anknüpft.[53] Die Bau- und Nutzungskonzepte sollen die Umsetzung der Ziele und Zwecke der Entwicklungsmaßnahme sicher-

---

[48] Siehe bereits oben § 7.II.2.d) und noch näher sogleich § 8.IV.1.b).

[49] So auch *Krautzberger*, in: Krautzberger, Städtebauförderungsrecht, § 169, Rn. 86 und 87.

[50] *Runkel*, in: Ernst/Zinkahn/Bielenberg/Krautzberger, § 89, Rn. 96; *Krautzberger*, in: Krautzberger, Städtebauförderungsrecht, § 169, Rn. 84.

[51] *Krautzberger*, in: Krautzberger, Städtebauförderungsrecht, § 169, Rn. 85.

[52] Dies folgt schon daraus, die Veräußerungspflicht zu den Abwicklungsaufgaben gehört, vgl. *Krautzberger*, in: Krautzberger, Städtebauförderungsrecht, § 169, Rn. 72, und insoweit auch die einschlägigen gesetzlichen Maßgaben und Verfahrensregelungen fortgelten müssen.

[53] Hervorhebung dieser Bindung auch bei *Schlichter/Roeser*, in: Berliner Kommentar zum BauGB, § 169, Rn. 34.

stellen. Verfolgt die Gemeinde nun ein Entwicklungskonzept, das die Bebauung der Flächen nicht mehr als Entwicklungsziel verfolgt, so kann sie die Eigentümer auch nicht zur zügigen Durchführung von Baumaßnahmen verpflichten.[54] Die Gemeinde kann nämlich von potentiellen Grundstückskäufern nach Aufhebung des Entwicklungsrechts nicht mehr verlangen, als sie selbst vor der Aufhebung als Entwicklungsziel verfolgt hat.

c) Fortgeltung der Bindung an den Verkehrswert

Zu berücksichtigen ist auch, dass die Veräußerung der Grundstücke auch nach der Aufhebung des Entwicklungsrechts weiterhin an den Verkehrswert gebunden bleibt, der sich durch die rechtliche und tatsächliche Neuordnung des Gebiets ergibt (§ 169 Abs. 8 Satz 1 BauGB). Die Einhaltung dieser Bestimmung ist auch nach Aufhebung des Entwicklungsrechts aus Gleichbehandlungsgründen geboten, da diejenigen Eigentümer, die ihr Grundstück im Rahmen der Entwicklungsmaßnahme behalten haben, die entwicklungsbedingte Bodenwertsteigerung im Rahmen des Ausgleichsbetrages zu entrichten haben (§ 166 Abs. 3 Satz 4, § 169 Abs. 1 Nr. 7 i. V. m. § 154 Abs. 1 BauGB).[55]

2. Ausnahmen beim Erwerb von Grundstücken für öffentliche Zwecke

Keine Privatisierungspflicht besteht, wenn ein Grundstück von der Gemeinde erworben wurde, um auf ihm einen öffentlichen Zweck zu erfüllen. In diesen Fällen sieht § 169 Abs. 5 BauGB vor, dass von der Veräußerungspflicht solche Flächen ausgenommen sind, die als Baugrundstücke für den Gemeinbedarf oder als Verkehrs-, Versorgungs- oder Grünfläche in einem Bebauungsplan festgesetzt sind oder für sonstige öffentliche Zwecke benötigt werden. Eine weitere Ausnahme besteht nach dieser Norm, wenn die Flächen als Austauschland oder zur Entschädigung in Land benötigt werden.

Die Fälle, in denen eine Festsetzung im Bebauungsplan für öffentliche Zwecke erfolgt ist, werfen keine weiteren Schwierigkeiten auf. Es ist lediglich festzuhalten, dass es nicht erforderlich ist, dass die jeweilige Gemeinbedarfsnutzung bereits baulich hergestellt wäre. Nach dem eindeutigen Wortlaut reicht es auch aus, wenn im Rahmen einer Umsteuerung des Entwicklungskonzepts und einer Reduzierung der tatsächlich anzusiedelnden Bevölkerung im Entwicklungsbereich nur eine Standortsicherung im Bebauungsplan für eine öffentliche, etwa soziale Infrastruktureinrichtung erfolgt ist.

---

[54] Vgl. schon § 7.II.2.d).

[55] Vgl. dazu näher *Neuhausen*, in: Kohlhammer-Kommentar zum BauGB, § 169, Rn. 51 f. Auch *Löhr* weist an anderer Stelle auf die Spiegelbildlichkeit von Preisbindung und Ausgleichsbetrag hin, in: Battis / Krautzberger / Löhr, § 155, Rn. 18.

Soweit die Ausnahme allerdings an „sonstige öffentliche Zwecke" anknüpft, bedarf es nicht der Festsetzung im Bebauungsplan. Es handelt sich um Flächen, für die ein nachweisbarer Bedarf für einen öffentlichen Zweck besteht, der sich aus dem Entwicklungskonzept ableiten lassen müsste.[56] Solche Fälle dürften allerdings nach Aufhebung der Entwicklungssatzung kaum noch vorkommen können, da die Entwicklungsziele dann entweder erfüllt, unmöglich zu erreichen oder aufgegeben worden sein müssten. Vor einer Aufhebung nach durchgeführter Entwicklung hat die Gemeinde ihre Entwicklungsziele außerdem die Entwicklungsziele in einem Bebauungsplan zu sichern (§ 166 Abs. 1 Satz 2 BauGB),[57] so dass kaum Anwendungsfälle für die „sonstigen öffentlichen Zwecke" verbleiben dürften.

Hinzuweisen ist ferner auf die Fallkonstellation, in der die Gemeinde eine Fläche zwar ursprünglich zur Verwirklichung öffentlicher Zwecke erworben hat, der Bedarf aber später wegfällt und deshalb die Gemeinbedarfsnutzung nicht in einem Bebauungsplan festgesetzt wurde. In diesen Fällen lebt entweder die allgemeine Privatisierungspflicht nach § 169 Abs. 5 bis Abs. 8 BauGB wieder auf, weil die Tatbestandsvoraussetzungen der Ausnahme nicht (mehr) erfüllt sind oder es besteht möglicherweise ein noch weitergehender Anspruch entsprechend § 164 Abs. 1 bis Abs. 4 BauGB auf Rückübertragung oder §§ 164 Abs. 5 i.V.m. § 102 BauGB auf Rückenteignung.[58]

V. Ermittlung und Erhebung von Ausgleichsbeträgen

Nach dem gesetzlichen Leitbild besteht in der Entwicklungsmaßnahme grundsätzlich eine Erwerbspflicht der Gemeinde, die durch die Ausnahmefälle des § 166 Abs. 3 Satz 3 BauGB beschränkt wird: Die Gemeinde soll (nur dann) vom Erwerb eines Grundstücks absehen, wenn bei einem baulich genutzten Grundstück die Art und das Maß der baulichen Nutzung nicht geändert werden sollen (§ 166 Abs. 3 Satz 3 Nr. 1 BauGB) oder der Eigentümer eines Grundstücks, dessen Verwendung nach den Zielen und Zwecken der Entwicklungsmaßnahme bestimmt oder mit ausreichender Sicherheit bestimmbar ist, in der Lage ist, das Grundstück binnen angemessener Frist dementsprechend zu nutzen und er sich hierzu verpflichtet (§ 166 Abs. 3 Satz 3 Nr. 1 BauGB).[59]

---

[56] *Krautzberger*, in: Krautzberger, Städtebauförderungsrecht, § 169, Rn. 85. *Schlichter/Roeser* sehen die Generalklausel der „sonstigen öffentlichen Zwecke" dadurch gerechtfertigt, dass auch neuen „Bedürfnisse der Allgemeinheit im Rahmen eines modernen städtebaulichen Geschehens, wie es gerade in den Entwicklungsbereichen angestrebt wird", rechtlich der Weg zur Verwirklichung geebnet werden solle, in: Berliner Kommentar zum BauGB, § 169, Rn 29.
[57] Vgl. bereits § 7.II.2.a).
[58] Siehe dazu noch § 9.III.1. und 2.

Wenn die Gemeinde ein Grundstück nicht erwirbt, ist der Eigentümer nach § 166 Abs. 3 Satz 4 BauGB verpflichtet, einen Ausgleichsbetrag an die Gemeinde zu entrichten, der der durch die Entwicklungsmaßnahme bedingten Erhöhung des Bodenwerts seines Grundstücks entspricht.[60] Für diesen Ausgleichsbetrag des Eigentümers, die Anrechnungsmöglichkeiten und das Absehen von der Erhebung verweist § 169 Abs. 1 Nr. 7 BauGB auf die sanierungsrechtlichen Vorschriften der §§ 154 bis 156 BauGB.

Entsprechend § 154 Abs. 2 Satz 1 BauGB besteht die durch die Entwicklungsmaßnahme bedingte Erhöhung des Bodenwerts des Grundstücks aus dem Unterschied zwischen dem Bodenwert, der sich ergeben würde, wenn eine Entwicklungsmaßnahme weder beabsichtigt noch durchgeführt worden wäre (Anfangswert) und dem Bodenwert, der sich für das Grundstück durch die rechtliche und tatsächliche Neuordnung des förmlich festgelegten Entwicklungsbereichs ergibt (Endwert).[61]

Im Folgenden soll zunächst auf die Grundsätze der Ermittlung dieser entwicklungsbedingten Bodenwerterhöhung (dazu 1.) und dann auf Einzelfragen des Verwaltungsverfahrens zur Erhebung des Ausgleichsbetrages (dazu 2.) eingegangen werden.

1. Überblick zur Ermittlung von Ausgleichsbeträgen

Für die Frage der Bestimmung der entwicklungsbedingten Bodenwerterhöhung sollen im Folgenden lediglich die rechtlichen Rahmenbedingungen aufgezeigt werden. Im Einzelnen ist die Wertermittlung regelmäßig eine Aufgabe von Wertsachverständigen, insbesondere der unabhängigen Gutachterausschüsse (§ 192 BauGB), welche die Gemeinde nach § 193 Abs. 1 BauGB bei der Grundstückswertermittlung unterstützen.[62]

---

[59] Wie bereits herausgearbeitet wurde, wird die Gemeinde gerade in Zeiten knapper Finanzen oftmals darauf setzen, einen Durchgangserwerb zu vermeiden und stattdessen den Abschluss von Abwendungsvereinbarungen anstreben, siehe § 4.III.5.c); *Fleckenstein*, FAZ vom 23. 8. 2002, S. 41.

[60] Siehe zur historischen Entwicklung und verfassungsrechtlichen Aspekten dieser Regelung bereits § 2.I.2.e).

[61] Dazu, dass in der Entwicklungspraxis gerade bei Innenentwicklungsmaßnahmen unter Krisenbedingungen die Einnahmen durch Ausgleichbeträge bei weitem nicht kostendeckend sind, vgl. bereits § 4.III.5.3. sowie die Warnungen *Krautzbergers*, LKV 1992, 84/85 und *Runkels*, ZfBR, 1991, 91/93 bei Einführung der Innenentwicklungsmaßnahmen.

[62] Die Gemeinde kann grundsätzlich nach pflichtgemäßem Ermessen entscheiden, ob sie die Einholung eines Wertgutachtens für erforderlich hält. Vgl. aber die Warnung von *Bartholomäi*, NVwZ 2001, 1377, der ausdrücklich darauf hinweist, Verwaltung (und Gerichte) seien als Bewertungslaien mit den bei der Ausgleichsbetragermittlung erforderlichen Bewertungsfragen und –berechnungen regelmäßig überfordert.

§ 8 Abwicklungsaufgaben 219

Beauftragt die Gemeinde nicht den Gutachterausschuss,[63] sondern freie Wertsachverständige,[64] so sollte sie angesichts der komplexen Aufgabe für die Einzelgutachter bei der Ermittlung der Bodenwerterhöhung durch entsprechende Orientierungshilfen und Sachverhaltszusammenstellungen gewährleisten, dass die Grundstückswertermittlung in allen Fällen anhand einheitlicher Kriterien erfolgt und die betroffenen Grundeigentümer bei vergleichbaren Sachverhalten auch gleich behandelt werden.[65]

Sowohl bei der Ermittlung des Anfangs- als auch des Endwerts ist nach den Grundsätzen der Wertermittlungsverordnung (WertV) zu verfahren,[66] auch wenn sich diese unmittelbar nur an die Gutachterausschüsse wendet (§ 199 Abs. 1 BauGB) und ihr keine unmittelbare Bindungswirkung für andere Sachverständige oder gar Gerichte zukommt.[67]

Eine bestimmte Methode zur Ermittlung von Anfangs- oder Endwert schreibt die WertV nicht vor.[68] Nach § 15 Abs. 2 WertV ist der Bodenwert „in der Regel" durch das Vergleichswertverfahren zu ermitteln. Bei dem Vergleichswertverfahren werden die Kaufpreise von Vergleichsgrundstücken herangezogen, die hinsichtlich ihrer wertbeeinflussenden Merkmale mit dem zu bewertenden Grundstück hinreichend übereinstimmen (§ 13 Abs. 1 WertV). Neben oder anstelle der Preise für Vergleichsgrundstücke kann auch auf Bodenrichtwerte zurückgegriffen werden, wenn sie entsprechend den örtlichen Verhältnissen unter Berücksichtigung von Lage und Entwicklungszustand gegliedert und nach Art und Maß der baulichen Nutzung, Erschließungszustand und jeweils vorherrschender Grundstücksgestalt hinreichend bestimmt sind (§ 13 Abs. 2 WertV).

Die WertV ist aber im Hinblick auf ihre Methoden nicht abschließend.[69] Wenn etwa das Vergleichsverfahren nicht anwendbar ist, weil keine ausreichenden Daten

---

[63] Vgl. §§ 192 ff BauGB.

[64] Anders als noch nach § 15 Abs. 3 StBauFG ist die Gemeinde bundesrechtlich nicht mehr zur Einholung von Gutachten des Gutachterausschusses verpflichtet, vgl. *Freise*, in: Kohlhammer-Kommentar zum BauGB, § 154, Rn. 63.

[65] Dies wurde im Land Berlin zum einen durch die „Orientierungshilfe zur Ermittlung von entwicklungsbedingten Bodenwerterhöhungen für die Erhebung von Ausgleichsbeträgen in Bereichen gemäß §§ 165 ff BauGB" der *Senatsverwaltung für Stadtentwicklung*, Abteilung III E gewährleistet. Die rechtliche und tatsächliche Ausgangssituation für die Ermittlung der Anfangs- und Endwerte in den einzelnen Entwicklungsbereichen wurde zusammengetragen in *Noormann-Wachs* u. a., Leitlinien zur Ermittlung der entwicklungsbedingten Bodenwerterhöhungen für die Erhebung von Ausgleichsbeträgen in den Berliner Entwicklungsbereichen, Berlin 2007.

[66] BVerwG, NVwZ 2003, 211/212; BGH, NJW-RR 2001, 732: Die allgemein anerkannten Grundsätze der WertV müssen bei jeder Wertermittlung beachtet werden.

[67] *Kleiber*, in: Krautzberger, Städtebauförderungsrecht, Kommentierung zur WertV, Vorbemerkung Rn. 14 m.w.N.

[68] BVerwG, NVwZ 2003, 211/212.

zur Verfügung stehen, die gewährleisten, dass die Bodenwerterhöhung zuverlässig zu ermitteln ist,[70] so muss nach einer anderen geeigneten Methode gesucht werden.[71] Zulässig ist jede Methode, mit der der gesetzliche Auftrag, die Bodenwerterhöhung zu ermitteln, erfüllt werden kann.[72]

Die in den Berliner Sanierungsgebieten regelmäßig angewandte so genannte (Berliner) Zielbaummethode oder Multifaktorenanalyse wurde vom Sachverständigen Auerhammer entwickelt, um beim Vergleichswertverfahren die gemäß § 14 WertV mangels zeitnah erfolgender Vergleichskäufe aus vergleichbarer Lage häufig erforderliche Berücksichtigung von Abweichungen der Vergleichsgrundstücke durch Zu- und Abschläge insbesondere beim Kriterium Lage nicht frei schätzen zu müssen, sondern nachvollziehbar zu analysieren; dieser Ansatz wurde von einer Arbeitsgruppe aus Vertretern der damaligen Berliner Senatsverwaltung für Bauen, Wohnen und Verkehr und der Vermessungsämter der Berliner Bezirksverwaltungen für die Zwecke der Sanierungsbewertungen adaptiert.[73]

Die Zielbaummethode beruht darauf, dass die rechtliche und tatsächliche Neuordnung des Sanierungsgebiets in einzelne Merkmale zerlegt, tatbestandlich aufgearbeitet und mit sachverständigen Vermutungen darüber belegt wird, welches Merkmal üblicherweise in welchem Umfang zu einer Bodenwerterhöhung beiträgt. Sie geht von der plausiblen Vermutung aus, dass tatsächliche Verbesserungen im Gebiet auch zu einer Bodenwerterhöhung führen. Die in einem Gebiet möglichen tatsächlichen Verbesserungen werden dabei durch zwölf Lagekriterien erfasst, die jeweils einen dem Anteil nach unterschiedlichen vermuteten Mehrwert ausmachen.[74]

Diese Methode, deren Anwendbarkeit in Sanierungsgebieten vom Bundesverwaltungsgericht ausdrücklich anerkannt wurde,[75] stößt im städtebaulichen Entwicklungsbereich allerdings an ihre Grenzen, wenn sich die Nutzungsart der Grundstücke grundlegend ändert – wie es für städtebauliche Entwicklungsmaß-

---

[69] BVerwG, NVwZ 2003, 211/212; vgl. auch BVerwG, NJ 1998, 97 mit Anmerkung von *Battis*, wonach der Gemeinde auch bei der Verdrängungsgefahr im Rahmen einer Genehmigung nach einer Milieuschutzsatzung mehrere Methoden zur Verfügung stehen; ebenso für die Rechtslage in den Berliner Sanierungsgebieten VG Berlin, NVwZ 1999, 568/570.

[70] Vgl. etwa BVerwG, NVwZ-RR 1997, 155/156; dass., BRS Nr. 67 (2004), 960/961.

[71] BVerwG, ZfBR 1996, 227.

[72] Einen detaillierten Überblick über die verschiedenen Bewertungsverfahren bietet *Kleiber*, in: Ernst/Zinkahn/Bielenberg/Krautzberger, § 154, Rn. 199 ff.

[73] VG Berlin, NVwZ 1999, 568/569; *Ribbert*, Aus der Praxis der kommunalen Wertermittlungsstellen und des Gutachterausschusses für Grundstückswerte in Berlin, Vortrag im 358. Kurs des Instituts für Städtebau m. w. N.

[74] Vgl. *Schmidt-Eichstaedt*, GuG 2004, 129/130 mit einer umfassenden Darstellung der Rechtsprobleme der Berliner Zielbaummethode.

[75] BVerwG, BRS Nr. 67 (2004), S. 960.

nahme kennzeichnend ist. Die Frage, ob die Zielbaummethode für den jeweiligen Bewertungsfall geeignet ist,[76] muss bei der Ermittlung des Ausgleichsbetrages nach § 166 Abs. 3 Satz 4 BauGB deshalb in jedem Einzelfall vom Wertsachverständigen geprüft werden.

Bemerkenswert ist, dass der Gesetzgeber selbst die Regelungen des herkömmlichen Ausgleichsbetragsrechts mittlerweile als Grund dafür ansieht, warum der Abschluss von Maßnahmen in der Praxis „unnötig hinausgezögert wird."[77] Für städtebauliche Sanierungsgebiete wurde mit der BauGB-Novelle 2007 durch § 154 Abs. 2a BauGB ein so genanntes vereinfachtes Verfahren zur Ausgleichsbetragsermittlung eingeführt, das ein einheitliches, gebietsbezogenes Berechnungsverfahren vorsieht. Wie bereits gezeigt, wurde im Gesetzgebungsverfahren allerdings davon abgerückt, auch für städtebauliche Entwicklungsmaßnahmen die Möglichkeit dieses vereinfachten Verfahrens der Ausgleichsbetragserhebung zu eröffnen (vgl. § 169 Abs. 1 Nr. 7 BauGB).[78] Für die Entwicklungsbereiche wird es daher bei dem „ungeliebten Rechtsinstitut" der Abschöpfung der entwicklungsbedingten Bodenwerterhöhung nach dem herkömmlichen Verfahren bleiben.[79] Die Probleme, die Stemmler und Hohrmann jüngst bei der Ausgleichsbetragsermittlung im Sanierungsrecht beschrieben haben, stellen sich jedoch auch im Entwicklungsrecht:

a) Bestimmung des Anfangswertes

Durch § 169 Abs. 1 Nr. 7 i. V. m. § 154 Abs. 2 BauGB wird der Anfangswert als der Bodenwert definiert, der sich für das Grundstück ergeben würde, wenn die Entwicklung weder beabsichtigt noch durchgeführt worden wäre.[80]

Die Wertermittlungsverordnung stellt in § 28 Abs. 2 Satz 1 WertV zur Präzisierung des § 154 Abs. 2 BauGB klar, dass die maßgebenden Anfangs- und Endwerte

---

[76] Skeptisch hierzu *Noormann-Wachs* u. a., Leitlinien zur Ermittlung der entwicklungsbedingten Bodenwerterhöhungen für die Erhebung von Ausgleichsbeträgen in den Berliner Entwicklungsbereichen, Allgemeiner Teil, 2007, S. 15 f.

[77] Begründung des Gesetzentwurfs der Bundesregierung, BR-Drs. 558/06, S. 32.

[78] Siehe hierzu bereits ausführlich § 2.VII.3; die Anwendung des vereinfachten Verfahrens wurde ausweislich des Berichts des *Ausschusses für Verkehr, Bau und Stadtentwicklung* des Deutschen Bundestages für städtebauliche Entwicklungsmaßnahmen ausgeschlossen, da hier regelmäßig mit höheren entwicklungsbedingten Wertsteigerungen zu rechnen sei, vgl. BT-Drs. 16/3308, S. 23.

[79] Vgl. *Stemmler/Hohrmann*, ZfBR 2007, 224/226. Diese Autoren sprechen davon, die Abschöpfung sei „ungeliebt" sowohl bei denjenigen, die den Ausgleichsbetrag entrichten sollen als auch bei denjenigen, die den Ausgleichsbetrag zu erheben haben. *Löhr* weist aber darauf hin, die herkömmliche Regelung sei gegenüber der kostenorientierten Lösung nicht nur gerechter, sondern auch „viel einfacher", in: Battis/Krautzberger/Löhr, § 154, Rn. 1–5.

[80] Vgl. dazu bereits die Ausführungen in § 4.III.5.c).

des Grundstücks für denselben Zeitpunkt zu ermitteln sind. Der einheitliche Wertermittlungsstichtag stellt sicher, dass über die entwicklungsbedingte Bodenwerterhöhung hinaus nicht auch konjunkturelle Preissteigerungen der Gemeinde zukommen.[81] Alle wertbildenden Umstände, die sich unabhängig vom Einsatz des entwicklungsrechtlichen Instrumentariums verändert haben, sind nicht Gegenstand der Abschöpfung, so insbesondere die konjunkturelle Veränderung der allgemeinen Wertverhältnisse[82] und Veränderungen des Grundstücks und seiner Umgebung, die nicht auf den Einsatz des Entwicklungsrechts und seine Maßnahmen zurückzuführen sind. Auch Maßnahmen, die außerhalb des Entwicklungsgebiets durchgeführt werden (sog. externe Effekte), können zwar einen wertbildenden Einfluss auf die Bewertungsgrundstücke innerhalb der Entwicklungsmaßnahme haben, führen aber nicht zu entwicklungsbedingten Bodenwerterhöhungen.

Qualitätsstichtag für den Anfangswert ist der Tag, bevor die Entwicklungsabsicht erstmals einer breiteren Öffentlichkeit bekannt gemacht wurde. In diesem Zusammenhang ist darauf hinzuweisen, dass nicht zwingend die Erwähnung des Begriffs „Entwicklungsmaßnahme" in Medien oder Bekanntmachungen genannt sein muss, um von einem beginnenden Entwicklungseinfluss auszugehen. Das Entstehen einer Aussicht auf die Entwicklungsmaßnahme setzt keinen bestimmten Akt – wie etwa die Bekanntmachung des Beschlusses über die vorbereitenden Untersuchungen entsprechend § 141 Abs. 3 Satz 2 BauGB – voraus, eine Aussicht auf die Entwicklungsmaßnahme kann auch durch entsprechende kommunalpolitische Aktivitäten im Vorfeld begründet werden.[83]

So ist etwa denkbar, dass durch eine Pressekonferenz ein städtebauliches Großprojekt vorgestellt wird und zu diesem Zeitpunkt noch nicht klar ist, ob es als Innenentwicklungsmaßnahme nach § 165 Abs. 2, 2. Alt. BauGB oder als Funktionsschwächensanierung nach § 136 Abs. 2 Nr. 2 BauGB durchgeführt wird. Möglich ist auch, dass von der Gemeinde bei Vorstellung des Projekts im Hinblick auf § 165 Abs. 3 Satz 1 Nr. 3 BauGB alternativ noch angestrebt wird, die Ziele und Zwecke der Maßnahme durch städtebauliche Verträge zu erreichen und nur bei mangelnder Mitwirkungsbereitschaft der Eigentümer auf das besondere Instrumentarium des Entwicklungsrechts zurückzugreifen. Erforderlich ist aber, dass eine Entwicklungsmaßnahme im Sinne des Entwicklungsrechts und seinem besonderen bodenrechtlichen Instrumentarium mit hinreichender Wahrscheinlichkeit in Aussicht stand[84] und der Bodenmarkt auf die in Aussicht genommene Planung reagiert,[85] vage Planungsvorstellungen ohne die Erwägung des besonderen bo-

---

[81] *Löhr*, in: Battis/Krautzberger/Löhr, § 154, Rn. 14; *Kleiber*, ZfBR 1986, 263/267 f.
[82] Ausdrücklich etwa eine Entscheidung des VG Göttingen vom 15.01.2004, Az. 2 B 352/03: „Die allgemeine wirtschaftliche Lage ist für die Ermittlung der sanierungsbedingten Wertsteigerung eines Grundstücks ohne Belang."
[83] *Köhler*, in: Schrödter, BauGB, § 153, Rn. 9.
[84] BVerwG, NJW 1982, 398; BGHZ 89, 338 jeweils zur Rechtslage nach dem StBauFG.

denrechtlichen Instrumentariums reichen für die Annahme eines beginnenden Entwicklungseinflusses noch nicht aus.

Der Qualitätsstichtag für den Anfangswert wird im Übrigen zum Abschluss der Maßnahme in aller Regel bereits ermittelt worden sein, denn der Qualitätsstichtag ist auch für den Preis, zu dem der gemeindliche Grunderwerb erfolgt (entsprechend § 153 Abs. 3 BauGB) und die Preisprüfung nach den §§ 144 i. V. m. 153 Abs. 2 maßgebend.[86]

Wenn § 154 Abs. 2 BauGB eine hypothetische Lagequalität voraussetzt, die bestehen würde, „wenn die Entwicklung weder beabsichtigt noch durchgeführt worden wäre", so ist davon auszugehen, dass ohne die förmliche Festlegung des Entwicklungsbereichs die im Rahmen der Entwicklungsmaßnahme tatsächlich durchgeführten Planungs-, Ordnungs- und Baumaßnahmen nicht durchgeführt worden wären, auch nicht unter Anwendung anderer Planungsinstrumente. Die vereinzelt geäußerte Auffassung, wonach die Anfangswerte unter der fiktiven Annahme fortzuschreiben seien, dass sich die Bodenwerte auch ohne die Entwicklungsmaßnahme weiterentwickelt hätten, ist abzulehnen und hat in der Literatur keine Unterstützung gefunden.[87]

b) Bestimmung des Endwertes

Gemäß § 169 Abs. 1 Nr. 7 i. V. m. § 154 Abs. 2 BauGB ist der Endwert derjenige Bodenwert, der sich durch die rechtliche und tatsächliche Neuordnung des förmlich festgelegten Entwicklungsbereichs ergibt. Beim Endwert sind alle wertsteigernden Einflüsse durch die Aussicht auf die Entwicklung, ihre Vorbereitung und ihre Durchführung zu berücksichtigen.[88]

In diesem Zusammenhang ist zu beachten, dass sich bei den tatsächlichen Endwerten nun Unterschiede zu den im Verlauf der Maßnahme prognostizierten Neuordnungserwartungswerten ergeben können, die dem Abschluss von Abwendungsvereinbarungen (§ 166 Abs. 3 Satz 3 Nr. 2 BauGB) oder Kaufverträgen (§ 169 Abs. 6 BauGB) zu Grunde gelegt wurden. Während die Qualität des Grundstückes für den Anfangswert hinsichtlich der qualitätsbildenden Merkmale feststeht, kann der Endwert „allenfalls prognostiziert werden".[89]

---

[85] *Freise*, in: Kohlhammer-Kommentar zum BauGB, § 154, Rn. 24, spricht vom „Zeitpunkt des Fühlbarwerdens der Maßnahme auf dem Grundstücksmarkt" im Vergleich zur Preisentwicklung von gleichartigen Grundstücken ohne Sanierung bzw. Entwicklung.
[86] *Kleiber*, in: Krautzberger, Städtebauförderungsrecht, § 154, Rn. 133.
[87] Vgl. Darstellung des Streitstandes bei *Kleiber*, in: Krautzberger, Städtebauförderungsrecht, § 154, Rn. 134 m. w. N.
[88] *Löhr*, in Battis / Krautzberger / Löhr, BauGB, § 154, Rn. 11.
[89] Vgl. Formulierung bei BVerwG, NVwZ 2003, 211/212.

Die Bewertung muss während der Durchführung der Maßnahme die erwartete Qualität nach Beendigung der Entwicklung und damit einen künftigen Zustand – eine planerische Vision – zu Grunde zu legen. Nach Aufhebung des Entwicklungsrechtes ist nicht mehr der erwartete Zustand für die Bestimmung des Endwertes maßgeblich, sondern die tatsächlich vorgefundene Qualität. Dies wird gerade dann zu einer Veränderung der zuvor prognostizierten Werte führen, wenn durch eine Änderung der Entwicklungsziele die ursprünglich angenommene Entwicklungskulisse nunmehr nicht mehr verwirklicht wird.

Zu berücksichtigen ist, dass (nur) der Wert des Bodens (vgl. § 166 Abs. 3 Satz 4 BauGB: Erhöhung des Bodenwerts) Gegenstand der Ausgleichsbetragsermittlung sein kann. § 28 Abs. 3 Satz 1 WertV stellt insoweit klar, dass der Wert des Bodens *ohne Bebauung* durch Vergleich mit dem Wert vergleichbarer unbebauter Grundstücke zu ermitteln ist. Nach § 28 Abs. 3 Satz 2 WertV sind Beeinträchtigungen der zulässigen Nutzbarkeit, die sich aus einer bestehen bleibenden Bebauung auf den Grundstücken ergeben, zu berücksichtigen, wenn es bei wirtschaftlicher Betrachtungsweise oder aus sonstigen Gründen geboten erscheint, das Grundstück in der bisherigen Weise zu nutzen.[90]

Zu beachten ist ferner, dass die Endwertbestimmung marktkonform sein muss.[91] Gerade bei Krisenbedingungen der Grundstücksmärkte, die Grund für die Aufhebung der Entwicklungssatzung waren, kann es zu Situationen kommen, in denen die in den Entwicklungsbebauungsplänen ausgewiesenen Nutzungsmöglichkeiten am Markt kaum oder gar nicht nachgefragt werden. In diesen Fällen wird der Kaufpreis, der für ein solches Grundstück zu erwarten ist, zunächst vergleichsweise niedrig anzusetzen sein. Auch wenn zunächst immer die im Bebauungsplan festgesetzte höchstzulässige Nutzung bei der Wertermittlung anzuhalten ist, kann allerdings eine der Nachfrage angepasste, geringere Ausnutzungsmöglichkeit zu einer größeren Nachfrage und einem höheren Kaufpreis führen, als dies bei der höheren Nutzungsziffer der Fall wäre. Deshalb können in Ausnahmefällen aufgrund der abweichenden Marktnachfrage auch Zuschläge in Betracht kommen.[92]

Hinzuweisen ist schließlich darauf, dass die rückläufigen Bodenwerte trotz der Eliminierung der Konjunktureinflüsse nicht ohne Folgen für die Ausgleichsbetragserhebung bleiben. Stemmler und Hohrmann haben jüngst anlässlich der Neuregelungen mit der BauGB-Novelle 2007 die diesbezüglichen Probleme bei der Ausgleichsbetragsermittlung im Sanierungsrecht beschrieben: Statt dem der Kon-

---

[90] Dieses Problem kann sich insbesondere ergeben, wenn sich denkmalgeschützte Gebäude oder andere bauliche Anlagen auf dem zu bewertenden Grundstück befinden.

[91] *Schmidt-Eichstaedt*, GuG 2004, 129/130: „Die Höhe des Ausgleichsbetrages muss den marktlichen Gegebenheiten entsprechen."

[92] Hierzu *Noormann-Wachs* u. a., Leitlinien zur Ermittlung der entwicklungsbedingten Bodenwerterhöhungen für die Erhebung von Ausgleichsbeträgen in den Berliner Entwicklungsbereichen, Allgemeiner Teil, 2007, S. 17 f.

zeption des Gesetzes zugrunde liegenden *Wachstumsszenario* herrscht zuweilen ein Stagnations- oder gar *Rezessionsszenario* vor, in dem Bodenwerterhöhungen nur noch als Vermeidung von Wertverlusten ermittelt werden können. Hierunter leidet dann die Akzeptanz der Beitragserhebung, denn die Vermeidung von Verlusten wird von den Eigentümern noch lange nicht als Bodenwertsteigerung begriffen.[93] Die Autoren führen weiter aus:

> „Es ist klar, dass die für die Ausgleichsbeträge ungünstigen Motivationsfaktoren in ihrer Wirkung umso mächtiger werden, je länger die Sanierung läuft. Denn sowohl die ursprünglichen städtebaulichen Missstände (d. h. auch die „historischen" Anfangswerte) wie die positiven Veränderungen rücken im Verlauf der Sanierung immer weiter in den Hintergrund. Folge ist, dass die Ermittlung der Werterhöhungen mit zunehmender Dauer des Verfahrens aufwändiger und streitanfälliger wird. Dies kann wiederum zu einer weiteren Verzögerung des Abschlusses des Sanierungsverfahrens führen, die ihrerseits die Ausgleichsbetragserhebung weiter erschwert und so fort."[94]

Diese Probleme stellen sich in gleicher Weise bei Entwicklungsmaßnahmen wie bei Sanierungsmaßnahmen. Gerade bei Innenentwicklungsmaßnahmen, bei denen von vornherein mit geringeren entwicklungsbedingten Bodenwertsteigerungen zu rechnen ist, wird die Abschöpfung von Ausgleichsbeträgen auf Widerstände der pflichtigen Eigentümer treffen, wenn die Entwicklungsmaßnahme vom Markt letztlich nicht honoriert wurde. Die Gemeinde ist deshalb auch unter dem Aspekt, dass die Ermittlung der Ausgleichsbeträge mit zunehmender Verfahrensdauer immer weiter erschwert wird, zu einer zügigen Aufhebung der Entwicklungssatzung gehalten.

2. Verfahren zur Erhebung von Ausgleichsbeträgen

a) Allgemeine Verfahrensfragen des § 154 BauGB

Der Ausgleichsbetrag ist gemäß § 154 Abs. 3 Satz 1 BauGB nach Abschluss der Entwicklungsmaßnahme entsprechend §§ 162, 163 BauGB zu entrichten. Die Gemeinde fordert den Ausgleichsbetrag durch Bescheid an; der Betrag wird einen Monat nach Bekanntgabe des Bescheids fällig (§ 154 Abs. 4 Satz 1 BauGB). Eine besondere Regelung über Inhalt und Form des Ausgleichsbetragsbescheids enthält das BauGB nicht.[95]

---

[93] *Stemmler/Hohrmann*, ZfBR 2007, 224/227.
[94] *Stemmler/Hohrmann*, ebda.
[95] *Kleiber*, in: Ernst/Zinkahn/Bielenberg/Krautzberger, § 154, Rn. 213 mit Verweis auf die bis zum In-Kraft-Treten des BauGB geltenden AusgleichsbetragsV. Auch auf Landesebene in Berlin gelten die „Ausführungsvorschriften zur Ermittlung der sanierungsbedingten Bodenwerterhöhung und zur Festsetzung von Ausgleichsbeträgen nach §§ 152 bis 155 BauGB (AV Ausgleichsbeträge)", Bln. ABl. Nr. 21 vom 29.04.2003, für die Ausgleichbeträge der in den Entwicklungsbereichen nur sinngemäß hinsichtlich der Be-

Allerdings ist zu beachten, dass der Bescheid für den Adressaten nach Maßgabe der Rechtsschutzgarantie des Art. 19 Abs. 4 GG hinreichend nachvollziehbar sein muss, insbesondere bei der Verwendung komplexer Bewertungsverfahren wie der „Zielbaummethode" müssen Bürger und Gericht nachvollziehen können, ob die Gemeinde die ihr eingeräumte Einschätzungsprärogative bei der Wertung der Einzelkriterien im Rahmen der Anwendung des Zielbaumverfahrens nicht überschritten hat. Hierfür bedarf es etwa nach der Rechtsprechung des VG Berlin einer sprachlichen Einzelbegründung und nicht nur der Eintragung einer Ziffer in Spalten einer Bewertungstabelle.[96]

Ferner ist zu berücksichtigen, dass vor der Festsetzung des Ausgleichsbetrages dem Eigentümer entsprechend § 154 Abs. 4 Satz 2 BauGB Gelegenheit zur Stellungnahme und Erörterung der für die Ermittlung der für den Anfangs- und Endwert maßgeblichen Verhältnisse sowie von entsprechend § 155 Abs. 1 BauGB anrechenbaren Beträgen innerhalb angemessener Frist zu geben ist.[97]

Entsprechend § 154 Abs. 5 Satz 1 BauGB hat die Gemeinde auf Antrag des Eigentümers den Ausgleichsbetrag in ein Tilgungsdarlehen umzuwandeln, sofern diesem nicht zugemutet werden kann, die Verpflichtung bei Fälligkeit des Ausgleichsbetrages mit eigenen oder fremden Mitteln zu erfüllen. Die Unzumutbarkeit wird daher nach den gleichen Maßstäben wie im Erschließungsbeitragsrecht dann anzunehmen sein, wenn die Verpflichtung zur vollständigen Begleichung des Ausgleichsbetrages der Verwirklichung des Entwicklungsziels, nämlich beispielsweise der Bebauung des Grundstücks, entgegensteht.[98]

Aus demselben Grund soll die Gemeinde entsprechend § 154 Abs. 5 Satz 4 BauGB auch den zur Finanzierung der Neubebauung von Grundstücken erforderlichen Grundpfandrechten den Vorrang gegenüber einem zur Sicherung ihres Tilgungsdarlehens eingeräumten Grundpfandrechts den Vorrang einräumen. Die Funktion, die Beleihbarkeit von Grundstücken im Sanierungsgebiet oder Entwicklungsbereich zu verbessern und so deren Bebauung zu beschleunigen, hat auch die Regelung des § 154 Abs. 4 Satz 3 BauGB, wonach der Ausgleichsbetrag anders als etwa der Erschließungsbeitrag (vgl. § 134 Abs. 2 BauGB) nicht als öffentliche Last auf dem Grundstück ruht.[99]

---

griffsbestimmungen und Zuständigkeitsregelungen, vgl. *Noormann-Wachs* u. a., Leitlinien zur Ermittlung der entwicklungsbedingten Bodenwerterhöhungen, 2007, Allgemeiner Teil, 2006, S. 8.

[96] VG Berlin, NVwZ 1999, 568/570.

[97] *Fieseler*, in: Städtebauliche Sanierungsmaßnahme, 2000, S. 210, hält anderthalb bis zwei Monate für angemessen; *Kleiber*, in: Ernst/Zinkahn/Bielenberg/Krautzberger, § 154, Rn. 34, einen Monat.

[98] *Löhr*, in: Battis/Krautzberger/Löhr, § 154, Rn. 23.

[99] *Freise*, in: Kohlhammer-Kommentar zum BauGB, § 154, Rn. 85.

Kehrseite dieser Regelung ist, dass die Gemeinde ein nicht unerhebliches Ausfallrisiko zu tragen hat: Bei einer Zwangsversteigerung des Grundstücks ist der Anspruch der Gemeinde nicht über den Vorrang öffentlicher Lasten nach § 10 Abs. 1 Nr. 3 ZVG besonders abgesichert. Im Insolvenzverfahren besteht kein Absonderungsrecht nach §§ 49 bis 52 InsO.[100] Eine solche vorzugsweise Befriedigung außerhalb der allgemeinen Verfügungsbeschränkungen des Insolvenzverfahrens und der quotalen Ausschüttung der Insolvenzmasse könnte die Gemeinde gemäß § 49 InsO nämlich nur dann in Anspruch nehmen, wenn ihr ein Recht auf Befriedigung aus einem Grundstück zustünde, wie es eine öffentliche Last nach § 10 Abs. 1 ZVG darstellt.[101] Im Insolvenzverfahren stellt der Ausgleichsbetrag nach § 154 BauGB deshalb nur eine einfache Insolvenzforderung im Sinne des § 38 InsO dar, die nur zu einer anteiligen Befriedigung führt.[102] Hat die Gemeinde noch keinen Beitragsbescheid erlassen, darf ab Eröffnung des Insolvenzverfahrens keine Festsetzung mehr erfolgen, ein nach Insolvenzeröffnung ergehender Beitragsbescheid wäre nichtig.[103] Sowohl durch Bescheid bereits festgesetzte als auch noch nicht festgesetzte Beitragsforderungen müssen nach § 174 Abs. 1 Satz 1 InsO beim Insolvenzverwalter zur Insolvenztabelle angemeldet werden.[104]

Schließlich ist darauf hinzuweisen, dass das Zügigkeitsgebot des § 165 Abs. 1 BauGB auch für die Abwicklung der Entwicklungsmaßnahme gilt,[105] die Gemeinde ist im Hinblick auf die drohende Festsetzungsverjährung,[106] das dargelegte Insolvenzrisiko und auf allgemeine Haushaltsgrundsätze gehalten, die Ausgleichsbeträge zügig zu erheben.

---

[100] Missverständlich insoweit die Ausführungen von *Vehslage* in einem Aufsatz „Die Behandlung von Beitragsforderungen im Insolvenzverfahren", NVwZ 2003, 776/777, der meint, es werde „regelmäßig eine absonderungsberechtigte öffentliche Last vorliegen."

[101] *Driehaus*, Erschließungs- und Ausbaubeiträge, § 27, Rn. 16 für die abweichende Rechtslage im Erschließungsbeitragsrecht.

[102] *Vehslage*, NVwZ 2003, 776/777.

[103] BFH, BStBl 1995, 225 zum Steuerbescheid.

[104] *Vehslage*, NVwZ 2003, 776/778.

[105] *Kleiber*, in: Krautzberger, Städtebauförderungsrecht, § 156a, Rn. 18.

[106] Gemäß § 155 Abs. 5 BauGB finden die landesrechtlichen Vorschriften über kommunale Beiträge Anwendung, insoweit gelten auch die landesrechtlichen Verjährungsvorschriften. Nach der Berliner Rechtslage tritt nach § 21 des Berliner Gesetzes über Gebühren und Beiträge die Festsetzungsverjährung nach einer Frist von drei Jahren ein; die Frist beginnt mit Ablauf des Jahres, in dem entweder die Aufhebungsverordnung entsprechend § 162 BauGB in Kraft getreten oder die Abschlusserklärung nach § 163 BauGB erteilt worden ist; in anderen Ländern tritt die Festsetzungsverjährung erst nach dem Ablauf von vier Jahren ein, vgl. § 12 Abs. 1 Nr. 4 lit. b) KAG NRW; § 12 Abs. 1 Nr. 4 lit. b) BbgKAG; § 3 Abs. 1 Nr. 4 lit. c) KAG BW; vgl. zum Ganzen auch *Kleiber*, in: Krautzberger, Städtebauförderungsrecht, § 155, Rn. 173.

b) Grundsatz der Erhebungspflicht

Die Gemeinde ist im städtebaulichen Entwicklungsbereich zur Erhebung von Ausgleichsbeträgen verpflichtet; ein Ermessen steht ihr insoweit nicht zu.[107] Diese Verpflichtung besteht auch dann, wenn die Entwicklungssatzung nicht nach Durchführung, sondern wegen Undurchführbarkeit entsprechend § 162 Abs. 1 Satz 1 Nr. 2 BauGB aufgehoben wird,[108] gleiches gilt auch dann, wenn die Entwicklungsabsicht aus anderen Gründen aufgegeben wird.

Selbst in den Fällen der Undurchführbarkeit oder der Aufgabe der Entwicklungsabsicht ist nämlich ein entwicklungsbedingter struktureller Mehrwert durch einzelne Maßnahmen möglich, auch wenn die Entwicklungsziele als solche nicht erreicht werden konnten. Es ist – auch in den zuletzt genannten Fällen – unzulässig, den einmal ermittelten Ausgleichsbetrag durch einen generellen Unsicherheitsabschlag zu vermindern.[109]

c) Ausnahmefälle des Absehens vom Ausgleichsbetrag

Ein Absehen von der Ausgleichsbetragserhebung kommt nur in Betracht in den so genannten Bagatellfällen entsprechend § 155 Abs. 3 BauGB oder wenn dies entsprechend § 155 Abs. 4 BauGB im öffentlichen Interesse oder zur Vermeidung unbilliger Härten geboten ist.

aa) Absehen in Bagatellfällen

Entsprechend § 155 Abs. 3 BauGB kann die Gemeinde für den Entwicklungsbereich oder Teile davon von der Festsetzung des Ausgleichsbetrages absehen, wenn (1.) eine geringfügige Bodenwerterhöhung gutachterlich ermittelt worden ist *und* (2.) der Verwaltungsaufwand für die Erhebung des Ausgleichsbetrages in keinem angemessenen Verhältnis zu den möglichen Einnahmen steht. Diese Vorschrift bereitet in der praktischen Anwendung oft erhebliche Schwierigkeiten. Problematisch ist zunächst schon die Prognose, in wie vielen Fällen gegen die Ent-

---

[107] *Kleiber*, in: Ernst / Zinkahn / Bielenberg / Krautzberger, § 154, Rn. 34.

[108] VGH München, Entscheidung vom 30. 12. 1998, Az. 6 B 95.1365: „Dass die Verordnung über die förmliche Festlegung des städtebaulichen Entwicklungsbereichs nach § 53 StBauFG aufgehoben wurde, nachdem die Undurchführbarkeit der Entwicklungsmaßnahme festgestellt wurde, ändert nichts, § 41 Abs. 7 StBauFG lässt insoweit Ausgleichsbeträge nicht entfallen."

[109] OVG Lüneburg, ZfBR 1987, 206: Der Ausgleichsbetrag darf auch nicht dadurch vermindert werden, dass Anfangs- und Endwert in einer „vorsichtigen, an die untere Grenze des Vertretbaren heranreichenden" Weise veranschlagt werden; ebenso *Kleiber*, in: Ernst / Zinkahn / Bielenberg / Krautzberger, § 154, Rn. 36; *Reisnecker*, in: Kohlhammer-Kommentar zum BauGB, § 95, Rn. 14 und 16.

scheidung Rechtsmittel eingelegt werden wird. Es liegt auf der Hand, dass je nach erwarteter Zahl von Klagen vor dem Verwaltungsgericht völlig unterschiedliche Verwaltungskosten zu kalkulieren sind.

Sieht die Gemeinde nun im Ergebnis von der Erhebung des Ausgleichsbetrages im Einzelfall ab, sind ihr dennoch aufgrund der zwingenden gutachtlichen Ermittlung der Bodenwerterhöhung regelmäßig nicht unerhebliche Kosten entstanden, die wiederum das Treuhandvermögen belasten bzw. zu einer Verminderung eines möglichen Überschusses führen.[110]

Deshalb erscheint es jedenfalls angemessen, wenn auch im Hinblick auf Gleichbehandlungsgesichtspunkte von der Bagatellklausel nur dann Gebrauch gemacht wird, wenn der zu erhebende Ausgleichsbetrag die Kosten des Verwaltungsverfahrens einschließlich des Widerspruchsverfahrens voraussichtlich unterschreitet.[111] Bei der Entscheidung ist auch zu berücksichtigen, dass es sich nicht um eine Billigkeitsregelung im Interesse von Betroffenen handelt, sondern um eine allein im öffentlichen Interesse liegende Vorschrift zur Vermeidung überflüssigen Verwaltungsaufwands.[112] In diesem Zusammenhang verweist allerdings Löhr[113] zutreffend darauf, dass der Gesetzgeber nach der Rechtsprechung des Bundesverfassungsgerichts praktischen Erfordernissen der Verwaltung lediglich insoweit Rechnung tragen darf, als dies nur „in geringfügigen und besonders gelagerten Ausnahmefällen zu Ungleichheiten" führt.[114]

Löhr stellt mit beachtlichen Argumenten heraus, warum aufgrund des verfassungsrechtlichen Gleichheitsgebots des Art. 3 Abs. 1 GG eine restriktive Auslegung der Bagatellklausel geboten ist:[115] Er weist zunächst auf die Spiegelbildlichkeit der Preisbestimmungsvorschriften des § 153 Abs. 1 bis 3 BauGB[116] und der Regelungen des Ausgleichsbetrages hin. Die Anwendung der Bagatellklausel durchbricht aber die Gleichbehandlung derjenigen Eigentümer, deren Grundstück die Gemeinde erworben und an die sie nur eine entwicklungsunbeeinflusste Entschädigung bzw. einen entwicklungsunbeeinflussten Kaufpreis gezahlt hat und denjenigen Eigentümern, die ihr Grundstück behalten haben und aufgrund des Absehens vom Ausgleichsbetrag nun den – wenn auch geringfügigen – Entwicklungsgewinn behalten können.[117]

---

[110] Ebenso *Kleiber*, in: Ernst/Zinkahn/Bielenberg/Krautzberger, § 155, Rn. 114.
[111] So die Verwaltungspraxis der *Landeshauptstadt München*, vgl. Musterrechnung bei *Kleiber*, in: Ernst/Zinkahn/Bielenberg/Krautzberger, § 155, Rn. 116.
[112] *Kleiber*, in: Krautzberger, Städtebauförderungsrecht, § 155, Rn. 95.
[113] *Löhr*, in Battis/Krautzberger/Löhr, § 155, Rn. 18.
[114] BVerfGE 44, 283/288; 27, 220/230; 17, 337/354; 9, 20/31 f.
[115] *Löhr*, in Battis/Krautzberger/Löhr, § 155, Rn. 17 bis 20.
[116] Im städtebaulichen Entwicklungsbereich gemäß § 169 Abs. 1 Nr. 6 BauGB entsprechend anwendbar.

Da die Gemeinde sowohl für den gesamten als auch nur für Teile des Entwicklungsbereichs von der Festsetzung des Ausgleichsbetrages absehen kann, muss sie ferner innerhalb des Entwicklungsbereichs eine Gleichbehandlung gewährleisten; sie muss gleichgelagerte Fälle in unterschiedlichen Teilgebieten des Entwicklungsbereichs gleich behandeln.[118] Ferner muss sie auch für eine entwicklungsbereichsexterne Gleichbehandlung sorgen, wenn sie im Rahmen der Entwicklungsmaßnahme Erschließungsmaßnahmen herstellt oder ausbaut, die nach dem Erschließungsbeitrags- oder Kommunalabgabenrecht außerhalb des Entwicklungsbereichs beitragsfähig wären oder dort sogar zur Erhebung von Beiträgen führen, so darf die Anwendung der Bagatellklausel nicht dazu führen, die Grundeigentümer im Entwicklungsbereich zu privilegieren.[119]

bb) Absehen in Härtefällen oder im öffentlichen Interesse

Nach § 155 Abs. 4 Satz 1 BauGB kann die Gemeinde im Einzelfall von der Erhebung des Ausgleichsbetrages ganz oder teilweise absehen, wenn dies im öffentlichen Interesse oder zur Vermeidung unbilliger Härten geboten ist. Der Erlass steht in beiden Fällen grundsätzlich im Ermessen der Gemeinde.[120] Wegen unbilliger Härte wird ein vollständiger Erlass schon angesichts der weit reichenden Möglichkeiten bei der Einräumung eines Tilgungsdarlehens nach § 154 Abs. 5 Satz 1 bis 3 BauGB[121] nur dann in Betracht kommen, wenn es sich um einen atypischen Sonderfall handelt und die Billigkeitsgründe auf unabsehbare Dauer gegeben sind.[122]

Mit der Frage, wann ein Erlass des Ausgleichbetrages im öffentlichen Interesse liegt, hatte sich das Bundesverwaltungsgericht jüngst in einer Entscheidung vom 13. Juli 2006 auseinanderzusetzen.[123] Der Entscheidung lag der Sachverhalt zugrunde, dass ein als gemeinnützig anerkannter privater Träger einer Altenpflege- und Versorgungseinrichtung das Absehen von der Festsetzung eines Ausgleichsbetrages gerichtlich durchsetzen wollte. Der VGH Mannheim hatte entschieden, zwar lägen die Voraussetzungen eines Härtefalls nicht vor, das Absehen sei aber im öffentlichen Interesse geboten, denn der Erlass des Ausgleichsbetrages sei im kon-

---

[117] *Schäfermeyer*, NVwZ 1999, 378/379, hält die Besserstellung der mit ihrem Grundbesitz im Entwicklungsbereich verbleibenden Eigentümer gegenüber denjenigen, deren Grundstück durch die Gemeinde erworben wird, aufgrund des § 153 Abs. 1 BauGB sogar für systeminhärent.

[118] *Löhr*, in Battis/Krautzberger/Löhr, § 155, Rn. 19.

[119] *Ders.*, a. a. O., Rn. 20.

[120] Grundlegend BVerwGE 37, 239 zur entsprechenden Vorschrift § 135 Abs. 5 BauGB im Erschließungsbeitragsrecht.

[121] Vgl. dazu bereits § 8. V. 2. a).

[122] *Kleiber*, in: Krautzberger, Städtebauförderungsrecht, § 155, Rn. 152, und 156.

[123] BVerwG, ZfBR 2007, 53.

kreten Fall geeignet, ein im allgemeinen öffentlichen Interesse liegendes Vorhaben zu fördern, dies sei etwa bei „Tätigkeiten der Daseinsvorsorge" anzunehmen.[124]

Dem ist das Bundesverwaltungsgericht als Revisionsinstanz entgegengetreten und hat klargestellt, ein öffentliches Interesse am Absehen von der Festsetzung des Ausgleichsbetrages bestehe nur dann, wenn der Erlass geeignet sei, die Ziele und Zwecke der jeweiligen Sanierungsmaßnahme (§ 140 Nr. 3 BauGB) zu fördern. Es führt aus:

> „Der Verzicht der Gemeinde auf den Ausgleich der durch ihre Aufwendungen herbeigeführten Erhöhung des Bodenwerts und die damit einhergehende Begünstigung der Eigentümer stehen in einer Wechselbeziehung zueinander. Der [...] Erlass lässt sich nur dann rechtfertigen, wenn dieser Verlust dadurch kompensiert wird, dass der begünstigte Eigentümer einen Beitrag zur Förderung der mit der Sanierung verfolgten Ziele und Zwecke vollbringt. [...] Das Absehen von der Erhebung eines Ausgleichsbetrages ist also ein Anreiz- und Lenkungsmittel, um den Eigentümer zu einer sanierungsbezogenen Gegenleistung zu veranlassen."[125]

Zu beachten ist, dass der Erlass nach § 155 Abs. 4 BauGB ferner „geboten" sein muss, was das Bundesverwaltungsgericht dann als gegeben ansieht, wenn der Erlass „nach den konkreten Umständen vernünftigerweise angezeigt ist."[126]

Der Entscheidung des Bundesverwaltungsgerichts ist für das Sanierungsrecht uneingeschränkt zuzustimmen. Müsste jedem im weitesten Sinne an der „Daseinsvorsorge" beteiligten Eigentümer oder jedem als gemeinnützig anerkannten Träger der Ausgleichsbetrag erlassen werden, würde die Refinanzierungsmöglichkeit der Gemeinde völlig erodieren. Außerdem führte diese Auslegung zu einer erheblichen Schlechterstellung derjenigen Eigentümer, die derartige Sozialstati nicht für sich reklamieren können. Sie hätten nicht nur im Gegensatz zu den durch den Erlass privilegierten Eigentümern den Ausgleichsbetrag zu zahlen, ein sich möglicherweise nach der Durchführung der städtebaulichen Sanierungsmaßnahme ergebender und an die Eigentümer zu verteilender Überschuss würde sich darüber hinaus noch zu ihren Lasten vermindern.[127] Ferner wären die Eigentümer, denen der Ausgleichsbetrag erlassen wurde, nach § 156a Abs. 1 BauGB noch nicht einmal von der Überschussverteilung ausgeschlossen.[128]

---

[124] VGH Mannheim, ZfBR 2005, 577/578.
[125] BVerwG, ZfBR 2007, 53/54.
[126] BVerwG, ebda.
[127] Hierauf weist auch *Kleiber* hin, in: Krautzberger, Städtebauförderungsrecht, § 155, Rn. 149.
[128] § 156a Abs. 1 Satz 1 BauGB spricht nur davon, der Überschuss sei „*auf die Eigentümer der im Sanierungsgebiet gelegenen Grundstücke zu verteilen.*" Die Anteilsberechtigung variiert nach § 156a Abs. 1 Satz 2 und 3 BauGB nur für die Fälle, das Grundstücke während des Sanierungsverfahrens gegen Entgelt übertragen werden. Ein Ausschluss der Fälle des § 155 Abs. 3 und 4 BauGB ist nicht vorgesehen.

Andererseits müssen bei der entsprechenden Anwendung des § 155 Abs. 4 BauGB im städtebaulichen Entwicklungsbereich aufgrund der Besonderheiten des städtebaulichen Entwicklungsrechts noch engere Grenzen für ein Absehen im öffentlichen Interesse gezogen werden. Der Leitsatz der zitierten Entscheidung *„Ein öffentliches Interesse am Erlass des Ausgleichsbetrages besteht, wenn der Erlass geeignet ist, die Ziele und Zwecke der jeweiligen Maßnahme zu fördern"*[129] darf im Entwicklungsbereich nicht so verstanden werden, dass jede private Maßnahme, die die Ziele und Zwecke der Entwicklungsmaßnahme fördert oder mit ihnen in Einklang steht, zu einem Erlass des Ausgleichsbetrages führen würde. Das Gesetz knüpft ja die Ausnahme vom Grundsatz des gemeindlichen Durchgangserwerbs nach § 166 Abs. 3 Satz 1 BauGB nach Abs. 3 Satz 3 Nr. 2 dieser Vorschrift ausdrücklich daran, dass der Eigentümer eines Grundstücks, dessen Verwendung nach den Zielen und Zwecken der Entwicklungsmaßnahme bestimmt oder mit ausreichender Sicherheit bestimmbar ist, in der Lage ist, das Grundstück binnen angemessener Frist dementsprechend zu nutzen und er sich hierzu verpflichtet. Mit anderen Worten: Die Förderung der Ziele und Zwecke der Entwicklungsmaßnahme entsprechend § 140 Nr. 3 BauGB ist regelmäßig Voraussetzung dafür, dass der Eigentümer das Grundstück überhaupt behalten konnte und deshalb am Ende der Entwicklungsmaßnahme nach § 166 Abs. 3 Satz 4 BauGB einen Ausgleichsbetrag zu entrichten hat. Es wäre widersprüchlich, die ohnehin bestehende gesetzliche und vertragliche Verpflichtung zur Förderung der Ziele und Zwecke der Entwicklungsmaßnahme zum Privilegierungsgrund zu erheben.

Nach richtigem Verständnis ist ein Erlass des Ausgleichsbetrages im Sinne des § 155 Abs. 4 BauGB im städtebaulichen Entwicklungsbereich im öffentlichen Interesse deshalb nur dann geboten, wenn ohne den Erlass unter Einbeziehung der Möglichkeiten eines Tilgungsdarlehens oder einer Stundung[130] die Ziele und Zwecke der Entwicklungsmaßnahme *gefährdet* wären. Dies wird selten der Fall sein.

VI. Abrechnung der Entwicklungsmaßnahme und Überschussverteilung

Nach der Übertragung des Treuhandvermögens – sofern ein Entwicklungsträger als Treuhänder gemäß § 167 BauGB eingesetzt wurde – und der Erhebung der Ausgleichsbeträge hat die Gemeinde die Entwicklungsmaßnahme abzurechnen. Die Gemeinde darf nämlich verbleibende entwicklungsbedingte Wertsteigerungen

---

[129] BVerwG, ZfBR 2007, 53.

[130] Eine Stundung ist möglich, da der Gesetzgeber durch § 155 Abs. 5 BauGB die landesrechtlichen Vorschriften über die kommunalen Beiträge „einschließlich der Bestimmungen über die Stundung" für entsprechend anwendbar erklärt, vgl. dazu *Freise*, in: Kohlhammer-Kommentar zum BauGB, § 155, Rn. 29.

nicht abschöpfen und als Gewinn ihrem allgemeinen Haushalt zuschlagen.[131] Die Einnahmen aus Verkaufserlösen[132] und Ausgleichsbeträgen dienen der Finanzierung der Entwicklungsmaßnahme (§ 171 Abs. 1 Satz 1 BauGB). Ergibt sich nach der Durchführung der städtebaulichen Entwicklungsmaßnahme und der Übertragung eines Treuhandvermögens des Entwicklungsträgers auf die Gemeinde bei ihr ein Überschuss der bei der Vorbereitung und Durchführung erzielten Einnahmen über die hierfür getätigten Ausgaben, so ist sie gemäß § 171 Abs. 1 Satz 2 BauGB verpflichtet, diesen in entsprechender Anwendung des § 156a BauGB auf die Eigentümer der im Entwicklungsbereich gelegenen Grundstücke zu verteilen.[133]

Bei der Berechnung des Überschusses sind entsprechend § 156a Abs. 3 Satz 1 BauGB die Zuschüsse abzuziehen, die der Gemeinde oder Eigentümern aus Mitteln eines anderen öffentlichen Haushalts zur Deckung von Kosten der Vorbereitung oder Durchführung der Entwicklungsmaßnahme gewährt worden sind. Deshalb sind Mittel, die etwa zur Förderung der Entwicklungsmaßnahme von anderen Stellen gewährt worden sind, bei der Berechnung des Überschusses nicht zu berücksichtigen.[134] Ebenso haben selbstverständlich Zuschüsse aus dem Gemeindehaushalt an den Entwicklungsträger von vornherein außer Betracht zu bleiben.

Nach allen Erfahrungen in der Praxis sind die Befürchtungen, die in den Gesetzgebungsverfahren von 1971 bis 1993 immer wieder laut geworden sind,[135] die Gemeinden könnten sich an den städtebaulichen Sanierungs- und Entwicklungsmaßnahmen auf Kosten der Eigentümer bereichern, theoretischer Natur geblieben. Fälle, in denen Überschüsse erzielt wurden, sind bei den Sanierungsmaßnahmen höchst selten geblieben,[136] bei den Entwicklungsmaßnahme soweit ersichtlich

---

[131] Ausdrücklich auch *Leisner*, NVwZ 1993, 935/939, der den auf sein Rechtsgutachten Bezug nehmenden Ausschussbericht (BT-Drs. 12/4340, S. 14) zitiert: „Keinesfalls dürfen fiskalische Interessen Hauptmotiv für die Durchführung einer Entwicklungsmaßnahme sein. Die sachgerechte Anwendung des besonderen Finanzierungssystems dieses Instruments *lässt es nicht zu, dass dabei Überschüsse zugunsten der Gemeinde entstehen.*"

[132] Vgl. auch den Wortlaut von § 169 Abs. 8 Satz 1 BauGB: *„Zur Finanzierung der Entwicklung* ist das Grundstück oder das Recht zu dem Verkehrswert zu veräußern, der sich durch die rechtliche und tatsächliche Neuordnung des Entwicklungsbereichs ergibt."

[133] Das Städtebauförderungsgesetz sah eine Überschussverteilung dagegen noch nicht vor, *Gaentzsch* war der Auffassung, ein etwaiger Überschuss sollte der Gemeinde verbleiben, in: Die Bodenwertabschöpfung im Städtebauförderungsgesetz, 1975, S. 121.

[134] So in Berlin beispielsweise Mittel aus dem Europäischen Fonds zur regionalen Entwicklung (EFRE), der Gemeinschaftsaufgabe zur Förderung der regionalen Wirtschaftsstruktur (GA), der Städtebauförderung oder aus dem Umweltentlastungsprogramm (UEP); vgl. *Senatsverwaltung für Stadtentwicklung*, Arbeitshilfe für den Abschluss städtebaulicher Entwicklungsmaßnahmen, 2007, S. 59.

[135] Siehe etwa *Leisner*, NVwZ 1993, 935/939 anlässlich des Wohnungsbauerleichterungsgesetzes, ferner zur Diskussion schon anlässlich des Städtebauförderungsgesetzes die Darstellungen bei *von Brünneck*, Die Eigentumsgarantie des Grundgesetzes, 1984, S. 351 und *Seitz*, Planungshoheit und Grundeigentum, 1999, S. 47.

überhaupt nicht vorgekommen.[137] Da die Überschussverteilung in der Realität städtebaulicher Entwicklungsmaßnahmen kaum je praktische Anwendung finden wird,[138] wird auf eine weitere Darlegung von Verfahrenfragen verzichtet.

Auch Runkel verweist darauf, der von der Vorschrift des § 171 Abs. 1 BauGB erweckte Eindruck, es handele sich bei Entwicklungsmaßnahmen um sich selbst finanzierende Maßnahmen, die in der Regel sogar Überschusse erwarten ließen, stehe im Widerspruch zu den bisherigen kommunalen Erfahrungen; sie seien vielmehr in aller Regel Zuschussgeschäfte.[139] Dies gilt vor allem für die Entwicklungsmaßnahmen, die in Zeiten der Krise am Immobilenmarkt zum Abschluss gebracht werden mussten. Insbesondere die Berliner Entwicklungsmaßnahmen, die Anschauungsgegenstand dieser Untersuchung bilden, enden aller Voraussicht nach hoch defizitär.[140]

§ 9 Rechtsschutzfragen bei dem Abschluss der städtebaulichen Entwicklungsmaßnahme

Der Abschluss städtebaulicher Entwicklungsmaßnahmen kann eine Vielzahl von Rechtsschutzfragen aufwerfen. Diese betreffen sowohl den Primärrechtsschutz auf oder gegen die Aufhebung der Satzung als auch den Sekundärrechtsschutz im Hinblick auf Entschädigungsforderungen. Beidem soll in diesem abschließenden Kapitel nachgegangen werden, um eine zusammenfassende Bewertung der Risiken zu ermöglichen, die sich für die Gemeinde beim Abschluss einer Entwicklungsmaßnahme stellen können.

Deshalb wird im Folgenden darauf eingegangen, ob und wie betroffene Eigentümer gegen die Aufhebung des städtebaulichen Entwicklungsrechts vorgehen können (dazu I.) und ob umgekehrt die gemeindliche Aufhebungspflicht gerichtlich durchgesetzt werden kann (dazu II.). Danach soll dargelegt werden, welche Ansprüche die Eigentümer geltend machen können, um den freihändigen oder im Wege der Enteignung erfolgten Grundstückserwerb der Gemeinde rückgängig zu machen und welche besonderen Rechtsschutzfragen sich im Zusammenhang mit

---

[136] Vgl. etwa *Dirnberger*, in Jäde/Dirnberger/Weiß, BauGB/BauNVO, § 156a, Rn. 1; ebenso VGH Mannheim, ZfBR 2005, 579/580.

[137] *Runkel*, in: Krautzberger, Städtebauförderungsrecht, § 171, Rn. 8: „In der Vergangenheit haben erfolgreiche Entwicklungsmaßnahmen in der Schlussphase, wenn verstärkt Privatisierungserlöse erzielt werden konnten, den staatlichen Zuschussbedarf senken können, sie haben aber nicht zu Einnahmeüberschüssen geführt."

[138] *Runkel*, in: Krautzberger, Städtebauförderungsrecht, § 171, Rn. 8.

[139] *Runkel*, ebda.

[140] Siehe hierzu bereits ausführlich § 4.III.

bereits abgeschlossenen, aber noch rechtshängigen Enteignungsverfahren ergeben können (dazu III.).

Schließlich stellt sich auf der Seite des Sekundärrechtsschutzes die Frage, welche Ansprüche sich für Vertragspartner der Gemeinde ergeben können, wenn die Entwicklungsmaßnahme nicht wie ursprünglich vorgesehen durchgeführt und vorzeitig beendet wird (dazu IV.) und welche Entschädigungsansprüche andere Grundstückseigentümer geltend machen können, die ihr Grundstück im Entwicklungsbereich behalten haben und nicht Vertragspartner der öffentlichen Hand geworden sind (dazu V.).

I. Ansprüche gegen Aufhebung der Entwicklungssatzung

Ob betroffene Grundeigentümer gegen die Aufhebungssatzung im Wege eines Normenkontrollantrags nach § 47 VwGO vorgehen können, ist in Rechtsprechung und Kommentarliteratur nicht abschließend geklärt.

Das OVG Münster hat in einem Urteil vom 21. September 1989 entschieden, bei der Entscheidung über die Aufhebung einer Sanierungssatzung seien private Interessen nicht abwägungserheblich, dem Antragsteller im Normenkontrollverfahren fehle deshalb die nach § 47 Abs. 2 Satz 1 VwGO erforderliche Antragsbefugnis. Weder in den Fällen der Undurchführbarkeit der Sanierung noch bei Aufgabe der Sanierungssatzung sei für die Berücksichtigung etwaiger privater Interessen an einer Fortführung der Sanierung Raum; dies verstehe sich für den Fall der objektiven Undurchführbarkeit der Entwicklungsmaßnahme von selbst. Für den Fall der Aufgabe der Sanierungsabsicht aus anderen Gründen folge dies daraus, dass sich die Entscheidung über die Fortführung der Sanierung an denselben Kriterien zu orientieren habe wie die Entscheidung über die Aufstellung der Sanierungssatzung, diese seien ausschließlich im Bereich des öffentlichen Interesses angesiedelt. Bei Wegfall des öffentlichen Interesses an einer Sanierung sei es ausgeschlossen, diese nur deshalb aufrechtzuerhalten, um einen privaten Dritten in den Genuss reflexartiger Begünstigungen gelangen zu lassen.[141]

In der Literatur ist diese Entscheidung zwiespältig aufgenommen worden. Neuhausen zitiert die Entscheidung nahezu im gesamten Wortlaut, um dann anzufügen, dem Urteil sei zwar grundsätzlich zuzustimmen, da es keinen Rechtsanspruch auf Sanierung gebe; anders könne es aber bei der Aufgabe der Sanierungsabsicht liegen.[142] Krautzberger meint, „in dieser Allgemeinheit" sei dem OVG nicht zuzustimmen; ihm sei zwar bei einer Aufhebung wegen Durchführung der Sanierung beizupflichten, in den anderen Fällen – also der Undurchführbarkeit und der Auf-

---

[141] OVG Münster, NVwZ-RR 1990, 292.
[142] *Neuhausen*, in: Kohlhammer-Kommentar zum BauGB, § 162, Rn. 26.

gabe der Entwicklungsabsicht – könnten dagegen durchaus rechtlich relevante Belange Betroffener berührt werden.[143]

Die Entscheidung des OVG Münster vermag jedoch in keiner Weise zu überzeugen.[144] Der Ansatzpunkt, auf die Abwägungserheblichkeit privater Interessen abzustellen, geht fehl. Zunächst dürfte unstreitig sein, dass § 162 Abs. 1 BauGB für sich genommen überhaupt keinen Raum für eine Interessenabwägung eröffnet, vielmehr *ist* die Sanierungs- oder Entwicklungssatzung aufzuheben, wenn einer der Aufhebungsgründe vorliegt. Die Entscheidung darüber, ob einer der Aufhebungsgründe vorliegt, setzt aber eine planerische Abwägungsentscheidung über das Entwicklungskonzept voraus, bei der private und öffentliche Belange gegen- und untereinander abzuwägen sind.[145] Beruht etwa die Aufgabe der Entwicklungsabsicht auf einer ermessensfehlerhaften Entscheidung – etwa weil hierdurch schwerwiegende städtebauliche Missstände hervorgerufen werden –, so können die betroffenen Grundeigentümer durch eine die Aufgabe der Entwicklungsabsicht vollziehende Aufhebungssatzung in ihren Rechten verletzt sein.[146] Die Antragsbefugnis gemäß § 47 Abs. 2 Satz 1 VwGO ist deshalb zu bejahen.

Die Rechtsverletzung kann aber ebenso bestehen, wenn die Gemeinde aufgrund eines ermessensfehlerhaften Entwicklungskonzepts zu dem Ergebnis gelangt, die Entwicklungsmaßnahme sei nun durchgeführt oder habe sich als undurchführbar erwiesen. Denn in jedem Falle lässt sich das Vorliegen des Aufhebungsgrundes nur am Maßstab der Ziele und Zwecke der Entwicklungsmaßnahme beurteilen, die auch private Interessen im Rahmen des Abwägungsgebots berücksichtigen müssen.[147] Dass private und öffentliche Interessen bei der Abwägung im Rahmen der Ziele und Zwecke nach § 140 BauGB gegeneinander und untereinander gerecht abzuwägen sind, hat das Bundesverwaltungsgericht etwa jüngst in seiner Entscheidung vom 24. Mai 2006 zum Berliner Sanierungsgebiet Samariterstraße ausdrücklich bestätigt.[148]

Es sind auch Situationen denkbar, in denen die privaten Belange auf eine Weiterführung der Entwicklungsmaßnahme derart überwiegen, dass eine Ermes-

---

[143] *Krautzberger*, in: Krautzberger, Städtebauförderungsrecht, § 162, Rn. 25.

[144] Vgl. bereits § 7.IV.1. zur Erheblichkeit privater Interessen auch schon bei der Festlegung eines städtebaulichen Entwicklungsbereichs.

[145] Vgl. bereits ausführlich § 6.II.2.a).

[146] Ebenso für die Aufgabe der Entwicklungsabsicht *Neuhausen*, in: Kohlhammer-Kommentar zum BauGB, § 162, Rn. 19. Auch *Schmitz* sieht private Interessen bei der Aufhebungsentscheidung betroffen, sie sollten „in bestimmten vom Gesetzgeber definierten Grenzen von der Entwicklungsmaßnahme profitieren", in: Entwicklungsrecht und Konversionsgebiete, 2005, S. 169.

[147] BVerwG, NVwZ 1999, 420; dass., NVwZ 1999, 1336.

[148] BVerwG, NVwZ 2006, 1167/1168 f. (Rn. 25); mit Anmerkungen von *Tietzsch*, NVwZ 2007, 299.

sensreduzierung dahingehend eintritt, noch bestimmte Maßnahmen durchzuführen und die Entwicklungssatzung nicht aufzuheben, bevor die Maßnahme durchgeführt wurde oder jedenfalls sichergestellt ist, dass sie im Zuge der Abwicklung der Entwicklungsmaßnahme noch durchgeführt wird. Hebt die Gemeinde die Entwicklungssatzung auf, ohne diese Voraussetzung zu erfüllen und hinterlässt ungeordnete städtebauliche Verhältnisse, so kann der betroffene Grundeigentümer geltend machen, durch die Aufhebungssatzung in seinen Rechten verletzt zu sein, ein Normenkontrollantrag gegen die Satzung wäre zulässig.[149]

Die Aufhebung der Entwicklungssatzung muss Ergebnis einer ermessensfehlerfreien Entscheidung sein, die auch private Interessen berücksichtigt. Dabei kommt es wie dargelegt nicht darauf an, auf welchen Aufhebungsgrund die Gemeinde ihre Aufhebungsentscheidung stützt, sondern nur auf das objektive Vorliegen eines Aufhebungsgrundes gemessen an einem ermessensfehlerfreien Entwicklungskonzept. Auch wenn die Gemeinde irrtümlich annimmt, die Entwicklung sei durchgeführt, auch wenn sie in Wahrheit in dem betroffenen Teilgebiet die Entwicklungsabsicht in ermessensfehlerfreier Weise aufgegeben hat, bleibt die Aufhebungssatzung wirksam, ein Normenkontrollantrag gegen die Aufhebungssatzung hätte keinen Erfolg.[150]

Auch wenn ein Normenkontrollantrag gegen die Aufhebungssatzung also zulässig sein kann, ist aber im Hinblick auf die Begründetheit des Antrags der weite Spielraum zu berücksichtigen, der der Gemeinde zusteht, und war sowohl bei der Festlegung der Ziele und Zwecke der Entwicklungsmaßnahme als auch bei der Beurteilung, ob einer der Aufhebungsgründe des § 162 Abs. 1 BauGB vorliegt.[151] Schmitz ist deshalb im Ergebnis darin zuzustimmen, dass den Normenkontrollanträgen gegen die Aufhebungssatzung in aller Regel mangels Begründetheit der Erfolg versagt bleiben wird.[152]

II. Ansprüche auf Aufhebung der Entwicklungssatzung

Auch ob ein Rechtsanspruch auf Aufhebung einer städtebaulichen Entwicklungssatzung bestehen kann, ist in Rechtsprechung und Literatur umstritten. Die wohl herrschende Meinung lehnt ein subjektives Recht der betroffenen Grundstückseigentümer ab.[153] Diese Auffassung verweist den betroffenen Grundeigen-

---

[149] Vgl. auch *Watzke/Otto*, ZfBR 2002, 117/118, die meinen, das Normenkontrollverfahren gegen die Aufhebungssatzung berge „in der Regel keine über ein normales Normenkontrollverfahren hinausgehenden Schwierigkeiten."
[150] VGH Mannheim, VGHBW-Ls 2000, Beilage 2, B 1–2; siehe bereits ausführlich § 7.VI.
[151] Vgl. bereits § 7.I.
[152] *Schmitz*, Entwicklungsrecht und Konversionsgebiete, 2005, S. 170.

tümer auf seinen Anspruch auf eine grundstücksbezogene Abschlusserklärung entsprechend § 163 BauGB[154] und den durch ständige Rechtsprechung gesicherten Genehmigungsanspruch nach §§ 144, 145 Abs. 2 BauGB, wenn die Entwicklungsmaßnahme von der Gemeinde nicht mehr hinreichend zügig durchgeführt wird.[155] Als Argumente gegen einen Anspruch auf Aufhebung der Entwicklungssatzung wird von der herrschenden Meinung eingewandt, der einzelne Bürger habe grundsätzlich keinen Anspruch auf Normerlass.[156] Da die Entwicklungssatzung nicht dadurch rechtswidrig oder nichtig werde, dass sich die Entwicklungsmaßnahme nachträglich als undurchführbar erweise oder die Entwicklungsabsicht aufgegeben werde, könne ein Anspruch auf die Aufhebung einer rechtmäßigen, wirksamen Satzung nicht durchgreifen.[157] Ferner wird auf folgenden Aspekt hingewiesen: Nach der Schutznormtheorie[158] setze ein subjektives öffentliches Recht voraus, dass die objektiv-rechtliche Bestimmung zumindest auch den Zweck habe, den Betroffenen zu begünstigen und ihm zu ermöglichen, sich auf diese Begünstigung zu berufen.[159] Schließlich wird eine analoge Anwendung des § 1 Abs. 3 Satz 2, Abs. 8 BauGB erwogen, wonach auf die Aufhebung eines Bauleitplans kein Anspruch besteht.[160]

Teile der Literatur halten einen im Klagewege durchsetzbaren Anspruch auf die Aufhebung der Entwicklungssatzung hingegen für möglich.[161] Auch in der Rechtsprechung finden sich einzelne Entscheidungen, die die Pflicht der Gemeinde für verwaltungsgerichtlich durchsetzbar halten.[162] Insbesondere Neuhausen argumentiert, an der überkommenen Auffassung, wonach auf ein Tätigwerden

---

[153] *Krautzberger*, in: Battis/Krautzberger/Löhr, § 162, Rn. 12; *Fislake*, in: Berliner Kommentar zum BauGB, § 162, Rn. 14; *Köhler*, in: Schrödter, BauGB, § 162, Rn. 2; *Stemmler*, ZfBR 2002, 449; *Schmitz,* Entwicklungsrecht und Konversionsgebiete, 2005, S. 168 f., beiläufig OVG Berlin, LKV 2001, 126/130 unter Hinweis auf die Rechtslage bei Bebauungsplänen; ferner VG Sigmaringen, Urteil vom 5. März 2004, Az. 5 K 1292/03.

[154] Vgl. hierzu bereits ausführlich § 7.V.2.–4.

[155] Vgl. hierzu § 5.I.1.e).

[156] *Fislake*, in: Berliner Kommentar zum BauGB, § 162, Rn. 3 m.w.N.

[157] *Stemmler*, ZfBR 2002, 449; *Schmitz*, Entwicklungsrecht und Konversionsgebiete, 2005, S. 168.

[158] Vgl. dazu ausführlich *Wolff/Bachof/Stober*, Verwaltungsrecht I, § 43, Rn. 10 ff., S. 563.

[159] So ausdrücklich *Stemmler*, ZfBR 2002, 449.

[160] OVG Berlin, LKV 2001, 126/130.

[161] *Neuhausen*, in: Kohlhammer-Kommentar zum BauGB, § 162, Rn. 6; *Fieseler*, Städtebauliche Sanierungsmaßnahme, 2000, S. 259; *Watzke/Otto*, ZfBR 2002, 117/118. *Krautzberger* führt dagegen aus, angesichts der Rechtspflicht der Gemeinde zur Aufhebung der Satzung könnten „von dem Fortbestand der Sanierungssatzung Betroffene im Wege der Normenkontrollklage (§ 47 VwGO) gegen die Sanierungssatzung vorgehen," in: Ernst/Zinkahn/Bielenberg/Krautzberger, § 162, Rn. 25 und in Krautzberger, Städtebauförderungsrecht, § 162, Rn. 19.

[162] OVG Schleswig, Urteil vom 4. November 1993, Az. 1 K 30/91.

des Gesetzgebers nicht geklagt werden könne, könne nach der neueren Rechtsprechung des Bundesverwaltungsgerichts nicht mehr festgehalten werden.[163] Er nimmt ausdrücklich auf die Entscheidung des Gerichts vom 3. November 1988 Bezug, in dem dieses entschieden hatte, dass ein Anspruch auf die Allgemeinverbindlicherklärung eines Tarifvertrages durch untergesetzlichen Rechtsetzungsakt des zuständigen Ministers gemäß § 5 TVG bestehen kann und auf dem Verwaltungsrechtsweg durchsetzbar ist.[164] Da ein Anspruch auf Normerlass mithin nicht von vornherein ausgeschlossen sei,[165] müsse ein Anspruch auf Aufhebung der Satzung dann vor Gericht geltend gemacht werden können, wenn der Grundrechtsschutz anders nicht realisiert werden kann.[166] Dies ist unstreitig nicht der Fall, wenn die Entwicklung im Sinne von § 162 Abs. 1 Nr. 1 BauGB durchgeführt ist, denn in diesen Fällen steht dem einzelnen Grundstückseigentümer der Anspruch nach § 163 Abs. 1 BauGB auf Erteilung einer Abschlusserklärung zu, die ihn von den Wirkungen des Entwicklungsrechts entsprechend § 163 Abs. 3 BauGB freistellt. Hier ist allerdings wiederum darauf hinzuweisen, dass der Begriff der Durchführung maßgeblich vom gemeindlichen Entwicklungskonzept abhängt, das durchaus Änderungen unterworfen sein kann.[167]

Streitig bleibt mithin, ob ein Eigentümer die Aufhebung der Entwicklungssatzung durchsetzen kann, wenn die Entwicklung sich als undurchführbar erwiesen hat oder die Gemeinde die Entwicklungsabsicht aufgegeben hat.[168] Letztlich ist auch in diesen Fällen eine Grundrechtsbeeinträchtigung aber kaum denkbar: Liegen unter Berücksichtigung des gemeindlichen Entwicklungskonzepts die Voraussetzungen der Aufhebungspflicht entsprechend § 162 Abs. 1 Satz 1 Nr. 2 und Nr. 3 BauGB vor und kommt die Gemeinde ihrer Aufhebungspflicht nicht nach, so hat jeder betroffene Grundstückseigentümer nach ständiger Rechtsprechung des Bundesverwaltungsgerichts und des Bundesgerichtshofs Anspruch auf die Erteilung der entwicklungsrechtlichen Genehmigung entsprechend §§ 144, 145 Abs. 2 BauGB,[169] er wird in der Nutzung und Verfügung über sein Grundstück durch das Entwicklungsrecht mithin nicht mehr eingeschränkt. Dies ist auch verfassungs-

---

[163] *Neuhausen*, in: Kohlhammer-Kommentar zum BauGB, § 162, Rn. 6.

[164] BVerwGE 80, 355.

[165] So auch *Eisele*, Subjektive öffentliche Rechte auf Normerlass, 1999, S. 213 ff. zum subjektiven öffentlichen Recht auf Satzungserlass.

[166] *Neuhausen*, in: Kohlhammer-Kommentar zum BauGB, § 162, Rn. 6; *Watzke/Otto*, ZfBR 2002, 117/118 m.w.N.

[167] Vgl. bereits ausführlich §§ 6.II. und 7.V.

[168] Im Sanierungsrecht stellt sich dieselbe Frage, wenn die Sanierungsfrist nach § 142 Abs. 3 Satz 3 oder 4 BauGB abgelaufen ist und die Gemeinde deshalb gemäß § 162 Abs. 1 Satz 1 Nr. 4 BauGB verpflichtet wäre, die Entwicklungssatzung aufzuheben. *Stemmler/Hohrmann*, ZfBR 2007, 224/225 äußern in diesem Zusammenhang die Auffassung, es sei der Gemeinde in diesen Fällen auch nicht verwehrt, die Voraussetzungen für die Aufhebungspflicht auch noch nach Fristablauf zu beseitigen, indem sie nachträglich den Beschluss über eine Fristverlängerung fasse.

rechtlich geboten, denn die Eigentümer sollen die mit der Entwicklungssatzung verbundenen Einschränkungen nur so lange hinnehmen und tragen müssen, wie die Entwicklungsmaßnahme noch in Erfolg versprechender Weise betrieben wird. Sobald dies nicht mehr der Fall ist, entfällt die nach Art. 14 Abs. 1 Satz 2 GG erforderliche Rechtfertigung für die Einschränkungen des Grundeigentums.[170] Daran, dass bei dieser Sachlage ein Anspruch auf Genehmigung aller im Entwicklungsrecht unter Erlaubnisvorbehalt stehender Rechtsvorgänge besteht, ändert die Wirksamkeit der zugrunde liegenden Entwicklungssatzung nichts.[171]

Auch die Enteignung seines Grundstücks droht dem Eigentümer nicht mehr. Der konkrete Zugriff auf ein Grundstück, für das ein Enteignungsantrag auf Grundlage des § 169 Abs. 3 Satz 1 BauGB bei der Enteignungsbehörde anhängig ist, ist nicht mehr erforderlich, weil die Gemeinde oder der Entwicklungsträger bei objektiver Unmöglichkeit der Entwicklung oder der Aufgabe der Entwicklungsabsicht keine Entwicklungsziele mehr verfolgt. Die Enteignung ist deshalb nicht mehr für die Erfüllung der Aufgaben der Gemeinde oder des Entwicklungsträgers erforderlich.

Der Eigentümer wird lediglich dadurch betroffen, dass ungeachtet der Aufhebungspflicht der Entwicklungsvermerk nach § 165 Abs. 9 BauGB weiterhin im Grundbuch eingetragen bleibt, der Eigentümer hat nämlich auf die Löschung des Entwicklungsvermerks keinen Anspruch, solange die Entwicklungssatzung in Kraft ist.[172] Auch wenn immerhin denkbar ist, dass hierdurch potentielle Grundstückskäufer abgeschreckt werden, wenn der Eigentümer sein Grundstück veräußern möchte, so ist es ihm doch zuzumuten, Käufer über das faktische Leerlaufen des Entwicklungsrechts zu informieren. Dem Entwicklungsvermerk kommt nämlich nur eine deklaratorische, keine konstitutive Wirkung zu, er stellt keine Belastung des Grundstücks dar.[173] Nur ein inhaltlich falscher Vermerk würde eine Verletzung von Eigentumsrechten begründen;[174] inhaltlich bleibt der Vermerk aber auch dann richtig, wenn die Voraussetzungen der Aufhebungspflicht vorliegen, denn die Entwicklungssatzung bleibt dessen ungeachtet weiterhin wirksam.

---

[169] BGH, ZfBR 1982, 133/135; BVerwGE 70, 83/91 – ständige Rechtsprechung; in jüngerer Zeit bestätigt durch BVerwG, NJW 1996, 2807; auch OVG Berlin, NVwZ-RR 1992, 7/8; vgl. zum Ganzen ausführlich § 5.I.1.e).

[170] So OVG Lüneburg, NVWZ-RR 2003, 674/675.

[171] Missverständlich insoweit *Watzke/Otto*, ZfBR 2002, 117/118, die meinen, der Anspruch auf Erlass einer Aufhebungssatzung sei dann gegeben, wenn „wegen der Wirksamkeit der Entwicklungssatzung die Voraussetzungen für die Erteilung einer Genehmigung nach §§ 144, 145 BauGB nicht vorliegen."

[172] BVerwG NJW 1979, 2577; *Krautzberger*, in: Ernst/Zinkahn/Bielenberg/Krautzberger, § 162, Rn. 11; *Fislake*, in: Berliner Kommentar zum BauGB, § 162, Rn. 5, siehe bereits §§ 7.II.1. und 8.II.

[173] *Runkel*, in: Krautzberger, Städtebauförderungsrecht, § 165, Rn. 134.

[174] BVerwG NJW 1979, 2577; *Krautzberger*, in: Krautzberger, Städtebauförderungsrecht, § 162, Rn. 27.

Auch die Tatsache, dass für die Pflicht zur Zahlung von Ausgleichsbeträgen und den Stichtag der Wertermittlung der Zeitpunkt der Aufhebung des Entwicklungsrechts entsprechend § 162 BauGB maßgeblich ist, zwingt nicht dazu, dem Eigentümer einen Anspruch auf Aufhebung der Entwicklungssatzung zu einem bestimmten Zeitpunkt zuzubilligen. Zweck der Aufhebungspflicht ist es nämlich unstreitig nicht, im Interesse der Eigentümer den maßgeblichen Zeitpunkt der Ausgleichsbetragspflicht zu steuern.[175]

Da den Interessen des betroffenen Eigentümers durch die Einräumung eines Rechtsanspruchs auf Erteilung einer Genehmigung entsprechend §§ 144, 145 Abs. 2 BauGB hinreichend Rechnung getragen ist, besteht kein Anlass, die allgemeine Regel zu durchbrechen, dass ein subjektives öffentliches Recht auf Normerlass im allgemeinen und auf Durchsetzung eigener planerischer Vorstellung gegenüber der Gemeinde im besonderen[176] nicht besteht.

Zwar spricht § 1 Abs. 3 Satz 2 BauGB nur davon, dass auf die *Aufstellung* von Bauleitplänen und *städtebaulichen Satzungen* kein Anspruch besteht,[177] § 1 Abs. 8 BauGB ordnet die entsprechende Geltung der Vorschrift nur für die *Aufhebung* von Bauleitplänen, nicht ausdrücklich auch von städtebaulichen Satzungen an. Aus dem Sinnzusammenhang der Vorschriften ergibt sich aber der Wille des Gesetzgebers, die Gemeinde insgesamt bei der Entscheidung über die Aufstellung, Änderung, Ergänzung und Aufhebung aller rechtsförmlicher Umsetzungsakte ihrer Planungshoheit aus Art. 28 Abs. 2 GG von äußeren Zwängen freizuhalten und es dem Einzelnen zu verwehren, entgegenstehende eigene planerische Vorstellungen durchzusetzen.[178] Ein Anspruch des Einzelnen auf Aufhebung der Entwicklungssatzung ist deshalb abzulehnen.

Die Durchsetzung einer objektiv bestehenden Aufhebungspflicht ist demgegenüber aber im Wege der Kommunalaufsicht möglich.[179] Hierauf hat der einzelne Grundeigentümer allerdings ebenfalls keinen Anspruch.[180]

---

[175] OVG Lüneburg, NVwZ-RR 2003, 674/675; das Gericht hat entscheiden, ein Neueigentümer könne sich gegen die Heranziehung zum Ausgleichsbetrag nicht mit dem Argument zur Wehr setzen, die Gemeinde hätte den Aufhebungsbeschluss früher – nämlich vor dem Eigentümerwechsel – fassen und bekannt machen müssen.
[176] Vgl. BVerwG, NVwZ-RR 1997, 213.
[177] Die städtebaulichen Satzungen wurden mit dem BauROG 1998 in die Vorschrift eingefügt, vgl. *Gaentzsch*, in: Berliner Kommentar zum BauGB, § 1, Rn. 25a.
[178] BVerwG, NVwZ-RR 1997, 213.
[179] *Neuhausen*, in: Kohlhammer-Kommentar zum BauGB, § 162, Rn. 6.
[180] *Krautzberger*, in: Krautzberger, Städtebauförderungsrecht, § 162, Rn. 19; vgl. grundsätzlich zum Anspruch auf kommunalaufsichtliches Einschreiten *Wolff/Bachof/Stober*, Verwaltungsrecht I, § 43, Rn. 40, S. 575.

III. Ansprüche auf Rückübertragung und Rückenteignung von Grundstücken, Bestand von Enteignungsbeschlüssen

Bei (vorzeitigem) Abschluss der Entwicklungsmaßnahme stellt sich die Frage, welche Ansprüche und Rechtschutzmöglichkeiten den Eigentümern zustehen, die ihr Grundstückseigentum im Zuge der Durchführung der Entwicklungsmaßnahme durch freihändigen Verkauf oder im Wege der Enteignung verloren haben. In diesem Zusammenhang stellt sich auch die Frage, ob bei Abschluss der Entwicklungsmaßnahme noch rechtshängige Enteignungsbeschlüsse Bestand haben können.

1. Anspruch auf Rückübertragung von Grundstücken nach § 164 BauGB

Der Gemeinde obliegt im Rahmen der Abwicklung der Entwicklungsmaßnahme nicht nur die objektiv-rechtliche Veräußerungspflicht nach § 169 Abs. 5 bis 8 BauGB, bei dem ein ehemaliger Grundeigentümer nur die fehlerfreie Ermessensausübung bei der Auswahl als Grundstückserwerber verlangen kann.[181] Die Gemeinde kann entsprechend § 164 BauGB auch mit subjektiven Ansprüchen früherer Grundstückseigentümer auf Rückübertragung ihrer Grundstücke konfrontiert sein.

Der Anspruch ist allerdings nicht verfassungsrechtlich durch Art. 14 Abs. 1 Satz 1 GG geboten, er entspricht Billigkeitserwägungen des Gesetzgebers.[182] In der Regelung ist der Gedanke verwirklicht, dass in den Fällen, in denen die Entwicklungsmaßnahme abgebrochen wird, die nachteiligen Auswirkungen zwischenzeitlich durchgeführter Maßnahmen für den Eigentümer soweit wie möglich wieder rückgängig gemacht werden sollen.[183]

Ein Rückübertragungsanspruch nach § 169 Abs. 1 Nr. 8 i.V.m. § 164 Abs. 1 BauGB besteht, wenn die Entwicklungssatzung aus den in § 162 Abs. 1 Satz 1 Nr. 2 oder Nr. 3 BauGB bezeichneten Gründen aufgehoben wird, die Entwicklung

---

[181] Vgl. § 8.IV.1.a).

[182] *Kröner*, in: Festschrift für Boujong, 1996, Seite 563/567 f.; anders dagegen ausdrücklich *Watzke/Otto*, ZfBR 2002, 117/119, die beim Wegfall des Enteignungszwecks in § 164 BauGB einen unmittelbar aus Art. 14 Abs. 1 Satz 1 GG abzuleitenden Anspruch auf Rückgängigmachung der Enteignung sehen. Diese Auffassung berücksichtigt indes nicht, dass der Gesetzgeber bereits mit § 164 Abs. 5 Satz 2 i.V.m. § 102 BauGB dem verfassungsrechtlich gebotenen Eigentumsschutz und dem Gedanken der dauerhaften Sicherstellung des Enteignungszwecks hinreichend Rechnung getragen hat; vgl. dazu noch näher § 9.III.2.

[183] *Krautzberger* in: Battis/Krautzberger/Löhr, § 164, Rn. 3.

§ 9 Rechtsschutzfragen

sich also als undurchführbar erweist oder die Entwicklungsabsicht aus anderen Gründen aufgegeben wird. Die mit dem Gesetz zur Erleichterung von Planungsvorhaben für die Innenentwicklung der Städte zum 1. Januar 2007 eingeführte weitere Alternative des Rückübertragungsanspruchs in den Fällen, in denen im Falle der Aufhebung nach § 162 Abs. 1 Satz 1 Nr. 4 BauGB die Sanierung nicht durchgeführt wurde, findet auf Entwicklungsmaßnahmen keine Anwendung, da die Regelung an den Ablauf der Sanierungsfrist anknüpft, die für Entwicklungsmaßnahmen nicht entsprechend vorgesehen wurde.

In den Fällen des § 162 Abs. 1 Satz 1 Nr. 1 und Nr. 2 BauGB hat der frühere Eigentümer eines Grundstücks einen Anspruch gegenüber dem jeweiligen Eigentümer auf Rückübertragung dieses Grundstücks, wenn es die Gemeinde oder der Entwicklungsträger von ihm nach der förmlichen Festlegung des Entwicklungsbereichs freihändig oder nach den Vorschriften des Baugesetzbuchs ohne Hergabe von entsprechendem Austauschland, Ersatzland oder der Begründung von Rechten der in § 101 Abs. 1 Satz 1 Nr. 1 BauGB bezeichneten Art erworben hat.[184]

Der Anspruch ist aber ausgeschlossen, wenn

1. das Grundstück in einem Bebauungsplan als Baugrundstück für den Gemeinbedarf oder als Verkehrs-, Versorgungs- oder Grünfläche festgesetzt wurde oder für sonstige öffentliche Zwecke benötigt wird (entsprechend § 164 Abs. 2 Nr. 1 BauGB). Wenn keine Festsetzung in dem Bebauungsplan erfolgt ist, müsste sich die Notwendigkeit aber aus vergleichbaren nachprüfbaren Tatsachen ergeben;[185]
2. der frühere Eigentümer das Grundstück selbst im Wege der Enteignung erworben hatte (§ 164 Abs. 2 Nr. 2 BauGB);
3. der jetzige Eigentümer mit der zweckgerechten Verwendung seines Grundstücks bereits begonnen hat (§ 164 Abs. 2 Nr. 3 BauGB);[186]
4. wenn der jetzige Eigentümer das Grundstück von der Gemeinde oder dem Entwicklungsträger im Rahmen ihrer Veräußerungspflicht zum Neuordnungswert nach §§ 167 Abs. 3; 169 Abs. 5 bis Abs. 8 BauGB erworben hat (§ 164 Abs. 2 Nr. 4 BauGB) oder
5. die Grundstücksgrenzen erheblich verändert worden sind.

---

[184] Nach § 101 Abs. 1 Nr. 1 BauGB kann der Eigentümer eines zu enteignenden Grundstücks auf seinen Antrag, wenn dies unter Abwägung der Belange der Beteiligten billig ist, ganz oder teilweise durch die Bestellung oder Übertragung von Miteigentum an einem Grundstück, grundstücksgleichen Rechten, Rechten nach dem Wohnungseigentumsgesetz, sonstigen dinglichen Rechten an dem zu enteignenden Grundstück oder an einem anderen Grundstück des Enteignungsbegünstigten entschädigt werden.

[185] *Fislake* verweist darauf, dass der Gemeinde in diesem Falle eine entsprechende Darlegungslast obliegt, in: Berliner Kommentar zum BauGB, § 164, Rn. 9.

[186] In diesen Fällen dürfte sich die Entwicklungsmaßnahme allerdings ohnehin regelmäßig weder als undurchführbar erwiesen haben noch die Entwicklungsabsicht aus anderen Gründen aufgegeben worden sein. Dies gilt auch für den folgenden Ausschlussgrund der Weiterveräußerung an einen Dritten unter Eingehung von Bau- und Nutzungsverpflichtungen (§ 164 Abs. 2 Nr. 4 BauGB).

Der Anspruch kann entsprechend § 164 Abs. 3 BauGB innerhalb von zwei Jahren nach Aufhebung der Entwicklungssatzung geltend gemacht werden, bei einer Teilaufhebung entsprechend § 162 Abs. 1 Satz 2 BauGB kommt es auf die Geltung des Entwicklungsrechts für das betreffende Grundstück an. Als Kaufpreis statuiert § 164 Abs. 4 BauGB den Verkehrswert im Zeitpunkt der Rückübertragung.[187]

2. Anspruch auf Rückenteignung von Grundstücken nach § 102 BauGB

Die Regelung des § 164 Abs. 5 BauGB stellt klar, dass der Anspruch auf Rückenteignung nach § 102 BauGB von der Einräumung des Billigkeitsanspruchs auf Rückübertragung von Grundstücken unberührt bleibt. Der verfassungsrechtlich durch die Bestandsgarantie des Eigentums (Art. 14 Abs. 1 Satz 1 GG) vorgegebene Rückenteignungsanspruch gilt über §§ 169 Abs. 1 Nr. 8, 164 Abs. 5 BauGB auch im städtebaulichen Entwicklungsbereich.[188] Nach § 102 Abs. 1 BauGB kann ein früherer Eigentümer verlangen, dass das enteignete Grundstück zu seinen Gunsten wieder (rück-)enteignet wird, wenn und soweit der durch die Enteignung Begünstigte oder sein Rechtsnachfolger

- das Grundstück nicht innerhalb der von der Enteignungsbehörde festgesetzten Frist zu dem Enteignungszweck verwendet (§ 102 Abs. 1 Nr. 1, 1. Alt. BauGB),
- den Enteignungszweck aufgegeben hat (§ 102 Abs. 1 Nr. 1, 2. Alt. BauGB) oder
- wenn die Gemeinde ihre Verpflichtung zur Weiterveräußerung nicht erfüllt hat (§ 102 Abs. 1 Nr. 2 BauGB).

In den Vorschriften des § 102 Abs. 2, Abs. 3 Satz 3 und Abs. 4 BauGB ist geregelt, in welchen Fällen der Rückenteignungsanspruch ausgeschlossen oder unzulässig ist oder auch abgelehnt werden kann.[189] Insoweit ergeben sich inhaltliche Überschneidungen zu den Ausschlussgründen in § 164 Abs. 2 BauGB. Die Rückenteignung kann danach nicht verlangt werden, wenn der Enteignete das Grundstück selbst im Wege der Enteignung nach den Vorschriften des Baugesetzbuchs oder des Baulandbeschaffungsgesetzes erworben hatte (§ 102 Abs. 2 Nr. 1 BauGB) oder ein Verfahren zur Enteignung des Grundstücks nach dem

---

[187] Es handelt sich bei dem Anspruch um einen privatrechtlichen Rückkaufsanspruch unmittelbar gegen den jeweiligen Eigentümer. Der Anspruch wäre deshalb im Streitfall vor den Zivilgerichten durchzusetzen, vgl. *Krautzberger*, in: Battis/Krautzberger/Löhr, § 164, Rn. 5.

[188] Nach der ständigen Rechtsprechung des *Bundesverfassungsgerichts* folgt der Anspruch auf Rückenteignung unmittelbar aus Art. 14 Abs. 1 Satz 1 GG. Jeder Enteignete hat das Recht, sein Eigentum zurückzuverlangen, wenn der Enteignungsgrund später wegfällt; dies gilt auch ohne fachgesetzliche Regelung; vgl. BVerfGE 38, 175; *Papier*, in: Maunz/Dürig, GG, Art. 14, Rn. 509; *Battis*, in: Battis/Krautzberger/Löhr, § 102, Rn. 1.

[189] Zum Sinn und Zweck der Ausschluss- und Ablehnungsgründe vgl. *Battis*, in: Battis/Krautzberger/Löhr, § 102, Rn. 5.

Baugesetzbuch zugunsten eines anderen Bauwilligen eingeleitet worden ist und der enteignete frühere Eigentümer nicht glaubhaft macht, dass er das Grundstück binnen angemessener Frist zu dem vorgesehenen Zweck verwenden wird (§ 102 Abs. 2 Nr. 2 BauGB). Der Rückenteignungsantrag wird unzulässig, wenn vor Eingang des Antrags des früheren Eigentümers bei der Enteignungsbehörde mit der zweckgerechten Verwendung begonnen oder die Veräußerung des Grundstücks eingeleitet worden ist (§ 102 Abs. 3 Satz 3 BauGB).[190] Ferner kann die Enteignungsbehörde die Rückenteignung ablehnen, wenn das Grundstück erheblich verändert oder ganz oder überwiegend Entschädigung in Land gewährt worden ist (§ 102 Abs. 4 BauGB).

Der Antrag auf die Rückenteignung ist vom früheren Eigentümer gemäß § 102 Abs. 3 Satz 1 BauGB innerhalb von zwei Jahren seit Entstehung des Anspruchs bei der zuständigen Enteignungsbehörde zu stellen. Wird dem Rückenteignungsantrag durch Enteignungsbeschluss der Enteignungsbehörde stattgegeben (§ 102 Abs. 6 i. V. m. §§ 112 Abs. 1, 113 BauGB), so trifft § 164 Abs. 5 Satz 2 BauGB eine Sonderregelung, wonach die dem Eigentümer nach § 103 BauGB zu gewährende Entschädigung sich nach dem Verkehrswert des Grundstücks bemisst, der sich auf Grund des rechtlichen und tatsächlichen Zustands im Zeitpunkt der Aufhebung der förmlichen Festlegung ergibt.

Nach § 103 BauGB ohne Modifikation durch § 164 Abs. 5 BauGB darf die für die Rückenteignung zu gewährende Entschädigung den bei der ersten Enteignung zugrunde gelegten Verkehrswert der entzogenen Sache nicht übersteigen, jedoch sind Aufwendungen zu berücksichtigen, die zu einer Werterhöhung des Grundstücks geführt haben (§ 103 Satz 4 BauGB).[191] Liegen nun die Fälle des § 164 Abs. 1 BauGB vor, hat die Gemeinde also die Entwicklungssatzung aufgehoben, weil sich die Entwicklung als undurchführbar erwiesen hat oder sie die Entwicklungsabsicht aufgegeben hat, so muss der Antragsteller und frühere Eigentümer den durch die erste Enteignung begünstigten neuen Eigentümer in Höhe des Verkehrswerts im Zeitpunkt der Aufhebungssatzung entschädigen, also einschließlich aller zwischenzeitlicher Werterhöhungen, die Begrenzung auf die Höhe der ersten Enteignungsentschädigung greift nicht durch.[192]

3. Bestand rechtshängiger Enteignungsbeschlüsse

Wenn die Gemeinde nach einem Enteignungsbeschluss der Enteignungsbehörde gemäß § 113 BauGB die Entwicklungssatzung auf Grundlage von § 162 BauGB

---

[190] An die Tatbestandsmerkmale „zweckgerecht begonnen" bzw. „eingeleitet" sind dabei strenge Anforderungen zu stellen, vgl. *Battis*, in: Battis/Krautzberger/Löhr, § 102, Rn. 5.

[191] Vgl. auch BGH, NJW 1980, 1571.

[192] Skeptisch im Hinblick auf die verfassungsrechtliche Unbedenklichkeit dieser Modifizierung BGH, NJW 1980, 1571; vgl. auch *Schmidt-Aßmann*, in: Ernst/Zinkahn/Bielenberg/Krautzberger, § 103, Rn. 6.

aufhebt, so stellt sich die Frage, ob dies Auswirkungen auf die Überprüfung des Enteignungsbeschlusses in einem Antrag auf gerichtliche Entscheidung nach § 217 BauGB hätte. Im vom Gesetzgeber vorhergesehen typischen Verlauf einer Entwicklungsmaßnahme wird sich diese Frage nicht stellen, weil der Grunderwerb hier am Anfang der Maßnahme steht, da dieser Voraussetzung für die Nutzung der Grundstücke im Einklang mit den gemeindlichen Entwicklungszielen ist. Bei einem atypischen Verlauf der Maßnahme, bei der der Entwicklungszeitraum verkürzt und die Satzung vorzeitig aufgehoben wird, weil sich die Entwicklungsziele auf die planungsrechtliche Sicherung und Baureifmachung beschränken, können auch Enteignungsbeschlüsse bei den Baulandkammern noch rechtshängig sein, wenn die Entwicklungssatzung aufgehoben wird.

Es stellt sich deshalb die Frage, ob es für die Überprüfung der Rechtmäßigkeit des Enteignungsbeschlusses auf das Vorliegen der Rechtsgrundlage des § 169 Abs. 3 Satz 1 BauGB im Zeitpunkt der Entscheidung der Enteignungsbehörde oder im Zeitpunkt der gerichtlichen Entscheidung ankommt. Wenn der Zeitpunkt der gerichtlichen Entscheidung maßgeblich wäre, könnte die Gemeinde die Entwicklungssatzung nicht nach durchgeführter Entwicklung aufheben, solange nicht die letzte Entscheidung durch den Tatrichter gefallen ist, weil andernfalls die Rechtsgrundlage für die zur Bodenordnung erforderlichen Enteignungsbeschlüsse nachträglich entfallen würde.

Weil diese Frage für das Verhältnis von Verfahrensrecht nach §§ 217 ff BauGB zum Entwicklungsrecht bislang soweit ersichtlich weder von der Rechtsprechung noch von der Kommentarliteratur behandelt wurde, soll hier ein Versuch zur Beantwortung dieser Frage unternommen werden.

a) Allgemeine Grundsätze zum maßgeblichen Zeitpunkt

Bei der Frage, welcher Zeitpunkt für die Beurteilung der Rechtmäßigkeit einer Enteignung zulässig ist, ist zunächst die besondere Struktur des Verfahrens vor den Baulandkammern zu berücksichtigen. Das Verfahren ist nämlich weder Zivilprozess noch Verwaltungsrechtsstreit.[193] Vielmehr werden hier öffentlich-rechtliche Streitigkeiten von atypisch besetzten Spruchkörpern der ordentlichen Gerichtsbarkeit in einem besonderen Antragsverfahren entschieden.[194]

Während nach den Grundsätzen der Zivilprozessordnung im Zivilrechtsstreit grundsätzlich die Sach- und Rechtslage im Zeitpunkt der letzten mündlichen Tatsachenverhandlung maßgeblich ist,[195] gehört es zu den Grundsätzen des Ver-

---

[193] *Bartling*, in: Kohlhammer-Kommentar, Vor §§ 217 bis 232, Rn. 1.
[194] *Battis*, in: Battis/Krautzberger/Löhr, Vor §§ 217 bis 232, Rn. 1.
[195] BGH, NJW-RR 1989, 130; *ders.* NJW-RR 1998, 712; *Reichold*, in Thomas/Putzo, ZPO-Kommentar, Vor § 253, Rn. 37; § 300, Rn. 6.

waltungsrechts, dass eine nachträgliche Veränderung der einem rechtmäßigen Verwaltungsakt zugrunde liegenden Sach- und Rechtslage nicht zu dessen Rechtswidrigkeit führen kann. Eine rechtliche Verpflichtung der Verwaltung zur Aufhebung eines rechtmäßig erlassenen Verwaltungsakts besteht vorbehaltlich abweichender rechtlicher Regelungen nicht. Insoweit enthalten die Vorschriften des § 49 Abs. 2 Nr. 3 und 4 VwVfG (Widerrufsermessen der Behörde bei einer Änderung der Sach- und/oder Rechtslage) einen über ihren unmittelbaren Anwendungsbereich hinaus zu verallgemeinernden Rechtsgedanken. Gründe der Rechtssicherheit sprechen nämlich dafür, dass an einer einmal getroffenen rechtmäßigen Entscheidung auch bei einer nachträglichen Veränderung der Sach- und/oder Rechtslage prinzipiell nicht mehr gerüttelt werden muss.[196]

Gleichwohl gehört die Frage des maßgeblichen Zeitpunktes bei der Beurteilung von Verwaltungsakten „zu den umstrittensten Fragen des Prozessrechts",[197] zumal das Bundesverwaltungsgericht hier keine einheitliche Linie vorgibt und differenzierend auf den Inhalt der angegriffenen Verwaltungsentscheidung abstellt. Insbesondere Verwaltungsakte, die eine Gestaltungswirkung haben und auf Statusveränderungen gerichtet sind, werden nach ständiger Rechtsprechung des Bundesverwaltungsgerichts und der Oberverwaltungsgerichte durch eine spätere Änderung der Sach- und Rechtslage nicht berührt. Dies wurde namentlich für die Erteilung einer Baugenehmigung so entschieden,[198] ebenso für immissionsschutzrechtliche Genehmigungen[199] oder die Entlassung oder Zurruhesetzung eines Beamten.[200]

b) Maßgeblicher Zeitpunkt bei einer nachträglichen Änderung tatsächlicher Umstände im Baulandverfahren

Obwohl es sich auch bei dem Enteignungsbeschluss nach § 113 BauGB um einen Verwaltungsakt mit Gestaltungswirkung handelt,[201] spricht die Quellenlage der in Baulandsachen ergangenen Rechtsprechung und der einschlägigen Literatur bei einer Änderung *tatsächlicher* Umstände für die Maßgeblichkeit des Zeitpunkts der gerichtlichen Entscheidung:

Soweit die Kommentarliteratur auf die Frage des maßgeblichen Zeitpunkts eingeht,[202] führt sie an, im Urteil über die Zulässigkeit eines Enteignungsantrags sei

---

[196] *Kopp/Schenke*, VwGO-Kommentar, § 113, Rn. 42.
[197] *Kopp/Schenke*, a. a. O., Rn. 29.
[198] BVerwG, DÖV 1999, 168.
[199] OVG Münster, DVBl. 1984, 896.
[200] BVerwG, DVBl. 1998, 202.
[201] Vgl. *Reisnecker*, in: Kohlhammer-Kommentar zum BauGB, § 113, Rn. 4.
[202] *Kalb*, in Ernst/Zinkahn/Bielenberg/Krautzberger, § 226, Rn. 2; *Battis*, in Battis/Krautzberger/Löhr, BauGB-Kommentar, § 226, Rn. 2.

der „Sach- und Streitstand" zur Zeit der letzten mündlichen Verhandlung vor dem Tatrichter maßgebend. Sie stützt sich dabei auf die Rechtsprechung des Bundesgerichtshofs aus den 60er Jahren, der sich mit folgenden Sachverhaltskonstellationen auseinanderzusetzen hatte:

In einer Entscheidung vom 27. Juni 1966 hatte eine Kommune erst im Berufungsverfahren ein als angemessen zu bewertendes Angebot unterbreitet, der Eigentümer aber daraufhin erkennen lassen, dass er auch bei einem angemessenen Angebot eine Veräußerung ablehnen werde.[203]

Der BGH hat in diesem Urteil entschieden, dass die Frage, ob ein Angebot angemessen ist und/oder ob der Eigentümer eine Haltung einnimmt, die die Abgabe eines Angebots als überflüssig erscheinen lässt, nach dem Sach- und Streitstand der letzten mündlichen Verhandlung zu entscheiden sei. Er hat zur Begründung angeführt, es komme einem Enteignungsantragsteller, der gegen den die Enteignung für unzulässig erklärenden Beschluss der Enteignungsbehörde auf gerichtlicher Entscheidung anträgt, nicht darauf an, entschieden zu sehen, ob sein Enteignungsantrag in dem Zeitpunkt begründet war, als er gestellt oder von der Enteignungsbehörde beschieden wurde. Ihm sei an einer Entscheidung gelegen, dass bisher angenommene Hindernisse der Enteignung nicht entgegenstünden, sei es auch, weil solche Hindernisse in der Zwischenzeit weggefallen seien. Dies entspräche auch den gemäß § 161 BBauG (vgl. heute § 221 Abs. 1 BauGB) entsprechend anzuwendenden Vorschriften der Zivilprozessordnung.

Diese Auffassung hat der Bundesgerichtshof in einer Entscheidung vom 28. September 1967 bestätigt.[204] In diesem Urteil hat der BGH entschieden, dass die Enteignungsbehörde einen aussichtslosen Enteignungsantrag bereits vor der eigentlichen Einleitung des Enteignungsverfahrens und daher ohne Anberaumung und Durchführung eines mündlichen Verhandlungstermins ablehnen kann. Hierzu hat der BGH ausgesprochen, dass für den Fall, dass diese Ablehnung durch den Enteignungsantragsteller mit einem Antrag auf gerichtliche Entscheidung angefochten wird, die gerichtliche Entscheidung darüber, ob der Enteignungsantrag aussichtslos ist oder nicht, nach dem Sach- und Streitstand zur Zeit der letzten mündlichen Verhandlung vor dem Tatrichter zu treffen sei.

Dem schließt sich auch eine Entscheidung des Oberlandesgerichts München vom 26. April 1972 an,[205] das entschieden hat, dass bei einem Wechsel der Sachlegitimation – anders als selbst im Zivilprozess (vgl. § 265 ZPO) – auch für die Beteiligtenstellung der Grundsatz gilt, dass in allen Verfahrenszügen im Baulandverfahren mindestens einschließlich der Berufungsinstanz aufgrund der in der letzten mündlichen Verhandlung bestehenden Sachlage zu entscheiden sei.

---

[203] BGH, BRS 19, Nr. 87, S. 154.
[204] BGH, BRS 19, Nr. 160, S. 320/323.
[205] OLG München, BRS 26, Nr. 163, S. 340.

Die Analyse dieser Entscheidungen ergibt, dass die Rechtsprechung *tatsächliche* Änderungen zwischen der Entscheidung der Enteignungsbehörde und der gerichtlichen Entscheidung für beachtlich gehalten hat. Änderungen der *Rechtslage* hatten die Urteile nicht zum Gegenstand, wenngleich das OLG München – ohne dies zu begründen – von der „in der letzten mündlichen Verhandlung bestehenden Rechtslage" spricht.

Ob der Zeitpunkt der letzten mündlichen Verhandlung auch bei der späteren Aufhebung einer der Enteignung zugrunde liegenden Entwicklungssatzung der maßgebliche Zeitpunkt sein kann, bedarf einer vertiefenden Betrachtung, die sich am Willen des Gesetzgebers orientiert und die Besonderheiten des städtebaulichen Entwicklungsrechts einbezieht.

c) Maßgeblicher Zeitpunkt bei Enteignungen auf Grundlage einer zeitlich begrenzten Entwicklungssatzung

Ändern sich nicht tatsächliche Umstände, sondern wird die Rechtsgrundlage der Enteignung aufgehoben, bevor die Gerichte abschließend über den Enteignungsbeschluss entschieden haben, so bedarf es zunächst einer Differenzierung zwischen

1. Fällen, in denen der Gesetz- bzw. Verordnungsgeber gleichgelagerte Fälle dauerhaft anders geregelt sehen möchte (wenn er beispielsweise die Regelung des § 169 Abs. 3 aus dem BauGB streichen wollte) und
2. Fällen, in denen es von vornherein dem Willen des Gesetzgebers entspricht, dass ein zeitlich begrenztes Sonderrecht nur vorübergehend gilt und für den Zeitpunkt seiner Geltung Rechtsgrundlage für Enteignungsbeschlüsse bildet (wie im Fall der Verordnung nach § 165 BauGB).

Im ersten Fall wäre maßgeblich, ob der Gesetzgeber eine Überleitungsregelung vorgesehen hat, ansonsten würde nach den Regeln des intertemporalen Rechts grundsätzlich ab seinem In-Kraft-Treten das neue Recht anzuwenden sein, sofern noch nicht eine unanfechtbare Rechtsposition entstanden ist.[206]

Im zweiten Fall spricht aber gerade der vom Gesetzgeber gewollte zeitlich begrenzte Maßnahmecharakter des städtebaulichen Entwicklungsrechts dafür, nicht auf den Zeitpunkt der gerichtlichen Überprüfung, sondern auf den Zeitpunkt der Entscheidung der Enteignungsbehörde abzustellen. In diesem Fall will der Verordnungsgeber nämlich an den von der Enteignungsbehörde rechtmäßig beschlossenen Enteignungen nicht mehr rütteln. Hierfür spricht zum einen die gesetzliche Verpflichtung, die Maßnahme zügig durchzuführen und abzuschließen (dazu im Folgenden aa), zum anderen die Vorgabe, das Enteignungsverfahren beschleunigt und verfahrensökonomisch zu absolvieren (dazu bb).

---

[206] *Löhr*, in: Battis/Krautzberger/Löhr, § 233, Rn. 1.

aa) Sonderrolle des städtebaulichen Entwicklungsrechts

Die städtebauliche Entwicklungsmaßnahme ist als zeitlich begrenztes Sonderrecht in besonderer Weise auf die zügige Durchführung und einen Abschluss binnen eines absehbaren Zeitraums angelegt (§ 165 Abs. 1, Abs. 3 Satz 1 Nr. 4 BauGB). Müsste dieses Sonderrecht aufrechterhalten werden, bis schließlich letztinstanzlich über eine Enteignung entschieden wurde, ohne dass weitere Durchführungsaufgaben zu erledigen wären, verstieße dies gegen das Zügigkeitsgebot des § 165 BauGB und die gemeindliche Aufhebungspflicht nach § 169 Abs. 1 Nr. 8 i. V. m. § 162 Abs. 1 Satz 1 Nr. 1 BauGB.

Die Fortgeltung der Entwicklungssatzung mit den damit verbundenen Beschränkungen und Auswirkungen auf die Eigentümer wäre im Lichte von Art. 14 Abs. 1 GG nur dann zu rechtfertigen, wenn das besondere Instrumentarium des Entwicklungsrechts zur Verwirklichung der Ziele und Zwecke der Maßnahme weiterhin notwendig wäre.[207] Sind im Übrigen aber alle Maßnahmen abgeschlossen und die Entwicklungsziele erreicht, spricht dies dafür, nicht die letztinstanzliche Entscheidung über Enteignungsverfahren vor den Kammern und Senaten für Baulandsachen abzuwarten, bevor die Entwicklungssatzung aufgehoben wird.

Der Wille des Gesetzgebers, die Gemeinde zu einem zügigen Abschluss der Maßnahme zu verpflichten, würde ins Gegenteil verkehrt, wenn diese unter Missachtung ihrer Aufhebungspflicht jahrelang abwarten müsste, bis der Rechtsweg gegen die Enteignung ausgeschöpft ist. In diesem Falle könnten Eigentümer durchaus einwenden, die Rechtsverordnung werde rechtswidrig aufrechterhalten, nur um den Zugriff auf ihr Eigentum zu ermöglichen.

Da der Gesetzgeber vor der Aufhebung der Entwicklungssatzung wie dargelegt keine „Totalentwicklung" fordert, kann der Abschluss einzelner Maßnahmen, etwa von Erschließungsmaßnahmen nach § 169 Abs. 1 Nr. 4 i. V. m. § 147 Abs. 1 Nr. 4 BauGB auf den Flächen, für die der Enteignungsbeschluss gefasst wurde, auch noch im Rahmen der Abwicklung der Entwicklungsmaßnahme nach der Aufhebung der Entwicklungssatzung erfolgen.[208]

bb) Beschleunigungsmaxime im Enteignungsverfahren

Schließlich begegnet die Zugrundelegung des Zeitpunkts der letzten mündlichen Verhandlung auch deshalb Bedenken, weil die Maßgeblichkeit dieses Zeitpunkts von der Rechtsprechung in anderen Fällen gerade mit dem Grundsatz der Beschleunigung des Verfahrens (vgl. §§ 107 Abs. 1 Satz 1; 221 Abs. 1 Satz 2,

---

[207] *Krautzberger*, in: Krautzberger, Städtebauförderungsrecht, § 162 Rn. 30.

[208] Vgl. *Krautzberger*, in Bielenberg/Koopmann/Krautzberger, Stand der 35. EL, Oktober 2000, Vor §§ 140 bis 157, Rn. 7.

Abs. 3; 226 Abs. 4 BauGB) gerechtfertigt wurde. Der BGH führt in seiner bereits zitierten grundlegenden Entscheidung vom 27. Juli 1966 aus:

„Es liefe aber auf eine *nicht zu rechtfertigende Verzögerung* des Verfahrens hinaus und wäre wenig sinnvoll, wollte man einen Enteignungsantrag abweisen, weil der Antragsteller den ursprünglich zu einem freihändigen Verkauf seines Grundstücks bereiten Eigentümer kein angemessenes Angebot gemacht habe, obwohl dessen Abgabe in Folge der vom Eigentümer inzwischen eingenommenen ablehnenden Haltung nunmehr als unnütz erscheint und den Antragsteller auf diese Weise dazu zwingen, *alsbald wieder einen neuen Enteignungsantrag zu stellen*, dem im Rahmen des Gesagten ein angemessenes Kaufangebot nicht vorausgegangen zu sein braucht. Ebenso wenig wäre es sinnvoll, einen Enteignungsantrag abzuweisen, weil bis zu seiner Stellung ein angemessenes Angebot nicht gemacht worden sei, wenn der Antragsteller sich später zur Annahme angemessener Bedingungen bereit erklärt und in diesem Falle berechtigt wäre, gegen den sich wehrenden Eigentümer *alsbald wieder die Enteignung zu beantragen.*"[209]

Auch die zitierte Entscheidung des OLG München bezüglich des Beteiligtenwechsels im Baulandverfahren ist maßgeblich von der Erwägung getragen, die Eigentumsverhältnisse im Zeitpunkt der letzten mündlichen Verhandlung deshalb zugrunde zu legen, weil ansonsten andernfalls „die Gefahr bestünde, dass die betreffende Gemeinde unter Umständen, etwa wegen schnellen Eigentumswechsels, nie den richtigen Beteiligten fände."[210]

Hielte sich die Gemeinde in der hier unterstellten Konstellation nun an die Aufhebungspflicht nach Maßgabe des § 162 BauGB und würde die Entwicklungssatzung aufheben, so hätte die Maßgeblichkeit der mündlichen Verhandlung vor dem Tatrichter eine erhebliche Verzögerung des Enteignungsverfahrens zur Folge. Nach einem dann zwangsläufigen Unterliegen im Baulandverfahren müsste die Gemeinde den Enteignungsantrag dann erneut stellen, diesmal auf Grundlage von §§ 85 ff BauGB in Verbindung mit dem Bebauungsplan. Da das Enteignungsverfahren somit wieder „auf Null gestellt" wäre,[211] hätte dies eine erhebliche, ggf. jahrelange Verzögerung zur Folge, so dass der Enteignungszweck auf unabsehbare Zeit nicht verwirklicht werden könnte. Die letztlich pragmatischen Erwägungen, die den BGH zu einem Abstellen auf den letztmöglichen Zeitpunkt bewogen haben, sprechen hier eindeutig dafür, den Zeitpunkt der Entscheidung der Enteignungsbehörde als maßgeblich zu betrachten.

---

[209] BGH, a. a. O., S. 154/159.
[210] OLG München, a. a. O., S. 340/342.
[211] Siehe bereits oben zur Unzulässigkeit einer „Umstellung" des Enteignungsverfahrens auf das allgemeine Städtebaurecht, § 7.II.2.b)aa).

d) Schlussfolgerungen zum Bestand von rechtshängigen Enteignungsbeschlüssen

Bei einer Enteignung auf Grundlage des § 169 Abs. 3 Satz 1 BauGB ist der Zeitpunkt der Entscheidung der Enteignungsbehörde für das Vorliegen der entwicklungsrechtlichen Rechtsgrundlage maßgeblich. Eine spätere Aufhebung der Entwicklungssatzung berührt die Rechtmäßigkeit des Enteignungsbeschlusses nicht, auch wenn hiergegen ein Antrag auf gerichtliche Entscheidung noch rechtshängig ist. Hierfür spricht zum einen, dass es gerade Wille des Gesetzgebers ist, dass die Entwicklungsmaßnahme zügig durchgeführt und die Entwicklungssatzung binnen eines absehbaren Zeitraums wieder aufgehoben wird. Zum anderen würde ein Zugrundelegen des Zeitpunktes der gerichtlichen Entscheidung zu einer erheblichen Verzögerung des Enteignungsverfahrens führen und wäre mit der Beschleunigungsmaxime nicht in Einklang zu bringen.

IV. Ansprüche von Vertragspartnern der öffentlichen Hand bei Aufhebung der Entwicklungssatzung

Wenn die Gemeinde die Entwicklungssatzung ganz oder für Teile des Entwicklungsbereichs aufhebt oder zunächst nur die Entwicklungsziele reduziert, so stellt sich die Frage, ob sie hierdurch Schadensersatz- und Entschädigungsansprüche auslösen kann.

Zunächst soll der Frage nachgegangen werden, welche Ansprüche von ihren Vertragspartnern im Entwicklungsbereich in diesem Fall geltend gemacht werden können. Diese Frage ist angesichts der Tendenz dahin, die Gemeinde von Durchführungsaufgaben zu entlasten und Private vertraglich zur Übernahme von Entwicklungsaufgaben zu verpflichten, von großer Bedeutung.[212] Hier ist vor allem an Grundstückseigentümer zu denken, mit denen Abwendungsvereinbarungen nach § 166 Abs. 3 Satz 3 Nr. 2 BauGB abgeschlossen wurden, ferner an Investoren, die nach Maßgabe von § 169 Abs. 6 BauGB geordnete Grundstücke im Entwicklungsbereich erworben haben. Schließlich können auch im Entwicklungsbereich städtebauliche Verträge nach § 11 BauGB geschlossen worden sein.

1. Kein vertraglicher Primäranspruch auf Durchführung der Entwicklungsmaßnahme

Durch den Abschluss von Abwendungsvereinbarungen, Ablösevereinbarungen oder Kaufverträgen im Rahmen des Entwicklungsrechts wird regelmäßig ein

---

[212] *Stich*, DVBl. 1997, 317/320; *Arndt*, Städtebauliche Entwicklungsmaßnahme, 1999, S. 2.

vertraglicher Anspruch des Privaten auf die Durchführung der Entwicklungsmaßnahme als Gesamtmaßnahme in einem bestimmten Umfang oder auf Unterlassen der Aufhebung des Entwicklungsrechts nicht begründet.[213]

Da das wesentliche Durchführungs- und Sicherungsinstrument der Gemeinde im Entwicklungsbereich der Entwicklungsbebauungsplan ist, sperrt § 1 Abs. 3 Satz 2 BauGB alle Ansprüche, Entwicklungsbebauungspläne eines bestimmten Inhalts festzusetzen, eine entsprechende vertragliche Verpflichtung wäre unwirksam.[214] Auch ein Anspruch darauf, ein bestimmtes Planverfahren fortzusetzen, kann nicht begründet werden, die Gemeinde muss nach § 1 Abs. 3 Satz 2, Abs. 8 BauGB auch frei sein, ein bestimmtes Planungsverfahren abzubrechen, weil sich ihre Planungsvorstellungen gewandelt haben.[215] Da sich aus dem Gesetz ergibt, dass Entwicklungssatzungen unter bestimmten Voraussetzungen aufgehoben werden müssen (§ 162 Abs. 1 Satz 1 BauGB), spricht regelmäßig nichts dafür, dass sich eine Gemeinde entgegen ihrer gesetzlichen Verpflichtung anderweitig binden will.[216]

Ein vertraglicher Primäranspruch auf Durchführung der Entwicklungsmaßnahme bestünde deshalb nur dann, wenn er – wozu nicht zu raten ist – ausdrücklich vertraglich vereinbart worden wäre. Der betroffene Vertragspartner kann aber wie jeder andere Grundstückseigentümer auch im Wege der Normenkontrolle nach § 47 VwGO prüfen lassen, ob die Aufhebung der Entwicklungssatzung ihn in seinen Rechten verletzt.[217]

Hierzu ist er aufgrund des Rechtsgedankens des § 254 BGB auch gehalten, wenn er Schadensersatzansprüche wegen Amtspflichtverletzungen oder enteignungsgleichen Eingriffs geltend machen will. Andernfalls könnte dem Betroffenen das Nichtergreifen der zumutbaren rechtlichen Möglichkeiten, mit entsprechenden Rechtsbehelfen den Eingriff rückgängig zu machen, als schuldhafter Verstoß gegen die Obliegenheit ausgelegt werden, sich selbst vor Schaden zu bewahren. Sein Entschädigungsanspruch besteht dann nur insoweit, wie der Schaden durch die Anfechtung der eingreifenden Maßnahme nicht hätte vermieden werden können.[218]

---

[213] Vgl. *Schmitz*, Entwicklungsrecht und Konversionsgebiete, 2005, S. 172.

[214] Dies ergibt sich seit dem BauROG 1998 ausdrücklich aus dem Gesetz und entsprach bereits zuvor höchstrichterlicher Rechtsprechung; vgl. BVerwG, ZfBR 1980, 88; BGH, NJW 1980, 2538; siehe *Gaentzsch*, in: Berliner Kommentar zum BauGB, § 1, Rn. 25a.

[215] Vgl. BVerwG, NVwZ-RR 1997, 213.

[216] Vgl. Urteil des LG Berlin vom 8. Februar 2006, Az. 23 O 641/04, zur Berliner Entwicklungsmaßnahme *Biesdorf-Süd*.

[217] Vgl. dazu bereits oben § 9. I.

[218] Nach dem Nassauskiesungsbeschluss des BVerfG kann „wer von dem ihm durch Grundgesetz eingeräumten Möglichkeit, sein Recht auf Herstellung eines rechtmäßigen Zustandes zu wahren, keinen Gebrauch macht, wegen eines Rechtsverlustes nicht anschließend von der öffentlichen Hand Geldersatz verlangen", BVerfGE 58, 300/322. Der BGH

2. Sekundäransprüche bei rechtmäßiger Aufhebung

Kann der betroffene Vertragspartner regelmäßig keinen Primäranspruch auf hoheitliches Handeln geltend machen, stellt sich die Frage, ob er auf vertraglicher Grundlage Schadensersatz- und Entschädigungsansprüche verlangen kann. Nimmt man an, dass die Aufhebung der Entwicklungssatzung rechtmäßig erfolgt, kommen Ansprüche aus Pflichtverletzung nach § 62 VwVfG i. V. m. §§ 280 ff BGB oder aufgrund von Anpassungsansprüchen nach § 60 VwVfG in Betracht.

a) Schadensersatz wegen Pflichtverletzung

Da ein Anspruch auf die Durchführung der Entwicklungsmaßnahme als solcher oder bestimmter Maßnahmen grundsätzlich nicht besteht und auch regelmäßig durch die Gemeinde nicht vertraglich vereinbart werden wird (s. o.), kommt bei unterstellt rechtmäßiger Aufhebung der Entwicklungssatzung, das heißt auf Grundlage eines Entwicklungskonzepts unter gerechter Abwägung der Belange aller Betroffenen, eine Pflichtverletzung im Sinne von §§ 280 ff BGB nicht in Betracht.

Das Landgericht Berlin hat in einem Urteil auf eine Klage eines Investors im städtebaulichen Entwicklungsbereich Biesdorf-Süd zu Recht entschieden, es sei nicht erkennbar, dass bei einer Aufhebung des Entwicklungsrechts eine Vertragspflichtverletzung vorläge; auch wenn ein städtebaulicher Vertrag davon ausgehe, dass das Investitionsvorhaben sich in einem Entwicklungsbereich befinde, seien weitergehende Zusagen damit nicht verbunden. Dass Entwicklungsbereiche aufgehoben werden könnten, ergebe sich schon aus dem Gesetz, nichts spreche dafür, dass sich eine Gemeinde weitergehend binden wolle.[219] Schadensersatzansprüche wegen der rechtmäßigen Aufhebung der Entwicklungssatzung stehen den Vertragspartnern deshalb nur dann zu, wenn diese ausdrücklich vertraglich vereinbart worden sind.[220]

b) Anpassungsansprüche nach § 60 VwVfG

Für ein Anpassungs- oder Kündigungsrecht nach § 60 VwVfG kommt es darauf an, ob sich die Verhältnisse, die für die Festsetzung des Vertragsinhalts maßgebend gewesen sind, seit Vertragsabschluss so wesentlich geändert haben, dass

---

kommt über eine Anwendung des Rechtsgedankens des § 254 BGB nunmehr zu demselben Ergebnis, BGHZ 90, 17/32; *ders.*, NJW 1997, 2327 – ständige Rechtsprechung; *Krautzberger*, in: Krautzberger, Städtebauförderungsrecht, § 162, Rn. 21; *Watzke/Otto*, ZfBR 2002, 117/118.

[219] LG Berlin vom 8. Februar 2006, Az. 23 O 641/04.

[220] So auch *Schmitz*, Entwicklungsrecht und Konversionsgebiet, 2005, S. 173.

einer Vertragspartei das Festhalten an der ursprünglichen vertraglichen Regelung nicht zuzumuten ist. Diese Frage wird sich vor allem in Hinblick auf die von Grundstückseigentümern im Rahmen von Abwendungsvereinbarungen gezahlten Ablösebeträgen nach §§ 169 Abs. 1 Nr. 7 i. V. m. 154 Abs. 3 Satz 2 BauGB stellen.

Die Gemeinde kann nach § 169 Abs. 1 Nr. 7 i. V. m. § 154 Abs. 3 Satz 2 BauGB die Ablösung des Ausgleichsbetrages vor Abschluss der Entwicklungsmaßnahme zulassen. Dies geschieht üblicherweise zusammen mit einer so genannten „Abwendungsvereinbarung" nach § 166 Abs. 3 Satz 2 Nr. 2 BauGB, in der sich der Eigentümer eines Grundstücks, dessen Verwendung nach den Zielen und Zwecken der städtebaulichen Entwicklungsmaßnahme bestimmt oder mit ausreichender Sicherheit bestimmbar ist, zu einer entsprechenden Nutzung binnen angemessener Frist verpflichtet. In diesen Fällen sieht die Gemeinde abweichend von der generellen Grunderwerbspflicht vom Durchgangserwerb des Grundstücks zum Zwecke der Neuordnung ab.

Die Ablösung ist am zu erwartenden Ausgleichsbetrag zu orientieren, sie ersetzt diesen, so dass später grundsätzlich keine Nachzahlungs- oder Erstattungspflicht besteht.[221] Hat die Gemeinde also bereits in der Anfangsphase zu prognostizierten „Boombedingungen" Abwendungsvereinbarungen getroffen, so ist sie in der Regel abgesichert, bei einem späteren Einbruch der Wertentwicklung keine Erstattung leisten zu müssen. In diesem Falle „bezahlt" dann der private Investor die ungünstige Marktentwicklung. Allerdings bestehen Restrisiken für die Gemeinde. Da es sich bei der Abwendungsvereinbarung oder auch der isolierten Ablösung des Ausgleichsbetrages um einen öffentlich-rechtlichen Vertrag nach § 54 VwVfG handelt,[222] findet auch § 60 Abs. 1 Satz 1 VwVfG Anwendung.

Zunächst ist für das Durchdringen mit einem Anspruch auf Grundlage von § 60 VwVfG im Einzelfall fraglich, ob es sich bei dem Verzicht auf die Durchführung der Entwicklungsmaßnahme im ursprünglich geplanten Umfang oder das Absehen von einzelnen Maßnahmen überhaupt um Verhältnisse handelt, die für den Vertragsinhalt maßgeblich geworden sind. Hierfür müssten sie von den Vertragsparteien ausdrücklich oder stillschweigend zur gemeinsamen wesentlichen Grundlage des Vertrags gemacht worden sein.[223] Ausreichend kann aber auch sein, dass die fraglichen Umstände nur von einer Vertragspartei zugrunde gelegt werden, sofern dies für die andere Vertragspartei bei Vertragsabschluss erkenn-

---

[221] *Löhr*, in: Battis/Krautzberger/Löhr, § 154, Rn. 16. *Freise* ist der Auffassung, dass schon aus dem Wort „Ablösung" folge, dass diese Regelung abschließend sei, Abweichungen nach unten oder oben werden bewusst in Kauf genommen, in: Kohlhammer-Kommentar zum BauGB, § 154, Rn. 68.

[222] *Löhr*, in: Battis/Krautzberger/Löhr, § 154, Rn. 16.

[223] BVerwGE 25, 299; OVG Münster, NJW 1993, 2637; *Kopp/Ramsauer*, VwVfG, § 60, Rn. 10.

bar war und nicht beanstandet wurde.[224] Es kommt dann aber darauf an, ob das Verhalten der anderen Vertragspartei nach Treu und Glauben als Einverständnis und Aufnahme der Erwartung in den Geschäftswillen zu werten ist; im Zweifel ist eine Aufnahme zu verneinen.[225]

Die Vorstellung, dass eine Entwicklungsmaßnahme ohne Änderung des ursprünglichen Entwicklungskonzepts durchgeführt wird, wäre dem Entwicklungsrecht fremd, die Gemeinde ist wie wiederholt dargelegt nicht nur berechtigt, sondern im Einzelfall möglicherweise sogar verpflichtet, die Entwicklungsziele und ihren Ordnungsmaßnahmenkatalog geänderten städtebaulichen Rahmenbedingungen anzupassen. Jedenfalls der Gemeinde bzw. deren treuhänderischen Entwicklungsträger kann deshalb eine Erwartung dahingehend, dass ursprüngliche Entwicklungskonzept werde gleichsam eins zu eins umgesetzt, nicht unterstellt werden. Als gemeinsame Vorstellung, die zur Vertragsgrundlage geworden wäre, scheidet eine solche Erwartung deshalb regelmäßig aus. Auch eine Aufnahme einer einseitigen Erwartung des Privaten in diesem Sinne kommt in der Regel nicht in Betracht, denn ein Investor kann redlicherweise nicht damit rechnen, dass eine Gemeinde bereit ist, ihren vorhandenen rechtlichen und politischen Gestaltungsspielraum hinsichtlich verschiedener Abwicklungs- und Ausstiegsszenarien über den rechtlich vorgegebenen Rahmen hinaus einzuengen.[226]

Selbst wenn man davon ausgeht, dass im Einzelfall bestimmte Umstände zur Vertragsgrundlage erhoben wurden, müssten sich diese so wesentlich geändert haben, dass ein Festhalten am Vertragsinhalt einer Vertragspartei nicht mehr zumutbar wäre. Für die Frage der Zumutbarkeit ist maßgeblich, ob einer Vertragspartei das Risiko einer Änderung der Verhältnisse nach dem Vertragsinhalt zugewiesen ist. Gibt es eine klare Risikozuweisung, so ist der Partei, die das Risiko zu tragen hat, eine Änderung der Verhältnisse stets zumutbar.[227] Bei Anwendung dieser Grundsätze etwa auf einen Bodenwertverfall nach Abschluss einer Ablösevereinbarung wird man feststellen können, dass das Risiko konjunktureller Veränderungen dem privaten Investor zugewiesen ist.

Steht aber nicht nur allein der Preisverfall, sondern auch eine durch die Gemeinde veranlasste Reduzierung der Entwicklungskulisse in Rede, in deren Folge bestimmte Ordnungsmaßnahmen nicht mehr durchgeführt werden, die ihrerseits zu weiteren Wertminderungen führen, so sind Vertragsanpassungsansprüche nicht von vornherein ausgeschlossen, wenn die Durchführung der Maßnahmen

---

[224] BGH, NJW 1991, 1478.
[225] *Heinrichs*, in: Palandt, § 313, Rn. 5.
[226] Vgl. auch hierzu das Urteil des LG Berlin vom 8. Februar 2006, Az. 23 O 641/04, zur Berliner Entwicklungsmaßnahme *Biesdorf-Süd*.
[227] Vgl. *Kopp/Ramsauer*, VwVfG, § 60, Rn. 12; *Henneke*, in: Knack, VwVfG, § 60, Rn. 6.

tatsächlich zur gemeinsamen und wesentlichen Grundlage des Vertrages gemacht worden ist.

3. Sekundäransprüche bei rechtswidriger Aufhebung

Im Fall einer rechtswidrigen Aufhebung der Entwicklungssatzung kämen – unter Berücksichtigung des Vorrangs des Primärrechtsschutzes – darüber hinaus Ansprüche aus Amtshaftung nach § 839 BGB i. V. m. Art. 34 GG sowie aus enteignungsgleichem Eingriff in Betracht.[228] Die rechtswidrige Aufhebung kann ferner auch eine schuldhafte Verletzung von Vertragspflichten begründen. Im Ergebnis werden diese Ansprüche jedoch zumeist nicht durchgreifen, weil der Gemeinde ein erhebliches Planungsermessen bei der Entwicklungskonzeption zusteht und die Rechtsprechung ihr zudem bei der Frage, ob ein Aufhebungsgrund nach § 162 Abs. 1 Satz 1 BauGB vorliegt, ausdrücklich einen Beurteilungsspielraum zugestanden hat.[229]

V. Ansprüche anderer Eigentümer bei Aufhebung der Entwicklungssatzung

Auch Grundstückseigentümer, die keine vertragliche Vereinbarung mit der Gemeinde oder dem treuhänderischen Entwicklungsträger geschlossen haben, werden möglicherweise erhebliche finanzielle Mittel aufgewandt oder auch Investitionen aufgeschoben, Aufträge vergeben, Mietverträge geschlossen oder gekündigt haben.[230] Die Eigentümer werden sich nur nach eingehender Befassung mit dem Entwicklungskonzept zu einer Investition entschließen, denn die Refinanzierung durch Verkaufs- und Vermietungserlöse hängt nicht zuletzt von den gemeindlichen Maßnahmen wie etwa der Herstellung von Erschließungs- und Grünanlagen und der sozialen Infrastruktur ab.[231]

Wird nun die Entwicklungsmaßnahme vorzeitig beendet oder die Entwicklungskulisse reduziert, so können sich daraus in den verschiedensten Konstellationen Nachteile für die Grundstückseigentümer ergeben; sei es, weil die Entwicklungsmaßnahme abgebrochen wird, ohne dass es zu einer Verbesserung der Grundstückssituation gekommen ist, sei es, weil die Entwicklungsmaßnahme übermäßig lange durchgeführt wurde, ohne dass ein entwicklungsbedingter Vorteil entstan-

---

[228] *Watzke/Otto*, ZfBR 2002, 117/121. Vgl. zu den Ansprüchen im Falle einer von vornherein unwirksamen Entwicklungssatzung *Wimmer*, DVBl. 1998, 253/254 und *Seitz*, Planungshoheit und Grundeigentum, 1999, S. 262 f.
[229] VGH Mannheim, VGHBW-Ls 2000, Beilage 2, B 1–2; vgl. bereits § 7.I.
[230] Hierauf weisen auch hin *Watzke/Otto*, ZfBR 2002, 117/121.
[231] *Schmitz*, Entwicklungsrecht und Konversionsgebiete, 2005, S. 172.

den wäre.[232] Auch in diesen Fällen stellt sich die Frage, welche Ansprüche der betroffene Eigentümer geltend machen kann.

1. Rechtswidrige Aufhebung der Entwicklungssatzung

Soweit die Aufhebung des Entwicklungsrechts rechtwidrig wäre – ein Aufhebungsgrund nach § 162 Abs. 1 BauGB also gerade *nicht* vorläge und die Gemeinde dennoch die Entwicklung beendete – müsste der betroffene Eigentümer nach den allgemeinen Grundsätzen zunächst Primärrechtsschutz gegen die Aufhebung suchen,[233] auf der Sekundärebene kämen dann ebenso wie für Vertragspartner der öffentlichen Hand und unter Beachtung der dort genannten Einschränkungen Ansprüche aus Amtshaftung (§ 839 BGB i. V. m. Art. 34 GG) und enteignungsgleichem Eingriff in Betracht.[234]

2. Rechtmäßige Aufhebung der Entwicklungssatzung

Die größeren Schwierigkeiten liegen bei der Beantwortung der Frage, ob der Eigentümer auch bei einer *rechtmäßigen* Aufhebung des Entwicklungsrechts Entschädigungs- und Schadensersatzansprüche geltend machen kann.

Eine gesetzliche Grundlage hierfür existiert nicht. Die Vorschriften des Planungsschadensrechts nach §§ 39–44 BauGB gelten ihrem eindeutigen Wortlaut nach nur für Bebauungspläne, nicht für Änderungen von Satzungen des besonderen Städtebaurechts. Im Gesetzgebungsverfahren des StBauFG wurde die Einführung einer Entschädigungsregelung für den Fall des vorzeitigen Abbruchs einer Entwicklungsmaßnahme diskutiert,[235] im Ergebnis aber von einer Regelung abgesehen, weil der Gesetzgeber die allgemeinen entschädigungsrechtlichen Bestimmungen für ausreichend hielt und ein Bedürfnis für eine Sonderregelung nicht anerkannte.[236]

Die Haftungsinstitute des enteignungsgleichen Eingriffs und der Amtshaftung kommen hier nicht in Betracht, denn sie knüpfen an rechtswidriges Handeln an. Nach der Rechtsprechung des BGH[237] und allgemeiner Meinung in der Literatur[238]

---

[232] Vgl. für das Sanierungsrecht BVerwG, NJW 1996, 2807.

[233] BVerfGE 58, 300/322; BGHZ 90, 17/32.

[234] Siehe bereits oben § 9.IV.3.

[235] Vgl. zum Gesetzgebungsverfahren ausführlich *Krautzberger*, ZfBR 1983, 11/15.

[236] Bericht des 14. Ausschusses des Deutschen Bundestages, BT-Drs. VI/2204 zu § 52.

[237] BGHZ 84, 292/297 und 109, 380/391.

[238] *Bergmann/Schumacher*, Kommunalhaftung, 2002, Rn. 1363; *Detterbeck*, in: Detterbeck/Windhorst/Sproll, Staatshaftungsrecht, 1998, S. 453; *Müller,* Änderung der Bauleitplanung, 2000, S. 51 f.; *Ossenbühl*, Staatshaftungsrecht, 1998, S. 383; *Schenke*, AöR 101 (1976), 337/361.

existiert auch kein verschuldensunabhängiger, umfassender Plangewährleistungsanspruch, der auf Entschädigung und Schadensersatz gerichtet wäre.[239] Denn dies würde den Staat in seinen Entscheidungen und Maßnahmen erheblich einengen, wenn nicht blockieren.[240]

Vor diesem Hintergrund werden in der Literatur für den Fall einer rechtmäßigen Aufhebung des Entwicklungsrechts Entschädigungsansprüche unter verschiedenen Aspekten abgelehnt. Zumeist wird dabei auf die Rechtsprechung des BGH zur zulässigen Dauer einer Veränderungssperre im Umlegungsverfahren[241] Bezug genommen. Entschädigungsansprüche kommen bei Anwendung der Grundsätze dieser Rechtsprechung nur dann in Betracht, wenn eine nach den §§ 144, 145 BauGB erforderliche Genehmigung versagt wurde, während die Entwicklungsmaßnahme nur zögerlich betrieben oder trotz Vorliegens eines Aufhebungsgrundes nicht beendet wurde.[242]

Sei die Entwicklungsmaßnahme aber aufgrund sachgemäßer Ermessensausübung aufgegeben worden, seien die vorher eingetretenen Beschränkungen nicht nachträglich als rechtswidrig zu behandeln.[243] Ferner wird betont, dass keine Entschädigungsansprüche entstanden sein könnten, wenn keine Versagung einer nach § 144 BauGB erforderlichen Genehmigung erfolgt sei, da jede Entschädigung wegen einer Veränderungssperre voraussetze, dass eine an sich zulässige Bebauung oder sonstige Verwertung des Grundstücks verhindert worden sei.[244] Für den Aspekt, dass die Grundstücke infolge des Abbruchs der Maßnahme möglicherweise nicht den erhofften Wertzuwachs erzielt haben, wird dies als bloße Erwartung qualifiziert, die nicht eigentumskräftig geschützt sei.[245]

Vereinzelte Stimmen in der Literatur treten dieser bislang absolut herrschenden Meinung entgegen und plädieren für eine analoge Anwendung des § 39 BauGB:[246] Watzke und Otto weisen darauf hin, dass die Entwicklungsmaßnahme als durchführungsbezogene Gesamtmaßnahme steuernd und lenkend in die Rechts- und

---

[239] *Ossenbühl* betont, dass sich Plangewährleistungsansprüche nicht nur auf Schadensersatz und Entschädigung richten müssen, sondern auch Ansprüche auf Planfortbestand, Anpassungshilfe oder Planergänzung zum Inhalt haben können, in: Staatshaftungsrecht, 1998, S. 384.

[240] *Ossenbühl*, Staatshaftungsrecht, S. 388.

[241] BGH, NVwZ 1982, 148; *ders.*, BauR 1982, 247.

[242] *Krautzberger*, in: Krautzberger, Städtebauförderungsrecht, § 162, Rn. 21; *ders.*, in: Battis/Krautzberger/Löhr, § 162, Rn. 20; *Neuhausen*, in: Kohlhammer-Kommentar, § 162, Rn. 39, 41.

[243] *Krautzberger*, in: Krautzberger, Städtebauförderungsrecht, § 162, Rn. 21; *ders.*, in: Battis/Krautzberger/Löhr, § 162, Rn. 20.

[244] *Neuhausen*, in: Kohlhammer-Kommentar, § 162, Rn. 42.

[245] *Arndt*, Städtebauliche Entwicklungsmaßnahme, 1999, S. 145.

[246] *Watzke/Otto*, ZfBR 2002, 117/122 f.

Pflichtenstellung der Eigentümer eingreife und die Eigentümer zu konkreten Mitwirkungshandlungen faktisch gezwungen würden. Gerade dieser Zwang müsse bei der Qualifizierung des Vertrauensschutzes gewürdigt werden.[247]

Auch wenn dies rechtspolitisch vertretbar sein mag, kann dieser Auffassung im Ergebnis jedoch nicht gefolgt werden. Voraussetzung einer Analogie ist nämlich eine planwidrige Regelungslücke.[248] Der Gesetzgeber hat sich aber mit der Frage der Entschädigung der Eigentümer bei einer ergebnislos abgebrochenen Sanierungs- bzw. Entwicklungsmaßnahme ausführlich befasst, wie dargelegt aber von einer Regelung abgesehen, weil er die allgemeinen entschädigungsrechtlichen Bestimmungen für ausreichend hielt und ein Bedürfnis für eine Sonderregelung nicht anerkannte.[249] Der Gesetzgeber hat – auch in Kenntnis der veränderten eigentumsrechtlichen Rechtsprechung des Bundesverfassungsgerichts zur Abgrenzung von Inhaltsbestimmung des Eigentums und Enteignung[250] – in den nachfolgenden Gesetzesnovellierungen davon abgesehen, eine solche Entschädigungsregel vorzusehen,[251] obwohl er sich etwa im Zuge der jüngsten Gesetzesnovellierung 2007 mit dem Problem der langen Verfahrensdauer von Sanierungsmaßnahmen ausdrücklich auseinandergesetzt hat.[252] Mithin liegen die Voraussetzungen für eine analoge Anwendung des Planungsschadensrechts nicht vor. Im Ergebnis muss die rechtmäßige Aufhebung der Entwicklungssatzung deshalb entschädigungslos hingenommen werden.

VI. Ansprüche von Eigentümern bei rechtswidrigem Unterlassen der Aufhebung

Fraglich ist allerdings, wie der umgekehrte Fall zu behandeln ist, nämlich dass die Gemeinde trotz Vorliegens eines Aufhebungsgrundes nach § 162 Abs. 1 BauGB die Entwicklungssatzung nicht aufhebt. Wie dargelegt besteht auf die Aufhebung des Entwicklungsrechts kein Anspruch, sondern nur auf Erteilung einer Abschlusserklärung entsprechend § 163 BauGB.[253] Liegen die Voraussetzungen des § 163 BauGB vor, greift wiederum der Vorrang des Primärrechtsschutzes; der

---

[247] *Watzke / Otto*, ebda.

[248] So auch *Schmitz*, Entwicklungsrecht und Konversionsgebiete, S. 171.

[249] Siehe bereits oben; Bericht des 14. Ausschusses des Deutschen Bundestages, BT-Drs. VI/2204 zu § 52.

[250] Vgl. Nassauskiesungsbeschluss, BVerfGE 58, 300.

[251] Vgl. BVerwG, NJW 1996, 2807, wo das Gericht zu bedenken gibt, ob die seinerzeitigen parlamentarischen Erörterungen zur Entschädigungsregelung auf der Grundlage der neueren verfassungsgerichtlichen Rechtsprechung eine andere Beurteilung verdienen.

[252] Vgl. Neuregelung der §§ 142 Abs. 3 Satz 3 und 4; 162 Abs. 1 Satz 1 Nr. 4, 164 Abs. 1 BauGB; siehe hierzu bereits § 2.VII.2.

[253] Vgl. dazu § 7.V.

§ 9 Rechtsschutzfragen 261

Grundstückseigentümer kann keinen Schaden ersetzt verlangen, der durch die Fortgeltung des Entwicklungsrechts begründet ist, wenn er eine grundstücksbezogene Entlassung aus dem Entwicklungsbereich nach § 163 BauGB hätte durchsetzen können und dies unterlassen hat.

Will der einzelne Grundstückseigentümer einen Schadensersatzanspruch geltend machen, ist zunächst darauf hinzuweisen, dass die bloße Geltung des Entwicklungsrechts und die deklaratorische Wirkung des Entwicklungsvermerks im Grundbuch als solche keinen Schaden darstellen. Denkbarer Anknüpfungspunkt des Haftungstatbestandes kann im Ergebnis nur die rechtswidrige Verweigerung einer entwicklungsrechtlichen Genehmigung entsprechend §§ 144, 145 Abs. 2 BauGB sein.[254] Hieraus können sich verschiedene Ansprüche ergeben.

1. Übernahmeverlangen gemäß § 168 BauGB

Unabhängig von der rechtmäßigen oder rechtswidrigen Aufrechterhaltung des Entwicklungsrechts kann bei der Verweigerung der entwicklungsrechtlichen Genehmigung zunächst ein Übernahmeverlangen des Eigentümers nach § 168 BauGB begründet sein.[255] Nach § 168 Satz 1 BauGB kann der Eigentümer die Übernahme des Grundstücks verlangen, wenn es ihm mit Rücksicht auf die Erklärung zum städtebaulichen Entwicklungsbereich oder den Stand der Entwicklungsmaßnahme wirtschaftlich nicht mehr zuzumuten ist, das Grundstück zu behalten oder es in der bisherigen oder einer anderen zulässigen Art zu nutzen.

Im städtebaulichen Sanierungsrecht knüpft das Übernahmeverlangen ausdrücklich an die Versagung der Genehmigung nach § 144 BauGB an: § 145 Abs. 5 Satz 1 BauGB sieht vor, dass der Eigentümer unter eben den Voraussetzungen, die auch § 168 Satz 1 BauGB normiert, die Übernahme seines Grundstücks verlangen kann, wenn zusätzlich die Genehmigung nach §§ 144, 145 Abs. 2 BauGB versagt wird. Für ein Übernahmeverlangen im Entwicklungsrecht bedarf es einer Versagung nicht, weil ohnehin grundsätzlich die gemeindliche Erwerbspflicht nach § 166 Abs. 3 Satz 1 BauGB besteht und dem Eigentümer die Möglichkeit eröffnet werden soll, selbst die Initiative einer entschädigungsrechtlichen Lösung zu ergreifen, ohne die Einleitung des Enteignungsverfahrens durch die Gemeinde abwarten zu müssen.[256]

Dennoch ist auch bei § 168 BauGB gerade die Sperrwirkung der §§ 144, 145 Abs. 2 BauGB der maßgebliche Anknüpfungspunkt für das Durchgreifen des

---

[254] Vgl. auch *Krautzberger*, in: Ernst/Zinkahn/Bielenberg/Krautzberger, § 162, Rn. 26, mit dem Hinweis, die Beschränkung müsse wirtschaftlich spürbar geworden und bedingt durch den rechtswidrigen Eingriff ein Vermögensschaden entstanden sein.
[255] So auch *Fleckenstein*, FAZ vom 23. 8. 2002, S. 41.
[256] BGHZ 50, 93/97; *Neuhausen*, in: Kohlhammer-Kommentar zum BauGB, § 168, Rn. 2.

Übernahmeverlangens. Wenn es dem Eigentümer aufgrund der Sperrwirkung des entwicklungsrechtlichen Genehmigungsvorbehalts – und erst recht einer Genehmigungsversagung – nach seinen individuellen Verhältnissen wirtschaftlich unzumutbar ist, das Grundstück zu behalten oder weiterhin zu nutzen, liegen die Voraussetzungen des § 168 Satz 1 BauGB vor und die Gemeinde muss das Grundstück vom Eigentümer übernehmen.[257] So liegt es etwa, wenn es dem Eigentümer aufgrund der versagten Genehmigung verwehrt wird, weitere Investitionen in einen gewerblichen Betrieb oder ein Gebäude zu tätigen und ohne die Investition die weitere Nutzung oder eine andere Nutzung ökonomisch nicht mehr sinnvoll ist.[258]

2. Schadensersatz- und Entschädigungsansprüche

Wird dem Eigentümer eine Genehmigung entsprechend §§ 144, 145 Abs. 2 BauGB versagt und ist er der Auffassung, er habe einen Genehmigungsanspruch, da die Gemeinde objektiv verpflichtet sei, die Entwicklungssatzung aufzuheben, so ist er wiederum gehalten, zunächst eine Verpflichtungsklage auf Erteilung der Genehmigung nach §§ 144, 145 Abs. 2 VwGO zu erheben. Erweist sich die Genehmigungsversagung dann als rechtswidrig, kann der Eigentümer den durch die Genehmigungsversagung entstandenen Schaden auf Grundlage des richterrechtlichen Haftungsinstituts des enteignungsgleichen Eingriffs und des Amtshaftungsanspruchs ersetzt verlangen.[259] Beide Haftungsinstitute werden bei einer rechtswidrigen Versagung unproblematisch durchgreifen.[260]

VII. Zusammenfassende Bewertung der Risiken für die Gemeinde

Im Ergebnis bleibt festzuhalten, dass die Gemeinde bei der Entscheidung über ihr Abwicklungskonzept für die Entwicklungsmaßnahme durch das geltende Recht weitgehend frei von äußeren Zwängen entscheiden kann. Auf die Aufhebung der Entwicklungssatzung besteht kein Individualanspruch der Grundeigentümer im städtebaulichen Entwicklungsbereich. Auch aufgrund von Schadensersatz- und Entschädigungsforderungen muss die Gemeinde nicht die Entscheidung über einen

---

[257] *Neuhausen*, in: Kohlhammer-Kommentar zum BauGB, § 168, Rn. 10. Zur verfahrensmäßigen Durchsetzung des Übernahmeverlangens vgl. *Schlichter/Roeser*, in: Berliner Kommentar zum BauGB, § 168, Rn. 6.

[258] Vgl. das Beispiel von *Neuhausen*, ebda.

[259] So auch *Krautzberger*, in: Ernst/Zinkahn/Bielenberg/Krautzberger, § 162, Rn. 26; *ders.*, in: Battis/Krautzberger/Löhr, § 162, Rn. 20.

[260] Zu den Anspruchsvoraussetzungen vgl. im Einzelnen ausführlich *Ossenbühl*, Staatshaftungsrecht, 1998, S. 12 ff. zur Amtshaftung; S. 241 ff. zum enteignungsgleichen Eingriff.

städtebaulich verträglichen Abschluss der Entwicklungsmaßnahme zugunsten eines vorschnellen Abbruchs aus der Hand geben: Die bloße Belegenheit des einzelnen Grundstücks im städtebaulichen Entwicklungsbereich oder die Eintragung des Entwicklungsvermerks begründen noch keinen Schaden des Eigentümers, den dieser mit dem Argument ersetzt verlangen könnte, die Entwicklungsmaßnahme ziehe sich zu lange hin und sei nach § 162 BauGB aufzuheben.

Lediglich die rechtswidrige Versagung der entwicklungsrechtlichen Genehmigung entsprechend §§ 144, 145 Abs. 2 BauGB könnte einen Schadensersatzanspruch auf Grundlage des Haftungsinstituts des enteignungsgleichen Eingriffs oder eines Amtshaftungsanspruchs begründen, wenn die Entwicklungsmaßnahme tatsächlich gänzlich zum Erliegen gekommen ist und die Aufhebungspflicht entsprechend § 162 BauGB objektiv besteht. Gerade in diesen Fällen können auch Übernahmeverlangen von Eigentümern auf Grundlage von § 168 BauGB begründet sein.

Hebt die Gemeinde die Entwicklungssatzung auf Grundlage eines ermessensfehlerfreien Entwicklungskonzepts auf, das an veränderte städtebauliche Rahmenbedingungen angepasst ist, begründet sie hierdurch keine Entschädigungsansprüche. Dies gilt auch, wenn für den einzelnen Eigentümer aufgrund der vorzeitigen Beendigung möglicherweise kein Entwicklungsvorteil eingetreten ist und hierdurch frustrierte Aufwendungen entstanden sind. Auch Anpassungsansprüche von Vertragspartnern der öffentlichen Hand werden bei rechtmäßiger Aufhebung nur im Ausnahmefall durchgreifen.

Hat die Gemeinde die Entwicklungssatzung aufgehoben, weil sich die Entwicklung als undurchführbar erwiesen oder sie die Entwicklungsabsicht aufgegeben hat, so können Ansprüche auf Rückübertragung oder Rückenteignung von Grundstücken geltend gemacht werden. Im Zeitpunkt ihres Erlasses rechtmäßige Enteignungsbeschlüsse haben aber auch dann Bestand, wenn sie im Zeitpunkt der Aufhebung des Entwicklungsrechts noch rechtshängig sind.

Zusammenfassung der Ergebnisse der Untersuchung in Thesen

I. Zur Rechtsgeschichte der städtebaulichen Entwicklungsmaßnahme

1. Die Entwicklung des Rechts der städtebaulichen Entwicklungsmaßnahme bildet exemplarisch ab, wie stark das Städtebaurecht zum einen durch sich wandelnde gesellschaftspolitische Zielsetzungen des Gesetzgebers und zum anderen durch wechselnde Trends der Stadtplanung geprägt wird.[1] Bemerkenswert ist, dass wesentliche Weichenstellungen des Gesetzgebers bei der Gestaltung des Rechtsinstruments auf Fehlannahmen in Bezug auf die Bevölkerungs- und damit Bedarfsentwicklung beruhten.[2]

2. Das geltende Recht der städtebaulichen Entwicklungsmaßnahme wurde vom historischen Gesetzgeber nicht darauf ausgelegt, mit anhaltenden Schwächeperioden des Immobilienmarktes umzugehen. Die Entwicklungsmaßnahmen sind als klassisches Wachstumsinstrument konzipiert, das maßgeblich von steigender Nachfrage, steigenden Bodenwerten und der Verteilung von Gewinnen ausgeht. Dass tatsächlich Situationen eintreten können, in denen die Verkehrswerte trotz Durchführung der Entwicklungsmaßnahme sinken, die Nachfrage auf breiter Flur ausbleibt und damit die Verteilung von Verlusten in den Mittelpunkt der Betrachtung rücken kann, hat der Gesetzgeber nicht vorhergesehen.[3]

3. Insbesondere die Entwicklung der Vorschriften, die die Aufhebung der Entwicklungssatzung zum Gegenstand haben, zeigt, dass der Gesetzgeber eine Sachlage, die eine städtebaulich verträgliche Abwicklung und eingeschränkte Durchführung von Entwicklungsmaßnahmen erforderlich machen kann, nicht vor Augen hatte. Das Städtebauförderungsgesetz normierte schlicht und ausschließlich die „Durchführung" der Maßnahme als Aufhebungsgrund und kannte insofern kein Scheitern der Maßnahme.[4] Der Verweis auf die Regelungen des Sanierungsrechts, welche auch die Undurchführbarkeit und die Aufgabe der Entwicklungsab-

---

[1] Siehe § 2.I.1., II.1., III.1., IV., VI. und VII.1.
[2] Siehe § 2.II.1. und III.1.
[3] Siehe § 2.I.2.f) und II.2.
[4] Siehe § 2.I.2.f).

sicht als Aufhebungsgrund vorsahen, erfolgte eher zufällig. Eine vertiefte Auseinandersetzung mit der Frage, welche Folgen es haben kann, wenn die Nachfrage nach entwickelten Flächen ausbleibt und die ursprünglichen Ziele und Zwecke der Maßnahme zumindest teilweise obsolet werden, erfolgte weder im parlamentarischen Prozess noch in der fachlichen Diskussion.[5]

4. Der Gesetzgeber hat die „Innenentwicklungsnovelle", mit der die Innenentwicklung der Städte zum 1. Januar 2007 erleichtert und gestärkt werden sollte, nicht genutzt, um die Entwicklungsmaßnahme zu einem aktiven Instrument der nachhaltigen Innenentwicklung fortzubilden.[6] Die Überlegungen, die im Sanierungsrecht zu der Befristungsregelung des § 142 Abs. 3 Satz 3 BauGB und dem vereinfachten Verfahren zur Ermittlung der Ausgleichsbeträge gemäß § 154 Abs. 2a BauGB geführt haben, wurden für das Entwicklungsrecht nicht angestellt. Der Gesetzgeber hat zudem den seit 1993 und verstärkt seit dem BauROG 1998 verfolgten Kurs der Harmonisierung von Sanierungs- und Entwicklungsrecht aufgegeben.[7]

II. Zum Rechtmäßigkeitsmaßstab der städtebaulichen Entwicklungsmaßnahme

5. Die rechtlichen Voraussetzungen für die Festlegung eines städtebaulichen Entwicklungsbereichs wurden von der Rechtsprechung der Oberverwaltungsgerichte und des Bundesverwaltungsgerichts kontinuierlich und differenziert ausgelegt und können als geklärt angesehen werden. Die Anwendung des Instruments durch die kommunale Praxis kann deshalb auf gesicherter Rechtsgrundlage erfolgen. Das Bundesverfassungsgericht hat bestätigt, dass der Gesetzgeber mit den §§ 165 ff BauGB das Spannungsverhältnis zwischen Grundeigentumsfreiheit und gemeindlicher Planungshoheit verfassungskonform bewältigt hat.[8]

III. Zu den Problemen städtebaulicher Entwicklungsmaßnahmen bei einem Wandel der städtebaulichen Rahmenbedingungen am Beispiel Berlins

6. Das Land Berlin hat bei der städtebaulichen Bewältigung der Folgen der Teilung der Stadt und zur Umsetzung des Konzepts der dezentralen Konzentration

---

[5] Siehe § 2.III.2.e).
[6] Siehe § 2.VII.1.
[7] Siehe § 2.VII.2. und 3.
[8] Siehe § 3.III.2.a), IV.

und des Leitbilds der „Neuen Vorstädte" zu Anfang und Mitte der neunziger Jahre in besonderer Weise auf das Instrument der städtebaulichen Entwicklungsmaßnahme gesetzt. Das scharfe Schwert des Entwicklungsrechts kam dabei vor allem dort zur Anwendung, wo innerstädtische, teilweise brachgefallene Gewerbe- und Industrieflächen zu Wohn- und Dienstleistungsquartieren umgenutzt werden sollten, während klassische Stadterweiterungsmaßnahmen an der Peripherie eher auf Grundlage städtebaulicher Verträge entwickelt wurden.[9] Die Annahme des Verordnungsgebers, dass mittelfristig ein erhöhter Bedarf an Wohn- und Arbeitsstätten in Berlin bestehen würde, wurde im Zeitpunkt der Festlegung der Entwicklungsbereiche allgemein geteilt.[10]

7. Die städtebaulichen Rahmenbedingungen für die Entwicklungsmaßnahmen Berlins haben sich in den Jahren nach der Festlegung der Entwicklungsbereiche grundlegend gewandelt, die Wachstumserwartungen haben sich nicht annähernd erfüllt. Vielmehr sah sich das Land ab Ende der neunziger Jahre mit einer Schrumpfung von Bevölkerung, Wirtschaft und der Nachfrage nach Wohnungen und Gewerbeflächen konfrontiert. Die Bodenpreise gaben auf breiter Front nach. Die Situation verschärfte sich durch eine äußerst angespannte Haushaltslage und das Ausbleiben erhoffter externer Wachstumsimpulse. Damit wurden auch die Prosperitätschancen der städtebaulichen Entwicklungsbereiche erheblich begrenzt.[11]

8. Das Land Berlin hat aus der dargestellten Entwicklung Konsequenzen gezogen und eine grundlegende Umsteuerung der städtebaulichen Entwicklungsbereiche eingeleitet. Die Entwicklungsmaßnahmen wurden dabei nicht kurzerhand abgebrochen, sondern durch eine differenzierte Änderung der Entwicklungsziele schrittweise und städtebaulich verträglich abgewickelt. Das Entwicklungsziel der zügigen Deckung eines erhöhten Bedarfs an Wohn- und Arbeitsstätten mit den Mitteln des Entwicklungsrechts und der flächendeckenden, von Privaten durchzuführenden Bebauung der Grundstücke im Entwicklungsbereich wurde aufgegeben. Es wurde im Rahmen eines reduzierten Entwicklungsprogramms nur noch die planungsrechtliche Sicherung der beabsichtigten späteren Nutzung, die Erschließung und die Durchführung aller wesentlichen Ordnungsmaßnahmen als Entwicklungsziel aufrechterhalten. In einem ersten Schritt konnte für Teilgebiete, in denen die Entwicklungsziele bereits erreicht waren, das Entwicklungsrecht nach durchgeführter Entwicklung aufgehoben werden. Für andere, insbesondere randständige Teilgebiete wurde die Entwicklungsabsicht aufgegeben, wenn diese Flächen nur zur Umsetzung des Ziels der quantitativen Bedarfsdeckung, nicht aber zur Sicherung weitergehender und aufrechterhaltender städtebaulicher Entwicklungsziele benötigt wurden. Auf den im Entwicklungsrecht verbliebenen Teilgebieten wur-

---

[9] Siehe § 3.III.3.; § 4.I.
[10] Siehe § 4.I.
[11] Siehe § 4.II.

den die Entwicklungsbebauungspläne noch festgesetzt oder den geänderten Zielen angepasst; die Maßnahmen, die in den Verantwortungsbereich des Landes fielen, wurden durchgeführt und so auch hier die Voraussetzungen für eine spätere, selbst tragende Entwicklung ohne Einsatz der besonderen Instrumente der §§ 165 ff BauGB geschaffen.[12]

9. Das Beispiel der Berliner Entwicklungsmaßnahmen zeigt, dass die Entwicklungsbereiche durch eine anhaltende Nachfrageschwäche in eine bedrohliche Lage geraten können: das Entwicklungskonzept der Gemeinde wird in Frage gestellt, eine Rechtsunsicherheit bei der Erteilung entwicklungsrechtlicher Genehmigungen entsprechend §§ 144, 145 Abs. 2 BauGB tritt ein und das Finanzierungsinstrumentarium des Entwicklungsrechts greift ins Leere. Durch einen sofortigen Abbruch einer schon angelaufenen Entwicklungsmaßnahme drohen sich gerade bei Innenentwicklungsmaßnahmen aber städtebauliche Missstände einzustellen oder zu manifestieren, bei denen es zu einem Nebeneinander bereits neu geordneter „Entwicklungsinseln" mit altindustriellen Anlagen und ungeordneten Brachflächen kommen kann.[13]

IV. Zum Rechtswidrigwerden und der Funktionslosigkeit städtebaulicher Entwicklungssatzungen

10. Bei einem dauerhaften Steckenbleiben der Maßnahme stellt sich in für die Gemeinde die Frage, ob sie abwarten und darauf hoffen darf, dass die Nachfrage nach einiger Zeit wieder einsetzen werde oder ob sie gehalten ist, ihr Planungskonzept zu ändern, die Entwicklungsziele anzupassen und die Entwicklungsmaßnahme gegebenenfalls vorzeitig zu beenden. Aufgrund der städtebaulichen und stadtwirtschaftlichen Krisenbedingungen verliert die Satzung jedenfalls nicht automatisch ihre Wirksamkeit. Die Rechtsprechung hat in einer Vielzahl von Entscheidungen mit nahezu einhelliger Unterstützung in der Literatur entschieden, dass es für die Rechtmäßigkeit der Entwicklungssatzung allein auf die Verhältnisse im Zeitpunkt der Beschlussfassung über die Festlegung des Entwicklungsbereichs ankommt. Nachträgliche Änderungen, die einen Wegfall der Festlegungsvoraussetzungen bewirken, sollen nach dieser Rechtsprechung keinen Einfluss auf die Satzung haben. Weder der Ablauf einer bestimmten Durchführungszeit noch eine unzureichende Förderung der Entwicklungsmaßnahme sollen deshalb zu einem Außerkrafttreten der Entwicklungssatzung führen können.[14] Allerdings finden sich auch Einzelentscheidungen der Rechtsprechung, die in diesen Fällen von einem Entfallen der Rechtsgültigkeit der Entwicklungssatzung ausgehen.[15]

---

[12] Siehe § 4.IV.
[13] Siehe § 4.III.
[14] Siehe § 5.I.1.
[15] Siehe § 5.I.1.e).

11. Die Lösung der herrschenden Meinung, die Entwicklungssatzung ausschließlich an der Sach- und Rechtslage im Zeitpunkt der Beschlussfassung über die förmliche Festlegung des Entwicklungsbereichs nach § 165 Abs. 6 Satz 1 BauGB zu messen, ist überzeugend. Die Annahme eines automatischen Außerkrafttretens wäre mit dem Gebot der Rechtssicherheit nicht in Einklang zu bringen und würde die Besonderheiten der Entwicklungspraxis, insbesondere der Möglichkeit der Anpassung des Entwicklungskonzepts an veränderte Rahmenbedingungen, außer Acht lassen.[16] Für die städtebaulichen Satzungen hat der Gesetzgeber mit § 214 Abs. 3 Satz 1 BauGB den maßgeblichen Zeitpunkt für das Vorliegen der Rechtmäßigkeitsvoraussetzungen verbindlich auf den Zeitpunkt der Beschlussfassung festgelegt.[17]

12. Die zögerliche Durchführung und der Wegfall der Erforderlichkeit der Maßnahme für das Wohl der Allgemeinheit bleiben gleichwohl nicht ohne Folgen für die Durchführbarkeit der Maßnahme. Die Gemeinde darf die entwicklungsrechtliche Genehmigung nicht mehr versagen, wenn die Entwicklungsmaßnahme gar nicht mehr oder nur zögerlich betrieben und das Entwicklungskonzept nicht konkretisiert und angepasst wird.[18] Ferner kann auch die Bindungswirkung der Entwicklungssatzung für das grundstücksbezogene Enteignungsverfahren durchbrochen werden, wenn die Verzögerungen bei der Durchführung eindeutig und dauerhaft belegen, dass die Gemeinde kein Entwicklungskonzept mehr verfolgt.[19] Bei einem „Liegenlassen" der Maßnahme verstößt die Gemeinde deshalb nicht nur gegen das objektiv-rechtliche Zügigkeitsgebot, sie droht auch insgesamt die Steuerungsmöglichkeiten über die Maßnahme einzubüßen.[20]

13. Ob eine Entwicklungssatzung funktionslos werden kann, wird in Rechtsprechung und Literatur nicht einheitlich beantwortet, die herrschende Meinung hält eine Funktionslosigkeit zwar für möglich, es findet sich in der Judikatur jedoch kein einziger konkreter Fall, in dem die Voraussetzungen der Obsoleszenz tatsächlich bejaht worden wären.[21] Im Ergebnis ist die Auffassung richtig, dass eine städtebauliche Entwicklungssatzung nicht funktionslos werden kann. Denn anders als ein Bebauungsplan trifft die Satzung keine materiellen Festsetzungen, die verwirklichungsunfähig werden könnten. Mit der gesetzlichen Aufhebungspflicht entsprechend § 162 Abs. 1 BauGB hat der Gesetzgeber die Beendigungsgründe der Satzung abschließend geregelt.[22]

---

[16] Siehe § 5.II.1.d).
[17] Siehe § 5.II.1.c).
[18] Siehe § 5.I.1.e).
[19] Siehe § 5.I.1.a).
[20] Siehe § 5.I.1.f).
[21] Siehe § 5.I.2.
[22] Siehe § 5.II.2.

V. Zur Bedeutung des Entwicklungskonzepts

14. Dem Entwicklungskonzept der Gemeinde kommt bei der Vorbereitung und Durchführung der Entwicklungsmaßnahme eine zentrale Rolle zu. Das Gesetz knüpft an die „Ziele und Zwecke" der Entwicklungsmaßnahme mannigfaltige und weitreichende Rechtsfolgen oder nimmt auf das Entwicklungskonzept zur Begründung von Entscheidungen Bezug.[23] Das Entwicklungskonzept unterscheidet sich im Hinblick auf die Häufigkeit der gesetzlichen Inbezugnahme, der rechtlichen Bindungs- und faktischen Außenwirkung sowie dem konkreten Durchführungsbezug von anderen informellen Planungen des Allgemeinen Städtebaurechts.[24] Es ist deshalb als eigenständige Planungskategorie oberhalb der informellen Planungen zu verorten.[25]

15. Will die Gemeinde den Weg zu einer vorzeitigen, aber dennoch städtebaulich verträglichen Beendigung der Entwicklungsmaßnahme einschlagen, muss sie ihr Entwicklungskonzept den veränderten Umständen anpassen. Sie kann so die Voraussetzungen für eine Aufhebung des Entwicklungsrechts schaffen, die auf einer ermessensfehlerfreien Entwicklungsplanung beruht. Hierbei ist ihr ein erheblicher Handlungsspielraum eingeräumt. Die Anforderungen an die Erarbeitung, Konkretisierung und Änderung der Entwicklungsziele sind in der Praxis mit einigen Unsicherheiten verbunden. Im Ergebnis ist die Gemeinde bei einer grundlegenden Änderung der Entwicklungsziele gehalten, zunächst ein verwaltungsinternes Konzept für die Umsteuerung zu erarbeiten, dann die Beteiligung der Betroffenen und der öffentlichen Aufgabenträger durchzuführen und anschließend nach einer Abwägung aller geltend gemachter Belange und Anregungen das neue Entwicklungskonzept von dem jeweils zum Satzungsbeschluss berufenen Organ mindestens billigen zu lassen; schließlich ist es in geeigneter Form zur Einsichtnahme durch die Betroffenen bereit zu halten.[26]

16. In materieller Hinsicht ist die Gemeinde bei der Planungsentscheidung über ihr Entwicklungskonzept an das Abwägungsgebot, das Vertrauensschutzprinzip und das Zügigkeitsgebot gebunden. Außerdem begrenzen und strukturieren die allgemeinen Planungsgrundsätze des Entwicklungsrechts das Entwicklungskonzept. Deshalb hat die Gemeinde für ihr geändertes Entwicklungskonzept eine Kontrollüberlegung anzustellen, ob die Entwicklungsmaßnahme mit den geänderten Zielen und Zwecken als neuer städtebaulicher Entwicklungsbereich festgelegt werden könnte. So kann eine Umgehung der Festlegungsvoraussetzungen nach § 165 Abs. 3 BauGB und der Aufhebungspflicht nach § 169 Abs. 1 Nr. 8 i. V. m.

---

[23] Siehe § 6.I.2.a).
[24] Siehe § 6.I.2.b).
[25] Siehe § 6.I.2.c).
[26] Siehe § 6.II.1.

§ 162 Abs. 1 BauGB ausgeschlossen werden. Innerhalb dieser Grenzen kann die Gemeinde ihr Entwicklungskonzept flexibel an veränderte städtebauliche Rahmenbedingungen anpassen.[27]

VI. Zu den Voraussetzungen der Aufhebung der Entwicklungssatzung

17. Um die Frage zu beantworten, ob einer der für die Entwicklungsmaßnahme entsprechend anwendbaren Aufhebungsgründe des § 162 Abs. 1 BauGB vorliegt, bedarf es einer wertenden Beurteilung der Gemeinde. Bei der „durchgeführten Entwicklung", der „undurchführbaren Entwicklung" und der „Aufgabe der Entwicklungsabsicht" handelt es sich um unbestimmte Rechtsbegriffe, die interpretations- und auslegungsbedürftig sind. Der Gemeinde steht im Rahmen dieser Bewertung ein Beurteilungsspielraum zu.[28] Darüber hinaus ist zu berücksichtigen, dass die Gemeinde die Beurteilung, ob einer der Aufhebungsgründe vorliegt, nur am Maßstab ihres eigenen Entwicklungskonzepts vornehmen kann, welches seinerseits der fortlaufenden Anpassung und Änderung unterworfen ist.[29]

18. Das Entwicklungsrecht stellt der Gemeinde nach der hier vertretenen Auslegung einen ausreichenden Handlungsspielraum zur Verfügung, um die Entwicklungsmaßnahme auch bei mangelnder Nachfrage derart abzuschließen, dass sie die städtebauliche Neuordnung des Bereichs nicht durch einen vorzeitigen Abbruch der Maßnahme gefährden muss. Im Sinne einer „eingeschränkten Durchführung" der Entwicklungsmaßnahme kann die Gemeinde ihr Entwicklungskonzept auf die planerische Sicherung und bedarfsgerechte Erschließung des neu geordneten Bereichs beschränken, um die Voraussetzungen für eine nach Aufhebung des Entwicklungsrechts möglicherweise einsetzende Entwicklung zu schaffen und Störungen der bereits im Laufe der Durchführung der Entwicklungsmaßnahme angesiedelten Neunutzungen auszuschließen.[30]

19. Zu den Mindestvoraussetzungen einer „eingeschränkten Durchführung" der Entwicklungsmaßnahme im Sinne des § 162 Abs. 1 Satz 1 Nr. 1 BauGB gehört, dass die Bebauungspläne festgesetzt[31] und alle Ordnungsmaßnahmen abgeschlossen werden, die für die Erreichung des Entwicklungsziels erforderlich sind, eine selbsttragende Entwicklung nach Aufhebung der Satzung zu ermöglichen. Hierzu gehört der Abschluss der Bodenordnung, insbesondere der Enteignungsverfahren,[32] die Herstellung der erforderlichen Erschließungsanlagen, sofern sie

---

[27] Siehe § 6.II.2.
[28] Siehe § 7.I.
[29] Siehe §§ 6.II.2., 7.I.
[30] Siehe § 7.II.
[31] Siehe § 7.II.2.a).

der Außenerschließung der Baufelder oder der Verbindung einzelner Teilgebiete dienen,[33] die Beseitigung städtebaulicher Missstände, die durch die stecken gebliebene Entwicklung entstanden sind[34] und die Errichtung derjenigen Gemeinbedarfs- und Folgeeinrichtungen, für die durch die Bebauung des Entwicklungsbereichs im Zeitpunkt der Aufhebung tatsächlich bereits ein Bedarf entstanden ist.[35]

20. Die Undurchführbarkeit der Entwicklung im Sinne des § 162 Abs. 1 Satz 1 Nr. 1 BauGB kann nur einen Ausnahmefall darstellen. Die Gemeinde ist verpflichtet, ihr Entwicklungskonzept vorrangig geänderten städtebaulichen und immobilienkonjunkturellen Rahmenbedingungen anzupassen, so dass es im Regelfall nicht zu einer Undurchführbarkeit der Entwicklungsmaßnahme kommen kann. Nur wenn die Gemeinde nach pflichtgemäßem Ermessen zu dem Ergebnis gelangt, dass sie unter Beachtung des Zügigkeitsgebots und der anderen materiellen Begrenzungen ihres Planungsermessens kein der geordneten städtebaulichen Entwicklung dienendes Entwicklungskonzept mehr umsetzen kann, kann sie von einer objektiven Undurchführbarkeit der Entwicklung ausgehen und muss dann die Entwicklungssatzung aufheben.[36]

21. Die Aufgabe der Entwicklungsabsicht im Sinne des § 162 Abs. 1 Satz 1 Nr. 3 BauGB ist nur dann gerechtfertigt, wenn eine Anpassung der Entwicklungsziele an geänderte Umstände nach Abwägung aller Belange nicht in Betracht kommt. Der Abbruch der Entwicklungsmaßnahme im Ganzen stellt nur die ultima ratio gegenüber einer Durchführung der Maßnahme mit vermindertem Umfang oder gestrecktem Entwicklungszeitraum dar.[37] Würde durch den Abbruch der Maßnahme die geordnete städtebauliche Entwicklung der Gemeinde beeinträchtigt, weil Entwicklungsruinen oder Entwicklungsinseln inmitten eines unentwickelten und möglicherweise emissionsträchtigen Umfeldes zurückblieben, wäre die Aufgabe der Entwicklungsabsicht ermessensfehlerhaft.[38] Bei der Entscheidung über Aufgabe oder Fortsetzung der Entwicklung sind auch private Interessen maßgeblich.[39]

22. Mit einer Entwicklungsmaßnahme werden typischerweise mehrere oder ein ganzes Bündel städtebaulicher Ziele angestrebt. So kann neben der Absicht, ein bestimmtes Versorgungsziel zügig zu erreichen, das Ziel verfolgt werden, die Nutzungsstrukturen eines Quartiers umzuwandeln und neu zu ordnen. Fällt nun

---

[32] Siehe § 7.II.2.b)aa).
[33] Siehe § 7.II.2.b)bb).
[34] Siehe § 7.II.2.b)cc).
[35] Siehe § 7.II.2.c).
[36] Siehe § 7.III.
[37] Siehe § 7.IV.1.
[38] Siehe § 7.IV.2.e).
[39] Siehe § 7.IV.1.

infolge konjunktureller Veränderungen das Bedürfnis weg, eine bestimmte Bedarfsdeckung zügig zu erreichen, muss damit noch nicht das weitergehende Ziel aufgegeben werden, eine städtebauliche Neuordnung des Gebiets zu erreichen. In diesen Fällen ist von besonderer Bedeutung, für jedes Teilgebiet gesondert abzuwägen, ob die Entwicklungsabsicht aufgegeben werden soll oder nicht. Gerade eine teilgebietsspezifische Betrachtung des Entwicklungsbereichs kann einen geordneten Rückzug der Gemeinde aus der Entwicklungsmaßnahme ermöglichen.[40]

23. Die Gemeinde muss gerade bei der Aufhebung des Entwicklungsrechts für Teilgebiete prüfen, ob sich durch die Herausnahme eines Teilgebiets Auswirkungen auf das städtebauliche Gefüge der Gesamtmaßnahme ergeben können. Wird ein Teilgebiet nach durchgeführter Entwicklung aus dem Entwicklungsrecht entlassen, so muss im Verlauf der weiteren Durchführung der Entwicklungsmaßnahme auf den im Entwicklungsbereich verbleibenden Flächen dafür Sorge getragen sein, dass die eingetretenen Entwicklungserfolge nicht durch den Verbleib oder die Verschärfung städtebaulicher Missstände in den angrenzenden Gebieten wieder gefährdet werden. Im Zweifel muss es bei einer Einbeziehung in den Entwicklungsbereich bleiben.[41]

VII. Zu den Abwicklungsaufgaben der Gemeinde

24. Grundsätzlich müssen alle Ordnungs- und Baumaßnahmen, die als Entwicklungsziel verfolgt werden, bis zur Aufhebung der Entwicklungssatzung soweit abgeschlossen sein, dass ein weiteres Tätigwerden der Gemeinde oder des Entwicklungsträgers nicht mehr erforderlich ist. Von diesem Grundsatz der Fertigstellung vor Aufhebung kann nur ausnahmsweise und nur dann abgewichen werden, wenn (1.) die Fertigstellung der Maßnahme auch nach der Aufhebung des städtebaulichen Entwicklungsrechts rechtlich und finanziell gesichert ist, (2.) die Maßnahme nicht zur verkehrlichen Erschließung eines im Rahmen der Entwicklungsmaßnahme bereits entwickelten Baufeldes oder der übergeordneten Außenerschließung dient, (3.) durch die Verschiebung der Maßnahme insgesamt keine städtebaulichen Missstände verbleiben, (4.) es sich bei einer Erschließungsanlage lediglich um einen kleineren Abschnitt der Anlage handelt, da andernfalls das Entwicklungsziel, das mit deren Herstellung erreicht werden sollte, im Zeitpunkt der Aufhebung regelmäßig verfehlt wäre und (5.) mit der Herstellung bereits unumkehrbar begonnen wurde, so dass mit der Fertigstellung der Maßnahme alsbald nach der Aufhebung des Entwicklungsrechts zu rechnen ist.[42]

---

[40] Siehe § 7.IV.2.b).
[41] Siehe § 7.V.1.
[42] Siehe § 8.I.2.

25. Mit der Aufhebung der Entwicklungssatzung wandelt sich der Inhalt des Schuldverhältnisses zwischen Gemeinde und Entwicklungsträgerin in ein Abwicklungsverhältnis um, erlischt aber noch nicht. Da dieses Schuldverhältnis eine Vielzahl verschiedener Rechtsbeziehungen beinhaltet, die nach der Aufhebung des Entwicklungsrechts schon aufgrund der gesetzlichen Anordnung entsprechend § 160 Abs. 6 BauGB der Abwicklung bedürfen, ist es erst dann erfüllt und erlischt, wenn auch alle Abwicklungspflichten erfüllt sind. Die Aufgaben des Trägers beschränken sich allerdings mit dem Abschluss der Entwicklungsmaßnahme entsprechend § 162 BauGB auf diese Abwicklungsaufgaben, sein eigentliches operatives Geschäft endet, da er nach § 167 Abs. 1 Satz 1 BauGB nur zur Vorbereitung und Durchführung der Entwicklungsmaßnahme beauftragt wird und insoweit eine Bindung seiner Tätigkeit an die Geltung des Entwicklungsrechts besteht.[43]

26. Entsprechend § 160 Abs. 6 Satz 2 BauGB muss der Entwicklungsträger nach der Beendigung seiner Tätigkeit das Treuhandvermögen einschließlich der Grundstücke, die er im Rahmen seiner Reprivatisierungspflicht nach § 167 Abs. 3 BauGB noch nicht veräußert hat, auf die Gemeinde übertragen. Da § 160 Abs. 6 BauGB keine *cessio legis* vorsieht, bedarf es jeweils einer rechtsgeschäftlichen Übertragung der einzelnen Vermögensgegenstände. Es empfiehlt sich, von dem Treuhänder rechtzeitig vor der Beendigung seiner Tätigkeit ein Bestandsverzeichnis über alle Vermögensgegenstände, die sich im Treuhandvermögen befinden, erstellen zu lassen und auf dieser Grundlage einen umfassenden Übertragungsvertrag abzuschließen.[44]

27. Während die Vermögensgegenstände des Treuhandvermögens auf die Gemeinde durch Rechtsgeschäft übertragen werden müssen, ordnet das Gesetz für die Verbindlichkeiten des Treuhandvermögens in § 160 Abs. 6 Satz 3 BauGB eine gesetzliche Schuldübernahme an. Hierbei ist von einem nach Vermögensgegenständen differenzierenden, also partiellen Haftungsübergang auszugehen. Andernfalls könnte es zu einem Auseinanderfallen der Rechte und Pflichten aus Verträgen oder der Sachherrschaft über Gegenstände im Treuhandvermögen und der zugehörigen Verkehrssicherungspflichten kommen.[45]

28. Zu den Abwicklungsaufgaben gehört weiterhin auch die Veräußerung und ggf. Rückübertragung von Grundstücken. Die Reprivatisierungspflicht besteht auch nach Aufhebung der Entwicklungssatzung fort, denn bei dem gemeindlichen Grunderwerb soll es sich nur um einen Durchgangserwerb handeln, mit der Maßnahme soll keine kommunale Bodenvorratspolitik betrieben werden können.[46]

---

[43] Siehe § 8.III.1.
[44] Siehe § 8.III.3.
[45] Siehe § 8.III.4.
[46] Siehe § 8.IV.1.

Grundsätzlich besteht auch die Verpflichtung fort, Bau- und Nutzungsverpflichtungen nach § 169 Abs. 6 und Abs. 7 BauGB mit den Erwerbern von Grundstücken abzuschließen. Verfolgt die Gemeinde aber ein Entwicklungskonzept, dass die Bebauung der Flächen nicht mehr als Entwicklungsziel verfolgt, so kann sie die Eigentümer auch nicht zur zügigen Durchführung von Baumaßnahmen verpflichten. Die Gemeinde kann nämlich von potentiellen Grundstückskäufern nach Aufhebung des Entwicklungsrechts nicht mehr verlangen, als sie selbst vor der Aufhebung als Entwicklungsziel verfolgt hat.[47]

29. Bei der Ermittlung der entwicklungsbedingten Bodenwerterhöhung wird die Bewertungspraxis während der Durchführung der Maßnahme die erwartete Qualität nach Beendigung der Entwicklung und damit einen künftigen Zustand zu Grunde zu legen. Nach Aufhebung des Entwicklungsrechtes ist nicht mehr der erwartete Zustand für die Bestimmung des Endwertes maßgeblich, sondern die tatsächlich vorgefundene Qualität. Dies wird gerade dann zu einer Veränderung der zuvor prognostizierten Werte führen, wenn durch eine Änderung der Entwicklungsziele die ursprünglich angenommene Entwicklungskulisse nicht mehr verwirklicht wird.[48] Bei der Bestimmung des Endwerts im Rahmen der Ermittlung des Ausgleichsbetrages ist zu beachten, dass der Endwert marktkonform sein muss. Gerade bei Krisenbedingungen der Grundstücksmärkte, die Grund für die Aufhebung der Entwicklungssatzung waren, kann es zu Situationen kommen, in denen die in den Entwicklungsbebauungsplänen ausgewiesenen Nutzungsmöglichkeiten am Markt kaum oder gar nicht nachgefragt werden. In diesen Fällen wird der Kaufpreis, der für ein solches Grundstück zu erwarten ist, zunächst vergleichsweise niedrig anzusetzen sein. Auch wenn zunächst immer die im Bebauungsplan festgesetzte höchstzulässige Nutzung bei der Wertermittlung anzuhalten ist, kann allerdings eine der Nachfrage angepasste, geringere Ausnutzungsmöglichkeit zu einer größeren Nachfrage und einem höheren Kaufpreis führen, als dies bei der höheren Nutzungsziffer der Fall wäre. Deshalb können in Ausnahmefällen aufgrund einer abweichenden Marktnachfrage auch Zuschläge in Betracht kommen.[49]

30. Die Abschöpfung von Ausgleichsbeträgen wird vor allem dann auf Widerstände der pflichtigen Eigentümer treffen, wenn die Entwicklungsmaßnahme vom Markt letztlich nicht honoriert wurde. Wegen der Eliminierung der Konjunktureinflüsse kann aber dennoch eine entwicklungsbedingte Bodenwerterhöhung im Sinne einer Vermeidung von Wertverlusten feststellbar sein. Die Gemeinde ist auch unter dem Aspekt, dass die Ermittlung der Ausgleichsbeträge mit zunehmender Verfahrensdauer immer weiter erschwert wird und die Akzeptanz der Ausgleichsbetragserhebung leidet, zu einer zügigen Aufhebung der Entwicklungssatzung gehalten.[50]

---

[47] Siehe § 8.IV.1.b).
[48] Siehe § 8.V.1.b).
[49] Siehe § 8.V.1.b).
[50] Siehe § 8.V.1.b).

31. Ein Erlass des Ausgleichsbetrages entsprechend der Regelung des § 155 Abs. 4 BauGB ist im städtebaulichen Entwicklungsbereich im öffentlichen Interesse nur dann geboten, wenn ohne den Erlass unter Einbeziehung der Möglichkeiten eines Tilgungsdarlehens oder einer Stundung die Ziele und Zwecke der Entwicklungsmaßnahme *gefährdet* wären. Dass der Erlass geeignet ist, die Ziele und Zwecke der Maßnahme zu fördern, reicht allein nicht aus.[51]

VIII. Zu den Rechtsschutzfragen bei der Aufhebung der Entwicklungssatzung

32. Beruht die Aufgabe der Entwicklungsabsicht auf einer ermessensfehlerhaften Entscheidung, so werden die betroffenen Grundeigentümer durch eine die Aufgabe der Entwicklungsabsicht vollziehende Aufhebungssatzung in ihren Rechten verletzt. Die Rechtsverletzung kann aber ebenso bestehen, wenn die Gemeinde aufgrund eines ermessensfehlerhaften Entwicklungskonzepts zu dem Ergebnis gelangt, die Entwicklungsmaßnahme sei bereits durchgeführt oder habe sich als undurchführbar erwiesen. Denn in jedem Falle lässt sich das Vorliegen des Aufhebungsgrundes nur am Maßstab der Ziele und Zwecke der Entwicklungsmaßnahme beurteilen, die auch private Interessen im Rahmen des Abwägungsgebots berücksichtigen müssen. Es sind auch Situationen denkbar, in denen die privaten Belange auf eine Weiterführung der Entwicklungsmaßnahme derart überwiegen, dass eine Ermessensreduzierung dahingehend eintritt, noch bestimmte Maßnahmen durchzuführen und die Entwicklungssatzung nicht aufzuheben, bevor die Maßnahme durchgeführt wurde oder jedenfalls sichergestellt ist, dass sie im Zuge der Abwicklung der Entwicklungsmaßnahme noch durchgeführt wird. Hebt die Gemeinde die Entwicklungssatzung auf, ohne diese Voraussetzung zu erfüllen und hinterlässt ungeordnete städtebauliche Verhältnisse, so kann der betroffene Grundeigentümer geltend machen, durch die Aufhebungssatzung in seinen Rechten verletzt zu sein und die Satzung mit einem Normenkontrollantrag angreifen.[52]

33. Da im Fall einer objektiv bestehenden Aufhebungspflicht der Gemeinde den Interessen der betroffenen Eigentümer durch die Einräumung eines Rechtsanspruchs auf Erteilung einer Genehmigung entsprechend §§ 144, 145 Abs. 2 BauGB hinreichend Rechnung getragen ist, besteht kein Anlass, die Regel zu durchbrechen, dass ein subjektives öffentliches Recht auf Normerlass im allgemeinen und auf Durchsetzung eigener planerischer Vorstellung gegenüber der Gemeinde im besonderen nicht besteht. Ein Anspruch des Einzelnen auf Aufhebung der Entwicklungssatzung ist deshalb abzulehnen.[53]

---

[51] Siehe § 8. V. 2. c) bb).
[52] Siehe § 9. I.
[53] Siehe § 9. II.

34. Bei einer Enteignung auf Grundlage des § 169 Abs. 3 Satz 1 BauGB ist der Zeitpunkt der Entscheidung der Enteignungsbehörde für das Vorliegen der entwicklungsrechtlichen Rechtsgrundlage maßgeblich. Eine spätere Aufhebung der Entwicklungssatzung berührt die Rechtmäßigkeit des Enteignungsbeschlusses nicht, auch wenn hiergegen ein Antrag auf gerichtliche Entscheidung noch rechtshängig ist. Hierfür spricht zum einen, dass es gerade Wille des Gesetzgebers ist, dass die Entwicklungsmaßnahme zügig durchgeführt und die Entwicklungssatzung binnen eines absehbaren Zeitraums wieder aufgehoben wird. Zum anderen würde ein Zugrundelegen des Zeitpunktes der gerichtlichen Entscheidung zu einer erheblichen Verzögerung des Enteignungsverfahrens und der Erfüllung des Enteignungszwecks führen und wäre mit der Beschleunigungsmaxime nicht in Einklang zu bringen.[54]

35. Wenn nicht ausdrücklich vertraglich etwas anderes vereinbart wurde, ist stets davon auszugehen, dass ein vertraglicher Anspruch des Privaten auf die Durchführung der Entwicklungsmaßnahme in einem bestimmten Umfang oder auf Unterlassen der Aufhebung des Entwicklungsrechts insgesamt durch Ablösungsvereinbarungen und Grundstückskaufverträge im Rahmen des Entwicklungsrechts nicht begründet wird. Da das wesentliche Durchführungs- und Sicherungsinstrument der Gemeinde im Entwicklungsbereich der Entwicklungsbebauungsplan ist, sperrt § 1 Abs. 3 Satz 2 BauGB alle Ansprüche, Entwicklungsbebauungspläne eines bestimmten Inhalts festzusetzen. Auch ein Anspruch darauf, ein bestimmtes Planverfahren fortzusetzen, kann nicht begründet werden, die Gemeinde muss nach § 1 Abs. 3 Satz 2, Abs. 8 BauGB auch frei sein, ein bestimmtes Planungsverfahren abzubrechen, weil sich ihre Planungsvorstellungen gewandelt haben.[55]

36. In einer rechtmäßigen Aufhebung der Entwicklungssatzung, das heißt auf Grundlage eines Entwicklungskonzepts unter gerechter Abwägung der Belange aller Betroffenen, kann keine Pflichtverletzung im Sinne von §§ 280 ff BGB gegenüber den Vertragspartnern der Gemeinde oder des Entwicklungsträgers bestehen. Schadensersatzansprüche wegen der rechtmäßigen Aufhebung der Entwicklungssatzung stünden den Vertragspartnern der Gemeinde nur dann zu, wenn diese ausdrücklich vertraglich vereinbart worden sind.[56]

37. Auch bei einer vorzeitigen Aufhebung der Entwicklungssatzung sind Anpassungsansprüche von Vertragspartnern der Gemeinde nach § 60 VwVfG regelmäßig nicht begründet. Die Aufnahme einer einseitigen Erwartung des Privaten in die Vertragsgrundlage, die Entwicklungsmaßnahme werde nach einem unveränderlichen Entwicklungskonzept durchgeführt, kommt in der Regel nicht in Betracht, denn ein Investor kann redlicherweise nicht damit rechnen, dass eine

---

[54] Siehe § 9.III.3.
[55] Siehe § 9.IV.1.
[56] Siehe § 9.IV.2.b).

Gemeinde bereit ist, ihren vorhandenen rechtlichen und politischen Gestaltungsspielraum hinsichtlich verschiedener Abwicklungs- und Ausstiegsszenarien über den rechtlich vorgegebenen Rahmen hinaus einzuengen. Außerdem ist das Risiko konjunktureller Veränderungen grundsätzlich dem privaten Investor zugewiesen.[57]

38. Bei rechtmäßiger Aufhebung des Entwicklungsrechts haben Grundstückseigentümer auch einen vorzeitigen Abschluss der Maßnahme entschädigungslos hinzunehmen. Die Voraussetzungen für eine analoge Anwendung des Planungsschadensrechts liegen nicht vor.[58]

39. Die Gemeinde kann bei der Entscheidung über ihr Abwicklungskonzept für die Entwicklungsmaßnahme weitgehend frei von äußeren Zwängen entscheiden. Sie muss die Entscheidung über einen städtebaulich verträglichen Abschluss der Entwicklungsmaßnahme zugunsten eines vorschnellen Abbruchs nicht aus der Hand geben. Die bloße Belegenheit eines Grundstücks im städtebaulichen Entwicklungsbereich oder die Eintragung des Entwicklungsvermerks begründen noch keinen Schaden des Eigentümers.[59]

40. Die rechtswidrige Versagung der entwicklungsrechtlichen Genehmigung entsprechend §§ 144, 145 Abs. 2 BauGB kann einen Schadensersatzanspruch auf Grundlage des Haftungsinstituts des enteignungsgleichen Eingriffs oder eines Amtshaftungsanspruchs begründen, wenn die Entwicklungsmaßnahme tatsächlich gänzlich zum Erliegen gekommen ist und die Aufhebungspflicht entsprechend § 162 BauGB objektiv besteht.[60] Gerade in diesen Fällen können auch Übernahmeverlangen von Eigentümern auf Grundlage von § 168 BauGB begründet sein.[61]

---

[57] Siehe § 9.IV.2.c).
[58] Siehe § 9.V.2.
[59] Siehe § 9.VI.
[60] Siehe § 9.VI.2.
[61] Siehe § 9.VI.1.

Literaturverzeichnis

Albers, Gerd / *Papageorgiou-Venetas*, Alexander: Stadtplanung, Entwicklungslinien 1945 – 1980, Tübingen 1984.

Arndt, Melanie: Die städtebauliche Entwicklungsmaßnahme – unter Berücksichtigung der rechtlichen Situation in Berlin, Berlin 1999.

Ax, Dorothee: Die städtebauliche Entwicklungsmaßnahme im Überblick, BauR 1996, Seite 803.

Bartholomäi, Eberhard: Sanierungsausgleichsbetrag – Judex calculat, NVwZ 2001, Seite 1377.

Battis, Ulrich: Stadtentwicklungsplanung im Rechtssystem, DVBl. 1976, Seite 144.

- Anmerkung zur Entscheidung des BVerwG vom 18. 6. 1997, 4 C 2/97, NJ 1998, Seite 98.

- Anmerkung zur Entscheidung des BVerwG vom 3. 7. 1998, 4 CN 5/97, NJ 1999, Seite 100.

- Probleme planungsbezogener städtebaulicher Verträge, ZfBR 1999, Seite 240.

- Allgemeines Verwaltungsrecht, 3. Auflage, Heidelberg 2002.

- Öffentliches Baurecht und Raumordnungsrecht, 5. Auflage, Stuttgart 2006.

Battis, Ulrich / *Kersten*, Jens: Public Private Partnership in der Städtebauförderung, LKV 2006, Seite 442.

Battis, Ulrich / *Krautzberger*, Michael / *Löhr*, Rudolf: Kommentar zum BauGB, 2. Auflage, München 1987; Zitierweise: Bearbeiter, in: Battis / Krautzberger / Löhr, 1987.

- Neuregelungen des Baugesetzbuchs zum 1. 1. 1998, NVwZ 1997, Seite 1145.

- Kommentar zum BauGB, 10. Auflage, München 2007; Zitierweise: Bearbeiter, in: Battis / Krautzberger / Löhr.

Baumeister, Ludger / *Baumeister*, Heinz Hermann: Städtebauförderungsgesetz, Kommentar, Münster 1971. Zitierweise: Bearbeiter, in: Baumeister, Städtebauförderungsgesetz.

Baumeister, Peter: Das Rechtswidrigwerden von Normen, Berlin 1996.

Becker, Heidede / *Jessen*, Johann / *Sander*, Robert: Ohne Leitbild? – Städtebau in Deutschland und Europa, Stuttgart 1998.

Beeck, Michaela: Die Berliner Wirtschaft – Aktuelle Ergebnisse der Volkswirtschaftlichen Gesamtrechnung zum Berechnungsstand August 2004 / Februar 2005, Berliner Statistik 2005, Seite 231.

Benke, Carsten: Historische Umbrüche – Schrumpfungen und städtische Krisen in Mitteleuropa seit dem Mittelalter, in: Städte im Umbruch 01/2004, Seite 7.

Bergmann, Karl-Otto/*Schumacher*, Hermann: Die Kommunalhaftung – Ein Praxishandbuch des Staatshaftungsrechts, 3. Auflage, Köln 2002.

Berkemann, Jörg/*Gaentzsch*, /Günter*Halama*, Jürgen u. a. (Hrsg.): Planung und Plankontrolle, Entwicklungen im Bau- und Fachplanungsrecht, Festschrift für Otto Schlichter zum 65. Geburtstag, Köln 1995.

Bielenberg, Walter/*Dyong*, Hartmut: Das neue Bundesbaugesetz – Leitfaden mit vergleichender Gegenüberstellung des alten und neuen Rechts, München 1976.

Bielenberg, Walter/*Koopmann*, Klaus-Dieter/*Krautzberger*, Michael: Städtebauförderungsrecht, Kommentar und Handbuch, Loseblattsammlung, bis zur 41. Lieferung Februar 2005; Zitierweise: Bearbeiter, in: Bielenberg/Koopmann/ Krautzberger.

Böckenförde, Ernst-Wolfgang: Eigentum, Sozialbindung des Eigentums, Enteignung, in: ders., Staat, Gesellschaft, Freiheit, Frankfurt am Main 1976, Seite 318.

Bohleber, Wolfgang: Bestandsimmobilien im Aufwind – Neubau auf Talfahrt, in: GE 2007, Seite 100.

Brügelmann, Hermann (Begr.): Kommentar zum BauGB, Loseblattsammlung, Stand der 59. Lieferung, Dezember 2005; Zitierweise: Bearbeiter, in: Kohlhammer-Kommentar zum BauGB.

Brühl, Hasso/*Echter*, Claus-Peter/*Jekel*, Gregor/*Frölich von Bodelschwingh*, Franciska: Wohnen in der Innenstadt – eine Renaissance?, Difu-Beiträge zur Stadtforschung, Bd. 41., Berlin 2005.

Brünneck, Alexander von: Die Eigentumsgarantie des Grundgesetzes, Baden-Baden 1984.

Bullinger, Martin: Leistungsstörungen beim öffentlich-rechtlichen Vertrag – Zur Rechtslage nach den Verwaltungsverfahrensgesetzen, DÖV 1977, Seite 812.

Bundesamt für Bauwesen und Raumordnung (Hrsg.): Städtebauliche Entwicklungsmaßnahmen, Arbeitspapiere 1/1998, Bonn 1998.

Bundesminister für Raumordnung, Bauwesen und Städtebau (Hrsg.): Städtebauliche Entwicklungsmaßnahmen nach dem Städtebauförderungsgesetz, Bonn 1985.

Bundesminister für Wohnungswesen und Städtebau (Hrsg.): Diagnosen, Prognosen, Vorschläge – Stellungnahmen zu einem Gesetz über städtebauliche Entwicklungsmaßnahmen in Stadt und Land, Bonn 1968.

– Städtebaubericht 1969, Bonn 1969.

Bunzel, Arno/*Lunebach*, Jochem: Die städtebauliche Entwicklungsmaßnahme – erste Erfahrungen aus der kommunalen Praxis, DÖV 1993, Seite 649.

– Städtebauliche Entwicklungsmaßnahme – ein Handbuch, Berlin 1994.

Busch, Bernhard: Probleme der städtebaulichen Entwicklungsmaßnahme, in: Planung – Festschrift für Werner Hoppe zum 70. Geburtstag, München 2000, S. 405.

Conradi, Peter / *Dieterich*, Hartmut / *Hauff*, Volker: Für ein soziales Bodenrecht, Frankfurt am Main 1972.

Coulmas, Diana / *Metscher*, Walter / *Reiß*, Alexander u. a. (Hrsg.): Städtebaurecht, Festschrift für Gert Schmidt-Eichstaedt, Berlin 2006.

Dannecker, Marcus: Eigentumsschutz bei städtebaulichen Entwicklungsmaßnahmen, in: Planung – Festschrift für Werner Hoppe zum 70. Geburtstag, München 2000, S. 479.

Degenhart, Christoph: Möglichkeiten und Grenzen der städtebaulichen Entwicklungsmaßnahme neuen Rechts, DVBl. 1994, Seite 1041.

Dehne, Peter: Die städtebauliche Entwicklungsmaßnahme im Kontext des kommunalen Flächenmanagements, Neubrandenburg 2001.

Deimer, Josef: Die Zukunft der Landschaft liegt in den Städten, Städtebauförderung – Alternativen zur Zersiedelung, in: Christian Ude (Hrsg.): Wege aus der Wohnungsnot, München 1990.

Detterbeck, Steffen / *Windhorst*, Kay / *Sproll*, Hans-Dieter: Staatshaftungsrecht, München 2000; Zitierweise: Bearbeiter, in: Detterbeck / Windhorst / Sproll.

Deutsche Akademie für Städtebau und Landesplanung (Hrsg.): Abhandlungen zum neuen Städtebau und Städtebaurecht, Berlin 1962.

Dieterich, Hartmut: Ermittlung von Grundstückswerten in städtebaulichen Entwicklungsbereichen, WiVerw 1993, Seite 122.

Dieterich, Hartmut / *Dieterich-Buchwald*, Beate: Endlich Innenentwicklungsbereiche, ZfBR 1990, Seite 61.

Driehaus, Hans-Joachim: Erschließungs- und Ausbaubeiträge, 7. Auflage, München 2004.

Dürr, Hansjochen / *Korbmacher*, Andreas: Baurecht für Berlin, 1. Auflage, Baden-Baden 1996.

Dürsch, Hans-Peter: Städtebauliche Entwicklungsmaßnahmen und Wohnungsbau, Wirkungsanalysen eines städtebaurechtlichen Instruments an Beispielen aus den neuen Bundesländern, Berlin 2004.

Ebenroth, Carsten Thomas / *Hesselberger*, Dieter / *Rinne*, Manfred Eberhard (Hrsg.): Verantwortung und Gestaltung. Festschrift für Karlheinz Boujong zum 65. Geburtstag, München 1996.

Eisele, Michaela: Subjektive öffentliche Rechte auf Normerlass, Berlin 1999.

Enneccerus, Ludwig / *Nipperdey*, Hans : Allgemeiner Teil des Bürgerlichen Rechts, Ein Lehrbuch, 1. Halbband: Allgemeine Lehren, Personen, Rechtsobjekte, 15. Auflage, Tübingen 1959.

Entwicklungsträgergesellschaft Rummelsburger Bucht (Hrsg.): Verordnung und Begründung über die förmliche Festlegung des städtebaulichen Entwicklungsbereichs Berlin-Rummelsburger Bucht, Berlin 1994.

Erichsen, Hans-Uwe / *Ehlers*, Dirk (Hrsg.): Allgemeines Verwaltungsrecht, 12. Auflage, Berlin 2002. Zitierweise: Bearbeiter, in: Erichsen, Allgemeines Verwaltungsrecht.

Ernst, Werner / *Zinkahn*, Willy / *Bielenberg*, Walter / *Krautzberger*, Michael: Kommentar zum Baugesetzbuch, Loseblattsammlung, Stand der 83. Ergänzungslieferung, März 2007. Zitierweise: Bearbeiter, in: Ernst / Zinkahn / Bielenberg / Krautzberger.

Ernst, Werner / *Bonczek*, Willi: Zur Reform des städtischen Bodenrechts, Hannover 1971.

Evers, Klaus: Das Baugeschehen in Berlin 1991 bis 2003 im vergleichenden Spiegel der Baugewerbe- und Bautätigkeitsstatistik – mit einigen Anmerkungen zur Methodik und ihrer Entwicklung, Berliner Statistik 2005, Seite 88.

Färber, Gisela: Zur extremen Haushaltsnotlage Berlins – Befunde, Ursachen, Eigenanstrengungen und Sanierungsbeihilfen. Gutachten im Auftrag der Senatsverwaltung für Finanzen Berlin, Speyer 2003.

Fassbinder, Helga: Schriftlicher Beitrag zum Hearing, in: Senatsverwaltung für Stadtentwicklung und Umweltschutz (Hrsg.), Dokumentation zum Hearing am 1. November 1994 „Szenarien der Wohnstandortentwicklung", Berlin 1994, Seite 30.

Feldmann, Peter von: Konversionsflächen als städtebaulicher Entwicklungsbereich, LKV 1997, Seite 151.

- Die Novelle des Baugesetzbuchs 2007 – Erleichterung bei der Planung für die Innenstadtentwicklung, GE 2007, Seite 415.

Feldmann, Peter von / *Knuth*, Andreas: Berliner Planungsrecht, 3. Auflage, Berlin 1998.

Fieseler, Hans-Georg: Leipziger Stadtentwicklungspraxis – Instrumente zur zügigen Durchführung der städtebaulichen Sanierungsmaßnahme, NVwZ 1997, Seite 867.

- Neuregelungen im Sanierungsrecht des BauGB 1998, NVwZ 1998, Seite 903.

- Die städtebauliche Sanierungsmaßnahme, München 2000.

Finkelnburg, Klaus: Die Änderungen des Baugesetzbuchs durch das Europarechtsanpassungsgesetz Bau, NVwZ 2004, Seite 897.

Fischer, Dirk-Detlef: Alles unter Kontrolle? – Erfahrungsbericht des Rechnungshofs von Berlin über die Ergebnisse der Prüfung der Entwicklungsbereiche aus den Jahren 1998 / 1999, in: Symposium Zukunft der Entwicklungsgebiete der IHK Berlin am 21. Januar 2002, Berlin 2002, S. 14.

Fislake, Heribert: Zur Frage einer Veröffentlichung des Sanierungskonzepts, in: Planung und Plankontrolle, Entwicklungen im Bau- und Fachplanungsrecht, Festschrift für Otto Schlichter zum 65. Geburtstag, Köln 1995, Seite 425.

Fleckenstein, Martin: Mondlandschaften in Berlin-Adlershof – Ein typisches Problem städtebaulicher Entwicklungsgebiete, FAZ vom 23. 08. 2002, Nr. 195, Seite 41.

– Abschied von den Entwicklungsgebieten in Berlin, FAZ vom 09. 01. 2004, Nr. 7, Seite 39.

Forsthoff, Ernst: Zur Lage des verfassungsrechtlichen Eigentumsschutzes, in: Festgabe für Theodor Maunz, Köln 1971, Seite 89.

Fuderholz, Günter: Wohnungsbauprogramm '95: Chancen, Risiken, Alternativen, Foyer II/1992, Seite 46.

– Pro und Contra: Entwicklungsbereiche drastisch verkleinern, in: Symposium Zukunft der Entwicklungsgebiete der IHK Berlin am 21. Januar 2002, Berlin 2002, S. 11.

Gaentzsch, Günter: Die Bodenwertabschöpfung im Städtebauförderungsgesetz, Siegburg 1975.

– Baugesetzbuch mit BauGB-Maßnahmengesetz, Kommentar, Berlin 1991. Zitierweise: Gaentzsch, BauGB, 1991.

– Städtebauliche Entwicklungsmaßnahmen nach dem BauGB-Maßnahmengesetz, NVwZ 1991, Seite 921.

Gelzer, Konrad / *Bracher*, Christian-Dietrich / *Reidt*, Olaf: Bauplanungsrecht, 7. Auflage, Köln 2004. Zitierweise: Bearbeiter, in: Gelzer / Bracher / Reidt, Bauplanungsrecht.

Gern, Alfons: Deutsches Kommunalrecht, 3. Auflage, Baden-Baden 2005.

Göderitz, Johannes / *Rainer*, Roland / *Hoffmann*, Hubert: Die gegliederte und aufgelockerte Stadt, Tübingen 1957.

Goldschmidt, Jürgen: Stadtumbaumaßnahmen nach den §§ 171a-d BauGB, BauR 2004, Seite 1402.

Grooterhorst, Ursula: Der Geltungsverlust von Bebauungsplänen durch die nachträgliche Veränderung der tatsächlichen Verhältnisse, Frankfurt am Main 1988.

Gropp, Martin: Biesdorf-Süd, Foyer II/1995, Seite 33.

Heitzer, Sebastian / *Oestreicher*, Ernst: Bundesbaugesetz und Städtebauförderungsgesetz, Kommentar, 6. Auflage, Berlin 1977. Zitierweise: Heitzer / Oestreicher, BBauG und StBauFG, 1977.

Hellweg, Uli: Städtebauliche Großprojekte – Anmerkungen zum Ende der Entwicklungsmaßnahmen in Berlin, in: Forum, Zeitschrift des Bundes der Öffentlich bestellten Vermessungsingenieure e. V., 2006, Seiten 276 und 354.

Henckel, Dieterich / *Grabow*, Busso u. a.: Entwicklungschancen deutscher Städte – Die Folgen der Vereinigung, Berlin 1993.

Henneke, Hans-Günter: Anmerkung zum Urteil des OVG Lüneburg vom 3. September 1990, DVBl 2003, Seite 282.

Heuer, Hans: Großraum Berlin – Strukturen, Chancen, Risiken, DIW-Wochenbericht 22/90 vom 31. Mai 1990, Seite 295.

Hillebrecht, Rudolf: Städtebau als Herausforderung, Köln 1957.

Hirsch, Albrecht: Wasserstadt Berlin-Oberhavel, Foyer II/1995, Seite 31.

Hoppe, Werner: Planung, in: Handbuch des Staatsrechts der Bundesrepublik Deutschland, Band III: Das Handeln des Staates, Heidelberg 1988; § 71, S. 653.

Hoppe, Werner/*Bönker*, Christian/*Grotefels*, Susan: Öffentliches Baurecht, 2. Auflage, München 2002. Zitierweise: Bearbeiter, in: Hoppe/Bönker/Grotefels, Öffentliches Baurecht.

Hoppe, Werner/Busch, Bernhard: Fragen des städtebaulichen Entwicklungsrechts unter besonderer Berücksichtigung von Bahnflächen, Münster 2001.

Hotze, Benedikt: Boomtown – Manche nennen sie „Omnibusprojekte" – von allem was, für alle was, Foyer III/1992, Seite 7.

Industrie- und Handelskammer zu Berlin (Hrsg.): Symposium Zukunft der Entwicklungsgebiete am 21. Januar 2002, Berlin 2002.

Institut für Städtebau, Wohnungswirtschaft und Bausparwesen: Kaufwerte für baureifes Land in den Bundesländern im Jahr 1995 bis 1. Halbjahr 2001, GuG aktuell 12/2002, Seite 12.

Isensee, Josef/*Kirchhof,* Paul: Handbuch des Staatsrechts der Bundesrepublik Deutschland, Band III: Das Handeln des Staates, Heidelberg 1988. Zitierweise: Bearbeiter, in: Isensee/Kirchhof, HbdStR.

Jacob, Dieter/*Ring*, Gerhard/*Wolf*, Rainer (Hrsg.): Freiberger Handbuch zum Baurecht, 2. Auflage, Bonn 2003. Zitierweise: Bearbeiter, in: Freiberger Handbuch.

Jacobs, Jane: Tod und Leben großer amerikanischer Städte, dt. Ausgabe Berlin 1963.

Jäde, Henning/*Dirnberger*, Josef/*Weiß*, Franz: Baugesetzbuch und Baunutzungsverordnung, 4. Auflage, Stuttgart 2005.

Jessel, Beate/*Berg*, Kerstin/*Bielfeldt*, Hans-Rainer/*Kahl*, Mario: Umweltprüfung von Bebauungsplänen der Innenentwicklung. Eine Kritik des aktuellen BauGB-Entwurfs, Naturschutz und Landschaftsplanung, 2006, Seite 269.

Just, Tobias/*Spars*, Guido: Immobilienmarkt Berlin: Mit schwerer Hypothek in die Zukunft, Deutsche Bank Research, Frankfurt am Main 2005.

Kaufmann, Arthur/*Hassemer*, Winfried: Einführung in die Rechtsphilosophie und Rechtstheorie der Gegenwart, 4. Auflage, Heidelberg 1985.

Kleiber, Wolfgang: Baugesetzbuch – neues Ausgleichsbetragsrecht, ZfBR 1986, Seite 263.

– Baulandpreise, GuG aktuell 2/2002, Seite 10.

Kloepfer, Michael / *Rossi,* Matthias: Die Verschuldung der Bundesländer im Verfassungs- und Gemeinschaftsrecht, VerwArch 94 (2003), 319.

Klose, Achim / *Pirch,* Martina / *Spahn,* Peter: Großprojekte des Wohnungsbaus: Städtebaulicher Vertrag oder Entwicklungsmaßnahme, Foyer II/1995, Seite 46.

Knack, Hans Joachim (Begr.): Verwaltungsverfahrensgesetz (VwVfG), Kommentar, 8. Auflage, Köln 2004. Zitierweise: Bearbeiter, in: Knack, VwVfG.

Knoche, Andrea: Eldenaer Straße, Foyer II/1995, Seite 34.

Koopmann, Klaus-Dieter: Überblick aus Bundessicht, in: Bundesminister für Raumordnung, Bauwesen und Städtebau (Hrsg.): Städtebauliche Entwicklungsmaßnahmen, Bonn 1985, Seite 13.

Kopp, Ferdinand / *Ramsauer,* Ulrich: Verwaltungsverfahrensgesetz, Kommentar, 9. Auflage, München 2005.

Kopp, Ferdinand / *Schenke,* Wolf-Rüdiger: Verwaltungsgerichtsordnung, Kommentar, 14. Auflage, München 2005.

Krautzberger, Michael: Anmerkung zum Urteil des BGH vom 17. 12. 1981 – III ZR 72/80, ZfBR 1982, Seite 135.

– Rechtsfragen beim Abschluss der Sanierung, ZfBR 1983, Seite 11.

– Verfahrens- und bodenrechtliche Fragen der Entwicklungsmaßnahmen – Perspektiven im Städtebaurecht, in: Bundesminister für Raumordnung, Bauwesen und Städtebau (Hrsg.): Städtebauliche Entwicklungsmaßnahmen, Bonn 1985, Seite 87.

– Die städtebauliche Entwicklungsmaßnahme – ein wichtiges baulandpolitisches Instrument der Gemeinden, LKV 1992, Seite 84.

– Ziele und Voraussetzungen städtebaulicher Entwicklungsmaßnahmen, WiVerw 1993, Seite 85.

– Gesetzgebung und gesellschaftliche Entwicklung, in: Städtebaurecht, Festschrift für Gert Schmidt-Eichstaedt, Berlin 2006, Seite 111.

Krautzberger, Michael / *Dürsch,* Hans-Peter: Die städtebauliche Entwicklungsmaßnahme – ein Instrument des Stadtumbaus?, BBauBl. 2003, Heft 12, Seite 16.

Krautzberger, Michael / *Runkel,* Peter: Die städtebaulichen Vorschriften des Investitionserleichterungs- und Wohnbaulandgesetzes vom 22. April 1993, DVBl. 1993, Seite 459.

Küch, Florian: Vertrauensschutz durch Staatshaftung, Baden-Baden 2003.

Kunst, Friedemann: Leitbilder für Berliner Stadträume – der „innovative Nordosten" und die „Wissenschaftsstadt Adlershof", in: Ohne Leitbild? – Städtebau in Deutschland und Europa, Stuttgart 1998, Seite 205.

Langer, Astrid: Die Entwicklung des Einzelhandels in Berlin 1994 bis 2003, Berliner Statistik 2005, Seite 12.

Larenz, Karl: Lehrbuch des Schuldrechts, Band I, Allgemeiner Teil, 14. Auflage, München 1987.

– Methodenlehre der Rechtswissenschaft, 6. Auflage, Berlin 1991.

Larenz, Karl/ *Wolf*, Manfred: Allgemeiner Teil des Bürgerlichen Rechts, 9. Auflage, München 2004.

Lautenschläger, Rolf: Editorial – Stadtforum Berlin, in : Journal Stadtforum No. 1, Juli 1991, Seite 2.

Le Corbusier : Manière de penser l'urbanisme, Paris 1946.

– Les trois établissements humains, Paris 1959.

Lemmen, Franz-Josef: Bauland durch städtebauliche Entwicklungsmaßnahmen, Stuttgart 1993.

Lendi, Martin: Planung und Recht – Reflexionen, UPR 2004, Seite 361.

Leibholz, Gerhard: Mehr Freiheit durch den Sozialstaat – „Eigentum verpflichtet" – Interpretationen eines Grundgesetzartikels, in: Ingo v. Münch (Hrsg.), Aktuelle Dokumente zum Bodenrecht, Berlin/New York 1972, Seite 86.

Leisner, Walter: Städtebauliche Entwicklungsmaßnahmen und Eigentum Privater, NVwZ 1993, 935.

Leutner, Bernd/ *Famira*, Andrea M.: Dilemma und Chance: Die „Top Eight"-Städte, BBauBl. 3/2003, Seite 16.

Lobeck, Michael/ *Schote*, Heiner: Kooperationsmodelle im Rahmen städtebaulicher Entwicklungsmaßnahmen, herausgegeben vom Institut für Landes- und Stadtentwicklungsforschung Nordrhein-Westfalen, 1997.

Lossau, Hermann/ *Scharmer*, Eckart: Der Zeitaspekt in der Landes- und Regionalplanung – Erarbeitungsfristen, Planveralterung, Prognoseunsicherheiten, Rechtsprobleme, Hannover 1985.

Lüers, Hartwig: Städtebauförderung – Stand und Probleme, BBauBl. 1977, Seite 152.

– Die Änderungen des Baugesetzbuchs durch das Bau- und Raumordnungsgesetz 1998 – Teil 2, ZfBR 1997, Seite 275.

Lütke Daldrup, Engelbert: Johannisthal/Adlershof, Foyer II/1995, Seite 32.

Mäding, Heinrich/ *Mohr*, Katrin: Wanderungsprozesse in Ostdeutschland und Wohnungsmarkt – eine Herausforderung für Politik und Verwaltung, LKV 2001, Seite 433.

Maunz, Theodor: Bodenrecht vor den Schranken des Grundgesetzes, DÖV 1975, Seite 1.

Maunz, Theodor/ *Dürig*, Hans/ *Herzog*, Roman/ *Scholz*, Rupert (Hrsg.): Grundgesetz-Kommentar, 48. Lieferung, November 2006. Zitierweise: Bearbeiter, in: Maunz/Dürig, GG.

Maurer, Hartmut: Allgemeines Verwaltungsrecht, 16. Auflage, München 2006.

Meyer, Hans: Das neue öffentliche Vertragsrecht und die Leistungsstörungen, NJW 1977, Seite 1705.

Mitschang, Stephan: Förmliche städtebauliche Entwicklungsmaßnahmen und Satzungen mit Vorhaben- und Erschließungsplan: Wissenschaftliche Fachtagung der Universität Kaiserslautern am 23./24.9.1996, NVwZ 1997, Seite 796.

Mitscherlich, Alexander: Die Unwirtlichkeit unserer Städte, Frankfurt am Main 1971.

Möller, Andreas: Siedlungsrückbau in den neuen Ländern nach Stadtumbau- und Sanierungsrecht, Berlin 2006.

Müller, Maike Tjarda: Schadensersatz- und Entschädigungsansprüche des Investors gegen die Gemeinde bei Änderung der Bauleitplanung, Frankfurt am Main 2000.

Müller, Uwe / *Pfeiffer,* Ingo: Ökonomische und demographische Perspektiven der Wirtschaftsregion Berlin, DIW-Wochenbericht 27/90 vom 5. Juli 1990, Seite 366.

Münch, Ingo von (Hrsg.): Aktuelle Dokumente zum Bodenrecht, Berlin 1972.

Musil, Andreas / *Kirchner,* Sören: Das Recht der Berliner Verwaltung, Berlin 2002.

Musil, Andreas / *Kroymann,* Johannes: Die extreme Haushaltsnotlage – Zum verfassungsrechtlichen Anspruch eines Bundeslandes auf Sanierungshilfen, DVBl. 2004, Seite 1204.

von Mutius, Albert: Kommunalrecht, München 1996.

Nagel, Wolfgang: Erst ein Anfang, Foyer V/1992, Seite 22.

– Strategie des Wohnungsbaus, Foyer IV/1995, Seite 31.

Nagel, Wolfgang / *Stimmann,* Hans (Hrsg.): Tendenzen der Stadterneuerung, Berlin 1994.

Neuhausen, Karl-Heinz: Die reaktivierte Entwicklungsmaßnahme, DÖV 1991, Seite 146.

Nickel, Petra: Rummelsburger Bucht, Foyer II/1995, Seite 35.

Noormann-Wachs, Diethild / *Scharmer,* Eckart / *Stöß,* Jan: Leitlinien zur Ermittlung der entwicklungsbedingten Bodenwerterhöhungen zur Erhebung von Ausgleichsbeträgen in den Berliner Entwicklungsbereichen. Untersuchung im Auftrag der Senatsverwaltung für Stadtentwicklung, Berlin 2006 (nicht veröffentlicht).

Nörr, Knut Wolfgang / *Scheyhing,* Robert / *Pöggeler,* Wolfgang: Handbuch des Schuldrechts, Band II, Sukzessionen – Forderungszession, Vertragsübernahme, Schuldübernahme, 2. Auflage, Tübingen 1999.

Ochs, Birgit: Von wegen raus aus der Stadt, FAS vom 23.5.2004, Seite V13.

Odrich, Peter: Auf Industriebrachen statt auf der grünen Wiese, FAZ vom 2.4.2004, Seite 47.

Oloew, Matthias: Ab in die Mitte, Der Tagesspiegel vom 18.9.2005, Seite S5.

Ossenbühl, Fritz: Welche normativen Anforderungen stellt der Verfassungsgrundsatz des demokratischen Rechtsstaats an die planende staatliche Tätigkeit? – Darstellung am

Beispiel der Entwicklungsplanung. Gutachten für den 50. Deutschen Juristentag, in: Verhandlungen des 50. Deutschen Juristentages, Band I, Teil B, München 1974.

- Staatshaftungsrecht, in: 50 Jahre Bundesgerichtshof, Festgabe aus der Wissenschaft, Band III, München 2000, Seite 887.

- Staatshaftungsrecht, 5. Auflage, München 1998.

Otto, Christian – Wolfgang: Anmerkung zur Entscheidung des BVerwG vom 31.3.1998, 4 BN 4/98, NJ 1998, Seite 491.

Palandt, Otto (Begr.): Bürgerliches Gesetzbuch, 67. Auflage, München 2008. Zitierweise: Bearbeiter, in: Palandt.

Pieroth, Bodo: Besprechung der Dissertation von Peter Baumeister: Das Rechtswidrigwerden von Normen, DVBl. 1997, Seite 860.

Pirch, Martina: Wohnungsbaustrategien '95, Foyer III/1992, Seite 20.

Porger, Karl-Wilhelm: Verfassungs- und Verwaltungsprobleme der Einleitung und Durchführung städtebaulicher Entwicklungsmaßnahmen nach den §§ 165 bis 171 BauGB, WiVerw 1999, Seite 36.

Prümm, Hans Paul / *Sigrist*, Hans: Allgemeines Sicherheits- und Ordnungsrecht, Berlin 1997.

Ramsauer, Ulrich / *Bieback*, Karin: Planfeststellung von privatnützigen Vorhaben, NVwZ 2002, Seite 277.

Rat von Sachverständigen für Umweltfragen: Umweltpolitische Handlungsfähigkeit sichern – Umweltgutachten 2004, BT-Drs. 15/3600 vom 2. Juli 2004.

Rebmann, Kurt / *Säcker*, Franz Jürgen / *Rixecker*, Roland (Hrsg.): Münchner Kommentar zum Bürgerlichen Gesetzbuch, Band 2a, Schuldrecht Allgemeiner Teil, 4. Auflage, München 2003. Zitierweise: Bearbeiter, in: Münchner Kommentar zum BGB.

Reidt, Olaf: Haftungsfragen zwischen Planungs- und Projektträgern, Leipzig 1994.

Reiß-Schmidt, Stephan: Flächenverbrauch: An den Grenzen des Wachstums, Bauwelt 1984, Heft 12, Seite 74.

- Werkstattbericht: Erfahrungen mit der privat-öffentlichen Kooperation in München, Vortrag im 392. Kurs des Instituts für Städtebau Berlin, 1999.

Ribbert, Dietrich: Aus der Praxis der kommunalen Wertermittlungsstellen und des Gutachterausschusses für Grundstückswerte in Berlin, Vortrag im 358. Kurs des Instituts für Städtebau, Berlin 1996.

Rose, Mathew D.: Warten auf die Sintflut, Berlin 2004.

Runkel, Peter: Städtebauliche Entwicklungsmaßnahme nach dem Maßnahmegesetz zum Baugesetzbuch, ZfBR 1991, Seite 91.

Sajons, Reinhard: Vom Alten Flugplatz zum Universitätsviertel – städtebauliche Entwicklungsmaßnahme in Augsburg, Augsburg 1996.

Salin, Edgar: Über Sinn und Dringlichkeit eines Gesetzes. Allgemeine Einführung in die sozioökonomischen Zusammenhänge, in: Diagnosen; Schriftenreihe des Bundesministers für Wohnungswesen und Städtebau, 1968, Bd. 24, Seite 12 ff.

Schäfermeyer, Josef: Entwicklungsmaßnahme und Enteignungsentschädigung, NVwZ 1999, Seite 378.

Scharmer, Eckart: Baulandmobilisierung und Bereitstellung von Bauland durch Entwicklungsmaßnahmen und Modelle der Kooperation mit privaten Investoren, Informationen zur Raumentwicklung, 1994, Heft 1/2, Seite 9.

– Städtebauliche Verträge nach § 6 BauGB-Maßnahmengesetz, NVwZ 1995, Seite 219.

Scheidler, Alfred: Erleichterung von Planungsvorhaben für die Innenentwicklung der Städte nach dem jüngsten BauGB-Entwurf, ZfBR 2006, Seite 752.

Schenke, Wolf-Rüdiger: Gewährleistung bei Änderung staatlicher Wirtschaftsplanung, AöR 101 (1976), Seite 337.

– „Reform" ohne Ende – Das Sechste Gesetz zur Änderung der Verwaltungsgerichtsordnung und anderer Gesetze (6. VwGO-ÄndG), NJW 1997, Seite 81.

Scheuner, Ulrich: Der Bestand staatlicher und kommunaler Leistungspflichten an die Kirchen (Art. 138 Abs. 2 WRV), in: Diaconia et jus, Festgabe für Heinrich Flatten, Paderborn 1973, Seite 381.

Schlichter, Otto / *Stich*, Rudolf / *Krautzberger*, Michael: Städtebauförderungsgesetz mit Novelle 1984, Kommentar, 2. Auflage, Köln 1985. Zitierweise: Bearbeiter, in: Schlichter/Stich/Krautzberger, StBauFG 1985.

Schlichter, Otto / *Stich*, Rudolf: Berliner Kommentar zum Baugesetzbuch, 1. Auflage, Köln 1988; Zitierweise: Bearbeiter, in: Berliner Kommentar zum BauGB, 1988.

– Berliner Kommentar zum Baugesetzbuch, 3. Auflage, Köln 2002, Loseblattsammlung, Stand der 7. Lieferung vom September 2006; Zitierweise: Bearbeiter, in: Berliner Kommentar zum BauGB.

Schmidt, Jens-Peter: Staatshaftung für verzögertes Amtshandeln, Köln 2001.

Schmidt-Aßmann, Eberhard: Grundfragen des Städtebaurechts, Göttingen 1972.

– Anmerkungen zum Boxberg-Urteil des BVerfG, NJW 1987, Seite 1587.

– Besonderes Verwaltungsrecht, 13. Auflage, Berlin 2005. Zitierweise: Bearbeiter, in: Schmidt-Aßmann, Besonderes Verwaltungsrecht.

– Das allgemeine Verwaltungsrecht als Ordnungsidee, Grundlagen und Aufgaben der verwaltungsrechtlichen Systembildung, 2. Auflage, Berlin 2004.

Schmidt-Eichstaedt, Gerd: Die Voraussetzungen für die Einbeziehung von im Zusammenhang bebauten Gebieten in einen Entwicklungsbereich, BauR 1993, Seite 38.

- Die Finanzierung von Ausgleichs- und Ersatzmaßnahmen über städtebauliche Verträge, DÖV 1995, Seite 95.
- Zum Verhältnis von Sanierungszielen und Bebauungsplänen, ZfBR 2001, Seite 13.
- Rechtsprobleme der Zielbaummethode zur Berechnung der Ausgleichsbeträge nach § 154 BauGB, GuG 2004, Seite 129.

Schmitz, Holger: Städtebauliches Entwicklungsrecht und militärische Konversionsgebiete, Köln 2005.

Schoch, Friedrich / *Schmidt-Aßmann*, Eberhard / *Pietzner*, Rainer: Verwaltungsgerichtsordnung, Kommentar, Stand der 13. Ergänzungslieferung, München 2006. Zitierweise: Bearbeiter, in: Schoch / Schmidt-Aßmann / Pietzner, VwGO.

Schneider, Hans: Gesetzgebung: ein Lehr- und Handbuch, 3. Auflage, Heidelberg 2002.

Schrödter, Hans (Begr.): Baugesetzbuch, 7. Auflage 2006. Zitierweise: Bearbeiter, in: Schrödter, BauGB.

Seitz, Jochen: Planungshoheit und Grundeigentum – Die verfassungsrechtlichen Schranken der städtebaulichen Entwicklungsmaßnahmen, Frankfurt am Main 1999.

Senatsverwaltung für Stadtentwicklung (Hrsg.): Bevölkerungsentwicklung in der Metropolregion Berlin 2002–2020, Berlin 2002.

- Ausführungsvorschriften zur Ermittlung der sanierungsbedingten Bodenwerterhöhungen und zur Festsetzung der Ausgleichsbeträge nach §§ 152 bis 155 des Baugesetzbuchs (AV Ausgleichsbeträge) vom 12. November 2002, ABl. Berlin Nr. 21 vom 29. 04. 2003, Seite 1761.
- Orientierungshilfe zur Ermittlung von entwicklungsbedingten Bodenwerterhöhungen für die Erhebung von Ausgleichsbeträgen in Bereichen gemäß §§ 165 ff BauGB, Abteilung III E, Berlin 2006 (nicht veröffentlicht).
- Arbeitshilfe für den Abschluss städtebaulicher Entwicklungsmaßnahmen, Referat IV D, Berlin 2007 (nicht veröffentlicht).
- Die Berliner Entwicklungsbereiche – Eine Bilanz, Berlin 2007.

Senatsverwaltung für Stadtentwicklung und Umweltschutz (Hrsg.): Stadtidee – Stadtforum, Berlin 1992.

- Flächennutzungsplan Berlin, Erläuterungsbericht, Berlin 1994.
- Dokumentation zum Hearing am 1. November 1994 „Szenarien der Wohnstandortentwicklung", Berlin 1994.
- Johannisthal-Adlershof – Technologie- und Wissenschaftsstadt, Berlin 1994.

Senatsverwaltung für Stadtentwicklung / Investitionsbank Berlin (Hrsg.): Wohnungsmarktbericht 2004, Berlin 2005.

- Wohnungsmarktbericht 2005, Berlin 2006.

Sendler, Horst: Zum Wandel der Auffassung vom Eigentum, DÖV 1974, Seite 73.

Söfker, Wilhelm/*Bunzel*, Arno: BauGB 2007 – Das neue Städtebaurecht im Gesamt-Überblick, Tagungsunterlagen des Volksheimstättenwerks zu einem Seminar am 14. März 2007 in Berlin.

Statistisches Bundesamt (Hrsg.): Bevölkerung und Erwerbstätigkeit – Volkszählung vom 25. Mai 1985, Heft 7: Haushalte, Wiesbaden 1991.

Steden, Philip/*Arndt,* Olaf: Bedeutung der Hauptstadtfunktion für die regionale Wirtschaftsentwicklung in Berlin, Bericht im Auftrag des Bundesministeriums der Finanzen, Berlin 2003.

Steiner, Udo: Der funktionslose Bebauungsplan, in: Planung und Plankontrolle, Entwicklungen im Bau- und Fachplanungsrecht, Festschrift für Otto Schlichter zum 65. Geburtstag, Köln 1995, Seite 313.

Stemmler, Johannes: Aufhebung und Rückabwicklung von Entwicklungsmaßnahmen, Anmerkung zum Beitrag von Dr. Watzke/Dr. Otto – ZfBR 2003, Seite 117 ff., in ZfBR 2002, Seite 449.

– Stadtumbau und Soziale Stadt – Zu den Neuregelungen im Regierungsentwurf für ein Europarechtsanpassungsgesetz – EAG Bau, ZfBR 2004, Seite 128.

Stemmler, Johannes/*Hohrmann*, Jörn Florian: Neues im Besonderen Städtebaurecht – Zu den am 1. Januar 2007 in Kraft getretenen Änderungen im Besonderen Städtebaurecht, ZfBR 2007, Seite 224.

Stern, Klaus: Das Staatsrecht der Bundesrepublik Deutschland, Band 1, Grundbegriffe und Grundlagen des Staatsrechts, Strukturprinzipien der Verfassung, München 1984.

Stich, Rudolf: Bisher militärisch genutzte Flächen im Bundeseigentum als städtebauliche Entwicklungsbereiche im Sinne der §§ 6, 7 BauGB-Maßnahmengesetz, ZfBR 1992, Seite 256.

– Die Aufgabe der Gemeinde zur Durchführung förmlicher städtebaulicher Entwicklungsmaßnahmen, WiVerw 1993, Seite 104.

– Die heutige Bedeutung vertraglicher Regelungen zwischen Gemeinde und Investor für die städtebauliche Entwicklung, DVBl. 1997, Seite 317.

Stimmann, Hans: Leitbild Vorstadt, Foyer II/1993, Seite 5.

Stüer, Bernhard: Novelle des Städtebaurechts 2006 geht in die Anhörungsrunde – Referentenentwurf wird allgemein begrüßt; Protokoll der Vorstellung des Referentenentwurfs bei der Jahrestagung der Deutschen Gesellschaft für Baurecht im Juni 2006 (nicht veröffentlicht).

Tietzsch, Rainer: Soziale Sanierungsziele – Ziele ohne Mittel?, NVwZ 2007, Seite 299.

Ude, Christian (Hrsg.): Wege aus der Wohnungsnot, München 1990.

Vehslage, Thorsten: Die Behandlung von Beitragsforderungen im Insolvenzverfahren, NVwZ 2003, Seite 776.

Volksheimstättenwerk – Bundesverband für Wohneigentum und Stadtentwicklung e.V. (Hrsg.): BauGB 2007 – Das neue Städtebaurecht im Gesamt-Überblick, Tagungsunterlagen zum Seminar am 14. März 2007 in Berlin.

Vorholz, Fritz: Grüne Hoffnung, blaues Wunder – Selbst wenn die Bevölkerung schrumpft, könnte der Autoverkehr zunehmen und die Artenvielfalt kleiner werden; Die Zeit Nr. 44 vom 21.10.04, S. 30.

Wachter, Bernhard: Abschluss der Sanierung – Probleme aus kommunaler Sicht, Vortrag im 166. Kurs des Instituts für Städtebau, Berlin 1983.

Waldhoff, Christian: Verfassungsrechtlicher Sparzwang im Landeshaushalt unter den Bedingungen einer „extremen Haushaltsnotlage", NVwZ 2004, Seite 1062.

Watzke, Hans-Georg / *Otto*, Christian-Wilhelm: Die Stellung der Eigentümer bei Aufhebung einer Entwicklungssatzung gem. § 162 BauGB, ZfBR 2002, 117.

Wimmer, Raimund: Rechtsfolgen nichtiger Entwicklungssatzungen, DVBl. 1998, Seite 253.

Wolff, Heinrich Amadeus: Besprechung der Dissertation von Peter Baumeister: Das Rechtswidrigwerden von Normen, Der Staat 1999, Seite 148.

Wolff, Hans J. / *Bachof*, Otto / *Stober*, Rolf: Verwaltungsrecht, Teil I, 11. Auflage, München 1999.

Wollmann, Hellmut: Städtebaurecht und privates Grundeigentum, in: Hans-Georg Wehling, Kommunalpolitik, Hamburg 1975, Seite 183.

Zinkahn, Willy: Die rechtlichen Grundlagen der Sanierung, in: Deutsche Akademie für Städtebau und Wohnungswesen (Hrsg.): Abhandlungen zum neuen Städtebau und Städtebaurecht, Berlin 1963, Seite 93 ff.

Zippelius, Reinhold: Rechtsphilosophie, Ein Studienbuch, 2. Auflage, München 1989.

Zlonicky, Peter: Städtebau in Deutschland – aktuelle Leitlinien, in: Ohne Leitbild? – Städtebau in Deutschland und Europa, Stuttgart 1998, Seite 153.

Z-Plan Atelier für Raumplanung, Städtebau und Architektur mit Aengevelt-Research u.a.: Gesamtstädtische Rahmenbedingungen und Planungsansätze für das Stadtumbauprogramm Ost in Berlin, Berlin 2002.

Sachwortverzeichnis

Abschlusserklärung 27, 193–198, 227, 238–239, 260
Abschöpfung 26, 42, 52, 93, 96, 221–222, 225, 274
Abwägungsgebot 125, 155–158, 161, 165, 170, 187, 269
Abwendungsvereinbarung 93, 96, 109, 129, 153, 176, 197, 218, 223, 252, 255
Alter Schlachthof 17, 62, 75, 79–80, 106, 118
Ampelplan 100, 189, 192
Amtshaftung 257–258, 262
Anfangswert 41, 64, 72, 93, 95, 218, 221–223
Anpassungsansprüche 190, 254, 263, 276
Aufhebungspflicht 47, 111, 119–120, 130, 133–134, 162, 164–166, 180, 192, 195, 200, 234, 239–241, 250–251, 263, 268–269, 275, 277
Ausgleichsbetrag 26, 50, 52, 93, 95–96, 216, 218, 221, 225–229, 231–232, 241, 255

Bagatellklausel 229–230
Bau- und Raumordnungsgesetz 40, 49
Bebauungsplan 44–45, 66, 72, 116, 122, 126, 130–131, 133, 142, 154, 156, 172, 174–175, 198, 205, 216–217, 224, 243, 251, 268, 274
Berlin-Johannisthal/Adlershof 79, 81, 100, 153
Berlin-Rummelsburger Bucht 63, 79–80, 82, 100, 193
Beschleunigungsmaxime 250, 252, 276
Betroffenenbeteiligung 150, 152
Biesdorf-Süd 78–79, 81, 100, 253–254, 256

Bodenordnung 74, 173, 246, 270
Boxberg-Entscheidung 33, 58
Bundesbaugesetz 25, 30, 136

DDR 77, 81, 84
Durchgangserwerb 93, 96, 174, 213, 218, 255, 273

eingeschränkte Durchführung 19, 164, 171, 173, 180, 270
Eingriffe in Natur und Landschaft 44
Endwert 51, 93, 95, 218–219, 223, 226, 228, 274
Enteignung 25–26, 33–34, 63, 66–67, 93, 173–176, 213, 234, 240, 242–246, 248–252, 260, 276
Enteignungsverfahren 67, 106, 112, 116, 173–175, 195, 235, 249–251, 268, 270
Entwicklungskonzept 19, 91–92, 96–97, 100, 102, 107, 116, 128, 131–132, 134–135, 137–147, 152, 154–158, 160–163, 165, 168–173, 177, 179, 181–182, 184–188, 192, 201, 215, 217, 236–237, 239, 256–257, 267–271, 274, 276
Entwicklungsplanung 23–24, 134–137, 141, 145–153, 155, 157, 159–160, 162, 165, 170, 269
Entwicklungsruinen 180, 191–192, 201, 271
Entwicklungsträger 16, 41, 72, 82, 84, 94, 98–99, 105, 190, 203–204, 207, 209–210, 212, 232–233, 240, 243, 256–257, 273
Entwicklungsvermerke 199, 203–204, 206
Entwicklungsziel 68, 99, 101, 118, 128, 132, 164, 171–172, 178, 189, 196–198, 201, 205–206, 216, 266, 272, 274

Sachwortverzeichnis

Erschließungsanlagen 50, 173–174, 176, 270
Erwerbspflicht 25, 96, 138, 202, 217, 261

Funktionslosigkeit 103–104, 114, 116–120, 130–135, 267–268
Funktionsschwächensanierung 62, 72, 222

Gemeinbedarfs- und Folgeeinrichtungen 25, 41, 65, 68, 70, 74, 91, 107, 177–178, 184, 271
Gemeindevertretung 49, 145–148, 154, 165
Gesamtmaßnahme 45, 56–57, 69, 97, 100–101, 129, 137, 139, 179, 193, 198, 214, 253, 259, 272

Hauptstadt Berlin – Parlaments- und Regierungssitz 16
Hauptstadtbeschluss 15
Haushaltsnotlage 88–89, 183

Immissionskonflikte 177
Innenentwicklung 17, 36, 43–46, 54, 61, 71, 243, 265
Innenentwicklungsmaßnahme 13, 16, 36, 45, 52, 61–62, 64, 74, 95, 97, 218, 222, 225, 267
Insolvenzverfahren 227
Investitionserleichterungs- und Wohnbaulandgesetz 14, 38–39

Kommunalabgabenrecht 50, 230
Konversionsflächen 45
Kosten- und Finanzierungsübersicht 138, 143, 160

Leerstand 14, 86–87
Liegenlassen 116, 135, 268

Mitwirkungsbereitschaft 41, 185, 188, 222
Monitoring 44

Nachhaltigkeit 17, 46

Obsoleszenz 118, 120, 132, 268
Olympische Spiele 15, 80, 89
Ordnungsmaßnahmen 25, 74, 84, 100, 139, 157, 159, 163–164, 168, 173, 180, 201, 204, 256, 266, 270
Osterholzer Feldmark 17, 67, 76, 175

Plangewährleistungsanspruch 259
Planreife 172, 198
Planungshoheit 17, 21–22, 34, 76, 233, 241, 257, 265
Public-Private-Partnership 54

Rahmenpläne 138
Rechtswidrigwerden 104, 117, 121–122, 124, 127, 131, 133–134, 267
Reprivatisierung 93–94, 213, 215
Rückbau 42, 52
Rückenteignung 213, 217, 242, 244–245, 263
Rückübertragung 47, 199, 213, 217, 242–244, 263, 273
Rummelsburger Bucht 17, 82, 106, 118–119, 166

Sanierungsmaßnahme 15–16, 21, 24, 27, 47–49, 50–52, 55, 59, 62–63, 72, 110–112, 143–144, 148–150, 153–154, 167–168, 181–182, 191, 196–197, 225–226, 231, 233, 238, 260
Sanierungsrecht 27, 31, 37–38, 40, 55, 58, 63, 75, 115, 119, 144–145, 149, 151, 153, 155, 166, 169, 174, 182, 187, 221, 224, 231, 239, 258, 261, 264–265
Schlafstadt 25
Sozialbindung 112–114
Städtebauförderung 28, 32, 74, 233
Städtebauförderungsgesetz 21–22, 24–25, 27–30, 40, 54, 56, 61, 187, 233, 264
Städtebauförderungsmittel 49, 182, 210
städtebauliche Missstände 62, 97, 135, 150, 157, 160, 176, 201, 236, 267
städtebauliche Verträge 16, 41, 65, 72, 74, 79, 129, 176, 188, 222, 252, 266

Subsidiarität 41, 72, 174, 188

Teilaufhebung 28, 31, 192–195, 198, 244
Totalentwicklung 154, 170, 191, 206, 250
Trabantenstadt 25, 78
Trägervertrag 207–209
Treuhandvermögen 88, 94, 180, 203, 207, 209–212, 229, 273
Treuhänder 203–204, 209, 211, 232, 273

Übermaßverbot 157
Übernahmeverlangen 92, 261, 263, 277
Überschussverteilung 231–234
Umlegung 72, 173
Umsteuerung 15–16, 85, 98–99, 128, 147, 149, 152, 216, 266, 269

Verfügungs- und Veränderungssperre 74, 91, 108, 111–112, 116, 141, 202
Verhältnismäßigkeit 41, 112, 157, 195
Verkehrswert 26, 94, 214, 216, 233, 245
Veröffentlichung 82, 145, 149–150
Veröffentlichungspflicht 149, 152
Vertrauensschutzprinzip 157–158, 165, 181, 187, 269

Vorkaufsrecht 37, 202
Vorwirkungen 66

Wasserstadt Berlin-Oberhavel 17, 77–80, 82, 84, 88, 100–101, 152
Wertermittlungsstichtag 95, 222
Wertermittlungsverordnung 219, 221
Wiedernutzung 17, 36, 42, 46, 52, 54, 61, 65, 68, 71–72, 128
Wiederveräußerung 26
Wohnungsbau-Erleichterungsgesetz 34–35
Wohnungsbauförderung 85, 89
Wohnungsbaugesellschaften 37
Wohnungsnot 14, 23, 32–33, 77

Zielbaummethode 220–221, 226
zügige Durchführung 25, 44, 56–57, 62, 65, 69, 74, 91, 97, 104, 106, 108–110, 115, 137, 159, 189, 250
Zügigkeitsgebot 48, 75, 108, 115–116, 159–161, 165, 170, 181, 227, 250, 268–269
Zuständigkeit 145–146, 149, 153, 184
Zweckentfremdungsverbot 123, 128

Berlin – Finanzierung und Organisation einer Metropole

Ringvorlesung der Fachbereiche Rechts- und Wirtschaftswissenschaft der Freien Universität Berlin im Sommersemester 2005

Herausgegeben von

Ulrich Baßeler, Markus Heintzen und Lutz Kruschwitz

Studien und Gutachten aus dem Institut für Staatslehre, Staats- und Verwaltungsrecht der Freien Universität Berlin, Heft 18
Tab., Abb.; 212 S. 2006 ⟨978-3-428-11893-9⟩ € 69,80

Der Band fasst in leicht überarbeiteter Form elf Vorträge zusammen, die im Sommersemester 2005 an der Freien Universität Berlin gehalten worden sind.

Inhalt:

Ulrich Baßeler, Markus Heintzen und **Lutz Kruschwitz:** Einführung — **Thilo Sarrazin:** Finanzpolitische Perspektiven für Berlin — **Harald Wolf:** Strukturwandel zur Metropole – Perspektiven nach dem Ende der Subventionswirtschaft — **Manfred Röber:** Ist die Berliner Verwaltung noch zu retten? Werkstattbericht aus dem Projekt „Europäische Metropolen im Vergleich" — **Michael Heine:** Zielkonflikte zwischen regionaler Konsolidierungs- und makroökonomischer Stabilisierungspolitik – das Beispiel Berlin — **Volker Halsch:** Berlin im Geflecht der Bund / Länder-Finanzbeziehungen — **Helmut Seitz:** Finanzpolitische Herausforderungen an das Land Berlin bis zum Jahr 2020 — **Wolfgang Wieland:** Kein Land in Sicht, oder die hohe Kunst der Verschleppung einer notwendigen Fusion von Berlin und Brandenburg — **Gunnar Folke Schuppert:** Regierbarkeitsprobleme von Großstädten am Beispiel Berlins – Überlegungen zu Metropolitan Governance — **Joachim Wieland:** Die „extreme Haushaltsnotlage" in der Rechtsprechung des Bundesverfassungsgerichts und der Normenkontrollantrag Berlins — **Andreas Musil:** Probleme und Perspektiven bezirklicher Selbstverwaltung — **Peter Dussmann:** Überlegungen eines Berliner Unternehmers zur privaten Finanzierung einer Staatsoper

Duncker & Humblot · Berlin

Internet: http://www.duncker-humblot.de

Schriften zum Öffentlichen Recht

1084 **Verfassung und Arbeitskampfrecht.** Verfassungsrechtliche Grenzen arbeitsgerichtlicher Arbeitskampfjudikatur. Von A. Engels. 466 S. 2008 ⟨978-3-428-12617-0⟩ € 98,–

1085 **Die Beleihung mit Normsetzungskompetenzen.** Das Gesundheitswesen als Exempel. Von B. Wiegand. 300 S. 2008 ⟨978-3-428-12575-3⟩ € 68,–

1086 **Die Föderalismusreform 2006.** Konzeption, Kommentar, Kritik. Von H. Meyer. 391 S. 2008 ⟨978-3-428-12693-4⟩ € 64,–

1087 **Regulierte Selbstregulierung im Ordnungsverwaltungsrecht.** Von A. C. Thoma. 500 S. 2008 ⟨978-3-428-12625-5⟩ € 84,–

1088 **Die Bedeutung von Art. 2 Abs. 1 Grundgesetz im Verwaltungsprozess.** Von A. Köpfler. 216 S. 2008 ⟨978-3-428-12645-3⟩ € 68,–

1089 **Vergabeentscheidung und Verfahrensgerechtigkeit.** Zur wirtschaftslenkenden Auftragsvergabe gemessen an der Berufsfreiheit, den Grundfreiheiten und dem Beihilfenverbot. Von H. Kaelble. 406 S. 2008 ⟨978-3-428-12657-6⟩ € 86,–

1090 **Zukunftsgestaltende Elemente im deutschen und europäischen Staats- und Verfassungsrecht.** Eine rechtsverbindende Untersuchung zu den deutschen Staatszwecken, Staatszielen und Staatsaufgaben sowie den europäischen Unionszielen, Querschnittsaufgaben, Bereichszielen und Unionsaufgaben. Von J. Schwind. 684 S. 2008 ⟨978-3-428-12509-8⟩ € 98,–

1091 **Verfassungsrechtsfragen der Verwendung staatlicher Einnahmen.** Zugleich ein Beitrag zum Finanz- und Haushaltsverfassungsrecht. Von L. Hummel. 590 S. 2008 ⟨978-3-428-12615-6⟩ € 98,–

1092 **Integrationsfunktion der Verfassung und Verfassungsnormativität.** Die Verfassungstheorie Rudolf Smends im Lichte einer transdisziplinären Rechtstheorie. Von S. Obermeyer. 170 S. 2008 ⟨978-3-428-12421-3⟩ € 58,–

1093 **Vermessungskompetenzen für behördliche Vermessungsstellen zur Erfüllung eigener Aufgaben.** Rechtsprobleme im amtlichen Vermessungswesen. Von H. Sodan. 115 S. 2008 ⟨978-3-428-12792-4⟩ € 48,–

1094 **Grund und Grenze.** Grenzen aus der Eigentumsgewährleistung und dem allgemeinen Gleichheitssatz. Dargestellt am Beispiel polizei- und bodenschutzrechtlicher Zustandsverantwortlichkeit. Von J. D. Bonhage. 409 S. 2008 ⟨978-3-428-12111-3⟩ € 78,– E-BOOK

1095 **Die polizeiliche Wohnungsverweisung bei häuslicher Gewalt.** Eine vergleichende Untersuchung des Polizeirechts der Länder in Deutschland. Von M. E. Eicke. 322 S. 2008 ⟨978-3-428-12670-5⟩ € 68,–

1096 **Der Islam im öffentlichen Recht des säkularen Verfassungsstaates.** Hrsg. von S. Muckel. 640 S. 2008 ⟨978-3-428-12674-3⟩ € 88,–

1097 **Fortpflanzungsfreiheit und das Verbot der Fremdeizellspende.** Von M. Reinke. 221 S. 2008 ⟨978-3-428-12544-9⟩ € 64,– E-BOOK

1098 **Eigentum und Steuern in der Republik.** Ein Beitrag zum steuerverfassungsrechtlichen Halbteilungsgrundsatz. Von M. A. Pausenberger. 520 S. 2008 ⟨978-3-428-12276-9⟩ € 98,–

1099 **Maßstäbegerechtigkeit im Länderfinanzausgleich.** Die Länderfinanzen zwischen Autonomie und Nivellierung. Von A. Jung. 244. 2008 ⟨978-3-428-12673-6⟩ € 74,– E-BOOK

1100 **Die Beurteilung Privater an rechtsfähigen Anstalten des öffentlichen Rechts.** Public-Private-Partnership durch „Holding-Modelle". Von A. L. Lange. 423 S. 2008 ⟨978-3-428-12730-6⟩ € 86,– E-BOOK